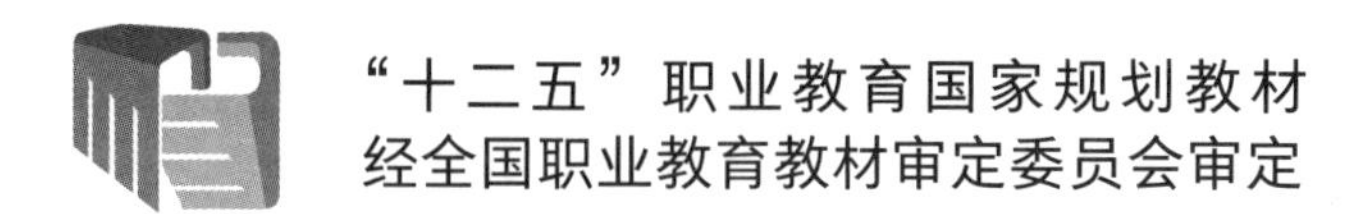

电气化铁路牵引供变电技术

李学武　主编　张景景　副主编

张宏伟　主审

化学工业出版社

·北京·

内容简介

本书以设备单元为载体，详细介绍电气化铁路牵引供电系统的牵引变电所、分区亭、开闭所、AT所等供电设施的组成以及一次二次设备的结构、原理及运营要点。全书主要内容包括概述、高压开关电器、互感器、电气主接线、高压配电装置、接地装置、电气设备选择、二次接线、自用电系统、牵引变电所智能化系统等。为便于学习与巩固，本书配有网上教学资源，读者可扫描二维码进行线上学习。每章附有学习目标和复习思考题。

本书可作为高职高专及成人教育电气化铁道技术专业、城市轨道交通供电专业的教学用书，也可作为电气化铁路行业职工培训以及技术人员参考用书。

图书在版编目（CIP）数据

电气化铁路牵引供变电技术/李学武主编．—3版．—北京：化学工业出版社，2021.6（2024.9重印）

“十二五”职业教育国家规划教材　经全国职业教育教材审定委员会审定

ISBN 978-7-122-39041-7

Ⅰ.①电…　Ⅱ.①李…　Ⅲ.①电气化铁道-牵引供电系统-高等职业教育-教材　Ⅳ.①U223

中国版本图书馆CIP数据核字（2021）第075839号

责任编辑：潘新文　　文字编辑：林　丹

责任校对：田睿涵　　装帧设计：韩　飞

出版发行：化学工业出版社（北京市东城区青年湖南街13号　邮政编码100011）

印　　装：三河市双峰印刷装订有限公司

787mm×1092mm　1/16　印张17　字数454千字　　2024年9月北京第3版第5次印刷

购书咨询：010-64518888　　售后服务：010-64518899

网　　址：http://www.cip.com.cn

凡购买本书，如有缺损质量问题，本社销售中心负责调换。

定　　价：49.80元

前 言

截至2020年7月底，我国铁路营业里程达14.14万公里，居世界第二；高铁里程3.6万公里，居世界第一；铁路电气化率达到71.2%，居世界第一。我国已建成世界上最现代化的铁路网和最发达的高铁网，成为世界上高铁运营里程最长、在建规模最大、高速列车运行数量最多、商业运营速度最高、高铁技术体系最全、运营场景和管理经验最丰富的国家。

电气化铁路供电系统是电力机车和动车组的动力源，它既为铁路运输提供电能，也为铁路运营安全提供技术保障。可以说，电气化是建设运营绿色铁路、智慧铁路的必然选择。

近几年来，电气化铁路的牵引变电所、分区亭、开闭所、AT所等供电设施，在设备与技术方面，从变电所综合自动化到变电站数字化，再到变电所智能化；在运营管理方面，从有人值班到有人值守，逐步向无人值守过渡。中国国家铁路集团有限公司相继发布《牵引供电系统继电保护配置及整定计算技术导则》《电气化铁路牵引变电设备编号规则》等新的技术标准。

在本书的第三版修订过程中，笔者收集了朔黄铁路、京张高铁等电气化铁路牵引供电系统设计、施工和运营维护技术文件，认真吸纳了中国国家铁路集团公司新近发布的有关导则、标准、规范等，对第二版教材内容作了全面修订更新。

修订内容如下：第一章结合最新国家标准对内容进行了优化；第二章结合现场实际对高压开关电器的结构、工作原理、检修维护内容做了调整优化；第三章新增了电子式、数字式互感器的原理讲解；第四章对典型结构的牵引变电所（分区亭、开闭所、AT所等）的电气主接线进行了分类并优化了分析内容，新增了牵引变电设备编号规则；第五章增加了高铁GIS开关柜有故障时供电运营检修相关内容；第六章在接地装置内容中，增加了高速铁路综合接地系统的接地阻抗与散流特性，以及高速铁路综合接地效果评价指标相关内容。第七章对部分内容做了删减调整。第八章补充了展开式原理图的标号方法内容，并对图纸分析讲解做了相应优化；第九章结合现场新设备对变电所自用电系统的工作原理与维护做了调整优化；第十章新增了智能变电所的辅助监控系统原理介绍。

本书第三版由郑州铁路职业技术学院李学武教授担任主编，并负责全书统稿工作；中国铁路武汉局集团有限公司张宏伟高级工程师担任主审；郑州铁路职业技术学院张景景担任副主编。本书编写分工：郑州铁路职业技术学院刘雨欣（第一章、第三章）；郑州铁路职业技术学院张景景（第二章）；郑州铁路职业技术学院蒋会哲（第五章、第六章）；郑州铁路职业技术学院王睿（第七章）；郑州铁路职业技术学院陈庆花（第九章）；郑州铁路职业技术学院梁晨（第十章）；郑州铁路职业技术学院李学武、中国铁路武汉局集团有限公司李轶群、中国铁路郑州局集团有限公司杜庆彦共同编写第四章、第八章。在本书编写过程中，得到了相关设备厂家、铁路供电段的大力支持，提供大量技术资料，在此表示衷心感谢。

本书是国家职业教育铁道供电技术专业教学资源库标准化课程配套教材。读者可扫描下面的二维码，以注册用户身份登录，浏览网上教学资源，进行线上学习。

目录

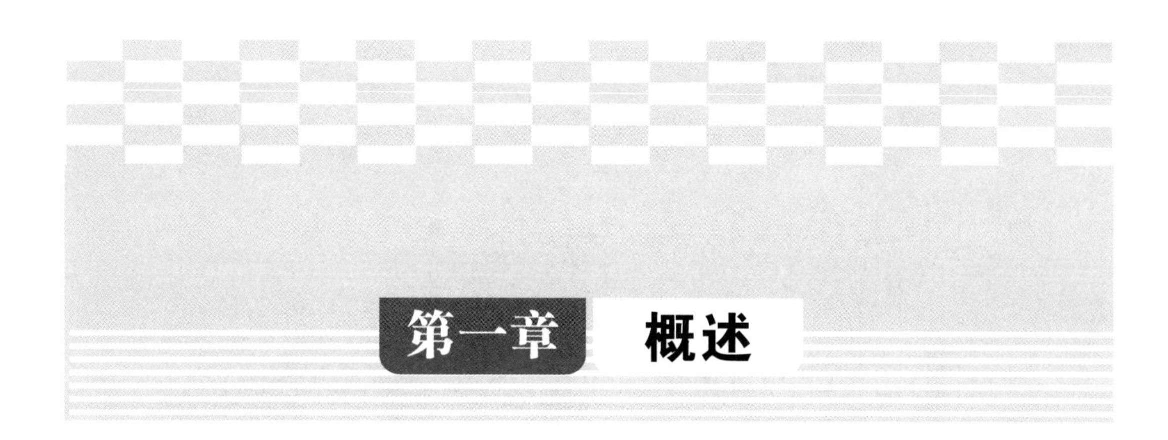

第一章 概述

【学习目标】

1. 了解电力系统的组成、供电质量指标、电力系统中性点运行方式的类型特点与应用范围。
2. 掌握牵引供电系统的组成、构成及其各部分功能，了解牵引负荷电流流通的回路。
3. 理解变电所中的高压电气设备类型、功能、操作顺序。

第一节 电力系统概述

一、电力系统的概念及其组成

为了提高供电的可靠性和经济性，需要将许多分散的各种形式的发电厂，通过送电线路、变电站和电力用户连接起来，由发电机、升压和降压变电所、输配电线路及用电设备有机连接起来，形成一个总体，称为电力系统。

电力系统加上发电厂的“动力部分”称为动力系统。所谓动力部分，包括发电机的原动机（如汽轮机、水轮机）、原动机的力能部分（热力锅炉、水库、反应堆）等。

电力系统中，由各种不同电压等级的输配电线路将升压和降压变电所连接在一起的部分称为电力网，简称电网。

图 1-1 所示为动力系统、电力系统、电网的示意图。

1. 发电厂

发电厂将一次能源转换成电能，经过电网将电能输送和分配到电力用户的用电设备，从而完成电能从生产到使用的整个过程。发电厂按使用能源不同，可划分为以下几种类型。

① 火力发电厂　火力发电是利用燃烧燃料（如煤、石油及其制品、天然气等）所得到的热能发电。

② 水力发电厂　水力发电是将高处的河水（或湖水、江水）通过导流引到下游形成落差推动水轮机旋转带动发电机发电。

③ 核能发电厂　核能发电是利用原子反应堆中核燃料（如铀）慢慢裂变所放出的热能产生蒸气（代替了火力发电厂中的锅炉）驱动汽轮机再带动发电机旋转发电。以核能发电为主的发电厂称为核能发电厂，简称核电站。根据核反应堆的类型，核电站可分为压水堆式、

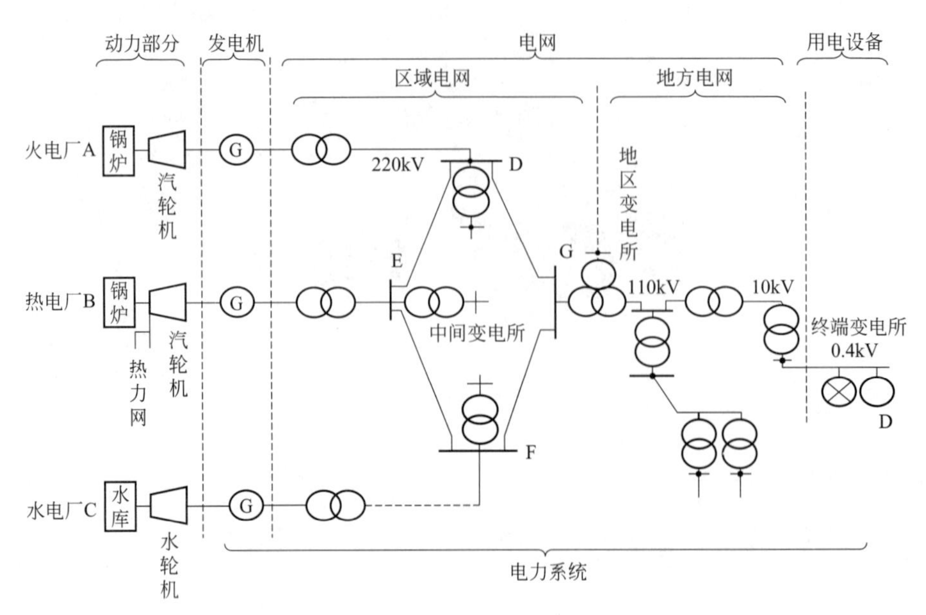

图 1-1 动力系统、电力系统、电网的示意图

沸水堆式、气冷堆式、重水堆式、快中子增殖堆式等。

④ 风力发电厂 风力发电是利用风力吹动建造在塔顶上的大型桨叶旋转带动发电机发电。风力发电厂一般由数座、十数座甚至数十座风力发电机组成。

⑤ 其他发电厂 包括地热发电厂、潮汐发电厂、太阳能发电厂等。

2. 变配电所

变电所的任务是接受电能、变换电压和分配电能，即受电-变压-配电。

配电所的任务是接受电能和分配电能，但不改变电压，即受电-配电。

变电所可分为升压变电所和降压变电所两大类。升压变电所一般建在发电厂，主要任务是将低电压变换为高电压；降压变电所一般建在靠近负荷中心的地点，主要任务是将高电压变换到一个合理的电压等级。

降压变电所根据在电力系统中的地位和作用不同，又分枢纽变电所、中间变电所、地区变电所和终端变电所（工业企业变电所）等。

枢纽变电所位于电力系统的枢纽点，汇集多个电源，连接电力系统高压和中压的几个部分，电压等级一般为 330～500kV。这种变电所一旦停电，将造成大范围停电，引起系统解列，甚至整个系统瘫痪。因此，枢纽变电所对电力系统运行的稳定性和可靠性起着重要作用。

中间变电所的电压等级一般为 220～330kV，汇集 2～3 个电源和若干线路，高压侧起交换功率的作用，或使长距离输电线路分段，同时降压对一个区域供电。这样的变电所在电力系统中主要起中间环节的作用，故称中间变电所。全所停电后，将引起区域电网的解列。

地区变电所的电压等级一般为 110～220kV，主要向一个地区用户供电，是一个地区或一个中小城市的主要变电所。一旦停电，将造成该地区或城市供电的紊乱，甚至中断供电。

终端变电所位于配电线路的末端，接近负荷处，电压等级一般为 35～110kV，经降压后直接向用户供电。降压后的电压一般为 10kV 和 0.4kV，分别向不同的用户供电。

3. 电力线路

电力线路的作用是输送电能，并把发电厂、变配电所和电能用户连接起来。

水力发电厂必须建在水力资源丰富的地方，火力发电厂一般也多建在燃料产地，即所谓的“坑口电站”。因此，发电厂一般距电能用户均较远，并且需要多种不同电压等级的电力线路，将发电厂生产的电能源源不断地输送到各级电能用户。

通常把电压在35kV及以上的高压电力线路称为送电线路，而把电压在10kV及以下的电力线路称为配电线路。

电力线路按传输电流种类，又分为交流线路和直流线路；按结构及敷设方式，又可分为架空线路、电缆线路及室内配电线路。

4. 电能用户

电能用户又称电力负荷。在电力系统中，一切消费电能的用电设备均称为电能用户。用电设备按电流种类可分为直流设备与交流设备，而大多数用电设备为交流设备；按电压种类可分为低压设备与高压设备，1000V及以下的属低压设备，高于1000V的属高压设备；按频率可分为低频（50Hz以下）设备、工频（50Hz）设备及中高频（50Hz以上）设备，绝大部分用电设备采用工频；按工作制分为连续运行设备、短时运行设备和反复短时运行设备；按用途可分为动力用电设备（如电动机）、电热用电设备（如电炉、干燥箱、空调器等）、照明用电设备、试验用电设备、工艺用电设备（如电解设备、电镀设备、冶炼设备、电焊设备、热处理设备等）。用电设备分别将电能转换为机械能、热能和光能等不同形式的适合生产、生活需要的能量。

二、电力系统的额定电压

为了便于电器制造业的生产标准化和系列化，国家规定了标准电压等级系列。在设计时，应选择最合适的额定电压等级。所谓额定电压，就是某一用电设备（如电动机、电灯等）、发电机和变压器等在正常运行时具有最大经济效益的电压。

我国规定的额定电压，按电压高低和使用范围分为以下三类。

第一类额定电压是100V及以下的电压等级，主要用于安全照明、蓄电池及开关设备的直流操作电压。直流为6、12、24、48V；交流单相为12V和36V，三相线电压为36V。

第二类额定电压是100～1000V之间的电压等级。这类额定电压应用最广、数量最多，如动力设备、照明设备、家用电器和控制设备等。

第三类额定电压是1000V及以上的高电压等级（表1-1），主要用于电力系统中的发电机、变压器、输配电设备和用电设备。

表1-1 额定电压（线电压）等级

用电设备和线路额定电压/kV	发电机额定电压/kV	变压器额定电压/kV	
		一次绕组	二次绕组
0.38	0.4	0.38	0.4
3	3.15	3及3.15	3.15及3.3
6	6.3	6及6.3	6.3及6.6
10	10.5	10及10.5	10.5及11
—	13.8	13.8	—
—	15.75	15.75	—
—	18	18	—

续表

用电设备和线路额定电压/kV	发电机额定电压/kV	变压器额定电压/kV	
		一次绕组	二次绕组
35	35	35	38.5
60	60	60	66
110	110	110	121
220	220	220	242
330	330	330	363
500	500	500	550
750	750	750	825
25	25	27.5	27.5

1. 发电机的额定电压

由于电力线路允许的电压损耗为±5%，即整个线路允许有10%的电压损耗，因此为了维护线路首端与末端平均电压的额定值，线路首端（电源端）电压应比线路额定电压高5%。而发电机是接在线路首端的，所以规定发电机的额定电压高于同级线路额定电压5%，用以补偿线路上的电压损耗。

2. 变压器的额定电压

（1）电力变压器一次绕组的额定电压

① 当电力变压器的一次绕组直接与发电机相连时（发电厂升压变压器），其一次绕组的额定电压应与发电机额定电压一致，即高于同级线路额定电压5%。

② 当电力变压器的一次绕组直接连在线路上时，变压器接受电能，可视为线路上的用电设备，其额定电压就是输电线路的额定电压。

（2）变压器二次绕组的额定电压

变压器二次绕组的额定电压，是指变压器一次绕组工作在额定电压下而二次绕组开路时的电压，即空载电压。而变压器在满载运行时，二次绕组内约有5%的阻抗电压降。因此可分以下两种情况进行讨论。

① 如果变压器二次侧供电线路很长（例如较大容量的高压线路），则考虑变压器二次绕组额定电压时，不仅要考虑补偿变压器二次绕组本身5%的阻抗电压降，还要考虑变压器满载时输出的二次电压要满足线路首端应高于线路额定电压的5%，以补偿线路上的电压损耗。所以，变压器二次绕组的额定电压要比线路额定电压高10%。

② 如果变压器二次侧供电线路不长（例如为低压线路或直接供电给高低压用电设备的线路），则变压器二次绕组的额定电压，只需高于其所接线路额定电压5%，即仅考虑补偿变压器内部5%的阻抗电压降。

3. 电力线路的额定电压

电力线路（或电网）的额定电压等级是国家根据国民经济发展的需要及电力工业的水平，经全面技术经济分析后确定的。它是确定各类用电设备额定电压的基本依据。

4. 用电设备的额定电压

由于用电设备运行时，电力线路上要有负荷电流流过，因而在电力线路上引起电压损耗，造成电力线路上各点电压略有不同。但对于成批生产的用电设备，其额定电压不可能按使用地点的实际电压来制造，而只能按线路首端与末端的平均电压（即电力线路的额定电压）来制造。所以用电设备的额定电压规定与同级电力线路的额定电压相同。

三、供电质量指标

电力系统中的所有电气设备都必须在一定的电压和频率下工作。电气设备的额定电压和额定频率是电气设备正常工作并获得最佳经济效益的条件。因此供电电压、频率和供电可靠性是衡量电能质量的基本参数。

1. 供电电压

理想的供电电压应该是幅值恒为额定值的三相对称正弦电压。由于供电系统存在阻抗、用电负荷的变化和用电负荷的性质等因素，实际供电电压无论是在幅值上、波形上还是在三相对称上都与理想电压之间存在偏差。

交流电的电压质量包括电压的数值与波形两个方面。电压质量对各类用电设备的工作性能、使用寿命、安全及经济运行都有直接的影响。

(1) 电压偏移

电压偏移又称电压偏差，是指用电设备端电压与用电设备额定电压之差对用电设备额定电压的百分数，即

$$\Delta U\% = \frac{U - U_N}{U_N} \times 100\% \tag{1-1}$$

加在用电设备上的电压在数值上偏移额定值后，对于感应电动机，其最大转矩与端电压的平方成正比。当电压降低时，电动机转矩显著减小，以致转差增大，从而使定子、转子电流都显著增大，引起温升增加，绝缘老化加速，甚至烧毁电动机；而且由于转矩减小，转速下降，导致生产效益降低，产量减少，产品质量下降。反之，当电压过高时，励磁电流与铁损都大大增加，引起电动机的过热，效率降低。对于电热装置这类设备，其功率与电压平方成正比，所以电压过高将损伤设备，电压过低又达不到所需温度。电压偏移对白炽灯影响显著，白炽灯的端电压降低10%，发光效率下降30%以上，灯光明显变暗；端电压升高10%时，发光效率将提高1/3，但使用寿命将只有原来的1/3。

电压偏移是由于供电系统改变运行方式或电力负荷缓慢变化等因素引起的，其变化相对缓慢。我国规定，正常情况下，用电设备端子处电压偏移的允许值如下。

① 电动机±5%。

② 照明灯一般场所±5%，在视觉要求较高的场所−2.5%～+5%。

③ 其他用电设备无特殊规定时±5%。

《电能质量供电电压允许偏差》(GB/T 12325—2008) 规定电力系统在正常运行条件下，用户受电端供电电压的允许偏差如下。

① 35kV及以上供电电压正、负偏差绝对值之和不超过标称电压的10%。

② 20kV及以下三相供电电压偏差为标称电压的±7%。

③ 220V单相供电电压偏差为标称电压的+7%、−10%。

④ 对供电点短路容量较小、供电距离较长以及对供电电压偏差有特殊要求的用户，由供、用电双方协议确定。

(2) 波形畸变

近年来，随着硅整流、晶闸管变流设备、微机及网络和各种非线性负荷的使用增加，致使大量谐波电流注入电网，造成电压正弦波波形畸变，使电能质量大大下降，给供电设备及用电设备带来严重危害，不仅使损耗增加，还使某些用电设备不能正常运行，甚至可能引起系统谐振，从而在线路上产生过电压，击穿线路设备绝缘；还可能造成系统的继电保护和自

动装置发生误动作，并对附近的通信设备和线路产生干扰。

（3）高次谐波

当电网电压波形发生非正弦畸变时，电压中出现高次谐波。高次谐波的产生，除电力系统自身背景谐波外，在用户方面主要由大功率变流设备、电弧炉等非线性用电设备所引起。高次谐波的存在将导致供电系统的能耗增大、电气设备绝缘老化加快，并且干扰自动化装置和通信设施的正常工作。

（4）三相电压不对称

三相电压不对称指三个相电压在幅值和相位关系上存在偏差。三相电压不对称主要由系统运行参数不对称、三相用电负荷不对称等因素引起。供电系统的不对称运行，对用电设备及供配电系统都有危害；另外，低压系统的不对称运行还会导致中性点偏移，从而危及人身和设备安全。

2. 频率

我国采用的工业频率（简称工频）为 50Hz。当电网低于额定频率运行时，所有电力用户的电动机转速都将相应降低，因而工厂的产量和质量都将不同程度受到影响。频率的变化还将影响到计算机、自控装置等设备的准确性。电网频率的变化对供配电系统运行的稳定性影响很大。

《电能质量电力系统频率偏差》（GB/T 15945—2008）规定频率的偏差限值如下。

① 电力系统在正常运行条件下频率偏差限值为±0.2Hz。当系统容量较小时，偏差限值可以放宽到±0.5Hz。

② 冲击负荷引起的系统频率变化为±0.2Hz，根据冲击负荷性质和大小以及系统的条件也可适当变动，但应保证近区电网、发电机组和用户的安全、稳定运行及正常供电。

3. 供电可靠性

供电的可靠性是衡量供电质量的一个重要指标，有的把它列在质量指标的首位。衡量供电可靠性的指标，一般以全年平均供电时间占全年时间的百分数来表示。例如，全年时间为 8760h，用户全年平均停电时间 87.6h，即停电时间占全年的 1%，则供电可靠性为 99%。

根据突然中断供电所造成的损失程度分类，可以分为一级负荷、二级负荷、三级负荷。

（1）一级负荷

一级负荷是指突然中断供电将会造成人身伤亡或会引起周围环境严重污染的；将会造成经济上的巨大损失的；将会造成社会秩序严重混乱或在政治上产生严重影响的。一级负荷应由两个相互独立的电源供电。如果两个电源不是相互独立而有联系，应该做到在发生故障时，两个电源的任何部分不会同时受到损坏。或者有些一级负荷允许在很短的时间内能中断供电，能在发生任何一种故障时，有一个电源不中断供电。或由值班人员完成必要的操作，迅速恢复一个电源的供电。

（2）二级负荷

二级负荷是指突然中断供电会造成经济上较大损失的；将会造成社会秩序混乱或政治上产生较大影响的。二级供电负荷最好能有两个电源供电。如果供电条件有困难或负荷较小，可以用一个 6kV 以及 6kV 以上的专用线路供电。如果采用电缆供电，可以另外设一条备用电缆，而且该电缆要经常处于运行状态。

（3）三级负荷

三级负荷是指不属于上述一级和二级负荷的其他负荷。三级供电负荷对供电无特殊要求。

四、电力系统中性点的运行方式

电力系统三相交流发电机、变压器接成星形绕组的公共点，称为电力系统中性点。电力系统中性点与大地间的电气连接方式，称为电力系统中性点接地方式。我国电力系统广泛采用的中性点运行方式主要有中性点不接地、中性点经消弧线圈接地和中性点直接接地三种。前两种又称为小电流接地系统，后一种又称为大电流接地系统。

如何选择电力系统中性点的运行方式，是一个比较复杂的、综合性的技术经济问题。无论采用哪种运行方式，都涉及供电可靠性、过电压与绝缘配合、继电保护和自动装置的正确动作、系统的布置、接近故障点时对生命的危险性以及系统的稳定性等一系列问题。

1. 中性点不接地

中性点不接地又称为中性点绝缘。在这种系统中，中性点对地电位是不固定的，在不同情况下，它可能具有不同的数值。中性点对地的电位偏移称为中性点位移。中性点位移的程度，对系统绝缘的运行条件来说是至关重要的。

(1) 中性点不接地系统的正常运行

如图 1-2 所示，在正常运行时，电力系统的中性点与地处于绝缘状态。电力系统的三相导线之间及各相导线与地之间，沿导线全长都存在分布电容。如果三相导线完全对称，则各相导线对地的分布电容是相等的，可用位于线路中央的集中电容 C 代替，即 $C_U=C_V=C_W=C$；而相间电容较小，不予考虑。

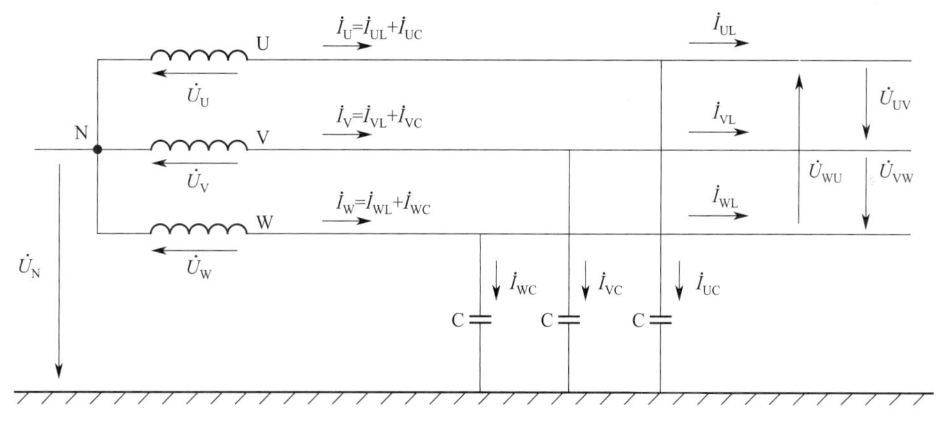

图 1-2 中性点不接地的三相电力系统的正常运行状态

在正常运行时，三个相电压 $\dot{U}_U$、$\dot{U}_V$、$\dot{U}_W$ 对称，则 $\dot{U}_U+\dot{U}_V+\dot{U}_W=0$。

电源提供的三相电流 $\dot{I}_U$、$\dot{I}_V$、$\dot{I}_W$ 分别等于各相的负荷电流 $\dot{I}_{UL}$、$\dot{I}_{VL}$、$\dot{I}_{WL}$ 和各相对地的电容电流 $\dot{I}_{UC}$、$\dot{I}_{VC}$、$\dot{I}_{WC}$ 的相量和，三相对地电容电流的相位互差 120°。因此，三者的相量和为零，即 $\dot{I}_{UC}+\dot{I}_{VC}+\dot{I}_{WC}=0$，没有电容电流流入大地。

可见，正常运行状态下的中性点不接地三相电力系统的中性点电位 $\dot{U}_N$ 为零，三相集中电容的中性点电位也为零。

(2) 中性点不接地系统的单相接地故障

当任何一相的绝缘受到破坏而接地时，各相的对地电压要发生改变，对地电容电流也将发生变化，中性点的电位不再为零。

如图 1-3 所示，当 W 相发生金属性接地时，故障相对地电压为零，即 $\dot{U}'_W=0$。

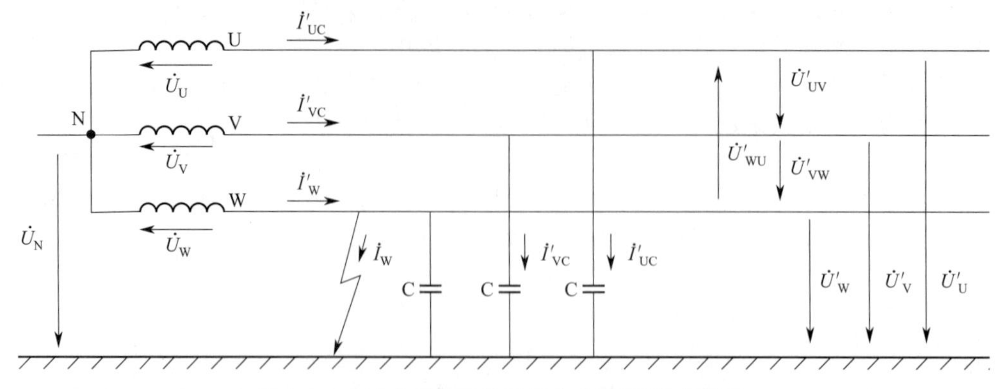

图 1-3 中性点不接地的三相电力系统 W 相接地

因为电源三相电压 $\dot{U}_U$、$\dot{U}_V$、$\dot{U}_W$ 仍然对称，可列出中性点对地电压 $\dot{U}'_N$ 为

$$\dot{U}'_W=\dot{U}_W+\dot{U}'_N=0$$

则

$$\dot{U}'_N=-\dot{U}_W$$

可见，当 W 相发生金属性接地时，中性点 N 的对地电位上升到相电压，并且与接地相的电源相电压相位相反。于是，非故障相 U 相和 V 相的对地电压分别为

$$\dot{U}'_U=\dot{U}_U+\dot{U}'_N=\dot{U}_U-\dot{U}_W=\dot{U}_{UW}=-\dot{U}_{WU}$$

$$\dot{U}'_V=\dot{U}_V+\dot{U}'_N=\dot{U}_V-\dot{U}_W=\dot{U}_{VW}$$

（3）中性点不接地系统单相接地故障的结论

① 故障相对地电压降为零；非故障相对地电压升高为线电压，且相位相差 60°。因此，线路及各种电气设备的绝缘要按线电压设计，绝缘投资所占比重加大。显而易见，电压等级越高，绝缘投资越大。

② 三相之间的线电压仍然对称，用户的三相用电设备仍能照常运行，但允许继续运行的时间不能超过 2h。

③ 接地电流在故障处可能产生稳定的或间歇性的电弧。

④ 如果接地电流大于 30A，将形成稳定电弧，成为持续性电弧接地，这将烧毁电气设备和可能引起多相相间短路。

⑤ 如果接地电流大于 5A，而小于 30A，则有可能形成间歇性电弧。间歇性电弧容易引起弧光接地过电压，将危害整个电网的绝缘安全。

⑥ 如果接地电流在 5A 以下，当电流经过零值时，电弧就会自然熄灭。

（4）中性点不接地系统的适用范围

电网中的故障以单相接地为最多。而对于 63kV 及以下的电网，由于单相接地电流不大，一般接地电弧均能自行熄灭，所以这种电网采用中性点不接地方式最为合适。在我国，中性点不接地方式的适用范围如下。

① 电压小于 500V 的三相三线制装置。

② 对于 3～10kV 电网，当系统接地电流≤30A 时；如要求发电机能带单相接地故障，则当与发电机有电气连接的 3～10kV 电网的单相接地电流小于 5A 时。

③ 对于 20～63kV 电网，当单相接地电流≤10A 时。

2. 中性点经消弧线圈接地

在中性点不接地的三相系统中，当单相接地电流超过一定的数值时，接地点的电弧就不能自行熄灭，应设法减小发生单相接地时的接地电流。而单相接地电流为电容电流，如果在接地回路中能有一个电感电流出现，则在同一电压作用下，利用电感电流与电容电流相位相反的特点，可以抵消接地电容电流，熄灭接地点的电弧。因此，在发电机或变压器的中性点常采用经消弧线圈接地的措施。

消弧线圈是一个具有不饱和铁芯的电感线圈。线圈的电阻很小，电抗很大。铁芯和线圈均浸在变压器油中。消弧线圈的外形和单相变压器相似，但其铁芯的结构与一般变压器的铁芯不同，消弧线圈的铁芯柱有很多间隙，间隙中填有绝缘纸板，如图 1-4(a) 所示。采用带间隙的铁芯，主要是为了避免磁饱和，减少高次谐波分量，这样可以得到一个比较稳定的电抗值，使消弧线圈的电流（补偿电流）与加在它上面的电压成线性关系。

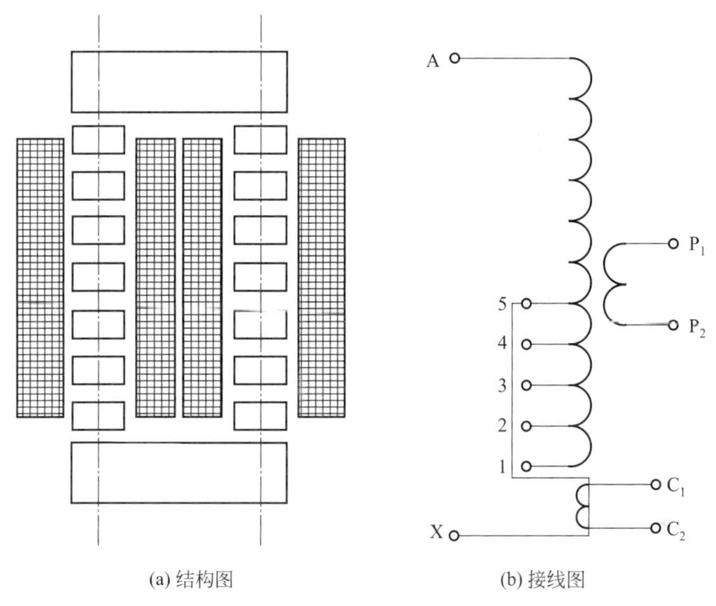

图 1-4 消弧线圈

由于三相系统中相对地的电容 C 随运行方式的变化而改变，接地电容电流也会随系统的运行方式而变化，这要求消弧线圈的电抗值也要能做相应的调整，才能达到调整补偿电流以利于消弧的目的。为此，消弧线圈设有分接头，如图 1-4(b) 所示。

(1) 中性点经消弧线圈接地的正常运行

图 1-5 为中性点经消弧线圈接地的三相电力系统。在正常运行时，三相系统是对称的，其中性点对地电位为零，即 $\dot{U}_N=0$，这时消弧线圈上没有电压作用，也没有电感电流流通。但应注意，由于线路的三相对地电容不平衡，系统中性点的电位实际上并不等于零，其大小与电容不平衡的程度有关。正常情况下中性点的不平衡电压不应超过额定相电压的 15%。

(2) 中性点经消弧线圈接地的单相接地故障

如图 1-6(a) 所示，单相（如 W 相）发生金属性接地时，接地点电位为零，中性点的电压变为 $\dot{U}'_N=-\dot{U}_W$。该电压加在消弧线圈上，就有一电感电流 $\dot{I}_L$（滞后于 $\dot{U}_W$ 90°）流过消弧线圈，此电流通过接地点形成回路。加上单相接地时的接地电容电流 $\dot{I}_C$（$\dot{I}_C$ 超前 $\dot{U}_W$ 90°），两电流方向相反，如图 1-6(b) 所示。

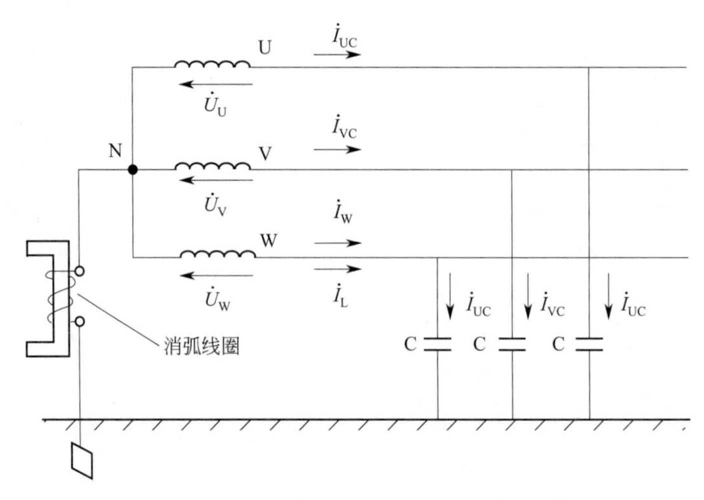

图 1-5　中性点经消弧线圈接地的三相电力系统

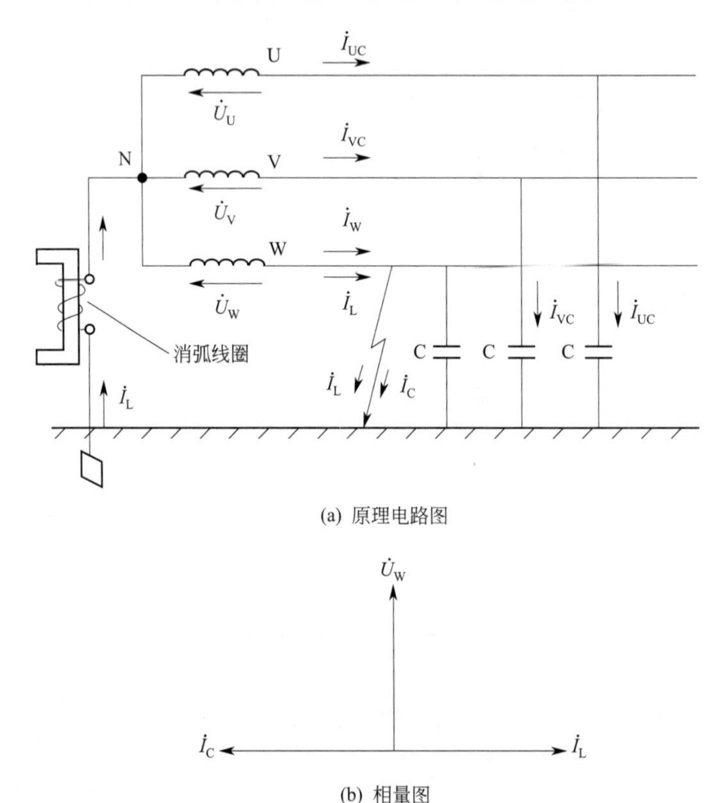

(a) 原理电路图

(b) 相量图

图 1-6　中性点经消弧线圈接地的三相电力系统 W 相接地

在接地点 $\dot{I}_L$ 与 $\dot{I}_C$ 相互抵消，称电感电流对接地电流的补偿。如果适当选择消弧线圈的分接头，可使流过接地点的电流变得很小甚至等于零，这样在接地点就不致产生电弧，消除了由电弧造成的各种危害，起到了消弧的作用。

(3) 中性点经消弧线圈接地的结论

① 中性点经消弧线圈接地的三相系统与中性点不接地的三相系统类似，在发生单相金属性接地时，接地相对地电压变为零，非接地相对地电压升高为正常电压的$\sqrt{3}$倍，变成线电压。因此，这种系统各相对地的绝缘也是按线电压考虑的。

② 中性点经消弧线圈接地的三相系统发生单相接地时，可使接地点的电流减小，这也就减小了单相接地时产生的电弧以及由它发展为多相短路的可能性。尤其在瞬时性接地时，电弧可以很快熄灭，故障线路可不切除。经运行经验表明，中性点经消弧线圈接地的三相系统在发生单相接地时，可继续运行一段时间，一般为2h。

（4）消弧线圈的补偿方式

① 全补偿方式。按 $I_L=I_C$ 选择消弧线圈的电感，使接地故障点电流为零，此即全补偿方式。这种补偿方式并不好，因为当感抗等于容抗时，电网将发生谐振，产生危险的高电压或过电流，影响系统安全运行。

② 欠补偿方式。按 $I_L<I_C$ 选择消弧线圈的电感，此时接地故障点有未被补偿的电容电流流过。采用欠补偿方式时，当电网运行方式改变而切除部分线路时，整个电网对地电容将减小，有可能发展为全补偿方式，导致电网发生谐振，危及系统安全运行；另外，欠补偿方式容易引起铁磁谐振过电压等其他问题，所以很少被采用。

③ 过补偿方式。按 $I_L>I_C$ 选择消弧线圈的电感，此时接地故障点有剩余的电感电流流过。在过补偿方式下，即使电网运行方式改变而切除部分线路时，也不会发展成为全补偿方式，致使电网发生谐振。同时，由于消弧线圈有一定的裕度，即便今后电网发展了，线路增多、对地电容增加，原有消弧线圈还可继续使用。因此，常采用过补偿方式。

（5）中性点经消弧线圈接地的适用范围

由于消弧线圈能有效地减小单相接地电流，迅速熄灭故障点的电弧，防止间歇性电弧过电压，所以凡不符合中性点不接地要求的3～63kV电网，均可采用中性点经消弧线圈接地方式，还可用在雷害事故严重的地区和某些大城市电网的110kV系统。

3. 中性点直接接地

随着电力系统的发展，输电电压不断提高，高压和超高压电网已被采用，中性点不接地或经消弧线圈接地的运行方式不能满足电力系统正常、安全、经济运行的要求。因为对于中性点不接地或经消弧线圈接地的三相系统，当发生单相金属性接地故障时，除故障相电压变为零、中性点对地电压升高为相电压外，非故障相电压将升高到$\sqrt{3}$倍而变成线电压，这就要求系统中的相绝缘必须按线电压考虑。这样，随着电网电压的提高，电网的绝缘水平也要提高。例如，电网电压为500kV，则电网的相绝缘水平不能按289kV而要按500kV考虑；若电网电压为750kV，则电网的相绝缘水平不能按433kV而要按750kV考虑。显然，这样会大大增加电气设备和线路的造价。为此，在高压和超高压系统中通常采用中性点直接接地的运行方式，如图1-7所示。

（1）中性点直接接地正常运行

在正常运行时，由于三相系统对称，中性点对地电位为零，即 $\dot{U}_N=0$，中性点无电流通过。

（2）中性点直接接地的单相接地故障

当W相发生金属性接地时，$\dot{U}'_W=0$，而中性点的电位受其接地体固定仍为零，即 $\dot{U}'_N=0$，故接地相经大地、中性点接地构成了单相接地短路。由于单相接地短路电流 $I_k^{(1)}$ 很大，这样断路器就会跳闸，将接地的故障线路切除，以保证系统中非故障部分的正常运行。显然，发生单相接地短路时，各相的电压不再对称，而非故障相U、V两相的

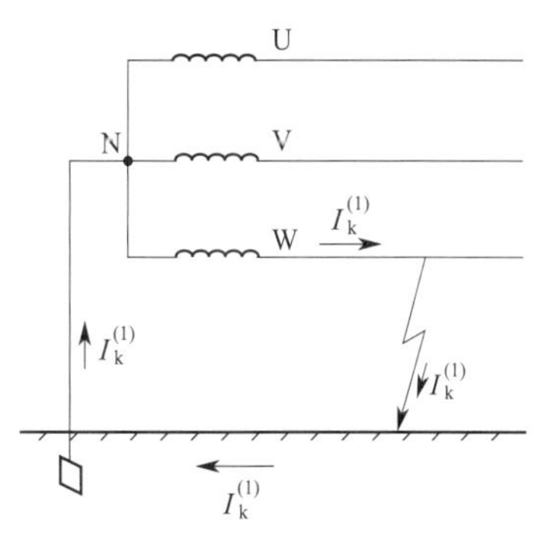

图1-7 中性点直接接地的三相电力系统

对地电压仍为相电压，即$\dot{U}'_U=\dot{U}_U$、$\dot{U}'_V=\dot{U}_V$。这样，各相对地的绝缘水平就可以按相电压考虑。对线路绝缘水平的要求降低，将大大降低了电网的造价。系统的电压等级越高，其经济效益越显著。

(3) 中性点直接接地的优缺点

优点：在高压（如110kV以上）电网，绝缘费用在设备总价中占有很大的比重，设备价格几乎和试验电压成正比，降低绝缘水平的经济效益很显著，因而着重考虑过电压和绝缘水平方面的问题，因此一般采用中性点直接接地方式。采用中性点直接接地，可以使系统内部过电压降低20%～30%。变压器可做成分级绝缘，并采用80%阀型避雷器作过电压保护。

缺点：发生单相接地故障时单相接地电流很大，必然引起断路器的跳闸，降低了供电的连续性，因而供电的可靠性差；另外，当单相接地短路电流超过三相短路电流时，影响断路器遮断能力的选择，并对通信线路产生干扰的危险。

(4) 中性点直接接地的适用范围

目前，我国大部分的110kV电力系统以及220kV、330kV、500kV电力系统，都采用中性点直接接地的运行方式。

第二节　牵引供电系统概述

轨道交通电力牵引是利用电能作为牵引动力，将电能转换为机械能，驱动铁路列车、电动车组和城市轨道电动车辆等载运工具的一种运输形式。轨道交通电力牵引供电系统主要包括电气化铁道牵引供电系统和城轨交通供电系统两大部分。本节主要介绍电气化铁道牵引供电系统中电流制、牵引供电系统的构成及牵引变电所的外部电源供电方式等。

一、牵引供电系统的电流制

电流制是指牵引供电系统中牵引网的供电电流种类。目前我国主要采用以下两种。

1. 直流制

牵引网的供电电流为直流，称为直流制。电力系统将三相交流电送到牵引变电所，经降压、整流变成直流电，再通过牵引网供给电力机车使用。直流制是世界上早期电气化铁道普遍采用的方式，目前有些国家的电气化铁路仍在应用。我国的直流制仅用于城市地下铁道、城市轻轨、城市电车、工厂矿山等。

直流制的供电电压有600V、750V、1200V、1500V、3000V等几种，城市电车一般为600V，地下铁道和城市轻轨一般为750V或1500V，矿山运输一般为1500V。

直流制的优点是直流牵引电动机易于调速，工作性能好，机车构造简单且整流技术比较成熟。直流制存在的主要问题是：直流牵引电动机额定电压受到换向条件的限制不能太高，通常只有1500V；由于供电电压较低，要保证电力机车足够的功率，供电电流就比较大，需要导线的截面大，金属消耗增加，线路损耗也大，所以牵引变电所之间的距离较短，一般只有20～30km，变电所的数量相应增加，并且为完成整流任务牵引变电所必须有整流设备而变得较复杂。因此，许多国家已逐渐停止发展直流制电气化铁路。而对于工矿企业、城市电车、地铁和轻轨供电，由于距离较近，对供电的安全性要求较高，所以采用电压较低的直流制供电更具有优越性。

2. 工频单相交流制

牵引网的供电电流为工频单相交流，称为工频单相交流制。工频单相交流制最早出现在匈牙利，电压为16kV。1950年法国试建了一条25kV的工频单相交流电气化铁道。由于这种电流制的优越性比较明显，很快被许多国家所采用。我国电气化铁道建设一开始，就采用了这种电流制。

工频单相交流制的主要优点如下。

① 牵引供电系统结构简单。牵引变电所从电力系统获得电能，经过降压后直接供给牵引网，不需要在变电所设置整流和变频设备，使变电所结构大为简化。

② 供电电压提高。既可保证大功率电力机车的供电，提高电力机车的牵引定数和运行速度；又可使牵引变电所之间的距离延长，导线截面减小，建设投资和运营费用显著降低。

③ 交流电力机车的黏着性能和牵引性能良好。通过电力机车上变压器的调压，牵引电动机可以在全并联状态下工作，防止轮对空转，从而提高了运用黏着系数。

④ 交流制的地中电流对地下金属的腐蚀作用小，一般可不设专门的防护装置。

工频单相交流制存在的主要问题如下。

① 单相牵引负荷在电力系统中形成负序电流。

② 牵引负荷是感性的，功率因数低。

③ 牵引电流为非正弦波，含有丰富的谐波电流。

④ 牵引网中的工频单相电流对沿线通信线路造成较大的电磁干扰。

本教材所讨论的都是工频单相交流制的牵引供电系统，以后不再特别指明。

二、牵引供电系统的构成

电力牵引是以电能为动力能源，其牵引动力是电力机车。电力机车是一种非自给性机车，必须在电气化铁道沿线设置一套完善的、不间断地向电力机车供电的设备。由这种设备构成的供电系统称为牵引供电系统。牵引供电系统由牵引变电所和牵引网构成，作用是接受电力系统的三相高压电能，经降压、分相后通过牵引网向电力机车供电。牵引供电系统的构成可用图1-8的示意图说明。

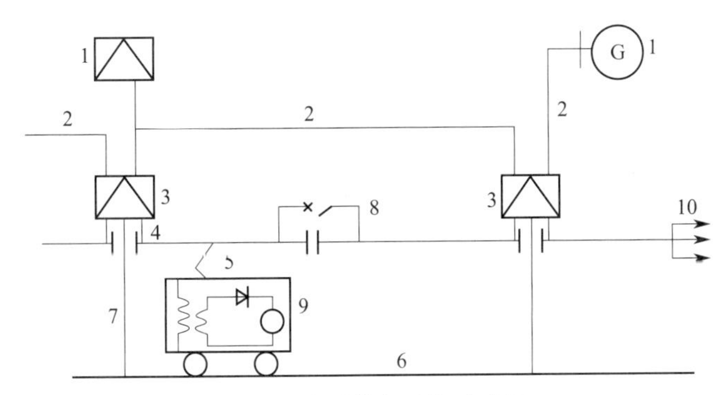

图1-8 牵引供电系统示意图

1—区域变电所或发电厂；2—高压输电线；3—牵引变电所；4—馈电线；5—接触网；6—钢轨；7—回流线；8—分区亭；9—电力机车；10—开闭所

直接向牵引变电所供电的区域变电所（或发电厂）及高压输电线路，称为一次供电网络。一次供电网络的高压输电线一般分为两路，电压为110kV，近年来高速客运专线大部分采用220kV（商-合-杭、郑-徐、石-太等线路）。由于西北地区330kV作为电力系统主干网络，所以西北地区牵引变电所采用330kV进线（郑-西客运专线陕西段内采用330kV）。相比之下，220kV、330kV电源的可靠性和稳定性等技术指标相对更高。高压输电线路虽然专门用于牵引供电，但由国家电力部门修建并管理。电力系统和牵引供电系统以牵引变电所的110kV进线门形架为分界点。

1. 牵引变电所

牵引变电所沿电气化铁道沿线分布，每一个牵引变电所负责两侧接触网的供电。牵引变电所的左、右两侧接触网称为供电臂或供电分区，一个供电臂的长度对应于线路的区间数为1～5个。牵引变电所的作用是降压和分相，它将电力系统的三相高压电转换成两个单相电，通过馈电线分别供给两侧的接触网。

牵引变电所内的主要设备是牵引变压器。牵引变压器的一次额定电压为110kV（或220kV）；二次额定电压为27.5kV，比接触网额定电压25kV高10%；AT供电方式的牵引变压器二次额定电压为55kV或2×27.5kV。牵引变电所中通常设置两台结构和接线完全相同的牵引变压器，一台运行，一台备用。

2. 牵引网

牵引网由馈电线、接触网、钢轨与大地、回流线等组成。

馈电线是连接牵引变电所牵引母线和接触网的架空铝绞线。它将牵引变电所变换后的电能直接送到接触网。此外，馈电线还要向附近车站、机务折返段、开闭所等送电，所以馈电线的数目较多，距离也可能较长。

接触网是一种悬挂在轨道上方，沿轨道铺设并和钢轨保持一定高度的输电网，通过电力机车的受电弓与接触网滑动接触，牵引电能就由接触网进入电力机车，驱动牵引电动机使列车运行。接触网是牵引网的主体，沿铁道线路分布广、结构复杂、运行条件差，日常维修工作量大，故障多，对牵引供电的可靠性影响极大。

钢轨在非电牵引情况下只作为列车的导轨。在电力牵引时，流过电力机车的负荷电流经钢轨与大地、回流线流回到牵引变电所。此时，钢轨除具有导轨功能外，需要具有良好的导电性能完成导通回流的任务。由于钢轨与大地不绝缘，所以部分电流沿大地返回，形成地中电流。

回流线是连接钢轨和牵引变电所的导线。通过回流线把钢轨与地中的回路电流导入牵引变电所的牵引变压器。

3. 牵引供电系统的其他供电设施

（1）分区亭

为了提高供电的灵活性和可靠性，在两个相邻牵引变电所的接触网末端通常设置分区亭。分区亭可以使单线区段相邻牵引变电所的相邻两接触网实行单边供电或双边供电，也可使复线区段牵引变电所的上、下行接触网实行分开供电或并联供电；当相邻牵引变电所发生故障而不能继续供电时，可以闭合分区亭内的断路器，由非故障牵引变电所实行越区供电。

（2）开闭所

开闭所通常设在车站、货场附近、电力机务段、枢纽站等大宗负荷处。开闭所内不进行电压变换，只扩大馈线回路数，并通过开关设备实现电路的开闭，相当于配电所。开闭所将供电臂分段，事故时可缩小事故范围，提高供电的可靠性与灵活性，减少变电所的复杂性。

（3）AT所

牵引供电系统采用AT供电方式时，除牵引变电所、分区亭和开闭所外，在牵引网上还需有放置自耦变压器（AT）的场所，即AT所。

三、牵引变电所的外部电源供电方式

按国家规定，电气化铁道为一级电力负荷，对供电的可靠性要求很高。通常要求每个牵引变电所必须由两路输电线路供电，其中每路输电线要有各自的杆塔和走线，还应能承担牵引变电所的全部负荷。这样，当一路输电线发生故障或检修时，还有一路输电线送电，保证牵引变电所不致长时间中断供电。

1. 单侧供电

单侧供电是指牵引变电所的电能只由电力系统的一个方向送来，如图 1-9 所示。图中，牵引变电所 C_1、C_2、C_3 都只由右侧的发电厂 A 用两路输电线供电。

2. 双侧供电

双侧供电是指牵引变电所的电能由电力系统的两个方向送来，如图 1-10 所示。图中，牵引变电所 C 的两侧都有电源，左侧发电厂 A_1 用一路输电线向牵引变电所供电，右侧发电厂 A_2 也用一路输电线向牵引变电所供电。

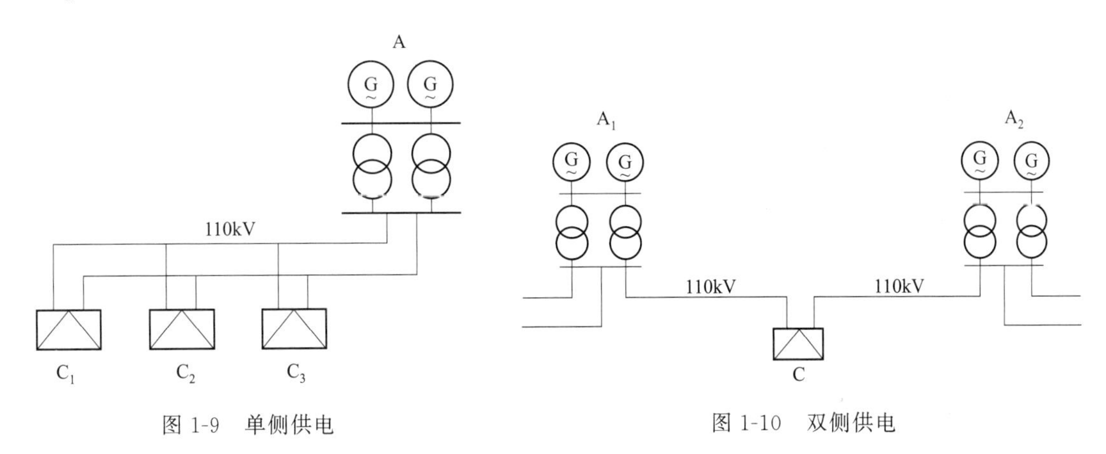

图 1-9 单侧供电　　图 1-10 双侧供电

3. 环形供电

环形供电是指若干个发电厂、区域变电所通过输电线连接成环形电网，而牵引变电所处于环形电网的一段环路之中，如图 1-11 所示。图中，牵引变电所 C 就处于电力系统的一段环路之中而构成环形供电。

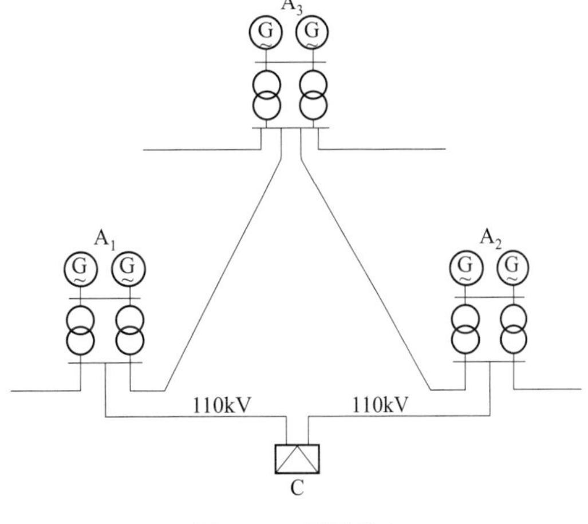

图 1-11 环形供电

牵引变电所一次侧供电方式，究竟采用单侧供电，还是双侧供电或环形供电，取决于电气化铁路所经过的地区电力系统的具体情况。双侧供电和环形供电比单侧供电具有更高的可靠性和更好的供电质量。双侧供电的优点在于任一发电厂故障时，牵引变电所的供电不会中断。环形供电除具有双侧供电的优点外，还具有电力系统的频率稳定、电压波动幅度较小的优点。因此，电力系统对牵引变电所的供电方式，应尽可能采用双侧供电甚至环形供电。通常在一条很长的电气化铁道上，往往同时采用几种不同的供电方式。

四、牵引变电所向牵引网的供电方式

1. 单线区段

(1) 单边供电

电力机车取用的电流来自一个牵引变电所时，称为单边供电。如图 1-12 中，当分区亭的隔离开关打开时，两相邻牵引变电所之间毗连的供电臂相互绝缘，无论电力机车运行至什么位置，其电流均由一个牵引变电所供给。

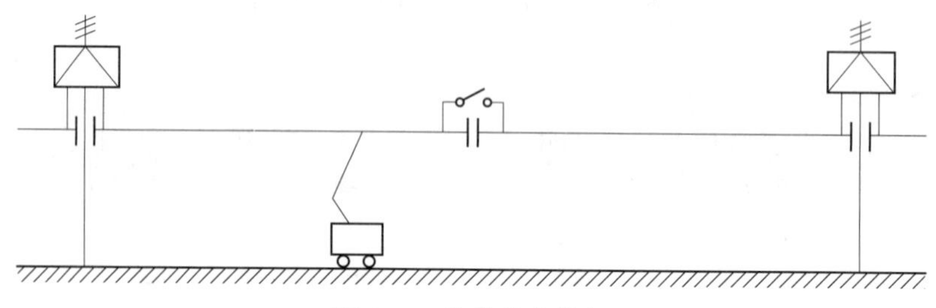

图 1-12　单线单边供电

在单线单边供电时，每个供电臂独立供电，牵引变电所的倒闸操作、馈线保护都比较简单，故单线单边供电方式目前我国普遍采用。需要注意的是，两相邻牵引变电所之间毗连的供电臂应设置为同相，这样在必要时可将分区亭内的开关闭合，可实现越区供电或双边供电。

(2) 双边供电

电力机车取用的电流来自相邻的两个牵引变电所时，称为双边供电。如图 1-13 中，当分区亭的隔离开关闭合时即为双边供电，无论电力机车运行至什么位置，其电流均由相邻的两个牵引变电所共同供给。

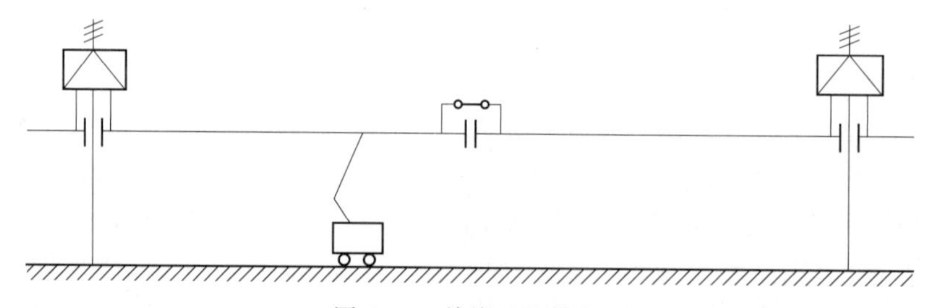

图 1-13　单线双边供电

实现双边供电的条件是：两相邻牵引变电所需由同一电力系统供电，以确保有相同的频率；两相邻牵引变电所的牵引端口应同相，否则将造成异相短路。

单线双边供电时，在牵引负荷相同的情况下，由于电流从两边流向电力机车，所以每条馈电线的电流数值较小，从而减小牵引网的电压损失和电能损失，有利于改善牵引网的电压水平，降低运营成本；设备（接触悬挂、牵引变压器）负载较均匀；同时，由于电力机车两边的供电电流方向相反，可以减小对邻近通信线路的电磁感应影响。双边供电的主要缺点是牵引变电所的倒闸操作、馈线保护比较复杂；同时，当两牵引变电所的电压有差异时，可能出现穿越电流或不平衡电流，从而产生附加的电能损失。

2. 复线区段

和单线区段一样，复线区段也有单边供电和双边供电。但由于复线双边供电分区亭设备复杂，对接触网短路故障的保护十分困难，故目前我国只采用复线单边供电。

（1）单边分开供电

如图 1-14 所示，供电臂的上、下行接触网分开，电力机车取用的电流仅由上行或下行接触网一条线路供给，即为复线单边分开供电。

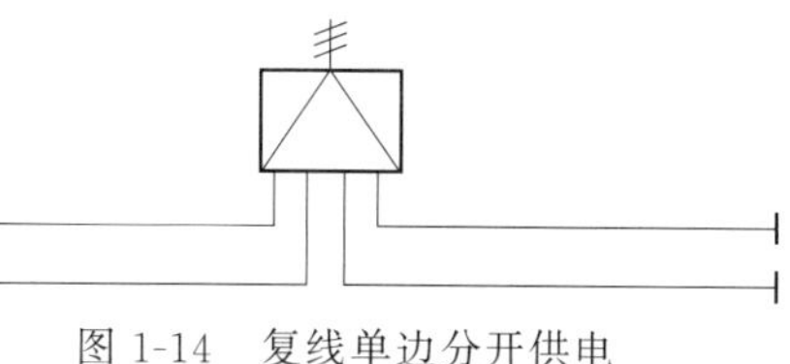

图 1-14 复线单边分开供电

复线单边分开供电的优点是开关设备、倒闸操作、馈线保护比较简单；缺点是牵引网的电压损失和电能损失较大，上、下行接触网之间容易出现较大的电压差。

（2）单边并联供电

如图 1-15 所示，供电臂的上、下行接触网在末端连接起来，电力机车取用的电流由上、下行接触网两条线路共同供给，即为复线单边并联供电。

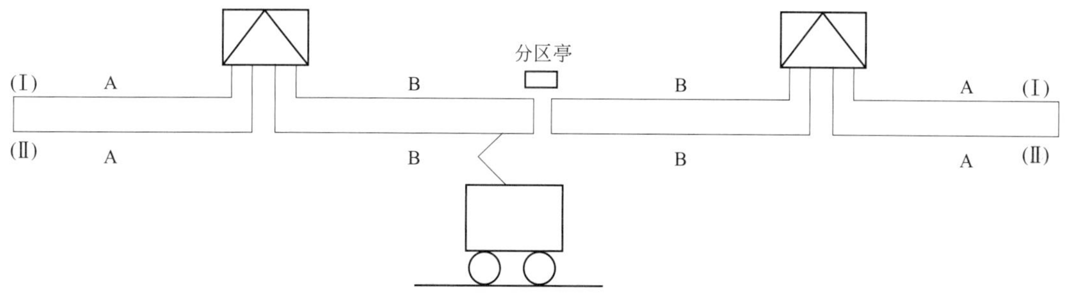

图 1-15 复线单边并联供电

复线单边并联供电时，电力机车由上、下行接触网两条线路并联供电，使牵引网阻抗减小，从而使牵引网的电压损失和电能损失显著减小，故目前普遍采用。复线单边并联供电的缺点是分区亭设备复杂，如果再考虑相邻牵引变电所故障时进行越区供电等情况，分区亭需设四台断路器，除两台作末端并联用外，另外两台将相邻牵引变电所两供电臂接触网相连，这就增加了运营维修的工作量。

（3）单边全并联供电

如图 1-16 所示，供电臂的上、下行接触网除在末端连接起来外，还在供电臂中每隔一定距离，一般在每个车站利用柱上负荷开关将上、下行接触网连接起来，电力机车取用的电流也由上、下行接触网两条线路共同供给，即为复线单边全并联供电。并联负荷开关可以自动投切，也可以经设于车站的远动终端 RTU 由电力调度控制。

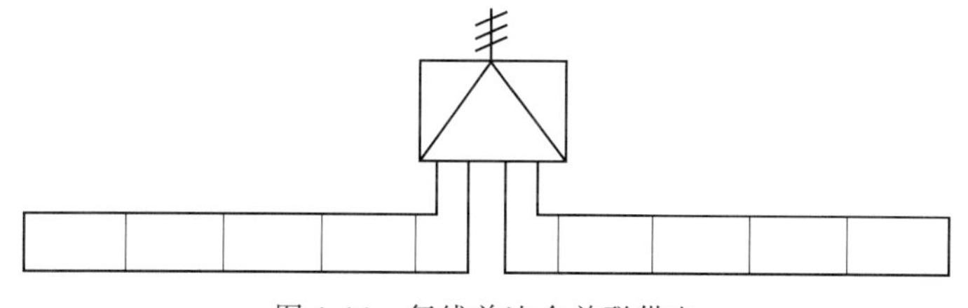

图 1-16 复线单边全并联供电

单边全并联供电方式比末端并联电更能有效地减小接触网阻抗，降低接触网电压损失和电能损失；还能对接触网的短路故障进行有效的保护，即当接触网短路故障时，牵引变电所两馈线断路器自动跳闸，接触网瞬时失电，负荷开关随即自动断开，上、下行接触网分开，此时通过变电所的故障判断装置确定其故障线路，而非故障线路即刻自动重合送电。如果是瞬消性故障，两条线路分别送电成功后，负荷开关自动重合，又恢复到全并联供电方式。

五、牵引网的供电方式

针对牵引网的结构，采取不同的技术措施和装备，以减少牵引网对邻近通信线的干扰，降低牵引网电压损失和电能损失，提高电气化铁路效益，从而形成了牵引供电系统不同的供电方式。牵引供电系统的供电方式主要直接供电方式、吸流变压器-回流线供电方式、自耦变压器供电方式、带回流线的直接供电方式、同轴电缆供电方式。

1. 直接供电方式

直接供电方式简称TR供电方式，是在牵引网中不增加特殊防护措施的一种供电方式，是结构最简单的一种。电气化铁路最早大都采用这种供电方式（图1-17），它的一根馈线接在接触网（T），另一根馈线接在钢轨（R）上。

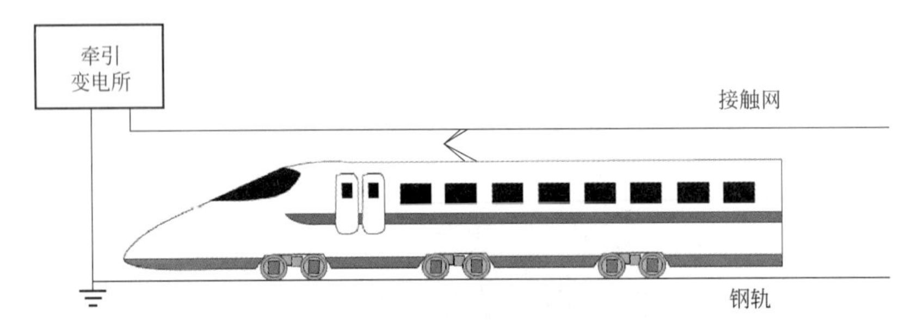

图1-17　TR供电方式

直接供电方式优点是供电方式最简单，投资最省，牵引网阻抗较小，能耗较低。其缺点是由于电气化铁路是单相负荷，机车由接触网取得电流，经钢轨流回牵引变电所。由于钢轨与大地是不绝缘的，一部分回流由钢轨流入大地，因此对通信线路产生感应影响。

2. 吸流变压器-回流线供电方式

吸流变压器-回流线供电方式简称BT供电方式，如图1-18所示。它在牵引网中，每相间隔1.5～4km设置一台变比为1∶1的吸流变压器，其一次绕组串接入接触网，二次绕组串接在回流线中，它使流过一二次绕组的电流相等，即接触网上和回流线上的电流相等。因此可以说吸流变压器把经钢轨、大地回路返回变电所的电流吸引到回流线上，经回流线返回牵引变电所。这样，回流线上的电流与接触网上的电流大小基本相等、方向相反，故能大大减轻接触网对邻近通信线路的干扰。

BT供电方式用以吸回地中电流，减少通信干扰。BT的投入增加了牵引网结构的复杂性，提高了造价，并且使牵引网阻抗变大，供电臂长度减小，约为TR供电方式的3/4。此外，BT的分段使得接触网存在断口，不利于高速、重载大电流运行。但这种供电方式的钢轨电位低，抑制通信干扰的效果很好。

3. 自耦变压器供电方式

自耦变压器供电方式简称AT供电方式。它由接触系统T、正馈线F、轨道大地系统R以及每隔一定距离设置的自耦变压器AT构成，如图1-19所示。牵引变电所主变压器二次

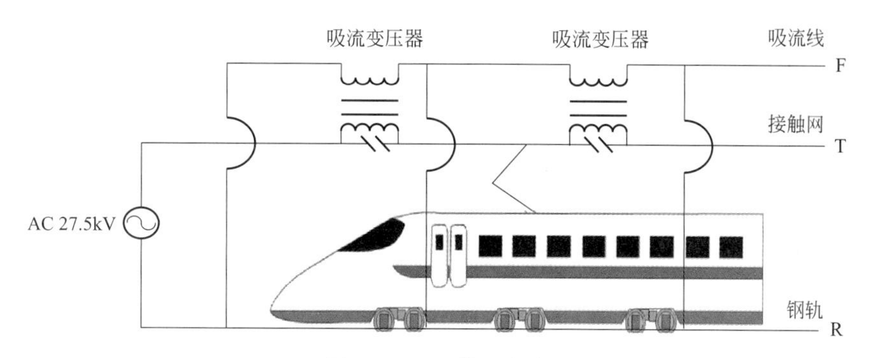

图 1-18　BT 供电方式

侧端子分别接于接触网和正馈线（即正馈线与接触线同杆架设），自耦变压器 AT 并联于接触网和正馈线之间。彼此相隔一定距离（一般间距为 10～16km）的自耦变压器将整个供电区段分成若干个小的 AT 区段，从而形成了一个多网孔的复杂供电网络。自耦变压器器两端绕组匝数相等，牵引变电所作为电源向牵引网输送的电压为 50kV。接触悬挂与轨道之间的电压仍为 25kV，正馈线与轨道之间的电压也为 25kV。AT 供电方式无需提高牵引网的绝缘水平，即可将牵引回路的供电电压提高一倍。自耦变压器中点与钢轨相连，大部分回流电流沿正馈线流回牵引变电所，减小了地中电流。

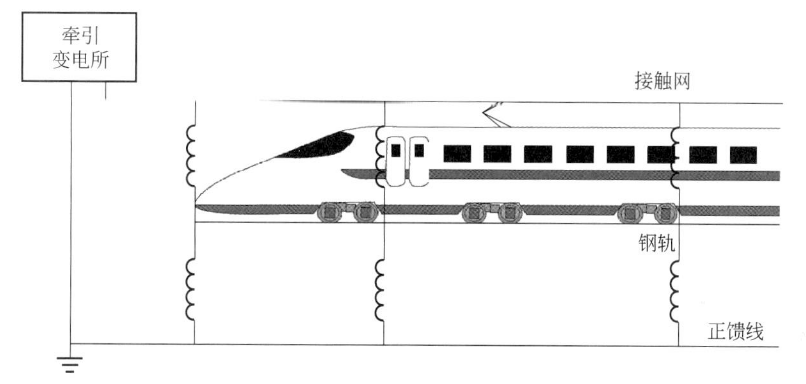

图 1-19　AT 供电方式

随着铁路电气化技术的发展及高速、大功率电力机车的投入运行，各国已逐步开始采用 AT 供电方式。实践证明，这种供电方式是既能有效地减弱接触网对邻近通信线的干扰影响，又能适应高速、大功率电力机车运行的一种比较先进的供电方式。

4. 带回流线的直接供电方式

采用 TR 供电方式，对简化系统设备、提高供电可靠性、增强技术指标及广泛的适应性等方面具有极大的现实意义。但是 TR 供电方式对邻近通信线路的干扰影响严重，钢轨电位比其他供电方式要高。为了保留 TR 供电方式的优点，克服其不足，在其结构上增设与轨道并联的架空回流线，就成为带回流线的直接供电方式（简称 DN 供电方式），如图 1-20 所示。回流线（N）与接触网（T）同杆架设，两组导线之间有互感，钢轨电流部分由回流线回流。

DN 供电方式相对于 TR 供电方式，钢轨电位和对邻近通信线路的干扰有所改善。钢轨电位降低，牵引网阻抗降低，供电距离增长，对弱电系统的电磁感应减小。与 AT 供电方式比较，减少了 AT 所和沿线架设的正馈线，不仅减少投资，还便于接触网维修。DN 供电方式具有广泛的应用前途。

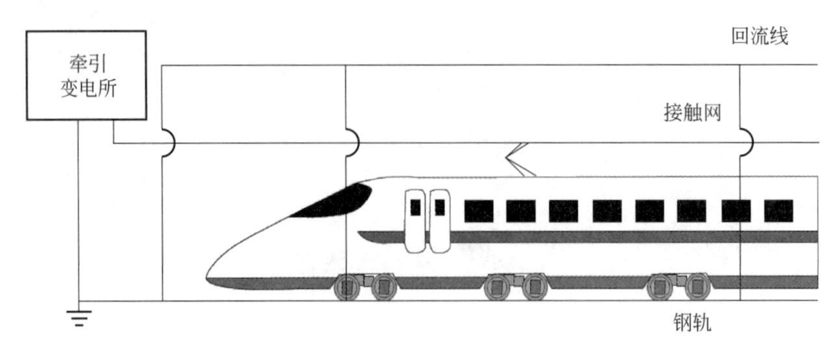

图 1-20 DN 供电方式

5. 同轴电缆供电方式

同轴电缆供电方式简称 CC 供电方式，如图 1-21 所示。这是一种新型的供电方式，我国只是进行过研究与试验。这种供电方式是将同轴电力电缆（CC）沿铁路线埋设，其内部芯线作为供电线与接触网连接，外部导体作为回流线与钢轨连接，且每隔 5～10km 一个分段。这样，馈电线与回流线在同一电缆中，间隔很小，且同轴布置，使得互感系数增大，且同轴电力电缆的阻抗比接触网和钢轨的阻抗小得多，牵引电流和回流几乎全部从电缆中流过；电缆芯线与外层导体电流大小相等、方向相反，两者形成的电磁场相互抵消，对邻近通信线路几乎没有干扰，吸流效果和抑制通信干扰的效果均优于 BT 和 AT 供电方式。CC 供电方式的牵引网阻抗和供电距离与 AT 供电方式相近，钢轨电位较低，接触网结构简单，对净空要求低，适于重载、高速大电流运行，但同轴电缆的造价太高，这限制了它的广泛应用。

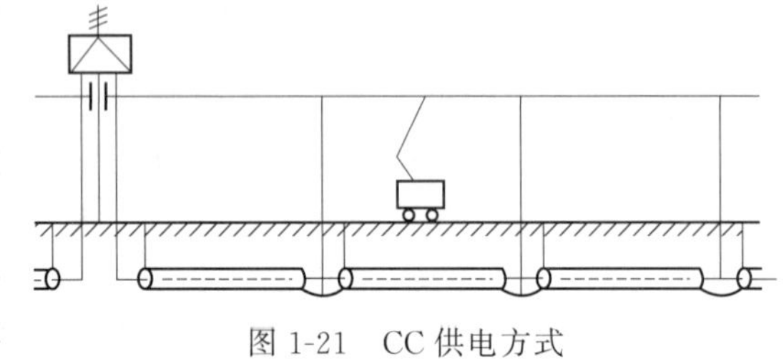

图 1-21 CC 供电方式

第三节 高压电气设备

在电力系统中，变电所的核心设备是变压器。变压器用于对电能实现变换和传输，有升压变压器和降压变压器两种。此外，变电所的电气设备还包括用于控制、分配电能的开关电器（如断路器、隔离开关、负荷开关等）、测量电路运行参数的测量电器（如电压互感器、电流互感器等）、限制电压或者电流大小以实现设备保护的限制电器（如避雷器、避雷针、电抗器、消弧线圈等）、汇聚分配电能的载流电器（如母线、电缆等）。这些高压电气设备统称为一次设备。

配电所仅用于接受和分配电能，一般不设变压器。

在变配电所中，高压电气设备按照先后顺序连接起来形成电路，称为一次回路或电气主接线。

变电所中用于对一次设备进行监视、测量、控制、调节和保护的电气设备（如测量仪表、控制器件、继电保护装置、自动装置等）统称为二次设备，其按照先后顺序连接起来形成的电路称为二次回路或二次系统。

一、高压电气设备的分类

按照功能划分，高压电气设备包括变换电器、开关电器、测量电器、保护电器、载流电器等。

按照安装地点划分，高压电气设备可以分为室内式和室外式两种。室内式高压电气设备装在建筑物内，不具有防风、雨、雷、灰尘、露、冰和浓霜等性能，工作电压一般为 35kV 及以下的电压等级。室外式高压电气设备适于安装在露天，能承受风、雨、雷、灰尘、露、冰和浓霜等作用，工作电压一般都在 35kV 及以上的电压等级。

按照电流制式划分，高压电气设备可以分为交流电器和直流电器。交流电器工作于三相或单相工频交流制，极少数工作在非工频系统。直流电器工作于直流制系统。直流制电气化铁道、城市地铁及轻轨交通供电系统中大量应用直流电器。

二、高压电气设备的功能

1. 变换电器（牵引供电用变压器）

变压器是变配电所中最重要的一次设备，其主要功能是变换电压和传输电能，将一次侧的电能通过电磁能量转换的方式传输到二次侧，同时根据应用的需要将电压升高或降低，完成电能的输送和分配。

（1）牵引变压器

牵引变压器（图 1-22）的作用是将 110kV（或 220kV）三相交流电变换成 27.5kV（或 55kV）的单相交流电供电力机车使用，在牵引变电所中起到降压和分相的作用。从结构上看，一般容量较小、电压较低的变压器可以做成干式变压器；容量较大、电压较高的变压器都做成油浸变压器。

目前，我国牵引供电系统中采用的牵引变压器主要有单相变压器、Vv 和 Vx 接线变压器、Ynd11 接线变压器和三相-两相平衡变压器等。

（2）自耦变压器

自耦变压器（图 1-23）是用于 AT 供电区段上的主要电气设备之一，它的作用是将牵引变压器二次侧馈出的 55kV 电压变换为适合于电力机车用的 27.5kV 电压。AT 牵引网中，每隔一段适当距离设置一台自耦变压器。这些自耦变压器分别装于 AT 开闭所、分区所、AT 所和斯科特接线 AT 牵引变电所内。

图 1-22 牵引变压器

图 1-23 自耦变压器

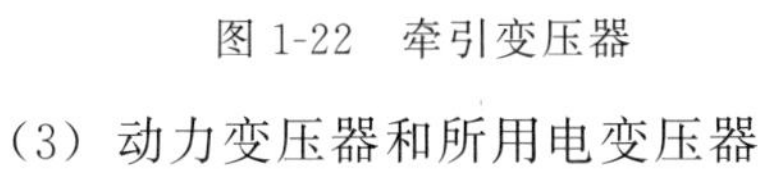

（3）动力变压器和所用电变压器

牵引变电所除向牵引网供电外，有时部分变电所还需给附近铁路站、段或地区提供动力、照明用电。近年来，有的牵引变电所还与铁路电力配电所合建，由牵引变电所给配电所提供一路电源。在此情况下，牵引变电所内必须装设动力变压器，接于变电所牵引侧母线上。

所用电变压器（图 1-24）的作用是向牵引变电所的动力、照明、检修、硅整流装置等负荷供电，其容量需满足本变电所所用电负荷的需要。为保证所用电可靠，一般装设两台所用电变压器，一台接于牵引母线，变压比为 27.5kV/0.4kV；另一台接于独立于牵引供电系统的地区 10kV 电源上，变压比为 10kV/0.4kV。两台所用电变压器中，一台运行，一台备用。两台所用电变控制回路中设电源互投装置或备用电源自投装置，以便在故障发生时自动切换。

在开闭所、分区亭和 AT 所内，常装设单相所用电变压器，接于 27.5kV 牵引母线上，并另引入地区 10kV 电源作为另一路电源。

图 1-24　所用电变压器

2. 测量电器（互感器）

测量电器是用来变换电路中的电压和电流，使之便于用于测量、保护和控制的电器。它包括电流互感器和电压互感器。

① 电流互感器：用来变换电路中的电流，以便供电给测量仪表、继电器或自动装置，并使之与高压电路隔离。

② 电压互感器：用来变换电路中的电压，以便供电给测量仪表、继电器或自动装置，并使之与高压电路隔离。

3. 开关电器

用来关合和开断电路的电器称为开关电器。常见的高压开关电器包括高压断路器、隔离开关、熔断器、负荷开关等。

（1）高压断路器

高压断路器是具有完善控制功能、可靠灭弧能力的一种开关电器，用来在电路正常工作和发生故障时关合、开断电路。

高压断路器是高压电气设备中最重要的设备，是一次电力系统中控制和保护电路的关键设备。高压断路器主要有两个作用：一是控制作用，即根据电力系统的运行要求，接通或断开工作电路；二是保护作用，当系统中发生故障时，在继电保护装置的作用下，断路器自动断开故障部分，以保证系统中无故障部分的正常运行。

（2）隔离开关

隔离开关又称刀闸，是一种没有专门灭弧装置的开关电器，用于关合和开断无负荷的电路。

在电力系统中，隔离开关的主要作用如下。

① 隔离电源。利用隔离开关断口的可靠绝缘能力，使需要检修或分段的线路与带电线路相互隔离，以确保检修工作的安全。

② 隔离开关与断路器配合进行倒闸操作。电气主接线中常见一台断路器与两台（或一台）隔离开关串联出现的情况。操作隔离开关时必须注意：绝不允许带负荷电流分闸，否则，隔离开关断口间产生的电弧将烧毁触头或形成三相弧光短路，造成供电中断。因此，当

隔离开关与断路器串联于电路中运行时，隔离开关必须遵守先合后分的原则；在并联时，隔离开关必须遵守先分后合的原则。

③ 通断小电流电路。用隔离开关可以通断电压互感器和避雷器电路，通断励磁电流不超过2A的空载变压器电路，通断电容电流不超过5A的空载线路，通断母线和直接接在母线上的电气设备的电容电流，通断变压器中性点的接地线。在某些终端变电所中，快分隔离开关与接地开关相配合，代替断路器的工作。

(3) 负荷开关

负荷开关是一种介于断路器和隔离开关之间的开关电器。它既有明显的、可靠的绝缘间隙，又有一定的熄灭电弧能力。负荷开关用来在电路正常工作或过载时关合、开断电路，可以开断负荷电流，不能开断短路电流。

4. 保护电器

保护电器用于电路和电气设备的安全保护，主要有熔断器、电抗器、避雷器等。

(1) 熔断器

熔断器是最简单和最早采用的一种保护电器，并兼有开关作用。熔断器常和被保护的电气设备串接于电路中使用。当电路中流过短路电流时，利用熔体产生的热量使本身熔断，从而切断电路，起到保护电气设备、缩小事故范围的作用。熔断器通常用于保护功率较小和对保护性能要求不高的电气设备。

(2) 电抗器

电抗器主要用来限制电路中的短路电流。牵引变电所中电抗器与电容器组一般串联连接。电抗器的作用是：在电容器组投入电网运行时，限制合闸涌流对电容器的冲击和防止切除电容器时断路器触头间电弧的重燃。为防止电容补偿装置与电力系统发生高次谐波并联谐振，抑制、吸收牵引负荷的高次谐波，因此在并联电容器上串接约为容抗12%的电抗器，使其对3次及以上的高次谐波的合成电抗为感性，并兼滤3次谐波以防电压波形畸变扩大，使牵引母线上的电压为较为严格的正弦波。

(3) 避雷器

避雷器用来限制电路中出现的过电压（包括由于雷电造成的外部过电压和由于操作产生的内部过电压）。

牵引变电所中的高压电气设备，随时有可能遭到大气过电压、操作过电压的侵袭。为尽可能地降低其侵袭所造成的绝缘破坏、影响运行的概率，并同时使电气设备只需具有较低（比能直接耐受过电压要低得多）的绝缘水平，以降低造价，牵引变电所中均装有相应的过电压保护装置，包括避雷针、避雷器。在AT牵引变电所及装设斯科特接线的主变压器和装设架空回流线N线的普通变电所中，为防止所内或附近牵引网接地故障时地网电位的升高，还装有接地放电保护装置。

5. 补偿电器（电容器）

电能用户在电网高峰时的负荷功率因数：高压用户的功率因数不低于0.85，农业用户的功率因数不低于0.8。电力电容器是最常用的功率因数补偿装置，它是用于补偿变配电系统的无功功率，提高系统的功率因数。目前，牵引变电所中采用的高压电容器主要有以下三种。

(1) 并联电容器

用于并联电容补偿装置中，补偿牵引供电系统中感性负荷的无功功率，以提高功率因数，降低负序，提高电压，改善电能质量。并联电容器一般接在牵引变电所的牵引母线上。

(2) 串联电容器

用于串联电容补偿装置中，补偿牵引网感抗，起提高和稳定供电臂末端电压的作用；使电压对称；具有部分补偿无功功率的作用。串联电容器可接在牵引供电系统任何一点，牵引侧一般接在滞后相、分区所或回流线上。

(3) 耦合电容器

利用耦合电容器与高压进线耦合及其电容的分压作用，抽取电压，用于测量、控制与保护，还可以兼用于电力线路载波通信。

在高速铁路牵引供电系统中，因采用交-直-交型电传动，系统基本不存在功率因数低的问题，牵引变电所不设置电容补偿装置，但预留了滤波的安装位置。部分高速铁路变配电系统，在10kV或0.4kV母线上设置电容补偿装置。

6. 母线

母线是在发电厂和变电所的各级电压配电装置中，将发电机、变压器等大型电气设备与各种电气装置连接的导体。母线是接受和分配电能的装置。母线主要包括一次设备部分的主母线和设备连接线、所用电部分的交流母线、直流系统的直流母线、二次设备部分的小母线等。

7. 组合电器

将上述某几种电器，按一定的线路配装成一个整体的电器组合。组合电器也称为开关柜。开关柜中一般还集合了测量、控制、保护、通信等功能的二次系统。电气化铁路供电系统中大量应用了组合电器，包括GIS组合电器、AIS组合电器等，本教材将逐一讲解。

复习思考题

1. 什么是电力系统？电力系统由哪些部分组成？
2. 供电设备、用电设备和电网的额定电压之间有何关系？
3. 供电质量指标主要有哪些？
4. 电力系统中性点运行方式主要有哪些？各自的应用范围是什么？
5. 中性点经消弧线圈接地的补偿方式有哪些？各有什么特点？
6. 工频单相交流制电气化铁道有哪些优缺点？
7. 简述牵引供电系统的构成及各部分的作用。
8. 牵引供电系统的供电方式有哪些类型？
9. 变电所中高压电气设备有哪些？各有什么功能？
10. 变电所中断路器与隔离开关的操作顺序有哪些特殊要求？为什么？
11. 变电所中补偿电器有哪些种类？各有什么作用？

第二章　高压开关电器

【学习目标】

1. 掌握真空、气体电弧的熄灭原理，工程上的灭弧方法。

2. 熟悉高压开关电器的现场应用与发展概况，掌握常见断路器的结构、工作原理，学会维护检调常见断路器。

3. 熟悉操动机构的现场应用与发展概况，掌握常见操动机构的结构、工作原理，学会维护检调常见操动机构。

4. 熟悉隔离开关、熔断器的结构原理、现场应用与发展概况，学会维护检调常见隔离开关与熔断器。

第一节　概述

一、气体电弧原理

1. 电弧的概念

当开关电器开断电路时，如果电路电压超过 10～20V，电流超过 80～100mA，触头刚刚分离后，触头之间就会产生强烈的白光，称为电弧。电弧是开关电器在开断过程中不可避免的现象。电弧的实质是一种气体放电现象。

2. 电弧放电的特征及危害

（1）电弧放电的特征

① 电弧由三部分组成，包括阴极区、阳极区和弧柱区。

② 电弧温度很高。电弧放电时，能量高度集中，弧柱中心区温度可达 10000℃左右，电弧表面温度也会达到 3000～4000℃。

③ 电弧是一种自持放电现象。电极间的带电质点不断产生和消失，处于一种动平衡状态。弧柱区电场强度很低，一般仅为 10～200V/cm。

④ 电弧是一束游离的气体。它的质量很轻，在电动力、热力和其他外力作用下，能迅速移动、伸长、弯曲和变形。

（2）电弧放电的危害

由于电弧具有上述特征，所以电弧的存在会对电力系统和电气设备造成以下危害。

① 电弧的存在延长了开关电器开断故障电路的时间，加重了电力系统短路故障的危害。

② 电弧产生的高温，将使触头表面熔化和汽化，烧坏绝缘材料。对充油电气设备还可能引起着火、爆炸等危险。

③ 由于电弧在电动力、热力作用下能移动，很容易造成飞弧短路和伤人，或引起事故的扩大。

④ 电弧存在时，尽管开关触头断开，电路中仍有电流流通，只有当电弧熄灭后，电路中才无电流通过而真正断开。

3. 电弧的产生

(1) 电弧产生的根本原因

产生电弧的根本原因是开关触头在分断电流时，触头间电场强度很大，使触头本身的电子及触头周围介质中的电子被游离而形成电弧电流。

(2) 产生电弧的游离方式

① 热电子发射　高温炽热的阴极表面能够向空间发射电子。当断路器的动、静触头分离时，触头间的接触压力及接触面积逐渐缩小，接触电阻增大，使接触部位剧烈发热，导致阴极表面温度急剧升高而发射电子，形成热电子发射。发射电子的数量与阴极表面温度及阴极材料有关。

② 强电场发射　当开关电器分闸的瞬间，由于动、静触头的距离很小，触头间的电场强度就非常大，使触头内部的电子在强电场作用下被拉出来，就形成强电场发射。

③ 碰撞游离　从阴极表面发射出的电子在电场力的作用下高速向阳极运动，在运动过程中不断地与中性质点（原子或分子）发生碰撞。当高速运动的电子积聚足够大的动能时，就会从中性质点中打出一个或多个电子，使中性质点游离，这一过程称为碰撞游离。新产生的电子将和原有的电子一起以极高的速度向阳极运动，当碰撞其他中性质点时，将再次发生碰撞游离。这样连续不断地碰撞游离，就使气体介质中带电质点大量增加，具有很大的电导，在外加电压作用下，气体介质被击穿，形成电弧放电。

④ 热游离　触头间电弧燃烧的间隙，称为弧隙。弧隙的温度很高，弧柱的温度可达5000～13000℃。弧柱中气体分子在高温作用下产生剧烈热运动，动能很大的中性质点互相碰撞时，将被游离而形成电子和正离子，这种现象称为热游离。弧柱导电就是靠热游离来维持的。

从上述可见：电弧由碰撞游离产生，靠热游离维持，而阴极则借强电场或热电子发射提供传导电流的电子。因此，维持电弧稳定燃烧的电压就不需要很高。

(3) 开关电弧形成的过程

断路器断开过程中电弧是这样形成的：触头刚分离时突然解除接触压力，阴极表面立即出现高温炽热点，产生热电子发射；同时，由于触头的间隙很小，使得电压强度很高，产生强电场发射。从阴极表面逸出的电子在强电场作用下，加速向阳极运动，发生碰撞游离，导致触头间隙中带电质点急剧增加，温度骤然升高，产生热游离并且成为游离的主要因素，此时，在外加电压作用下，间隙被击穿，形成电弧。

4. 电弧的熄灭

电弧中发生游离的同时，还存在着相反的过程，即去游离。若去游离作用始终大于游离作用，则电弧电流减小，直至电弧熄灭。因此，要熄灭电弧，就必须加强去游离作用。

(1) 电弧的去游离形式

电弧的去游离过程包括复合和扩散两种形式。

① 复合 复合是正、负带电质点相互结合变成不带电质点的现象。由于弧柱中电子的运动速度很快，约为正离子的1000倍，所以电子直接与正离子复合的概率很小。一般情况下，先是电子碰撞中性质点时，被中性质点捕获变成负离子，然后再与质量和运动速度相当的正离子互相吸引而接近，交换电荷后成为中性质点。还有一种情况就是电子先被固体介质表面吸附后，再被正离子捕获成为中性质点。

② 扩散 扩散是弧柱中的带电质点逸出弧柱以外，进入周围介质的现象。扩散有三种形式：一是温度扩散，由于电弧和周围介质间存在很大温差，使得电弧中的高温带电质点向温度低的周围介质中扩散，减少了电弧中的带电质点；二是浓度扩散，这是因为电弧和周围介质存在浓度差，带电质点就从浓度高的地方向浓度低的地方扩散，使电弧中的带电质点减少；三是吹弧扩散，在断路器中采用高速气体吹弧，带走电弧中的大量带电质点，以加强扩散作用。

（2）影响去游离的因素

① 电弧温度 电弧是由热游离维持的，降低电弧温度就可以减弱热游离，减少新的带电质点的产生。同时，也减小了带电质点的运动速度，加强了复合作用。通过快速拉长电弧，用气体或油吹动电弧，或使电弧与固体介质表面接触等，都可以降低电弧的温度。

② 介质的特性 电弧燃烧时所在介质的特性在很大程度上决定了电弧中去游离的强度，这些特性包括热导率、热容量、热游离温度、介电强度等。这些参数值越大，则去游离过程就越强，电弧就越容易熄灭。

③ 气体介质的压力 气体的压力越大，电弧中质点的浓度就越大，质点间的距离就越小，复合作用越强，电弧就越容易熄灭。在高度的真空中，由于发生碰撞的概率减小，抑制了碰撞游离，而扩散作用也很强。

④ 触头材料 当触头采用熔点高、导热能力强和热容量大的耐高温金属时，减少了热电子发射和电弧中的金属蒸气，有利于电弧熄灭。

除了上述因素以外，去游离还受电场电压等因素的影响。

5. 交流电弧特性和熄灭的条件

（1）交流电弧的特性

在交流电路中，电流瞬时值随时间变化，因而电弧的温度、直径以及电弧电压也随时间变化，电弧的这种特性称为动特性。由于弧柱的受热升温或散热降温都有一定过程，跟不上快速变化的电流，所以电弧温度的变化总滞后于电流的变化，这种现象称为电弧的热惯性。

在一个周期内交流电弧及电压随时间的变化如图2-1所示。电弧电压呈马鞍形变化，即电流小时，电弧电压高；电流大时，电弧电压减小且接近于常数。图2-1(a)和图2-1(b)分别代表一般冷却和加强冷却的电流、电压变化曲线。从图中可见，加强冷却可使电弧电压尖峰增高。

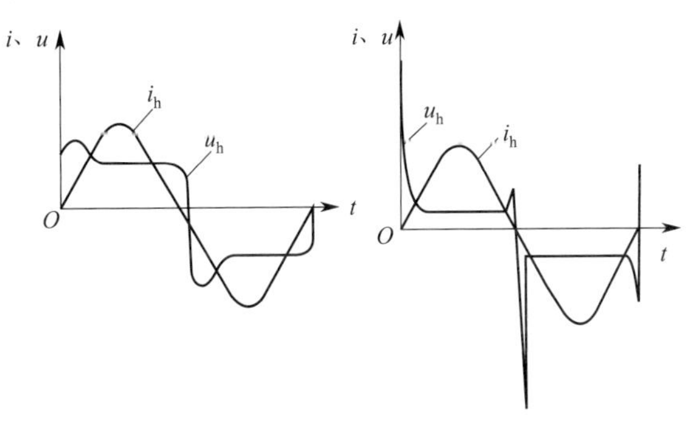

图2-1 交流电弧电压作用曲线

总之，交流电弧在交流电流自然过零时将自动熄灭，但在下半周随着电压的增高，电弧又重燃。如果电弧过零后，电弧不发生重燃，电弧就此熄灭。

由于交流电弧存在动特性，使交流电弧比直流电弧容易熄灭。

（2）交流电弧熄灭的条件

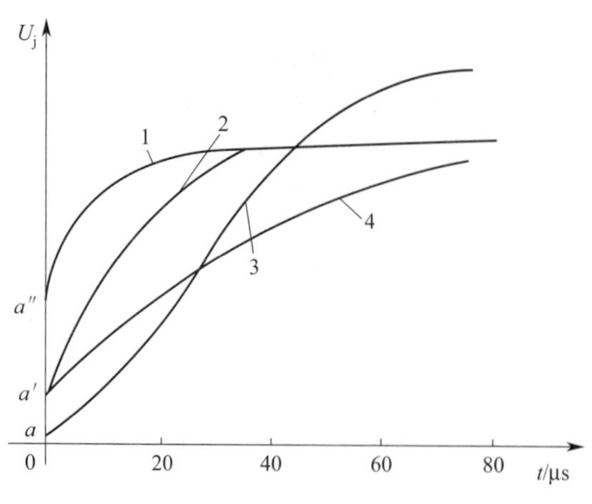

图 2-2　不同介质的介电强度恢复过程曲线

1—真空；2—SF_6；3—空气；4—油

交流电流过零后，电弧是否重燃取决于弧隙介质介电强度和弧隙电压的恢复。

① 弧隙介质介电强度的恢复过程

弧隙介质能够承受外加电压作用而不致使弧隙击穿的电压称为弧隙介质的介电强度。当电弧电流过零时电弧熄灭，而弧隙介质的介电强度要恢复到正常状态值还需一定的时间，此恢复过程称为弧隙介质介电强度的恢复过程，以耐受的电压 $U_j(t)$ 表示。

弧隙介质介电强度的恢复过程中，$U_j(t)$ 主要取决于开关电器灭弧装置的结构和灭弧介质的性质。图 2-2 所示为不同介质的介电强度恢复过程曲线。

② 弧隙电压的恢复过程

电流过零前，弧隙电压呈马鞍形变化，电压值很低，电源电压的绝大部分降落在线路和负载阻抗上。电流过零时，弧隙电压正处于马鞍形的后峰值处。电流过零后，弧隙电压从后峰值逐渐增长，一直恢复到电源电压，这一过程中的弧隙电压称为恢复电压，其电压恢复过程以 $U_{hf}(t)$ 表示。电压恢复过程与线路参数、负荷性质等有关。受线路参数等因素的影响，电压恢复过程可能是周期性的变化过程，也可能是非周期性的变化过程。

③ 交流电弧熄火的条件

在电弧电流过零时，电弧自然熄灭。电流过零后，弧隙中同时存在着两个作用相反的恢复过程，即弧隙介质介电强度恢复过程 $U_j(t)$ 和弧隙电压的恢复过程 $U_{hf}(t)$。图 2-3 所示为恢复电压与弧隙介质介电强度曲线。从图中可见：如果弧隙介质介电强度在任何情况下都高于弧隙恢复电压，则电弧熄灭；反之，如果弧隙恢复电压高于弧隙介质介电强度，弧隙就被击穿，电弧重燃。因此，交流电弧的熄灭条件为

$$U_j(t)>U_{hf}(t)$$

式中　$U_j(t)$——弧隙介质介电强度；

$U_{hf}(t)$——弧隙恢复电压。

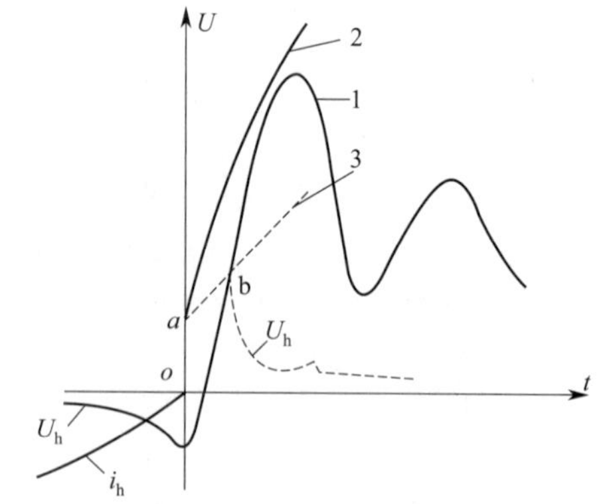

图 2-3　弧隙恢复电压和弧隙介质介电强度曲线

1—弧隙恢复电压曲线；2，3—弧隙介质介电强度曲线

二、开关电器中常用的灭弧方法

1. 提高触头的分闸速度灭弧

迅速拉长电弧，有利于迅速减小弧柱中的电位梯度，增加电弧与周围介质的接触面积，加强冷却和扩散的作用。因此，现代高压开关中都采取了迅速拉长电弧的措施灭弧，如采用强力分闸弹簧，其分闸速度已达 16m/s 以上。

2. 采用多断口灭弧

图 2-4 所示为开关电器的多断口触头的示意图。每一相有两个或多个断口相串联。在熄弧时，多断口把电弧分割成多个相串联的小电弧段。多断口使电弧的总长度加长，导致弧隙

的电阻增加；在触头行程、分闸速度相同的情况下，电弧被拉长的速度成倍增加，使弧隙电阻加速增大，提高了介电强度的恢复速度，缩短了灭弧时间。采用多断口时，加在每一断口上的电压成倍减小，降低了弧隙的恢复电压，亦有利于熄灭电弧。在要求将电弧拉到同样的长度时，采用多断口结构成倍减小了触头行程，也就减小了开关电器的尺寸。

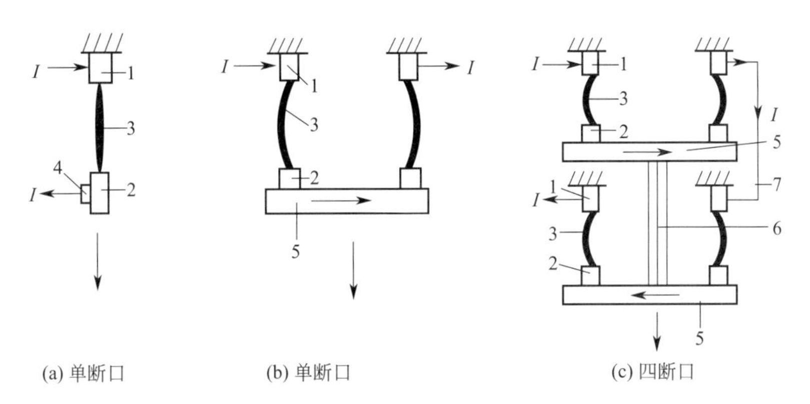

图 2-4 一相有多个断口的触头示意图

1—静触头；2—动触头；3—电弧；4—可动触头；

5—导电横担；6—绝缘杆；7—连线

3. 吹弧

用新鲜而且低温的介质吹拂电弧时，可以将带电质点吹到弧隙以外，加强了扩散。由于电弧被拉长变细，使弧隙的电导下降。吹弧还使电弧的温度下降，热游离减弱，复合加快。

(1) 吹弧气流产生方法

吹弧气流产生的方法如下。

① 用油气吹弧 用油气作吹弧介质的断路器称为油断路器。在这种断路器中，有用专用材料制成的灭弧室，其中充满了绝缘油。当断路器触头分离产生电弧后，电弧的高温使一部分绝缘油迅速分解为氢气、乙炔、甲烷、乙烷、二氧化碳等气体，其中氢气的灭弧能力是空气的 7.5 倍。这些油气在灭弧室中积蓄能量，一旦打开吹口，即形成高压气流吹弧。

② 用压缩空气或六氟化硫气体吹弧 将 20 个大气压左右的压缩空气或 5 个大气压左右的六氟化硫（SF_6）气体先储存在专门的储气罐中，断路器分闸时产生电弧，随后打开喷口，用具有一定压力的气体吹弧。

③ 产气管吹弧 产气管由纤维、塑料等有机固体材料制成，电弧燃烧时与产气管的内壁紧密接触，在高温作用下，一部分管壁材料迅速分解为氢气、二氧化碳等。这些气体在产气管内受热膨胀，增高压力，向产气管的端部形成吹弧。

(2) 吹弧分类

按吹弧方向的不同，吹弧可分为以下几种。

① 纵吹 吹弧的介质（气流或油流）沿电弧方向的吹拂称为纵吹，如图 2-5(a) 所示。纵吹能增强弧柱中的带电质点向外扩散，使新鲜介质更好地与炽热电弧接触，加强电弧的冷却，有利于迅速灭弧。

② 横吹 横吹时气流或油流的方向与触头运动方向是垂直的，或者说与电弧轴线方向垂直，如图 2-5(b)、图 2-5(c) 所示。横吹不但能加强冷却和增强扩散，还能将电弧迅速吹弯吹长。对于有介质灭弧栅的横吹灭弧室，栅片能更充分地冷却和吸附电弧，加强去游离。在相同的工作条件下，横吹比纵吹效果要好。

③ 纵横吹 由于横吹灭弧室在开断小电流时因室内压力太小，开断性能较差。为了改

善开断小电流时的灭弧性能，可将纵吹和横吹结合起来。在大电流时主要靠横吹，小电流时主要靠纵吹，这就是纵横吹灭弧室，如图 2-6 所示。

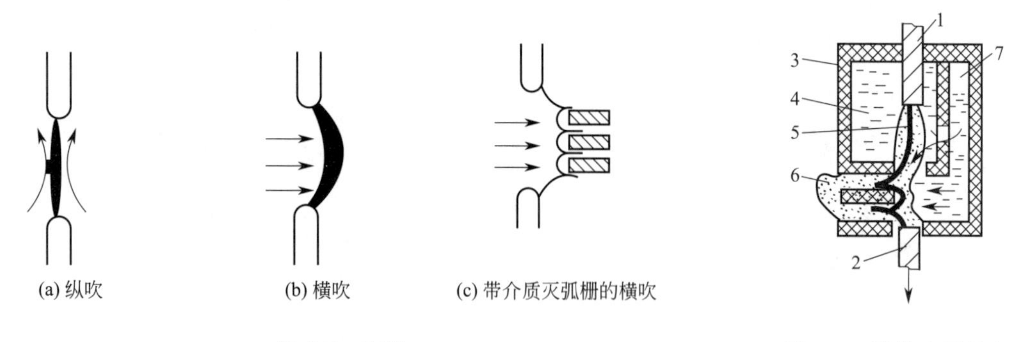

图 2-5　吹弧

图 2-6　纵横吹灭弧室

1—静触头；2—动触头；3—密闭燃烧室；4—变压器油；5—电弧；6—横吹孔；7—空气囊

4. 利用短弧原理灭弧

这种灭弧方法常用于低压开关电器中，其灭弧装置是一个金属栅灭弧罩，利用将电弧分为多个串联的短弧的方法来灭弧。图 2-7 所示为金属灭弧栅熄弧。由于受到电磁力的作用，电弧从金属栅片的缺口处被引入金属栅片内，一束长弧就被多个金属片分割成多个串联的短弧。如果所有串联短弧阴极区的起始介电强度或阴极区的电压降的总和永远大于触头间的外施电压，电弧就不再重燃而熄灭。采用缺口铁质栅片，是为了减少电弧进入栅片的阻力，缩短燃弧时间。

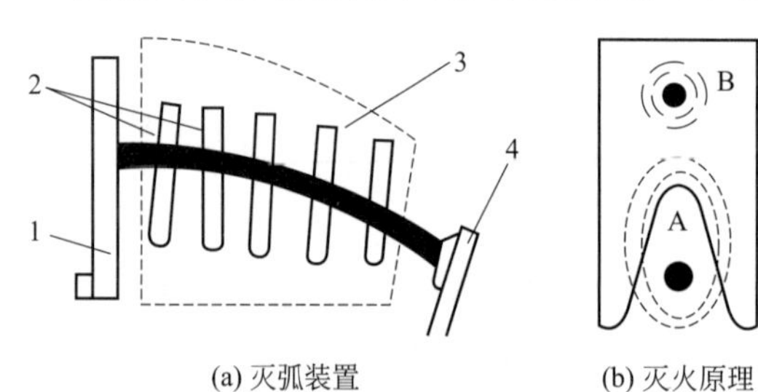

图 2-7　金属灭弧栅熄弧

1—静触头；2—金属栅片；3—灭弧罩；4—动触头

5. 利用固体介质的狭缝狭沟灭弧

低压开关电器中也广泛应用狭缝灭弧装置。该灭弧装置的灭弧片是由石棉水泥或陶土制成的。触头间产生电弧后，在磁吹装置产生的磁场作用下，将电弧吹入由灭弧片构成的狭缝中，把电弧迅速拉长的同时，使电弧与灭弧片内壁紧密接触，对电弧的表面进行冷却和吸附，产生强烈的去游离。图 2-8 为狭缝灭弧装置的工作原理图。

图 2-9 所示是石英砂熔断器使用狭沟灭弧原理。石英砂熔断器中的熔丝熔断时，在石英砂的狭沟中产生电弧。由于受到石英砂的冷却和表面吸附作用，使电弧迅速熄灭。同时，熔丝汽化时产生的金属蒸气渗入石英砂中遇冷而迅速凝结，大大减少了弧隙中的金属蒸气，使得电弧容易熄灭。

6. 用耐高温金属材料作触头、优质灭弧介质灭弧

触头材料对电弧中的去游离也有一定影响，用熔点高、热导率和热容量大的耐高温金属制作触头，可以减少热电子发射和电弧中的金属蒸气，从而减弱了游离过程，有利于熄灭电弧。

灭弧介质的特性参数（如热导率、介电强度、热游离温度、热容量等），对电弧的游离程度具有很大影响。这些参数值越大，去游离作用就越强。在高压开关电器中，广泛采用压

缩空气、六氟化硫（SF_6）气体、真空等作为灭弧介质。

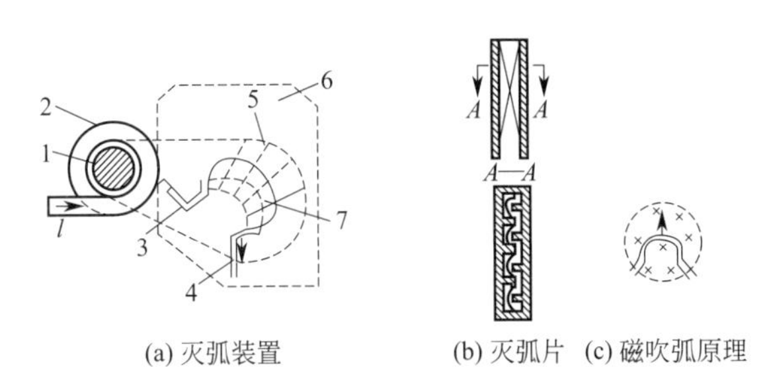

图 2-8 狭缝灭弧装置的工作原理图

1—磁吹铁心；2—磁吹绕组；3—静触头；4—动触头；5—灭弧片；6—灭弧罩；7—电弧移动

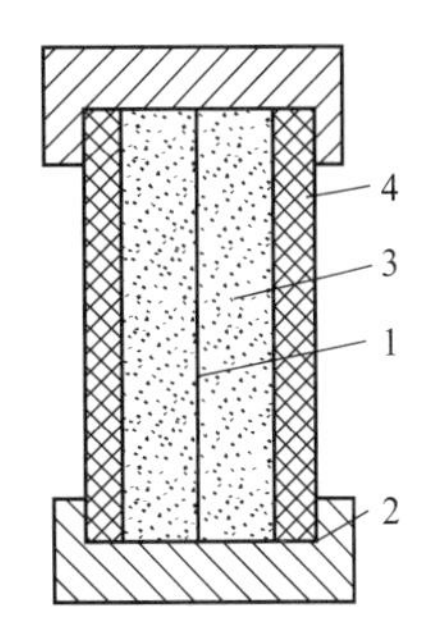

图 2-9 石英砂熔断器灭弧原理

1—熔丝；2—铜帽；3—石英砂；4—管体

三、高压开关电器

用来关合和开断电路的电器，称为开关电器。它包括以下电器。

① 高压断路器：用来在电路正常工作和发生故障时关合和开断电路。

② 隔离开关：主要用于将高压设备与电源隔离，以保证检修工作人员的安全。

③ 熔断器：用来在电路发生过载或短路时依靠熔件的熔断开断电路。

④ 负荷开关：用来在电路正常工作或过载时关合以及开断电路，不能开断短路电流。

1. 高压断路器概述

（1）高压断路器的作用

高压断路器是高压电气设备中最重要的设备，是一次电力系统中控制和保护电路的关键设备。高压断路器主要有两个作用：一是控制作用，即根据电力系统的运行要求，接通或断开工作电路；二是保护作用，当系统中发生故障时，在继电保护装置的作用下，高压断路器自动断开故障部分，以保证系统中无故障部分的正常运行。

（2）高压断路器的基本要求

根据以上所述，高压断路器在电力系统中承担着非常重要的作用，不仅应能接通和断开负荷电流，而且还应能断开短路电流。因此，高压断路器必须满足以下基本要求。

① 工作可靠　高压断路器应能在规定的运行条件下长期可靠地工作，并能正确地执行分合闸的命令，顺利完成接通或断开电路的任务。

② 具有足够的开断能力　高压断路器在断开短路电流时，触头间要产生能量很大的电弧。因此，高压断路器必须具有足够强的灭弧能力才能安全、可靠地断开电路，并且还要有足够的热稳定性。

③ 具有尽可能短的切断时间　在电路发生短路故障时，短路电流对电气设备和电力系统会造成很大的危害，所以高压断路器应具有尽可能短的切断时间，以减少危害，并有利于电力系统的稳定。

④ 具有自动重合闸性能　由于输电线路的短路故障大多数是瞬时的，所以采用自动重合闸可以提高电力系统的稳定性和供电可靠性。即在发生短路故障时，继电保护装置动作使高压断路器分闸，切断故障电流，经无电流间隔时间后自动重合闸，恢复供电。如果故障仍然存在，高压断路器则立即跳闸，再次切断故障电流。这就要求高压断路器具有在短时间内连续切除故障电流的能力。

⑤ 具有足够的机械强度和良好的稳定性能　正常运行时，高压断路器应能承受自身重

量、风载和各种操作力的作用。系统发生短路故障时，应能承受电动力的作用，以保证具有足够的动稳定。高压断路器还应适应各种工作环境条件的影响，以保证在各种恶劣的气象条件下都能正常工作。

⑥ 结构简单、价格低廉　在满足安全、可靠要求的同时，还要求高压断路器结构简单、体积小、重量轻、价格合理。

2. 高压断路器的类型

高压断路器按安装地点分类，分为室内式和室外式两种；按灭弧介质分类，分为油断路器、SF_6 断路器和真空断路器。

（1）油断路器

采用变压器油作为灭弧介质和绝缘介质的断路器称为油断路器。变压器油只作为灭弧介质和触头开断后弧隙绝缘介质，而带电部分与地之间的绝缘采用瓷介质的断路器，由于油量较少，称为少油断路器。油断路器可用于各级电压的室内外变电所。

（2）SF_6 断路器

采用规定压力的、具有优良灭弧性能和绝缘性能的 SF_6 气体作为灭弧介质和弧隙绝缘介质的断路器称为 SF_6 断路器。它主要用于110kV及以上大容量变电所及频繁操作的场所。

（3）真空断路器

真空断路器是指触头在 $133.3\times10^{-8}\sim133.3\times10^{-4}$Pa 的真空中开闭电路的断路器。目前，它主要用于35kV及以下用户中要求频繁操作的场所。

3. 高压断路器的型号规格

高压断路器的型号主要由以下七个单元组成（图2-10）。

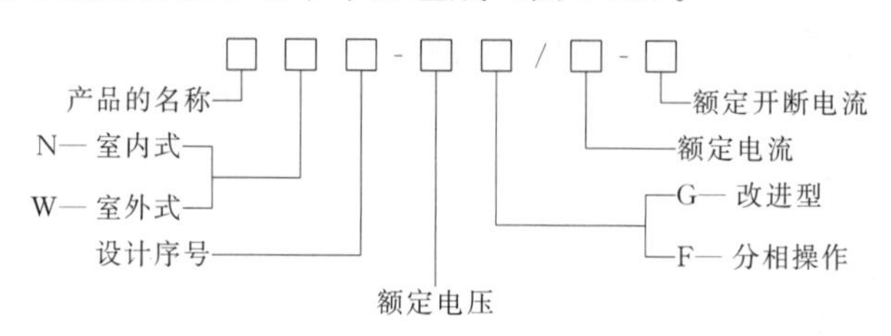

图2-10　高压断路器型号示意图

第一单元是产品的名称：S—少油断路器，D—多油断路器，K—空气断路器，L—六氟化硫断路器，Z—真空断路器，Q—自产气断路器，C—磁吹断路器。

第二单元是装设地点代号：N—室内式，W—室外式。

第三单元是设计序号。

第四单元是额定电压，kV。

第五单元是补充工作特性标志：G—改进型，F—分相操作。

第六单元是额定电流，A。

第七单元是额定开断电流，kA。

4. 高压断路器的技术参数

高压断路器的特性和工作性能，可用它的基本参数来表征。高压断路器的基本参数如下。

① 额定电压 U_N　额定电压是指断路器长时间运行时能承受的正常工作电压。它不仅决定了断路器的绝缘水平，而且在相当程度上决定了断路器的总体尺寸。三相电路中，额定电压均指线电压。

② 最高工作电压　由于电网不同地点的电压可能高出额定电压10%左右，故制造厂规定了断路器的最高工作电压。对于220kV及以下设备，其最高工作电压为额定电压的1.15倍；对于330kV的设备，规定为1.1倍。

③ 额定电流 I_N　额定电流是指铭牌上标明的断路器可长期通过的工作电流。断路器长期通过额定电流时，各部分的发热温度不会超过允许值。额定电流也决定断路器触头及导电部分的截面。

④ 额定开断电流 I_{NK}　额定开断电流是指断路器在额定电压下能正常开断的最大短路电流的有效值。它表征断路器的开断能力。开断电流与电压有关，当电压不等于额定电压时，断路器能可靠切断的最大短路电流有效值，称为该电压下的开断电流。当电压低于额定电压时，开断电流比额定开断电流有所增大。

⑤ 额定断流容量 S_{NK}　额定断流容量也表征断路器的开断能力。在三相系统中，它和额定开断电流的关系为

$$S_{NK}=\sqrt{3}U_N I_{NK}$$

式中　U_N 为断路器所在电网的额定电压；I_{NK} 为断路器的额定开断电流。

由于 U_N 不是残压，故额定断流容量不是断路器开断时的实际容量。

⑥ 关合电流 i_{Ncl}　保证断路器能关合短路而不至于发生触头熔焊或其他损伤所允许接通的最大短路电流。

⑦ 动稳定电流 i_{es}　动稳定电流是指断路器在合闸位置时，允许通过的短路电流最大峰值。它是断路器的极限通过电流，其大小由导电和绝缘等部分的机械强度所决定，也受触头结构形式的影响。

⑧ 热稳定电流 I_{Nt}　热稳定电流是指在规定的某一段时间内，允许通过断路器的最大短路电流。热稳定电流表明了断路器承受短路电流热效应的能力。

⑨ 全开断（分闸）时间 t_0　全开断时间是指断路器接到分闸命令瞬间起到各相电弧完全熄灭为止的时间间隔。它包括断路器固有分闸时间 t_{gf} 和燃弧时间 t_h，即 $t_0=t_{gf}+t_h$。

断路器固有分闸时间是指断路器接到分闸命令瞬间到各相触头刚刚分离的时间；燃弧时间是指断路器触头分离瞬间到各相电弧完全熄灭的时间。全开断时间 t_0 是表征断路器开断过程快慢的主要参数。t_0 越小，越有利于减小短路电流对电气设备的危害、缩小故障范围、保持电力系统的稳定。断路器开断时间示意图如图2-11所示。

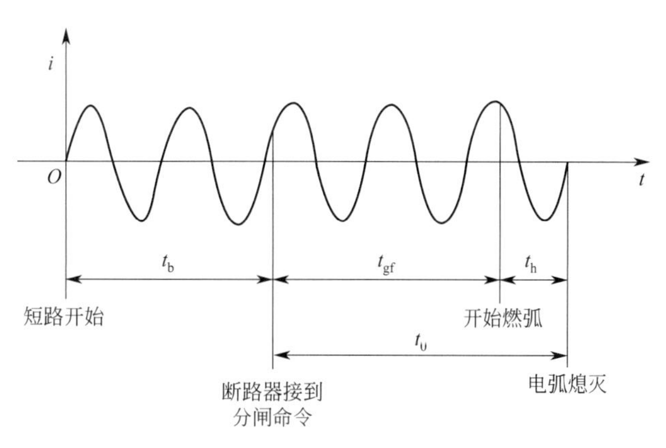

图2-11　断路器开断时间示意图

⑩ 合闸时间　合闸时间是指从操动机构接到合闸命令瞬间起到断路器接通为止所需的时间。合闸时间取决于断路器的操动机构及中间传动机构。一般合闸时间大于分闸时间。

⑪ 操作循环　操作循环也是表征断路器操作性能的指标。我国规定断路器的额定操作循环如下。

自动重合闸操作循环为

分—θ—合分—t—合分

非自动重合闸操作循环为

分—t—合分—t—合分

式中　分——分闸操作；

合分——合闸后立即分闸的动作；

θ——无电流间隔时间，标准值为0.3s或0.5s；

t——强送电时间，标准时间为180s。

5. 开关电器的操动机构

（1）操动机构的结构组成

操动机构是用来驱使高压开关进行分合闸，并使高压开关合闸后维持在合闸状态的电气设备，简称机构。由于相同的操动机构可配用不同型号的高压开关，因此操动机构一般独立于高压开关本体，有独立的型号。根据操动机构的作用，它一般由下列几部分组成。

① 能量转换装置　其作用是把其他形式的能量转换成机械能，使操动机构按规定目的发生机械运动。这种装置如电磁铁、电动机、液压传动工作缸、压缩空气工作缸等。该装置应能提供足够的操作功用，以克服高压开关的机械静力矩和短时的电动力矩，保证高压开关的分合闸速度。

② 传动机构　它是操动机构的执行元件，用以改变操作功的大小、方向、位置，使高压开关改变工作状态。它多由连杆机构、拐臂、拉杆、油气管道等元件组成。要求它的机械惯性小，传动速度大，能量损失少，动作准确、可靠。

③ 保持与脱扣机构　既可使高压开关可靠地保持在合闸位置，又可迅速解除合闸位置，使高压开关进入自由分闸状态的装置称为保持与脱扣机构。

保持机构多由动作灵活的机械卡销组成。脱扣机构多由连杆机构组成，如四连杆等。不同的操动机构有不同形式的保持与脱扣装置，但都应稳定可靠、动作灵活。脱扣机构的失灵将使高压开关拒绝分闸或误分闸，并造成严重后果。

脱扣机构的自由脱扣是指不论合闸做功元件处在何种位置（如断路器处在合闸过程中），只要分闸做功元件启动，脱扣机构都应使断路器可靠分闸。

④ 控制系统　有电控、气控、油控等类型，用于实现对高压开关的远距离控制，保持或释放操作功。

⑤ 缓冲装置　缓冲装置用于吸收做功元件完成分合闸操作后剩余的操作功，使操动机构免受机械冲击。缓冲装置应有较短的复位时间，以便为下次动作做好准备。如弹簧缓冲器、橡皮缓冲器、油、气缓冲器等都属于缓冲装置。

⑥ 闭锁装置　其作用在于防止高压开关的误操作和误动作。如位置闭锁（弹簧储能不合要求时操动机构拒动）、高压力与低压力闭锁（指油、气压力不合要求时操动机构拒动）等都属于闭锁装置。

（2）操动机构的型号规格

操动机构的型号规格为

①	②	③	④	-	⑤	⑥	⑦

其中各单元代表含义如下。

①——产品名称，用C表示。

②——操动机构类型，“T”表示弹簧型，“D”表示电磁型，“Y”表示液压型，“Q”表示气动型，“J”表示电动机型，“S”表示人力。

③——设计序号。

④——改进产品序号。

⑤——其他标志。

⑥——带箱子的标志。

⑦——企业自定符号。

（3）操动机构的类型及特点

操动机构的类型及特点如表 2-1 所示。

表 2-1　常见操动机构的类型及特点

类型	基本特点	使用场合
手动机构	用人力合闸，用已储能的弹簧分闸；不能遥控合闸操作及自动重合闸。结构简单，须有自由脱扣机构；关合能力取决于操作者，不易保证	可用于电压 10kV，开断电流 6kA 以下的断路器或负荷开关
弹簧机构	用合闸弹簧（用电动机或手力储能）合闸，靠已储能的分闸弹簧分闸；动作快，能快速自动重合闸；能源功率小，结构较复杂，冲击力大，构件强度要求较高；输出力特性与本体反力特性配合较差	35kV 及以下断路器配用的操动机构的主要品种
液压机构	以高压油推动活塞实现合闸与分闸；动作快，能快速自动重合闸；结构较复杂，密封要求高、工艺要求高；操作力大、冲击力小、动作平稳	适用于 110kV 及以上的断路器，是超高压断路器配用的操动机构的主要品种
弹簧储能液压机构	以碟状弹簧组压缩储能，高压油推动活塞实现合闸与分闸；动作快；综合了弹簧机构、液压机构的优点	适用于中压、高压断路器
气动机构	以压缩空气推动活塞往复运动，使断路器分合闸，或仅用压缩空气推动活塞合闸（或分闸），而以已储能的弹簧分闸（或合闸）；动作快，能快速自动重合闸；合闸力容易调整；制造工艺要求较高；需压缩空气源，操作噪声大	适用于有压缩空气源的开关站
电动机机构	通过二级齿轮变速和蜗轮蜗杆减速，将电动机的连续旋转变换为主传动轴的一定角度的偏转	一般用来驱动隔离开关

第二节　SF_6 断路器

一、SF_6 气体的特性

SF_6 是一种无毒、不燃的气体，具有优异的绝缘性能和灭弧性能。将 SF_6 气体应用于断路器、变压器和电缆等电气设备，显示出矿物油无可比拟的优越性。

1. SF_6 气体的优良特性

① SF_6 气体热容量大。SF_6 气体的分子在分解时吸收的能量多，对弧柱的冷却作用强。

② SF_6 气体环境下的电弧能量小。SF_6 气体在高温时分解出的硫、氟原子和正负离子，与其他灭弧介质相比，在同样的弧温时有较大的游离度。在维持相同游离度时，弧柱温度较低。因此，SF_6 气体中电弧电压较低，燃弧时的电弧能量小，对灭弧有利。

③ SF_6 气体分子的负电性强。所谓负电性，是指 SF_6 气体分子极易捕获、吸附自由电子形成低活动性负离子的特性。SF_6 气体负电性强，加强了去游离，降低电导率。在电弧电流过零后，弧柱温度将急剧下降，分解物急速复合。因此，SF_6 气体弧隙的介电性能恢复速度很高，能耐受很高恢复电压，电弧在电流过零后难重燃。

2. SF_6 气体的危害及其对策

SF_6 的危害主要体现在两个方面：一是高温电弧分解产物和其本身（或分解产物）与接

触介质发生化学反应生成物对生物的毒性作用；二是 SF_6 作为一种温室气体对环境的危害。

电气设备内的 SF_6 气体在高温电弧发生作用时而产生的某些有毒产物，这种物质对绝缘材料、金属材料、玻璃、电瓷等含硅材料有很强的腐蚀性。例如，SF_6 气体分解物与水的继发性反应；与电极（Cu-W 合金）及金属材料（Al、Cu）反应而生成某些有毒产物；与含有硅成分的环氧酚醛玻璃丝布板（棒、管）等绝缘件，或以石英砂、玻璃作填料的环氧树脂浇注件、模压件以及瓷瓶、硅橡胶、硅脂等起化学作用，生成 SiF_4、$Si(CH_3)_2F_2$ 等产物。

因此，在制造、运用和检修 SF_6 断路器时，应该注意以下几个方面。

① 必须严格控制 SF_6 气体中的水分。通常从以下几个方面采取措施：加强断路器的密封；组装断路器时，先要对零部件进行彻底烘干；严格控制 SF_6 气体中含水量；严格控制断路器充气前的含水量；在 SF_6 断路器内部加装吸附剂。

② 由于 SF_6 气体在灭弧时会产生有毒气体和粉尘，在排放废气和拆开断路器灭弧部件时，应穿戴防毒面具、防护手套、长袖工作服，尽量不露出皮肤，处理有毒废料时应戴防护手套。

③ 排出 SF_6 废气时，应通过滤罐过滤有毒粉尘后放到大气中。

④ 断路器部件的拆装、检修一般应在干燥、清洁的室内进行，现场检修时天气应稳定无雨且空气湿度不得大于 80%。

⑤ 为防止断路器内部进入潮气和灰尘，拆卸处理过的部件应马上用塑料布（袋）包好并系紧。

二、 SF_6 断路器的结构类型与型号

1. SF_6 断路器的结构类型

常见的 SF_6 断路器结构按照对地绝缘方式不同分为以下两种类型。

① 落地罐式　这种断路器的总体结构如图 2-12 所示。它把触头和灭弧室装在充有 SF_6 气体并接地的金属罐中，触头与罐壁间绝缘采用环氧树脂支持绝缘瓷套，引出线靠绝缘瓷套管引出。该结构便于安装电流互感器，抗振性能好，但系列性能差。

② 瓷柱式　瓷柱式断路器灭弧室可布置成“T”形或“Y”形，110kV、220kV 的 SF_6 断路器随开断电流增大，制成单断口断路器，布置成单柱式，如图 2-13 所示。灭弧室位于高电位，靠支持绝缘瓷套对地绝缘。

220kV 的 SF_6 断路器在高速客运专线铁路牵引变电所得到应用。

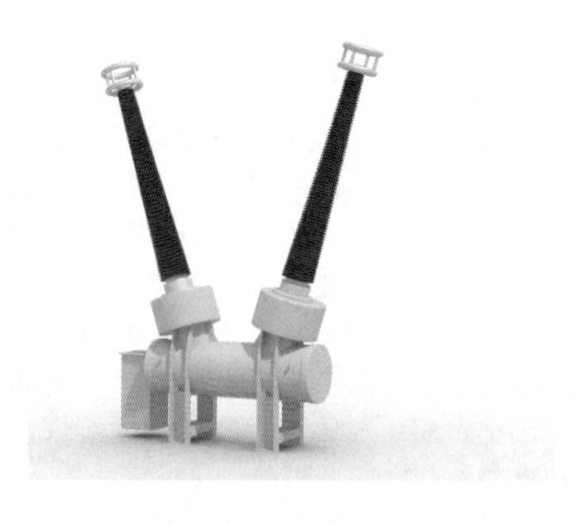

图 2-12　550kV 落地罐式 SF_6 断路器

图 2-13　220kV 瓷柱式 SF_6 断路器

SF_6 断路器灭弧室结构可分为单压式和双压式两种。

① 单压式（压气式）灭弧室　单压式灭弧室又称压气式灭弧室。它只有一个气压系统，即常态时只有单一压力的 SF_6 气体。灭弧室的可动部分带有压气装置，分闸过程中，压气缸与触头同时运动，将压气室内的气体压缩。触头分离后，电弧即受到高速气流纵吹而将电弧熄灭。灭弧室中，压气活塞是固定不动的，静触头与动触头之间的开距也是固定不变的。

② 双压式灭弧室　它有高压和低压两个气压系统。灭弧时，高压室控制阀打开，高压 SF_6 气体经过喷嘴吹向低压系统，再吹向电弧使其熄灭。灭弧室内正常时充有高压气体的称为常充高压式；仅在灭弧过程中才充有高压气体的称为瞬时充高压式。

2. SF_6 断路器型号与参数

例如 LW8A-252（NW）/Y3150-50 中各单元含义依次为：灭弧介质为 SF_6 气体，室外用，设计序号为 8，额定电压为 252kV，用于凝露、污秽地区，液压操动机构，额定电流是 3150A，额定短路开断电流是 50kA。

三、瓷柱式单压力 SF_6 断路器结构与工作原理

瓷柱式 SF_6 气体断路器是一种定开距、单压力、双向纵吹、瓷瓶支柱式高压开关，如图 2-14 所示。正常运行中 SF_6 气体压力 20℃时为 0.5MPa。配用弹簧操动机构，三相联动或两相联动，用于牵引变电所 110kV 侧（220kV 侧）和 55kV 牵引侧，作 110kV（220kV）电源进线的控制、保护之用。

1. 瓷柱式 SF_6 断路器的结构组成

该断路器主要由机构箱、支柱瓷套，开断元件三部分组成。

（1）机构箱

断路器的机构箱一般由轻型铝合金铸成，如图 2-15 所示。

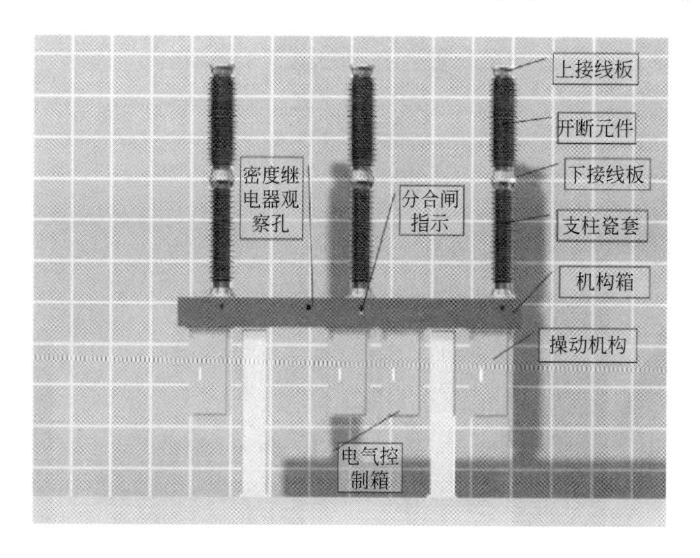

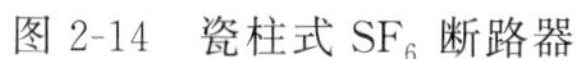
图 2-14　瓷柱式 SF_6 断路器

图 2-15　瓷柱式 SF_6 断路器机构箱

机构箱下部装有缓冲装置，用于吸收断路器分闸末期剩余操作功；机构箱下部还装有分闸弹簧装置，在断路器合闸过程中被压缩或拉伸储存能量，分闸时释放能量带动断路器分闸。

机构箱内部隔成两个气室，即空气室和 SF_6 气室。中间隔板上装有大轴和若干拐臂组成的水平变直机构，用于将水平拉杆（与操动机构相连）水平方向上的操作功变为绝缘提升拉杆垂直方向上的操作功，驱使断路器分合闸。

空气室中大轴上的两个拐臂分别与水平拉杆和分闸弹簧或缓冲器相连。SF_6 气室中大轴上的拐臂与支持瓷套中的绝缘提升拉杆相连，内充 SF_6 气体。SF_6 气室外壳上装有充气阀（用于充放 SF_6 气体）和密度监测计（用于监视 SF_6 气体的压力）。若因泄漏，使 SF_6 气体压力下降时，能发报警信号及进行闭锁操作。

机构箱固定在金属框架上，金属框架固定在钢支柱上。

（2）支柱瓷套［见图 2-16(a)］

支柱瓷套为断路器开断元件的支持绝缘件，使灭弧室开断元件带电部分与接地部分之间绝缘，并承受操作力及外力。支柱瓷套内装有绝缘提升拉杆，其上端与压气缸操动杆相连，下端与机构箱中 SF_6 气室内拐臂相连，并充有 SF_6 气体。

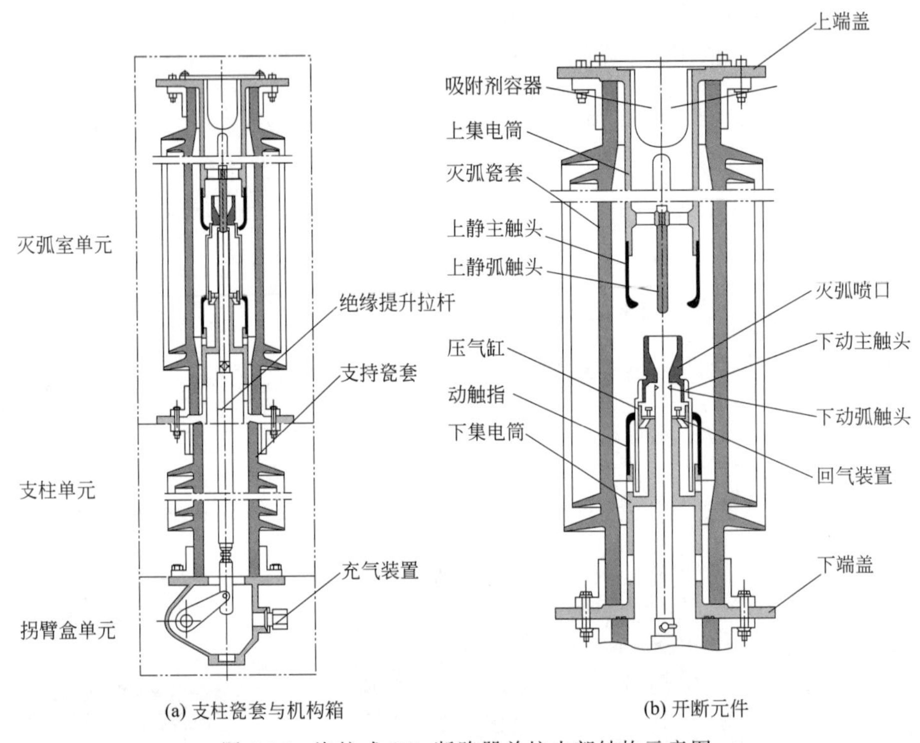

(a) 支柱瓷套与机构箱　　(b) 开断元件

图 2-16　瓷柱式 SF_6 断路器单柱内部结构示意图

（3）开断元件［见图 2-16(b)］

开断元件是断路器重要组成部分，它主要由以下几部分组成。

① 灭弧瓷套　灭弧瓷套是断路器灭弧室的主体。内充 SF_6 气体，同时作为断口间的外绝缘，在开断情况下，将带电的上静主触头、静弧触头与相应的下动主触头、动弧触头隔离，并支撑带电的上端盖。

② 上、下端盖　上、下端盖和灭弧瓷套共同组成断路器的灭弧室。上端盖从顶端密封灭弧室，上端盖下表面与上集电筒电连接并固定有吸收剂容器（装在上集电筒内，内装两种吸收剂，分别吸收分合闸时，电弧的高温分解 SF_6 气体产生的有害分解物和 SF_6 气体中残留的湿气），同时上端盖经上接线板与电流进线连接。下端盖上表面与下集电筒电连接并从底端密封，支撑灭弧瓷套，同时经下接线板将电流引出。

③ 上、下集电筒　上、下集电筒均为断路器导电回路的固定部件。上集电筒内中部连接固定有棒状静弧触头，筒下端内侧连接固定上静主触头。下集电筒顶端安装固定有压气活塞，筒上部外表面安装有下静主触头。压气活塞和下静主触头与压气缸滑动接触。筒内有压气活塞支撑装置，并使压气缸操动杆通过其中。上、下集电筒间形成一定开距，即触头间隙。下集电筒如图 2-17 所示。

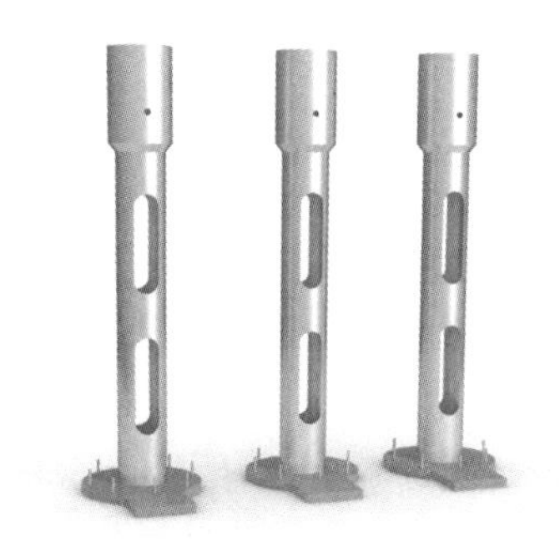

图 2-17　瓷柱式 SF_6 断路器下集电筒

④ 压气缸及灭弧喷口　压气缸为一铜质圆筒，圆筒盖上面固定有动弧触头，灭弧喷口套装在动弧触头之外，喷口下部外表面安装有动主触头。圆筒顶盖下面固定压气缸的空心操动杆。空心操动杆与支持瓷套内的绝缘提升拉杆相铰接。

⑤ 动静触头系统　该断路器动静触头系统由一对主触头和一对弧触头组成。合闸时，主触头与弧触头均接触导电，主触头起到主导电作用；分闸过程中，弧触头总是先于主触头分离，电弧首先在弧触头上燃烧，起到保护主触头的作用。一对弧触头由上静弧触头（棒形）和下动弧触头（杆形）构成，如图 2-18 所示。

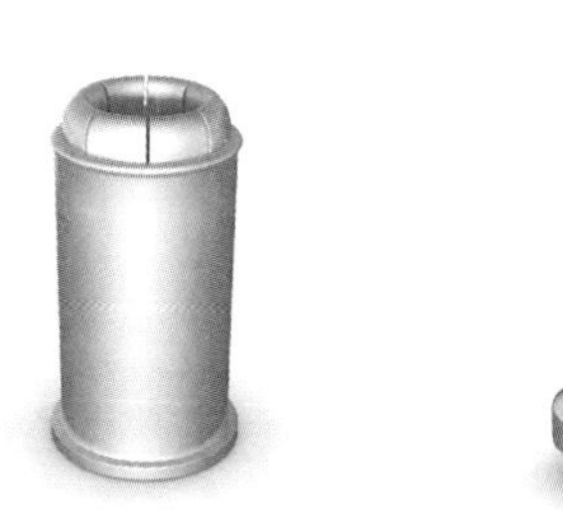

(a) 上静弧触头　　(b) 下动弧触头

图 2-18　瓷柱式 SF_6 断路器弧触头

2. 瓷柱式 SF_6 断路器的工作过程及导电回路

（1）合闸过程

断路器在分闸位置时，压气缸顶盖坐落在下集电筒压气活塞上，压气缸因圆筒插入下集电筒上，压气缸及灭弧喷口与上集电筒触头脱离，电路断开。

当操动断路器合闸时，操动机构动作使水平传动杆向右运动，通过空气室侧的拐臂，使大轴逆时针方向转动，带动分闸弹簧储能（压缩）为分闸做准备，SF_6 气体室侧与绝缘提升拉杆相连的拐臂逆时针方向转动，通过绝缘提升拉杆、压气缸操动杆驱使压气缸（与压气活塞滑动接触）向上运动，灭弧喷口上的上动主触头与上静主触头接触，上静弧触头（棒形）与灭弧喷口内的下动弧触头接触，断路器完成合闸。

（2）分闸过程

分闸时，操动机构脱扣，使分闸弹簧释放能量（伸展），驱使机构箱内拐臂顺时针方向转动→带动拐臂、大轴顺时针方向转动→与绝缘拉杆相连的拐臂顺时针方向转动→带动支柱瓷套内的绝缘提升拉杆及压气缸向下运动→使上动主触头与上静主触头先脱离接触，随后，动静弧触头脱离接触，弧触头间产生电弧。

压气缸向下快速运动，使位置固定的压气活塞压缩压气缸内的 SF_6 气体，产生灭弧所需的压力，压缩的 SF_6 气体通过灭弧喷口与动弧触头间的弧道（间隙）分别向上、向下纵吹电弧，使电弧熄灭，断路器完成分闸。

瓷柱式 SF_6 断路器灭弧过程示意图如图 2-19 所示。

3. 瓷柱式 SF_6 断路器的导电回路

电流引入线→上端盖接线板→上集电筒及上静主触头和上静弧触头→压气缸→下静主触头及下集电筒→下端盖接线板→电流引出线。

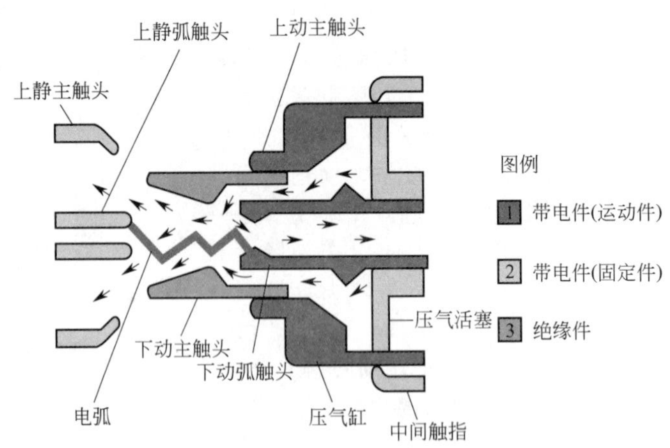

图 2-19　瓷柱式 SF_6 断路器的灭弧过程示意图

第三节　真空断路器

一、真空间隙与真空电弧

1. 真空断路器的概念

真空断路器利用真空度约为 10^{-4}Pa（在运行过程中不低于 10^{-2}Pa）的高真空作为内绝缘和灭弧介质。真空度就是气体的绝对压力与大气压的差值，表示气体稀薄的程度。气体的绝对压力值越低，真空度越高。当灭弧室内被抽成 10^{-4}Pa 的真空时，其绝缘强度比绝缘油、一个大气压力下的 SF_6 和空气的绝缘强度高很多。

2. 真空间隙的绝缘性能

真空间隙的气体稀薄，分子的自由行程较大，发生碰撞游离的概率很小，因此真空间隙具有很高的绝缘强度。当真空间隙在某一电压下击穿几次后，由于触头表面的毛刺被冲击掉，触头表面粗糙度提高，真空间隙在该电压下就不再击穿了，击穿电压将会升高，这种现象称为真空间隙的老化。这是真空间隙独具的特点。

真空间隙的绝缘强度与很多因素有关，主要与真空间隙的长度、真空度、电极材料、电极表面状态、电极形状和大小、施加电压的波形和频率等因素有关。

3. 真空电弧的形成、形态与熄灭

（1）真空电弧的形成

形成真空电弧主要有以下三个阶段。

第一阶段，触头蒸发形成金属蒸气。在触头带电流分离时，由于接触压力减小，触头由面接触变为点接触（触头间形成金属小桥），电流集中通过金属桥。在分断过程中，其一，金属桥被拉长，截面减小，电阻增大，桥上耗散功率大，温度急剧升高，金属桥熔化并产生高温金属蒸气；其二，触头表面结合不牢固的金属团粒（如金属加工时残留的毛刺），在静电场力的作用下，离开电极表面，加速通过真空间隙轰击电极，使电极和团粒的温度升高，蒸发出高温金属蒸气；其三，触头表面尖端突起部分的电场极强，因强电场发射自由电子所形成的电子束（预放电电流，其值为 10^{-5}～10^{-3}A）轰击阳极，也可使阳极发热，蒸发出

金属蒸气。

第二阶段，自由电子穿过高温金属蒸气。运动中带电的金属团粒与电极间形成强电场，此电场可使团粒和电极表面发射大量自由电子。当高速运动的自由电子穿过高温金属蒸气云时，使金属原子电离产生带电离子。离子的定向移动形成传导电流。

第三阶段，形成阴极斑点。电极表面发射自由电子的尖端或突起，很快发展成阴极斑点，其温度极高，不断蒸发金属蒸气，补充金属蒸气的损失。阴极斑点发射的电子又电离金属蒸气，补充离子的损失，触头间的预放电电流就转变成自持的真空电弧。

因此，真空电弧的形成是一个电离过程。阴极斑点是真空电弧的生命线。真空电弧是电离状态的金属蒸气电弧。

（2）真空电弧的形态

① 扩散型电弧　当电弧电流小于 100A 时，触头间只存在一束电弧，触头上只有一个阴极斑点，并在触头表面做不规则的运动。当电弧电流大于 100A、小于 6kA 时，阴极斑点会从一个分裂为若干个，并在阴极表面不断向四周扩散，电弧以许多完全分离的并联电弧的形态存在。这种形态的电弧称为扩散型电弧，如图 2-20(a) 所示。

② 集聚型电弧　当电极上电弧电流大于 10kA 时，阴极斑点受电磁力的作用相互吸引，使所有的阴极斑点集聚成一个运动速度缓慢的阴极斑点团（其直径可达 1～2cm），形成单束大弧柱，且电极强烈发光，触头表面将出现熔坑。这种形态的电弧称为集聚型电弧，如图 2-20(b) 所示。

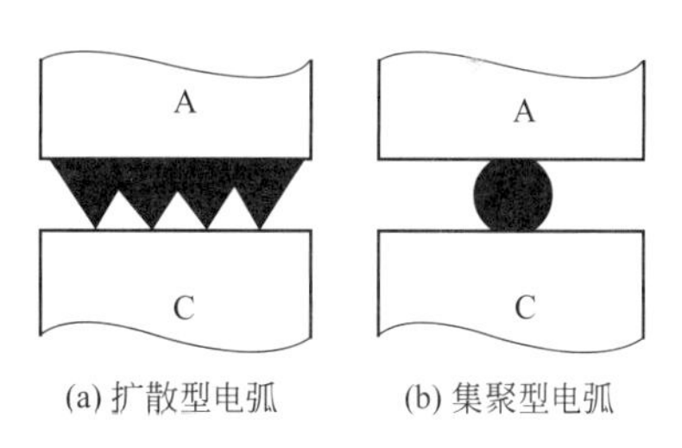

(a) 扩散型电弧　(b) 集聚型电弧

图 2-20　电弧形态

（3）电弧的熄灭

对扩散型电弧，电流过零时，真空电弧熄灭。阴极斑点所造成的熔区在电弧熄灭后 10^{-7}～10^{-8}s 内便凝固。阴极和阴极斑点便不再向弧柱区提供电子和金属蒸气，而残余的等离子体内的各种粒子在数微秒内向四周扩散完，弧区介电强度迅速提高，实际上已变成了真空间隙，足以承受很高的恢复电压而不致击穿。扩散型电弧过零后很容易熄灭。

对集聚型电弧，电流过零时，真空电弧熄灭，但触头表面有面积和厚度相当大的熔区，这些熔区需要毫秒数量级的时间才能冷却，在这段时间内，电极仍向弧区输送大量金属蒸气和带电粒子，在恢复电压上升过程中，弧区相当于一个充气间隙，不可避免要发生重新击穿。只有当触头开距足够大，阴极斑点产生的金属蒸气不足以维持带电粒子扩散时，真空电弧才熄灭。故集聚型电弧难以熄灭，应设法避免。一般在触头结构上采取措施，防止触头表面发生过分严重的局部熔化和烧损。

总之，真空电弧的熄灭，主要取决于触头的阴极现象、电极发热程度及离子向弧柱外迅速扩散的作用。

二、真空断路器的分类及型号

1. 真空断路器的分类

按照不同的分类方法，真空断路器可分为以下几种。

① 按真空灭弧室的布置方式分为落地式、悬挂式、综合式和接地箱式等。

② 按真空灭弧室的外壳分为玻璃外壳式、陶瓷外壳式两种。

③ 按触头形状分为横磁吹式、纵磁吹式两种。

真空断路器由真空灭弧室、绝缘支撑、传动机构、操动机构、机座（框架）等组成。目前的城市轨道交通供电系统中，一般在35kV（或者35kV）、10kV电压等级采用真空断路器，并且与其他电器组合后被封装在SF_6组合电器（GIS）或者在空气组合电器（AIS）中。

2. 真空断路器的型号与参数

例如ZN2A-12/T1250-31.5中各单元含义依次为：灭弧介质为真空，室内用，设计序号为2，第一次改进，额定电压为12kV，弹簧操动机构，额定电流是1250A，额定短路开断电流是31.5kA。

三、真空灭弧室

真空灭弧室是真空断路器中的核心部件，其结构如图2-21所示。真空灭弧室的外壳是由绝缘筒、金属盖板和波纹管所组成的密封容器。灭弧室内有一对触头，分别焊接在各自的导电杆上。波纹管的另一个端口与动端盖的中孔焊接，动导电杆从中孔穿出外壳。由于波纹管可以在轴向上自由伸缩，所以这种结构既能实现在灭弧室外带动动触头做分合运动，又能保证真空外壳的密封性。

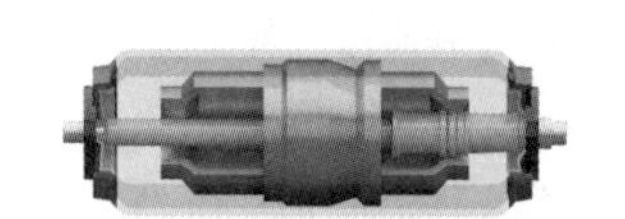

(a) 玻璃外壳真空灭弧室的剖面图

(b) WVT真空灭弧室剖视图

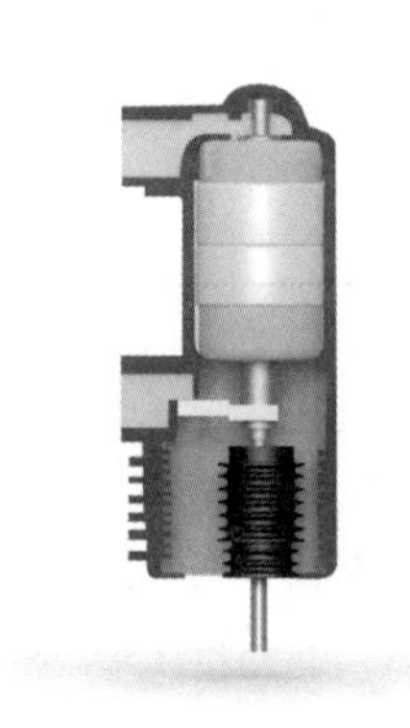

(c) WVT固封极柱剖面图

图2-21　陶瓷外壳真空灭弧室结构

下面简要地介绍灭弧室中主要部件及各部分的作用。

① 外壳　外壳是真空灭弧室的密封容器。它不仅要容纳和支持灭弧室内的各种部件，而且当动静触头在断开位置时起绝缘作用。因此，整个外壳通常由绝缘材料和金属组成。对外壳的要求首先是气密封要好，其次是要有一定的机械强度和绝缘性能。

② 波纹管　波纹管既要保证灭弧室完全密封，又要在灭弧室外部操动时使触头做分合运动。常用的波纹管有液压成形和膜片焊接两种形式，所用材料以不锈钢为最好。波纹管的侧壁可在轴向上伸缩，其允许伸缩量决定了灭弧室所能获得的触头最大开距。一般情况下，波纹管的疲劳寿命也决定了灭弧室的机械寿命。

③ 屏蔽罩　触头周围的屏蔽罩主要用来吸附燃弧时触头上蒸发的金属蒸气，防止绝缘外壳因金属蒸气的污染而引起绝缘强度降低和绝缘破坏，同时也有利于熄弧后弧隙介质介电强度的迅速恢复；另外，屏蔽罩还能起到使灭弧室内部电压均匀分布的作用。在波纹管外面用屏蔽罩，可使波纹管免遭金属蒸气的烧损。

屏蔽罩的导热性能越好，其表面冷却电弧的能力也就越好。因此，制造屏蔽罩常用材料为无氧铜。

④ 触头 触头是真空灭弧室内最为重要的元件，灭弧室的开断能力和电气寿命主要由触头状况来决定。目前真空灭弧室的触头系统，就接触方式而言，都是对接式的。根据触头开断时灭弧的基本原理的不同，可分为非磁吹触头和磁吹触头两大类。

非磁吹型圆柱状触头最简单，机械强度好，易加工，但开断电流小。

磁吹触头又分为横向磁吹触头和纵向磁吹触头两类，如图 2-22、图 2-23 所示。对横向磁吹触头，当断路器分闸时，触头间产生电弧，由于触头的特殊结构，电弧电流产生横向磁场，对电弧进行横向吹弧，提高了灭弧能力。对纵向磁吹触头，当开断电流时，由于流过线圈的电流在弧区产生一定的纵向磁场，使电弧电压降低和集聚电流值提高，极大地提高了触头的开断能力和电气寿命。

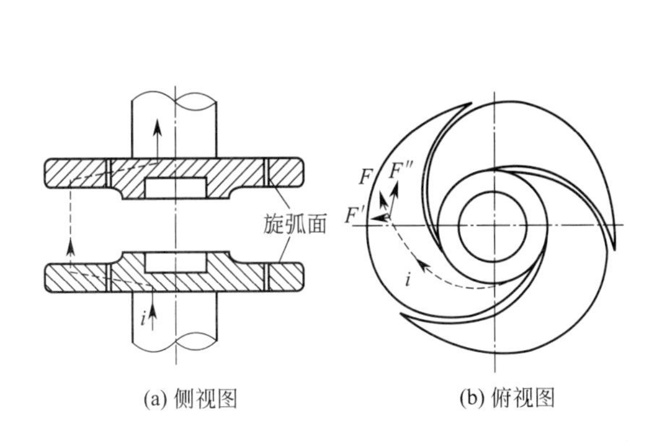

图 2-22 中接式螺旋槽横向磁吹触头

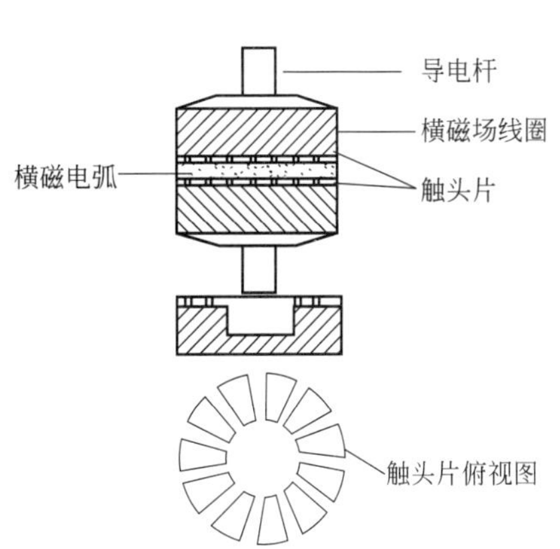

图 2-23 强力纵向磁吹触头

四、真空断路器的使用

1. 操作过电压及其抑制

用真空断路器断开电路时，可能会出现操作过电压，主要形式如下。

① 截流过电压 所谓截流就是强制交流电流在自然过零前突然过零的现象。由于电路中存在电感，因此会发生过电压。

②切断电容性负载时的过电压 这是因熄弧后间隙发生重击穿而引起的。所以，真空断路器的重击穿概率越小越好。

③ 高频多次重燃过电压 断路器开断感性电流时，当间隙被击穿后电弧重燃，受电路参数影响，击穿后电流中含有高频分量。当高频分量的幅值很大时，受其影响，间隙被反复击穿，使负载侧的电压不断升高，从而产生较高的过电压。

操作过电压对电气设备尤其是电动机绕组绝缘危害很大。因此，必须采取抑制方法。常用的抑制方法如下。

① 采用低电涌真空灭弧室 这种灭弧室既可降低截流过电压，又可提高开断能力。

② 在负载端并联电容 既可以降低截流过电压，也可减缓恢复电压的上升陡度。

③ 在负载端并联电阻和电容 它们不仅能降低截流过电压及其上升速度，而且在高频重燃时可使振荡过程强烈衰减，对抑制多次重燃过电压有较好的效果。电阻一般选 100～200Ω，电容选 0.1～0.2μF。

④ 串联电感 可降低过电压的上升陡度和幅值。

⑤ 安装避雷器 用它限制过电压的幅值。

2. 真空断路器优缺点

根据真空断路器的机构特点和适用范围，真空断路器的优缺点有：触头开距小，动作快；燃弧时间短，触头烧损轻；寿命长，适于频繁操作；体积小，结构紧凑，真空灭弧室无需检修，维修工作量小；防火、防爆性能好；制造工艺复杂，造价高；监视真空度变化的简易装置尚未解决；开断小电流时，有可能产生较高的过电压，需采取降低过电压的措施。

3. 真空断路器真空度检查

① 测量动静触头两端的绝缘电阻。用1000V兆欧表，绝缘电阻大于500MΩ，说明真空度良好。

② 做耐压试验。动静触头间施加交流工频电压，耐压1min，无击穿为真空度良好。

③ 用真空度检测仪检查。用真空度检测仪可直接测出真空度值。

这样通过定期的检查、测量，就可以掌握真空度变化的状况及趋势，防患于未然，确保真空断路器安全可靠的运行。

第四节　隔离开关与熔断器

一、隔离开关

1. 隔离开关的技术要求

① 有明显的断开点。

② 断口应有足够可靠的绝缘强度。

③ 具有足够的动稳定性、热稳定性。

④ 结构简单，分合闸动作灵活可靠。

⑤ 隔离开关与断路器配合使用时，应具有机械的或电气的联锁装置，以保证正常的操作顺序。

⑥ 主闸刀与接地闸刀之间设有机械的或电气的联锁装置，保证两者之间的动作顺序。

2. 隔离开关的分类

隔离开关种类很多，按不同的分类方法分类如下。

① 按装设地点分为室内式和室外式两种。

② 按绝缘支柱数目分为柱式、双柱式和三柱式三种。

③ 按动触头运动方式分为水平旋转式、垂直旋转式、摆动式和插入式。

④ 按有无接地闸刀分为无接地闸刀、一侧有接地闸刀、两侧有接地闸刀三种。

⑤ 按操动机构分为手动式、电动式、气动式和液压式等。

⑥ 按极数分为单极、双极、三极三种。

⑦ 按安装方式分为平装式和套管式等。

3. 国产隔离开关型号与参数

例如GW_{30}-12D（G）/S1250-31.5中各单元含义依次为：开关类型为隔离开关，室外用，设计序号为30，额定电压为12kV，带接地开关，用于高海拔地区，人力操动机构，额定电流是1250A，额定短时耐受电流是31.5kA。

4. GW_4-110D型室外式单极隔离开关

这种开关结构如图2-24所示。开关的闸刀（由紫铜棒和触头组成）由两个可以绕轴旋转（轴上装有轴承，可减小分合闸时的摩擦阻力）的棒式绝缘子支持。与棒式绝缘子轴连接的交叉连杆可保证两棒式绝缘子在转动时能同步地向两个相反的方向（一个顺时针方向，一个逆时针方向）同时转动，带动闸刀水平旋转90°完成分合闸。交叉连杆由操动机构的牵引杆传动。触头应保证闸刀在分合过程中可以自动净化（在指形触头上装有防尘罩，用以防雨、冰雪及灰尘），且闭合后应具有弹性接触压力。用软连接导线将闸刀与接线端子连接起来，以利于闸刀旋转。整个开关由钢底架支持并固定在2.5m高的钢架或水泥支柱上。

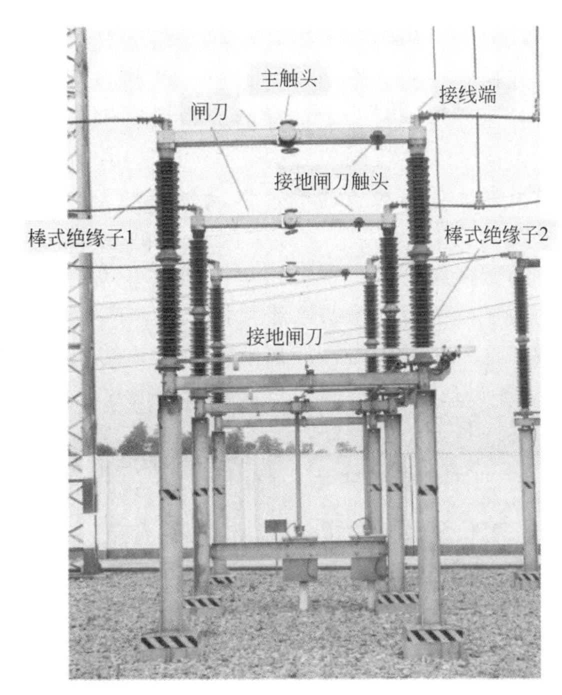

图2-24 GW_4-110D型隔离开关结构

主闸刀和接地闸刀分别由两套手动操动机构操动。主闸刀靠近棒式绝缘子端装有接地闸刀静触头，以保证主闸刀断开且到位后，接地闸刀才能闭合。

隔离开关可分相操作，也可三相联动。三相联动时，操动机构装在边相上，通过水平连杆机构使三相开关同步动作。

若欲使开关分闸（图2-25），则应使主闸刀传动轴沿逆时针方向转动，由于交叉连杆的牵制，棒式绝缘子1沿逆时针方向转动，而棒式绝缘2沿顺时针方向转动，并带动各自的闸刀转动，使开关分闸。分闸后两闸刀相互平行（即各自旋转90°）。合闸动作顺序与分闸相反。合闸后两闸刀成一条直线。

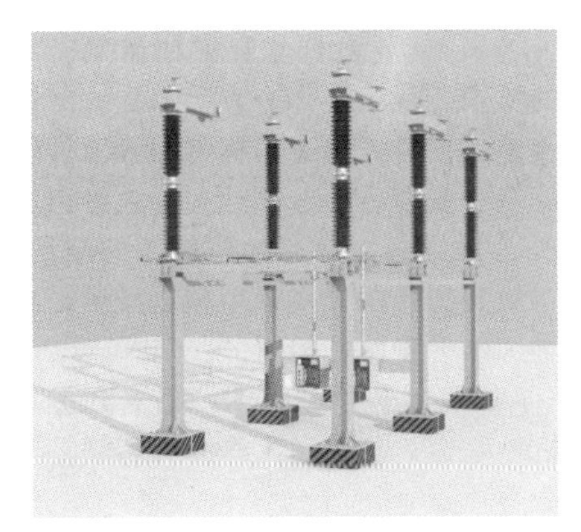
图2-25 GW_4-110D型隔离开关分闸状态

GW_4型开关均属双柱式、水平断口、闸刀水平旋转的室外式隔离开关。其主要优缺点如下。

① 结构简单、尺寸小、重量轻，零部件大部分可以通用。

② 闸刀分为两半，长度小，导电系统较稳定，而且操作时闸刀水平等速运动，使冰层受到很大的剪力，易于破除。

③ 分闸时棒式绝缘子受弯折力、扭矩，因而要求绝缘子具有较高的机械强度。

④ 因闸刀水平转动，相间距离较大。

5. GN_2-35T型户内单极隔离开关

这种开关用于25kV高压室内，其外形如图2-26所示。

这种开关由底架、支柱绝缘子、导电部分（包括闸刀与触头）及操作绝缘子组成。采用

CS_6 型手动操动机构，带动操作绝缘子支起或下落运动，使闸刀垂直旋转完成分合闸。

图 2-26 GN_2-35T 型隔离开关外形

隔离开关的触头采用指形线接触。其动触头由两片互相平行的紫铜闸刀片组成。两闸刀片间互相隔离并由弹簧压紧。固定静触头是以紫铜板条弯成直角做成的。在合闸位置时，两个闸刀片因有弹簧的压力紧夹在静触头两侧，形成线接触。这样的线接触在分合闸过程中，易于擦掉接触表面的氧化物，降低接触电阻。当短路电流通过开关的闸刀片时，两平行闸刀片中的电流互相作用，产生较大的互相吸引的电磁力，使接触压力增大。为了增加这种接触压力，常在平行闸刀片的两侧加上磁锁，即在平行闸刀片的外侧（GN_2 型开关在闸刀的一端加磁锁）加装两块钢片，以增强磁场，加大电动吸力。这样可提高开关的动稳定性且散热效果好。

6. 三工位隔离开关

三工位隔离开关常用于全封闭组合电器（GIS）中。所谓三工位是指三个工作位置：隔离开关主断口接通的合闸位置、主断口分开的隔离位置、接地侧的接地位置。

三工位隔离开关其实就是整合了隔离开关和接地开关两者的功能，并由一把刀来完成，这样就可以实现机械闭锁，防止主回路带电合地刀，因为一把刀只能在一个位置，而不像传统的隔离开关，主闸刀是主刀，接地闸刀是地刀，两把刀之间就可能出现误操作。而三工位隔离开关用的是一把刀，一把刀的工作位置在某一时刻是唯一的，不是在主闸合闸位置，就是在隔离位置或接地位置，避免了误操作的可能性。

以 GN_{36}-12D 系列隔离开关为例，其外形图如图 2-27 所示。该开关由焊接底架、触刀、支柱绝缘子、汇流排、触头座、导电套管、轴、拉杆、停挡、拐臂、接地触刀组成。焊接底架是由 4mm 钢板折弯并与角钢焊成的矩形框架，支柱绝缘子、套管、轴承座等安装在底架上。导电套管采用环氧树脂压力注射成型（简称 APG 工艺），使导电杆与环氧树脂紧密结合。利用导电套管方便了开关柜体的分割，达到铠装式的要求。触头座部分直接与支柱绝缘子连接，调整简单，分合闸时，只要操作手柄转动与轴相连的拐臂，通过连杆带动触刀旋转达到合闸、隔离、接地的位置，从而保证了维修时工人的绝对安全。导电部分主要由触刀和触头组成，触刀由两块铜板固定在导电套管导电杆上，外加磁锁板，从而加强触刀的刚性，使其在通过短路电流时，具有良好的动热稳定性。触刀对触头的接触方式采用球点接触，减少了装配时的工艺难度，保证了接触良好。该开关可垂直、水平安装在柜内。

图 2-28 所示为工作在 SF_6 组合电器中的一种新型三工位隔离开关结构图。隔离开关和接地开关共用一台电动机构，隔离开关和接地开关实现机械联锁，确保了工作的可靠性。

7. 隔离开关维修、调整基本常识

① 隔离开关经常操作时，一般应半年检修一次；不经常操作时，一般可一年检修一次。

② 触头接触面应无铜氧化层和烧伤痕迹，否则应修整至接触面平整，并且具有金属光泽。当接触面严重烧伤无法修整时应更换。

③ 触头的接触面积（或接触行程）、接触压力、接触电阻应符合有关规定。例如，松开 GW_4 型开关出线接线座上紧固导电杆的螺钉，移动触头相对位置可调整触头接触面。GN_2-35 型开关可动刀片进入固定触头插口的深度应不小于刀片宽度 90%，但也不能过大，以免撞击绝缘子上端部。要求可动刀片与固定触头刀口底部应保留 3～5mm 间隙。

图 2-27 GN_{36}-12D 系列隔离开关外形图

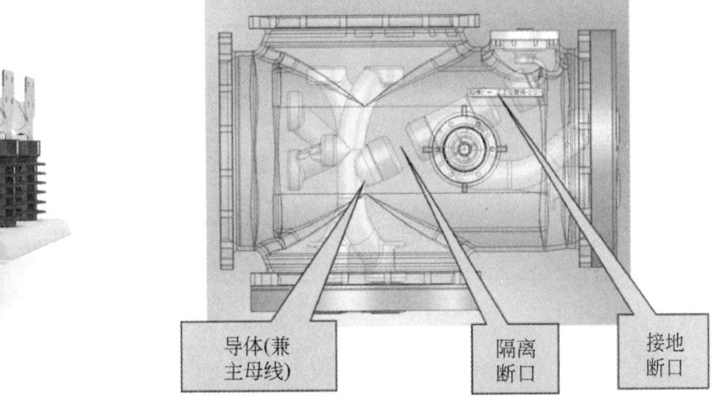

图 2-28 工作在 SF_6 组合电器中的三工位隔离开关结构图

④ 三相（或两相）同期接触检查时，不同期距离应不超过 10mm。改变三相水平拉杆（GW_4 型开关）或操作绝缘子（GN_2-35 型开关）的长短，可调整同期。

⑤ 隔离开关的分合闸角度、止钉间隙应符合标准，对于 GW_4-110 型隔离开关，合闸时两闸刀应成一条直线，分闸时两闸刀应相互平行，分合闸止钉间隙应为 1～3mm。

⑥ 隔离开关的辅助联动触点转换应正确。如 GN_2-35 型开关在合闸行程的 80%～90%时，其常开触点应闭合，常闭触点应在分闸行程的 75%时闭合，否则应调整。

⑦ 分合闸操作隔离开关到达终点时，手动操动机构中的弹性机械锁销应自动进入手柄根部定位孔中。

⑧ 隔离开关传动、转动、活动摩擦部分应定期清扫、加注润滑油，触头检修完后应涂凡士林或黄油。

⑨ 检修、调整完后，应做 3～5 次分合闸操作实验，合格后方能投入运行。

8. 隔离开关常见故障及处理

隔离开关常见故障及处理如表 2-2 所示。

表 2-2 隔离开关常见故障及处理

故障现象	故障原因及处理
接触部分过热	原因： (1)导流部分的压紧零件松动，导致接触压力下降； (2)闸刀未合到位，造成接触面偏小； (3)触头表面氧化或烧伤，引起接地电阻增大； (4)超负荷运行 处理：向电调汇报，做好记录，加强监视；发热剧烈时，申请退出运行，派人按工艺检修，紧固螺栓，调整接触面接触压力
拒合、拒分及分合不到位	原因： (1)操动机构故障； (2)传动装置卡滞，调整不到位，造成拒动； (3)分合闸止钉间隙调整不到位，造成分合闸不到位； (4)刀口油泥过多，刀口熔焊，可造成拒分； (5)传动装置轴销脱落 处理：向电调汇报，做好记录，申请退出，派人检修
支柱绝缘子破损，掉釉，裂纹，有放电痕迹	处理：向电调汇报，做好记录，申请退出，检修，清扫脏物；用环氧树脂修补，试验不合格时更换

续表

故障现象	故障原因及处理
误动作	原因:值班人员违章操作 处理: (1)带负荷分隔离开关,当触头刚刚分离已发现时,应立即合上。若闸刀已全部拉开,则不准重新合上; (2)带负荷合隔离开关时,将有弧光产生。应迅速果断将闸刀合闸到位,绝不允许将闸刀重新拉开

二、熔断器

1. 熔断器的作用及种类

熔断器是最简单和最早采用的一种保护电器，并兼有开关作用。常和被保护的电气设备串接于电路中使用。当电路中流过短路电流时，利用熔体产生的热量使本身熔断，从而切断电路，起到保护电气设备、缩小事故范围的作用。熔断器通常用于保护功率较小和对保护性能要求不高的电气设备。

熔断器可分为限流和不限流两大类。在熔体熔化后，其电流未达到最大值之前就（熔断）立即减小到零的熔断器称为限流熔断器。这种熔断器中装有特种灭弧物质（如一定粒度的石英砂）或熔体熔断时产生特种灭弧介质（如产气纤维管在电弧高温下分解出的氢气等），故具有很强的灭弧能力。在熔体熔化后，电流几乎不减小，继续增至最大值，电流经一次或几次过零后，电弧才熄灭（熔体熔断）切断电路的熔断器称为不限流熔断器。这种熔断器中无特殊的灭弧介质或熔体熔断时不产生特种灭弧介质，仅靠熔断时产生电弧使熔体熔化，从而拉长电弧，最后使电弧熄灭，故灭弧能力较弱，熔断时间较长。

2. 熔断器型号与参数

例如PRW8A-12（W)/(5～100)-31.5中各单元含义依次为：喷射式熔断器，室外用，设计序号为8，第一次改进，额定电压为12kV，具有耐污性能，熔断器的最小额定电流为5A、最大额定电流为100A，预期开断电流为31.5kA。

3. 熔断器的基本结构

（1）外壳（又称熔体管）

熔断器的熔体管有瓷、胶木、产气纤维等几种。瓷熔体管内一般充有石英砂，用于限流熔断器；胶木熔体管一般用于不限流熔断器。

（2）熔体（又称熔丝）

熔体用不同材质的金属（如铜、铅、锡、锌等）制成不同形状（如丝状、片状、栅状等)、不同截面，以通过不同的额定电流。

（3）金属触头及触头座

熔体管两端装有金属触头（两触头间用熔体电连接)，并与触头座相配合。触头一般由铜材料制成。它们允许通过的最大工作电流称为熔断器的额定电流。在使用熔断器时，应使熔体的额定电流小于或等于熔断器的额定电流。

（4）支柱绝缘子及底座

支柱绝缘子固定在底座上，用于安装固定金属静触头座及熔体管。低压熔断器一般无支柱绝缘子，触头座直接安装在底板上。

4. 熔断器的保护特性

(1) 保护特性的概念

熔断器串联在电路中使用，安装在被保护设备或线路的电源侧。当电路中发生过负荷或短路时，熔体被过负荷或短路电流加热，并在被保护设备的温度未达到破坏其绝缘之前熔断，使电路断开，设备得到了保护。熔体熔化时间的长短，取决于熔体熔点的高低和所通过的电流的大小。熔体材料的熔点越高，熔体熔化就越慢，熔断时间就越长。熔体熔断电流和熔断时间之间呈现反时限特性，即电流越大，熔断时间就越短，其关系曲线称为熔断器的保护特性，也称安秒特性，如图 2-29 所示。

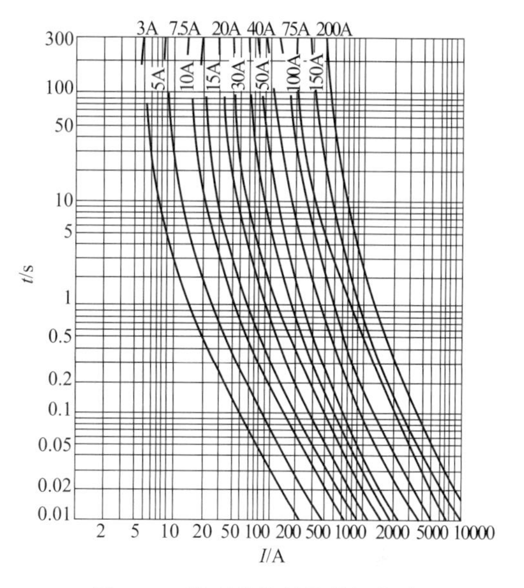

图 2-29 熔断器的保护特性曲线

(2) 影响熔体熔断时间的主要因素

熔断时间与通过熔体的电流大小有关。当通过熔体的电流小于或等于其额定电流时，熔体熔断的时间无限长。对同一材质的熔体，通过熔体的电流比其额定电流越大，熔体的熔断时间越短。

熔断时间与熔体的材质有关。一般条件下(熔体的长度、截面积相等)，熔体的熔点越低，熔断时间越短。但一般在高压熔断器中却采用高熔点的铜丝，而不采用低熔点的铅锡合金丝制作熔体。这是因为铜丝经过处理后，其保护特性优于铅锡合金丝。

当铜丝和铅锡合金丝的使用长度与额定电流相等时，由于铅锡合金丝电阻率大，通过额定电流时，其发热量多。又因铅锡合金丝熔点低，为保证其通过额定电流不致熔断，其截面积制造得较大，以减小发热量，因而体积大（即热容量大），通过同一短路电流时，熔断时间较长。铜丝的电阻率较小，通过相同的额定电流时，发热量少，制造的截面积较小，因而体积较小（即热容量较小），通过同一短路电流时，熔断时间较短。当额定电流较小时，铜丝的截面积将很小，不便安装，若做的截面便于安装时，铜丝截面又较大，允许通过的电流又远大于需要的额定电流。当铜丝达到熔化温度（1080℃）时，设备绝缘早已热击穿，失去保护作用。但铜丝的断路能力大，保护特性好，为利用这些优点，可设法降低其熔化温度。最简单有效的方法是冶金效应法（或称金属熔剂法），即使难熔金属在某种合金状态下变为易熔材料的方法。如在难熔金属铜熔体的表面焊上易熔金属锡的小球，当熔体发热到锡的熔化温度时，小球先熔化，渗入铜丝内产生铜锡合金，该合金的熔点比铜大为降低，且发热量剧增。因此，铜丝将首先在焊有小锡球处熔断，产生电弧，电弧的高温足使铜丝沿全长熔化，切断电路。

影响熔断器保护特性的其他因素还有以下几个。

① 安装熔体时不慎损伤熔体或接触不良。

② 熔体老化或质量不高。

③ 熔体长度不等。

④ 不适当地采用材质不同的代用熔体。

⑤ 石英砂的纯度、粒度、湿度不符合要求等。

(3) 保护特性的作用

按照保护特性选择熔体才能获得熔断器动作的选择性。所谓选择性，是指当电网中有几级熔断器串联使用时，分别保护各电路中的设备。如果某一设备发生过负荷或短路故障，应当由保护该设备（离该设备最近，即该设备或线路的主保护）的熔断器熔断，切断电路，即为选择性熔断；如果保护该设备的熔断器不熔断，而由上级熔断器熔断或者断路器跳闸（即该设备或线路的后备保护），即为非选择性熔断。发生非选择性熔断时，扩大停电范围，造成不应有的损失。

当熔断器多级串联使用时，应注意保护特性的配合，合理选择各级熔断器熔体的额定电流，以使熔断器有选择性地动作，缩小事故范围。为此，一般应使前一级（靠近电源）熔体的额定电流大于后一级（靠近负载）熔体额定电流 2～3 个等级，即可使熔断器有选择性地动作。

5. 熔断器的主要优缺点

熔断器结构简单，安装维修方便。故在功率较小和对保护特性要求不高的配电装置中得到广泛的应用。在 1kV 以下低压系统中常与隔离开关配合代替自动空气开关，在 10kV 系统中常与高压负荷开关配合代替高压断路器。

熔断器不能作正常的分合电路使用。因熔断器动作后必须更换熔体，势必造成局部停电。另外，其保护特性易受外界因素的影响，故在 1kV 以上高压系统中仅用于保护电压互感器和功率较小的电力变压器。

6. 熔断器举例

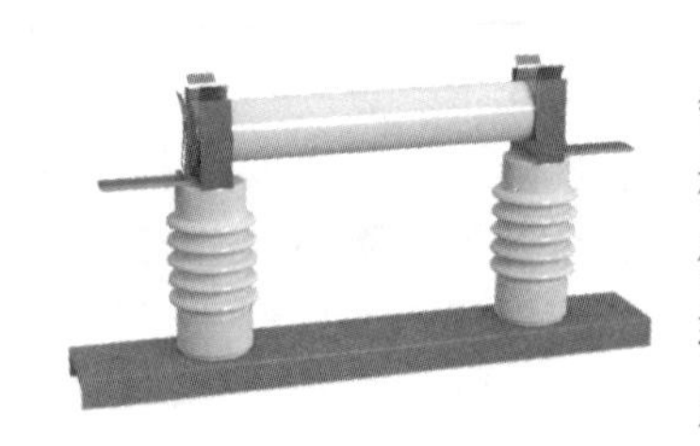

图 2-30 RN5 型熔断器

图 2-30 所示为 RN5 型熔断器，这种熔断器主要由熔体管、接触座、支柱绝缘子和底座组成。图 2-31 为熔体管的结构示意图。熔体管由熔管（瓷管）、端盖、顶盖、陶瓷芯、熔体和石英砂等组成。熔管用滑石陶瓷或高频陶瓷制成，具有较高的机械强度和耐热性能。熔管不仅是灭弧装置的主要组成部分，而且还起着支持和保护熔体的作用。端盖用铜制成，熔体通过端盖与接触座接触组成导电回路。顶盖也用铜制成，用来封闭熔管。充入熔管的石英砂形成大量细小的固体介质狭缝狭沟，对电弧起分割、冷却和表面吸附（带电粒子）作用，同时缝隙内骤增的气体压力也对电弧起强烈的去游离作用，所以电弧被迅速熄灭。

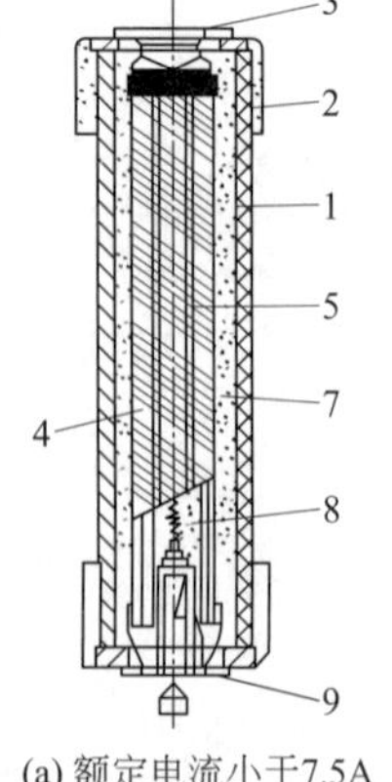

(a) 额定电流小于7.5A

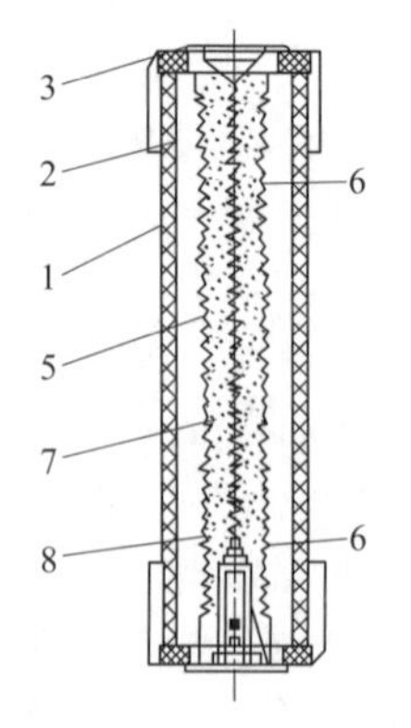

(b) 额定电流大于7.5A

图 2-31 熔体管的结构示意图

1—熔管；2—端盖；3—顶盖；4—陶瓷芯；5—熔体；6—小锡球；7—石英砂；8—指示熔件；9—弹簧

图 2-32 所示为 RW3-10 型跌落式熔断器。室外跌落式熔断器主要作用是作为电力输电线路和电力变压器短路和过负荷保护使用。上静触头和下静触头分别固定在瓷绝缘子的上下端。鸭嘴罩可绕销轴 O_1 转动。合闸时，鸭嘴罩里的抵舌（搭钩）卡住上动触头同时并施加接触压力。一旦熔体熔断，熔管上端的上动触头就失去了熔体的拉力，在销轴弹簧的作用下，绕销轴 O_2 向下转动，脱开鸭嘴罩里的抵舌。熔管在自身重力的作用下绕销轴 O_3 转动而跌落。熔管由层卷纸板或环氧玻璃钢制成，两端开口，内壁衬以石棉套，既防止电弧烧伤熔管，还具有吸湿性。熔体

熔断后，在电弧高温作用下，熔管内壁分解产生的氢气、二氧化碳等从熔管的两端喷出，对电弧产生纵吹作用，使其在过零时熄灭。

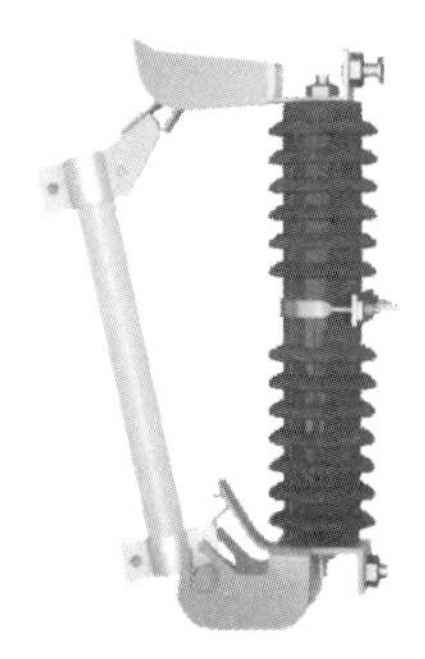

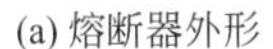

(a) 熔断器外形

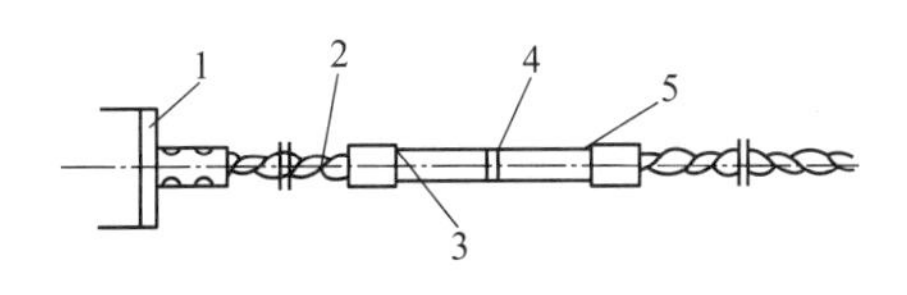

(b) 熔断器熔件结构

图 2-32 RW3-10 型跌落式熔断器结构

1—钮扣；2—绞线；3—紫铜套；4—小锡球；5—熔体

第五节 弹簧操动机构

弹簧操动机构是一种以弹簧储能（压缩储能和拉伸储能两种类型），机械杆件传递操作功的操动机构。电气化铁道牵引供电系统中，断路器一般配用弹簧操动机构。图 2-33、图 2-34 为某型号弹簧操动机构外形图、内部结构图。

图 2-33 弹簧操动机构外形图

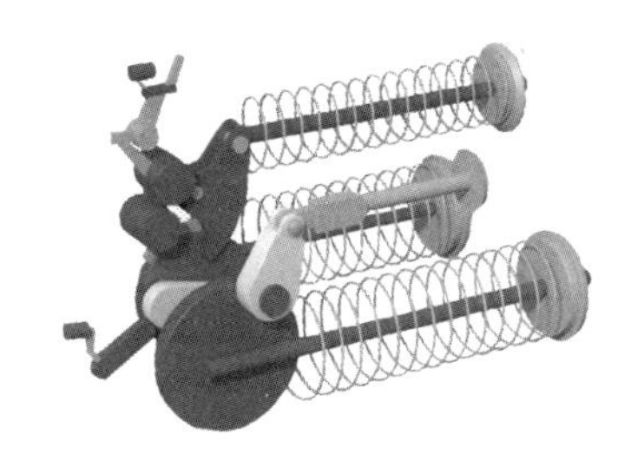

图 2-34 弹簧操动机构内部结构图

1. 弹簧操动机构的型号与参数

例如 CT19A-Ⅱ中各单元含义依次为：操动机构，类型为弹簧型，设计序号为 19，第一次改进，其他标志为Ⅱ。

2. 弹簧操动机构工作原理

弹簧操动机构工作原理示意图如图 2-35 所示。其工作原理叙述如下：分闸时磁铁 1 励磁，分闸钩子 2 脱离，分闸弹簧 3 释放能量，断路器 4 分闸。合闸时，合闸电磁铁 5 励磁，合闸钩子 6 脱离，合闸弹簧 7 释放能量，分闸弹簧 3 受到压缩储存能量，断路器 4 合闸。合闸后，操动机构自动进行储能，过程如下：电动机 8 通电工作，合闸弹簧 7 受到压缩储存能量。压缩到位后通过限位开关切断电动机 8 受电回路。

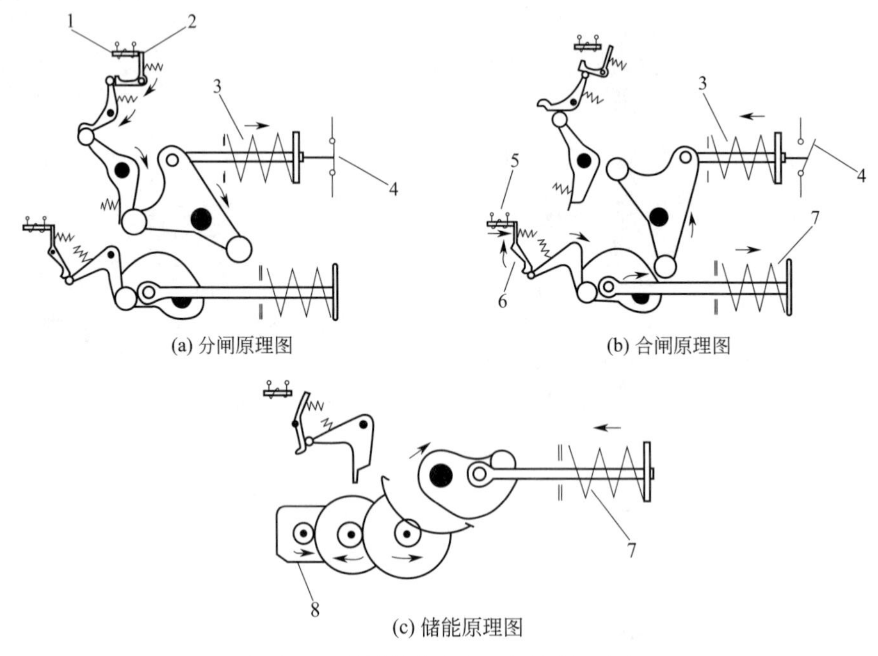

(a) 分闸原理图　(b) 合闸原理图

(c) 储能原理图

图 2-35　弹簧操动机构工作原理示意图

1—磁铁；2—分闸钩子；3—分闸弹簧；4—断路器；5—合闸电磁铁；6—合闸钩子；7—合闸弹簧；8—电动机

弹簧操动机构的操作顺序如下。

① 断路器处在分闸位，分合闸弹簧均未储能。

② 启动电动机（约 7s）或手动对合闸弹簧储能。

③ 按合闸按钮使合闸弹簧释放能量，驱使断路器合闸（≤0.08s）并通过机械传动装置对分闸弹簧储能。

④ 断路器合闸后自动启动电动机对合闸弹簧储能。

⑤ 按分闸按钮使分闸弹簧释放能量，驱使断路器分闸（≤0.04s）。

⑥ 按合闸按钮使断路器合闸。

此后，操动机构按③→④→⑤→③的动作顺序循环动作。

弹簧操动机构初次使用前，要进行分合闸、手动电动储能的性能试验。按规程和检修工艺定期对操动机构各机械运动部分进行润滑，检查各部位螺栓是否松动，若有松动，则予以紧固。按规程定期对操动机构电气元件进行预防性试验。定期检查分合闸弹簧是否完整无损，分合闸弹簧长度是否合乎要求。

第六节　液压操动机构

利用高压压缩气体（氮气）作为能源、液压油（10 号航空油）作为传递能量的介质，经特定的油路和阀门注入带有活塞的工作缸中，推动活塞往复运动，驱使断路器分合闸的机构，称为液压操动机构。

一、 CY3型液压操动机构的基本结构及各部作用

1. 液压操动机构的型号及参数

例如CY3-Ⅲ中各单元含义依次为：操动机构，类型为液压型，设计序号为3，其他标志为Ⅲ。

2. CY3型液压操动机构的基本结构及各部作用

CY3型液压操动机构自成一独立部分，它通过伸出机构箱的活塞杆与断路器本体的水平拉杆相连，其余部件均封闭在机构箱内部。CY3型液压操动机构的主要组成部分如下(图2-36)。

(1) 油泵

电动油泵8是机构的能量转换装置，它将电能转换成液压油的位能，为液压系统提供一定数量和一定压力的高压油。根据技术要求升高液压系统的压力和补充高压油，以满足正常操作断路器的需要。

油泵采用双柱塞式结构。通过靠背轮与电动机作刚性连接。油泵的低压端用一根塑料软管和油箱中的滤油器9连接组成吸油回路。低压油经单向阀进入油泵，经油泵升压变为高压油后通过油泵出口的单向阀进入高压油管（一般为铜管），高压油管经单向阀与四通接头相连，高压油经从四通接头引出的高压油管，分别送入储压器、工作缸、电磁阀中。

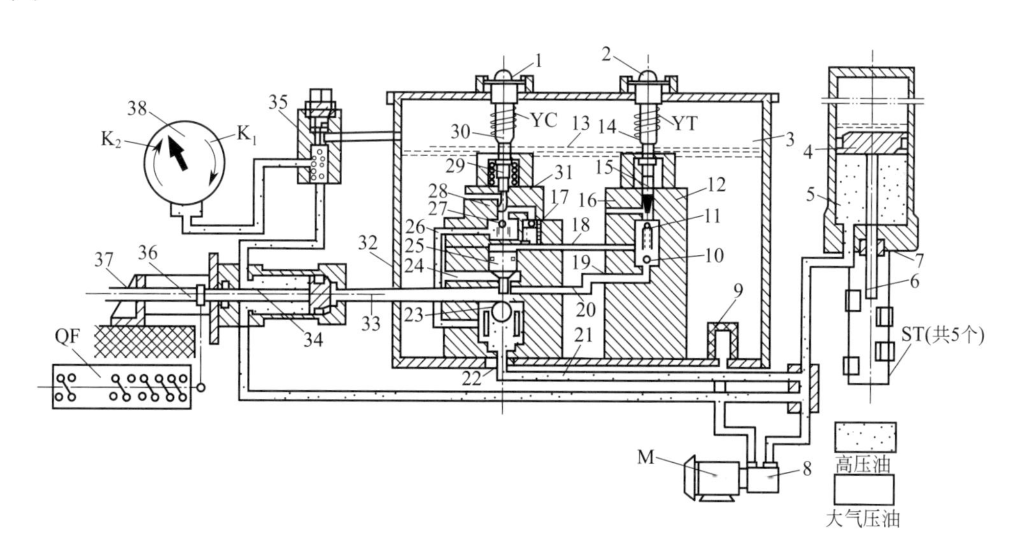

图2-36 CY3型液压操动机构

1—合闸按钮；2—分闸按钮；3,7—密封圈；4—活塞；5—储压筒；6,34—活塞杆；8—油泵；9—滤油器；10,11—球阀；12—分闸电磁阀；13—液压油；14—分闸电磁铁；15,29—推杆；16,24,28—泄油孔；17—逆止阀；18,20,21—油道；19—补油孔；22—接头；23—合闸二级阀；25—合闸二级阀活塞；26—泄油管道；27—合闸一级阀；30—合闸电磁铁；31—合闸电磁阀；32—工作缸；33—合闸管道；35—放油阀；36—传动拉杆；37—导向支架；38—电接点压力表；YC—合闸线圈；YT—分闸线圈；ST—微动开关；M—电动机；QF—断路器辅助联动触点；K_1,K_2—电接点压力表的触点

（2）储压器

储压器是液压操动机构的能源，属于充气活塞式结构。储压器由钢制储压筒5、活塞4、活塞杆6、充气逆止阀、帽盖和密封圈7等组成。活塞4把储压器内的氮气和液压油隔离开。在储压器活塞上方预先充入一定压力的氮气。当油泵工作时，将高压油不断打入储压筒活塞下方。当油压高于氮气压力时，高压油推动活塞向上运动，进一步压缩氮气，从而使氮气储备了能量，并在储压筒内积存了足够的高压油。当油压上升到规定压力时，储能过程完成。活塞杆6上升脱离微动开关ST，将油泵电动机电源切断，此时储压筒内油、气压力相等。由于活塞将氮气与液压油隔开，故对活塞的密封要求很高，一般采用O形、V形两道油封，以防止油、气互相渗透。活塞上表面一般有20mm深的液压油，起密封和润滑作用。活塞杆经油封伸出储压筒外并与基座上的微动开关ST相配合，用于控制油泵电动机；监视油压（油压异常时发出信号）；实现断路器在油压异常时的分合闸闭锁等。

微动开关ST1、ST2的主要作用是蓄能时的油压控制。它们通过储压器活塞杆的位置直接反映储压器内部积蓄的高压油量（当储压器内预充氮气没有泄漏时，也反映了液压系统的油压）。

当操动机构进行分合闸操作或泄漏油时，储压器内油量减小，液压系统油压降低，储压器活塞杆向下移动。当活塞杆圆周末端部分触动ST2时油泵电动机自动启动，为液压系统补充油压，直到活塞杆圆周末端部分脱离ST1，油泵电动机自动停机。

微动开关ST3、ST4、ST5的主要作用是操作时的油压控制。其中ST3的作用是当油压偏低，储压器活塞杆通过ST1、ST2、ST3直到其圆周末端部分触动ST3时，不允许合闸，实现合闸闭锁。ST4的作用是当油压下降到储压器活塞杆圆周末端部分触动ST4时，不允许分闸或自动分闸。ST5的作用是当储压器活塞杆通过ST1、ST2直到其圆周末端部分触动ST5时，不允许进行重合闸操作。

（3）阀系统

阀系统是操动机构的控制、传动系统，使高压油经特制的油路和阀门进入工作缸，以驱动工作缸中活塞运动。它由油箱（储存一定量的常压油）、分合闸按钮（控制分合闸电磁阀）、滤油器（使液压油经过滤后重新使用）、加热器（低温时给液压油加热以保证液压油的工作性能）、分合闸电磁阀（控制油路）、放油阀（用于释放高压油或检修换油时释放低压油）等部分组成。

合闸电磁阀由合闸一级阀27、逆止阀17（两阀为ϕ5.5mm钢球）、合闸二级阀23（ϕ17mm钢球）和合闸二级阀活塞25及相应的油路等组成。

分闸电磁阀由两个单向球阀10、11（ϕ5.5mm钢球）及相应的油路组成。

（4）工作缸系统

工作缸是操动机构的执行元件和能量转换器。它将压缩氮气的位能经液压油的传递变换为工作活塞直线往复运动的机械能，驱使断路器改变工作状态。工作缸系统主要由工作缸、活塞、活塞杆、油封、导向支架、辅助转换开关等组成。

工作活塞根据压差原理往复运动。工作活塞左侧装有活塞杆，致使活塞左右两侧面积不等（右侧大，左侧小）。根据压差原理，当活塞两侧压强相等时，因受力面积不等，两侧接受压力不等，使活塞向左运动，断路器合闸。当活塞右侧高压油经泄油管放入油箱中时，右侧为常压，左侧为高压，则活塞向右运动，断路器分闸。

（5）控制板

控制板上装有启动器（接触器）、中间继电器、辅助开关、电接点压力表、接线端子排及控制线路等，用于监视、控制系统的油压，保证操动机构可靠动作。

K_1、K_2是电接点压力表的触点，其主要作用是当油压异常升高或异常降低时接通电路以控制油压。

其中 K_1 的作用是液压系统发生油压异常升高时，K_1 接通电路，中间继电器动作，切断油泵电动机电源，油泵电动机自动停止。K_2 的作用是液压系统发生油压异常降低时，K_2 接通电路，中间继电器动作，切断油泵电动机电源，油泵电动机自动停止。

二、 CY3 型液压操动机构的工作原理

1. 分闸状态

如图 2-36 所示，储压器内的氮气已储压到额定值。此时，高压油经油道 21 进入合闸二级阀 23，使其关闭，堵塞合闸管道 33；高压油经油管道 26 进入合闸一级阀 27，使其关闭，堵塞油道 18；高压油经另一油路送入工作缸左侧，使活塞杆 34 移至最右位置，断路器处于分闸状态。同时高压油经工作缸左侧进入放油阀 35，使其关闭，堵塞放油回路。高压油经放油阀 35 进入电接点压力表 38，使其显示正常油压。由于阀系统中的放油回路均被堵死，高压油的压力就能保持住，为断路器合闸准备好了条件。断路器辅助开关中一对触点闭合，送出分闸位置信号。

2. 合闸过程

按下合闸按钮 1，合闸线圈 YC 通电，合闸电磁铁 30 向下冲击，推动推杆 29 向下运动，堵塞泄油孔 28，同时打开合闸一级阀 27。从泄油管道 26 来的高压油经合闸一级阀 27 进入逆止阀 17，并经过逆止阀 17 进入油道 18。从油道 18 来的高压油使合闸二级阀活塞 25 向下运动，堵塞泄油孔 24，同时打开合闸二级阀 23，使从油道 21 来的高压油经合闸二级阀 23 进入合闸管道 33，并经其进入工作缸右侧。根据压差原理，推动活塞杆 34 迅速向左运动，使断路器合闸（此时活塞两侧均有高压油）。同时油道 18 中的高压油进入分闸电磁阀 12，使球阀 11 堵塞泄油孔 16。此时合闸按钮返回，合闸线圈 YC 失电，合闸电磁铁 30、推杆 29 返回，打开泄油孔 28。压力差使合闸一级阀 27 关闭，逆止阀 17 也复位关闭。油道 18 中保持正常工作压力，使合闸二级阀活塞 25 不能复位，断路器维持在合闸状态。当合闸二级阀活塞 25 上部的液压油有所泄漏、油压降低时，高压油经已打开的合闸二级阀 23、油道 20、补油孔 19（ϕ0.5mm），打开球阀 10 向油道 18 中补油，可使断路器维持在合闸状态。

3. 分闸过程

按下分闸按钮 2，分闸线圈 YT 通电，分闸电磁铁 14 向下运动，推动推杆 15 打开球阀 11，使油道 18 中的高压油经球阀 11、泄油孔 16 放入油箱。合闸二级阀活塞 25 上部的高压力消失，变为常压。由于压力差的存在，合闸二级阀活塞 25 上升复位，打开泄油孔 24，使合闸二级阀 23 上升关闭；合闸管道 33、工作缸右侧的高压油变为常压油，根据压差原理，工作活塞左侧的高压油推动活塞杆 34 迅速向右运动，使断路器分闸。分闸时，节流孔的作用是限制高压油经油道 20 从分闸电磁阀泄掉，以缩短分闸电磁阀动作的时间。

CY3 型液压操动机构的分合闸都是利用液压油传递能量来实现的，因此它所操纵的断路器（如 SW6-110 型断路器）中不再装设分闸弹簧。但在底架部分装有合闸保持弹簧，以免在断路器正常运行时，由于某种原因使操动机构工作压力降低引起断路器缓慢分闸。

三、CY3 型液压操动机构的维修调整要点

① 检修操动机构时，应十分注意机构的清洁度。任何微小的污物混入液压系统中，都

会造成操动机构的渗漏、误动作，甚至会造成滑动密封面研坏的严重后果。因此，检修操动机构时，应用汽油清洗，不允许使用棉纱，以保证液压油的纯净。

② 环境温度过低时，应启动加热器，以保证液压油的流动性，否则将影响断路器分合闸速度及密封的可靠性。一般情况下，加热器在0℃时投入，+10℃时切除。

③ 正常情况下，油泵每天启动一次，若启动次数过多，说明高压油路渗油加快、密封损坏，应及时修理。

④ 储压器的压力是由微动开关ST的位置保证的，压力表的读数仅供参考。因为影响油压的因素很多，如温度、预充氮气的压力、摩擦力、压力表精度等。当压力表的读数与微动开关对应的压力不相符合时，不能随意改变微动开关的位置来调整压力。这是因为微动开关的位置除了反映油压的大小外，还要保证储压器内存有一定的油量供操作用。只要压力稳定在某数值不随时间变化（温度影响除外），就不要调整。必须检修微动开关时，一定要注意使其位置不变。

⑤ 断路器在正常运行中，若操动机构失压，除合闸保持弹簧起作用外，可采用机械闭锁工具（如卡板）卡在水平连杆的接头上，使断路器维持在合闸状态，再检修操动机构。但操动机构检修后启动油泵时必须按下合闸按钮让高压油立即进入工作缸右侧，才能使断路器可靠地保持在合闸状态，然后取下卡板。否则，高压油将进入工作缸左侧，断路器将分闸，造成供电中断。

⑥ 操动机构的空载调试应注意下列事项。

a. 液压系统内存有气体时，会使操动机构的速度、时间特性不稳定，油泵打油时间长。因此操动机构投入运行前，应首先排除油泵和液压系统内的气体。液压系统排气时，打开高压放油阀。油泵排气时，拧开油泵上的放气塞。

b. 检查储压器中预充氮气的压力。将油压放到零，启动油泵，压力表指针突然上升到p_m值，然后缓慢上升；停止油泵工作，打开放油阀，使压力表指针缓慢下降，当降到p_d时，油压突然降到零，则预充氮气压力p_y为$p_y=(p_m+p_d)/2$。

c. 检查储压器活塞杆行程，一般为（182±3）mm。

d. 检查压力控制系统，调整各微动开关，使之能按规定压力可靠分合。

e. 油泵打压时间（从零压升到规定停止压力）不应超过3min。

f. 在零压时启动油泵，当油压达到氮气预压力时，按分合闸按钮就可实现慢分、慢合。慢分、慢合操作用于检查工作缸活塞动作是否平稳，并测量工作活塞行程是否为（132±1)mm。

g. 进行电动快速分合闸操作，检查电磁阀系统工作的可靠性。

h. 操动机构应进行密封检查。其方法是：停止压力，操动机构分别在分合闸位置静置8h，不应有渗油现象，储压器下降不应超过2mm。

i. 操动机构应进行高压强度检查。其方法是：在合闸位置，用人为方法启动微动开关，使系统压力升高到$9.8\times350\times10^4$Pa，持续5min，储压器活塞杆位置应不变。否则，说明液压系统有渗漏。做此实验时应注意安全。

⑦ 开关在合闸位置，打开放油阀，工作缸活塞杆伸出长度的缩短应不超过2mm，否则说明合闸保持弹簧的拉力不够，应予以调整。

⑧ 检修应按检修工艺及标准进行。

第七节　电动操动机构

电动机操动机构是高压隔离开关配套用的一种操动机构。通过二级齿轮变速和蜗轮蜗杆减速，在无载流情况下操作高压隔离开关，以切换线路，并对电气设备与带电的高压线路进行电气隔离。电动操动机构的外形和结构如图 2-37 所示。

(a)

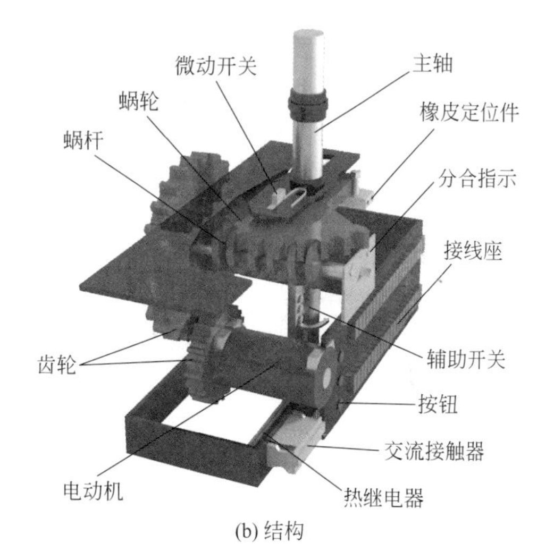

(b) 结构

图 2-37 电动操动机构的外形和结构

1. 电动操动机构的型号与参数

例如 CT17-Ⅲ 中各单元含义依次为：操动机构，类型为电磁型，设计序号为 17，其他标志为Ⅲ。

2. 电动操动机构的工作原理

电动操动机构采用交直流两用电动机驱动，通过机械变速传动系统，将动力传递给机构输出轴，安装时借助钢管等与隔离开关相连接，以实现驱动隔离开关分合闸。电动操动机构主要由电动机、机械变速传递系统、电气控制系统和箱壳组成。

电动机为整流子电动机。机械变速传递系统包括行星轮系、齿轮机构、蜗轮蜗杆机构、平面四联机构。在蜗杆端部设有方头，以便手动摇柄插入进行手动操作，当手动摇柄插入时，自动切断电源，保证安全。

电气控制部分包括控制按钮（分、合、停各一个）、直流（或交流）接触器、辅助开关、电阻、延时继电器及速断熔断器等。

复习思考题

1. 气体电弧有什么特征？对电力系统和电气设备有哪些危害？
2. 电弧的游离和去游离方式各有哪些？影响去游离的因素是什么？
3. 交流电弧有什么特征？熄灭交流电弧的条件是什么？
4. 什么是弧隙介质介电强度和弧隙恢复电压？
5. 开关电器中常采用的基本灭弧方法有哪些？
6. 高压断路器的作用是什么？对其有哪些基本要求？
7. 高压断路器有哪几类？其技术参数有哪些？

8. 简述高压断路器结构的及各部分功能。

9. SF_6 气体为什么具有优良的灭弧性能和绝缘性能?

10. 为什么 SF_6 断路器必须严格控制 SF_6 气体中的水分?采取了哪些措施?

11. 简述单压力 SF_6 断路器的灭弧原理。

12. 真空间隙独具的特点是什么?真空间隙为什么具有优良的灭弧性能和绝缘性能?

13. 真空间隙的绝缘强度主要与哪些因素有关?

14. 真空电弧的本质是什么?真空电弧是怎样形成的?

15. 真空电弧熄灭的原理是什么?

16. 真空灭弧室主要由几部分组成?各部分作用是什么?

17. 真空断路器如何检查其真空度?

18. 高压隔离开关在线路中的主要作用是什么?

19. 隔离开关配合断路器进行停送电操作时,应遵守的安全操作规定是什么?

20. 高压熔断器的作用是什么?

21. 操动机构的功能是什么?

22. 弹簧型操动机构的额定操作顺序是什么?

23. 根据设备结构图简述弹簧型操动机构的工作过程。

24. CY3 型操动机构主要由哪几部分组成?各部分主要功能是什么?工作缸的工作原理是什么?

25. 根据设备结构图简述 CY3 型液压操动机构的储能、分闸、合闸工作过程。

26. 根据设备结构图简述弹簧储能液压操动机构的储能、分闸、合闸工作过程。

27. 什么是三工位隔离开关?简述其结构特点及其优势。

第三章　互感器

【学习目标】

1. 了解互感器的发展概况。
2. 熟悉互感器的技术参数。
3. 掌握互感器的结构、工作特点、常用接线方式、使用注意事项。

第一节　概　　述

互感器是电流互感器与电压互感器的统称。从基本结构和工作原理来说，互感器就是一种特殊变压器。它将一次电路中的高电压或大电流按比例变换成标准低电压或小电流，以便向测量仪表、保护设备及自动控制设备提供信号。

互感器是测量电器，它是电力系统中一次电路与二次电路间的联络元件。电压互感器一次侧跨接在电网线间或线与地间，二次侧接电压表或功率表、电能表的电压线圈以及继电器或自动装置的电压线圈，用以测量电压。电流互感器一次侧串接在线路中，二次侧串接电流表或有关仪表、继电器或自动装置的电流线圈，用以测量线路中的电流。

图 3-1 中，TV、TA 分别为电压互感器和电流互感器，V、A、kW·h 分别为电压表、电流表和电能表。

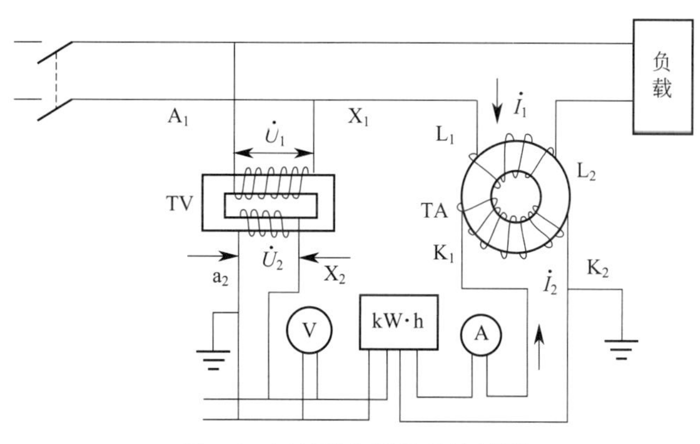

图 3-1　互感器与系统的连接图

互感器的作用有如下三个方面。

① 扩大二次设备的量程。电网电压很高，工作电流经常很大，而电气仪表和继电器只有在低电压和较小电流下才有好的技术经济性能，因此常用互感器将信号变小。

② 使电气仪表和继电器标准化。电压互感器的二次侧额定电压为100V、$100/\sqrt{3}$V。电流互感器的二次侧额定电流大多为5A（少数为0.5A或1A）。因此，电网电压及电流虽然多种多样，但仪表和继电器大多数可以做成100V或5A，使产品标准化和小型化，这样就给产品生产带来了很大的经济性。

③ 隔离高电压。电流互感器和电压互感器的一次侧和二次侧在电气上相互绝缘，二次侧电压很低，可以较好地保证二次系统设备和操作人员的安全，并使二次设备的检修维护不受一次系统的限制。

在电力系统中，一般将电磁式电流互感器、电磁式电压互感器和电容式电压互感器统称为传统互感器。目前，我国电力系统中采用的互感器多数还是根据电磁感应原理制成的电磁式互感器，但在220kV以上变电所中电压互感器大多采用电容式电压互感器。

计算机技术和光电技术的发展直接推动了高压互感器的技术进步。由于电力系统的发展，传统互感器不再完全满足要求，主要包括：一是电压等级的不断提高，传统互感器在价格、尺寸、抗振能力、电磁兼容等方面存在局限；二是互联电网的形成，增加了电网间联络线，负荷不固定，导致传统互感器不能精确检测；三是GIS的大量采用，GIS较敞开式设备尺寸大为缩小，传统互感器安装困难；四是电磁式互感器存在饱和，测量精度和测量范围受限，尤其是测量故障的动态大电流时更为突出；五是传统互感器在测量直流分量或高频分量时误差过大，从而使得应用新技术的电子式互感器得到了长足发展。

电子式互感器分为有源电子式互感器和无源电子式互感器两类。

电子式互感器的基本结构如图3-2所示。通常包括一次传感器、一次变换器、光纤传输系统和二次变换器，经二次变换器输出模拟或数字信号。有源电子式互感器在一次变换器部分需要外加一次电源，有源/无源电子式互感器都需要在二次变换器部分外加二次电源。

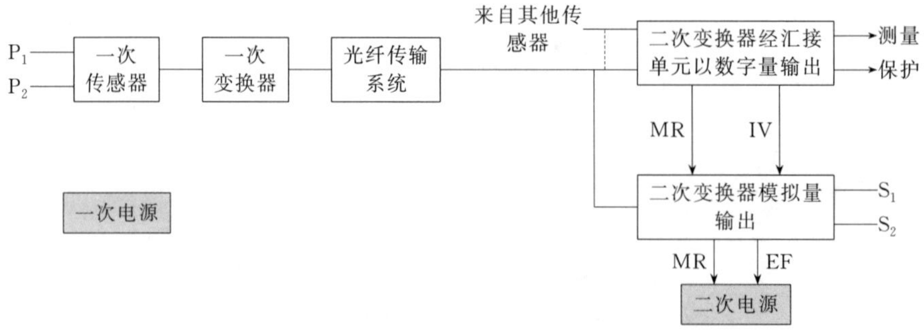

图3-2　电子式互感器的基本结构

IV—未投运；EF—设备失效；MR—维护申请

第二节　电流互感器

电流互感器的文字符号为TA。它的功能是变换电流，即将一次侧的大电流变换为二次侧的小电流，其二次侧额定电流多数为 5A（少数为 1A 或 0.5A）。

一、电流互感器的基本结构原理

电流互感器（图 3-3）是一种小容量特殊变压器，正常运行时存在磁势平衡方程为

$$\dot{F}_1+\dot{F}_2=\dot{F}_0$$

因为
$$\dot{F}=\dot{I}N$$

所以
$$\dot{I}_1N_1+\dot{I}_2N_2=\dot{I}_eN_1$$

$$\frac{\dot{I}_1-\dot{I}_e}{\dot{I}_2}=\frac{N_2}{N_1}$$

式中 F_1、F_2——一、二次电流产生的磁势；
F_0——铁芯中励磁磁势；
I_1、I_2——分别为一、二次电流；
I_e——正常运行时的励磁电流；
N_1、N_2——一、二次绕组匝数。

将电流互感器额定电流比定义为一、二次绕组的额定电流之比，即

$$K_i=I_N/I_n$$

令二次绕组与一次绕组的匝数之比 $K_N=N_2/N_1$，额定电流比并不等于一、二次绕组的匝数之比，一般 K_W 的值稍小于 K_i 值。但由于励磁电流 I_e 很小，可以把它忽略，认为：

$$K_i=K_N=\frac{I_N}{I_n}=\frac{N_2}{N_1} \qquad (3\text{-}1)$$

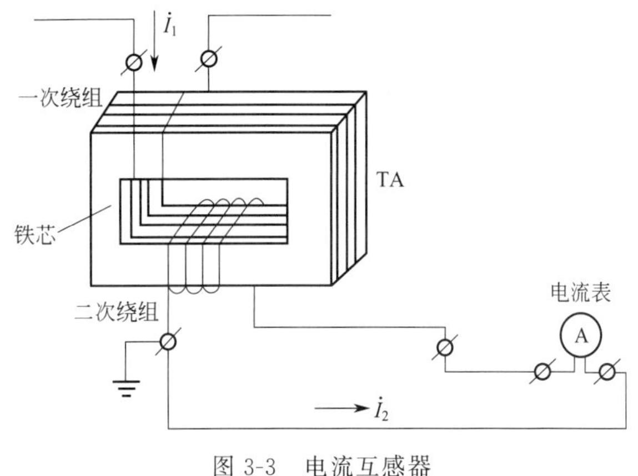

图 3-3 电流互感器

电流互感器的结构特点是：其一次绕组匝数很少，有些型号的电流互感器还没有一次绕组，而是利用穿过其铁芯的一次电路作为一次绕组（相当于一次绕组匝数为 1），且一次绕 组导体相当粗，而二次绕组匝数很多，导体较细。工作时，一次绕组串联在 ·次电路中，而二绕组则与仪表. 继电器等的电流线圈相串联，形成一个闭合回路。由于这些电流线圈的阻抗很小，因此电流互感器工作时二次电路接近于短路状态。

二、电流互感器的技术参数

1. 准确度

电流互感器的测量存在误差，包括电流幅值误差、相角误差和复合误差三种。

电流幅值误差简称比差，其为测量二次侧电流间接求得的一次侧电流近似值与一次侧电流实际值的差对实际值的百分比，即

$$\Delta I=\frac{K_i I_2-I_1}{I_1}\times 100\% \tag{3-2}$$

相角误差简称角差，它是将二次侧电流相量旋转180°后与一次侧电流相量之间的夹角，并规定旋转180°的二次侧电流相量超前一次侧电流相量时，相角误差为正值。

当电流互感器一次侧流过短路电流时，铁芯趋向饱和。此时励磁电流含大量高次谐波，即使一次电流为正弦波，二次电流也不会是正弦波，此时要用复合误差表示。复合误差是指在稳态情况下，电流互感器的二次电流瞬时值乘以额定电流比与一次电流瞬时值之差的有效值对一次电流有效值的百分数：

$$\varepsilon_c\%=\frac{100}{I_1}\sqrt{\frac{1}{T}\int_0^T (K_i i_2-i_1)^2 \mathrm{d}t} \tag{3-3}$$

影响电流互感器误差的因素如下。

① 互感器本身的磁路构造、铁芯材质对误差的影响　磁路构造、铁芯材质决定了磁路的磁阻，减小电流互感器磁路磁阻可以使误差降低，所以减小磁路长度、增加铁芯截面、采用高磁导率材料作铁芯误差会减小。

② 一次电流对误差的影响　当$\dot{I}_1$过大（$I_1\geqslant 1.2I_N$）时，$\dot{F}_1=\dot{I}_1 N_1$太大，使励磁磁势$\dot{F}_e$过大，即I_0过大，但铁芯磁路已饱和，则Φ_e的增加不与I_1成正比，那么在二次绕组产生的感应电势E_2也与I_1成正比增加，因此I_2增加较少，出现误差。

当$\dot{I}_1$过小（$I_1\leqslant I_N$）时，$\dot{F}_1=\dot{I}_1 N_1$太小，使励磁磁势$\dot{F}_e$过小，即I_e过小、Φ_c小，因此感应电势E_2也应过小，在二次负载不变的情况下，I_2应按比例减小。但由于铁芯具有磁滞现象，此时铁芯中剩磁将起主导作用，也就是说Φ_e不随I_1按比例减小，E_2由剩磁决定，相应的I_2不按比例减小，出现误差。

所以电流互感器应工作在额定电流附近。

③ 二次负载及功率因数对误差的影响　当一次电流及二次负载功率因数不变时，增加二次负载会使E_2增大，从而励磁电流I_e增大，误差增大。所以要减小误差，二次负载必须限制在某个范围（额定负载）内。

当二次功率因数角增大时，电流幅值误差增大、相角δ减小。反之，二次功率因数角减小时，电流误差减小，相角δ增大 。

误差特性是互感器非常重要的特性。互感器的准确度等级取决于误差的极限值，并据此命名。按照我国标准，测量用电流互感器的准确级分为0.1、0.2、0.5、1、3和5级共六种等级。通常0.1和0.2级用于实验室作精密测量或当作标准电流互感器；0.5级用于供电给瓦时计或瓦特表；1级用于一般工程测量；3级用于供电给次要电路中的仪表或过电流继电器；5级用于供电给装在开关电器手动操动机构中过电流脱扣器的线圈。

保护用电流互感器的准确度分为5P和10P两种。

2. 10%误差曲线

10%误差曲线（图3-4）主要用于选择继电保护用的电流互感器，或者根据已给定的电流互感器确定其二次负载阻抗，选择二次电缆的截面。

用于保护的电流互感器在可能出现的最大短路电流范围内，最大误差不能超过10%。当I_1增加到一定值时，电流互感器的比值差为10%。此时的一次电流I_1与一次额定电流I_N之比n称为10%倍数。又因为电流互感器的误差还受二次负载阻抗影响，随着电流互感器所带的负载不同，10%倍数也不同。电流互感器10%倍数与二次允许最大负载阻

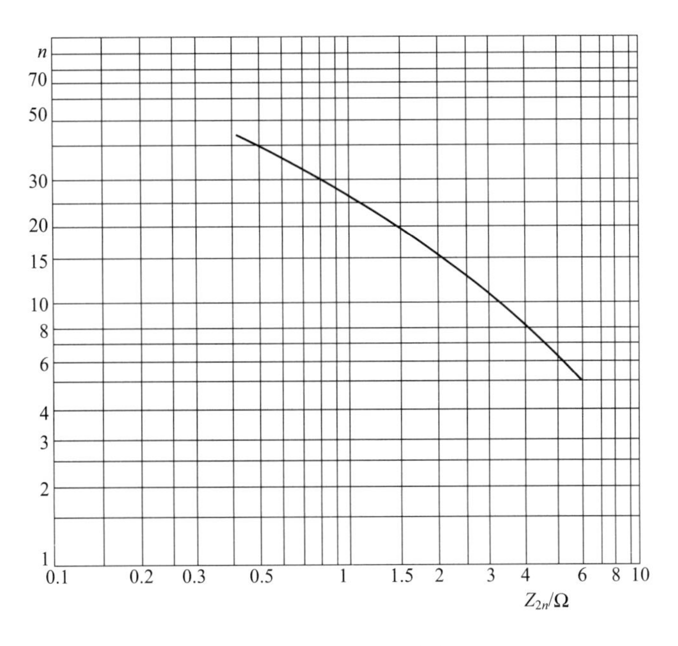

图 3-4 10%误差曲线

抗 Z_{2n} 的关系曲线，称为10%误差曲线。根据电网参数计算出一次电流倍数 n ($n=I_1/I_N$)。从图 3-4 中查出最大允许二次负载阻抗值，如果实际二次负载阻抗（包括该 TA 二次侧串联的所有继电器线圈阻抗、二次电缆阻抗和接触电阻）小于该允许值，则认为电流互感器的误差满足要求。如果不满足要求，则应采取增大电流互感器的变比、增大二次电缆截面面积、降低接触电阻、减少电流互感器二次侧串联的线圈数量等措施。

3. 电流互感器的额定容量

电流互感器的额定容量 S_{N2} 系指电流互感器在二次额定电流和二次额定阻抗下运行时，二次绕组输出的容量。由于电流互感器的二次额定电流为标准值（5A 或 1A)，也为了便于计算，有的厂家提供电流互感器的额定阻抗 Z_{N2} 值。

因为电流互感器的误差和二次负荷有关，所以同一台电流互感器使用在不同准确级时，会有不同的额定容量。

三、电流互感器的分类和结构

电流互感器种类很多，按一次绕组匝数可分为单匝式［其中又包括贯穿式（一次绕组为一根铜杆或铜管)、母线式（以线路母线作为一次绕组)、套管式（以套管导杆作为一次绕组)］、多匝式（如“8”字形、串级式等)，按绝缘结构可分为干式、浇注式、油浸式等，按安装条件可分为室外和室内两种。另外，电流互感器还可以按照用途和准确度等级等其他方法进行分类。

在电路中往往需要多个电流互感器，而且要求的准确级各不相同，实用中往往一个电流互感器中有两个或两个以上铁芯，它的每一个铁芯只有一个二次绕组。

电流互感器型号的表示和含义如下。

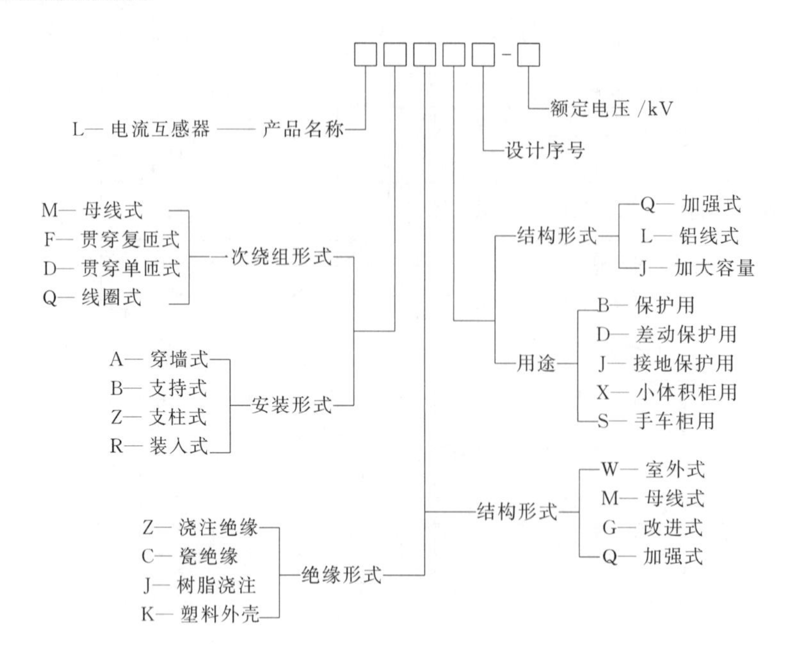

1. 单匝式电流互感器

单匝式电流互感器构造简单、尺寸较小，短路电流通过时的电动力稳定度较高，适当选择载流芯柱的截面容易获得所需要的热稳定度。它的另一优点是当一次绕组（芯柱）有很大的短路电流通过时，不会像多匝互感器那样，产生很高的匝间过电压。其主要缺点是：当被测量的电流很小时，准确度很低。从上面的误差分析可以看出，一次侧励磁力不足将使误差增加，而在保证准确度的情形下带负载的能力则较低。因此，仅在电流较大的回路中，才考虑安装单匝式电流互感器。

图 3-5 是 LDZ-10 型电流互感器（单匝贯穿式浇注绝缘电流互感器）的原理图及外形图，其二次绕组均匀绕在环形铁芯上，一次绕组采用母线式导体从铁芯中心穿过，并用树脂浇注成为整体。

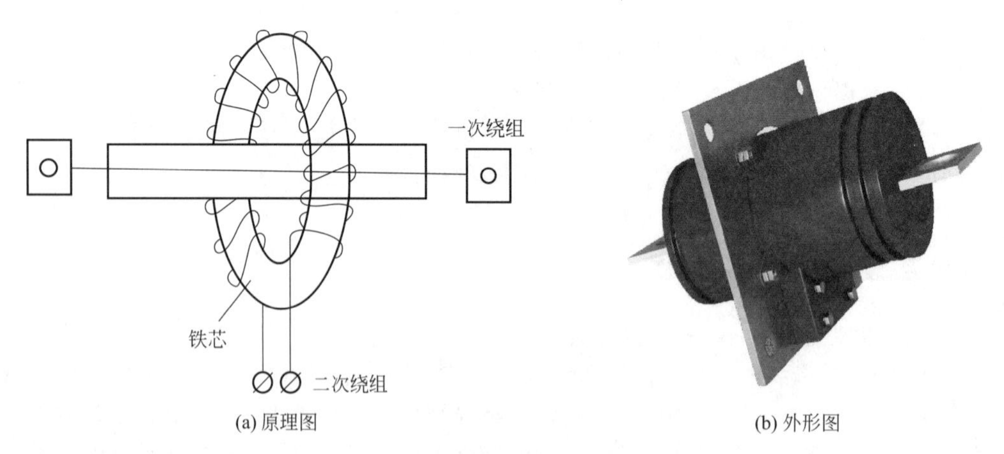

图 3-5　LDZ-10 型电流互感器的原理图和外形图

在 10kV 和低压配电装置中还广泛使用母线式电流互感器，如图 3-6 所示。这种电流互感器是中空的，利用配电装置的载流母线作为一次绕组。

额定电压在35kV以上时，还广泛采用套管式电流互感器。它的环形铁芯套在油断路器的绝缘套管上，利用套管中的载流体作为一次绕组。套管式电流互感器优点是简单、经济，不另占空间；缺点是误差较大，因为磁路长度取决于套管直径，而套管直径一般较大，故使磁阻、误差增大。

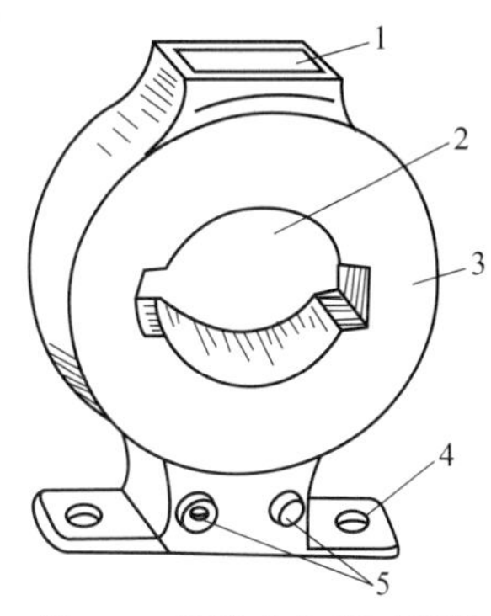

图3-6 母线式电流互感器
1—铭牌；2—一次母线穿孔；3—铁芯（外绕二次绕组）；4—安装板；5—二次接线端子

2. 多匝式电流互感器

由于单匝式电流互感器的二次绕组功率不大，为满足负荷要求，势必增加互感器的安装数目。因此，制造多匝式电流互感器是经济的。图3-7是LFZ-10型（复匝浇注绝缘）电流互感器的原理图和外形图，该型用于室内配电装置。

电压在35kV以上常采用“8”字形结构。如图3-8(a)所示，一次绕组与绕有二次绕组的铁芯像两个环相套，构成“8”字形。铁芯和绕组装于瓷外壳中，内部充满变压器油。LCW-35型属于该种结构，其外形及内部绕组布置图如图3-8(b)所示。

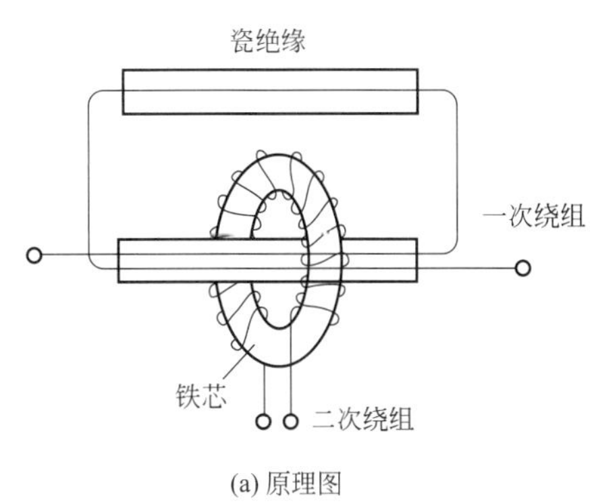

(a) 原理图

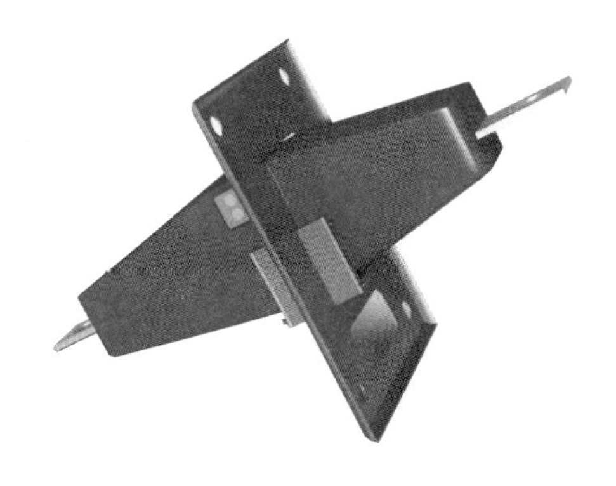
(b) 外形图

图3-7 LFZ-10型电流互感器的原理图和外形图

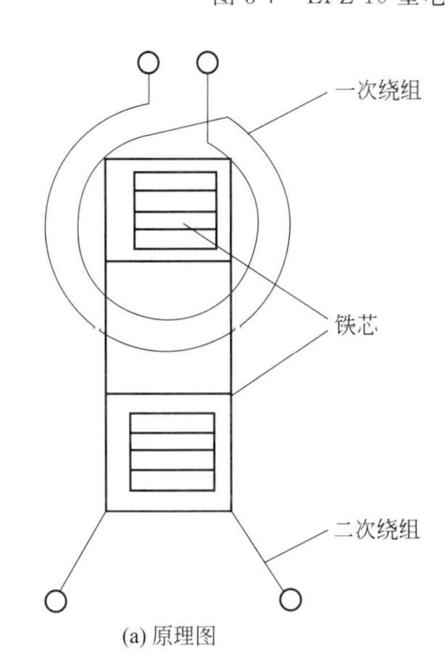

(a) 原理图

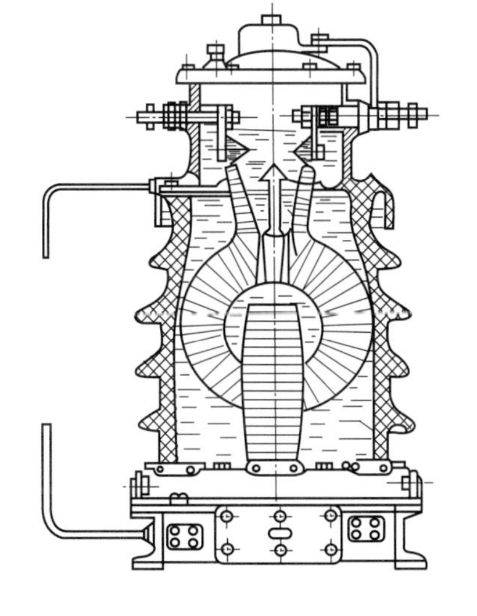
(b) 外形及内部绕组布置图

图3-8 “8”字形电流互感器

电压等级为110kV或更高时，常采用串级式电流互感器。例如，L-110型电流互感器由两个独立变换的单元组成，第一级电流互感器二次侧电流为20A，用它来作为第二级电流互感器的一次侧，然后由第二级电流互感器变为5A电流输出，如图3-9所示。第二级电流互感器有三个带有二次绕组的环形铁芯，以供不同用途需要。

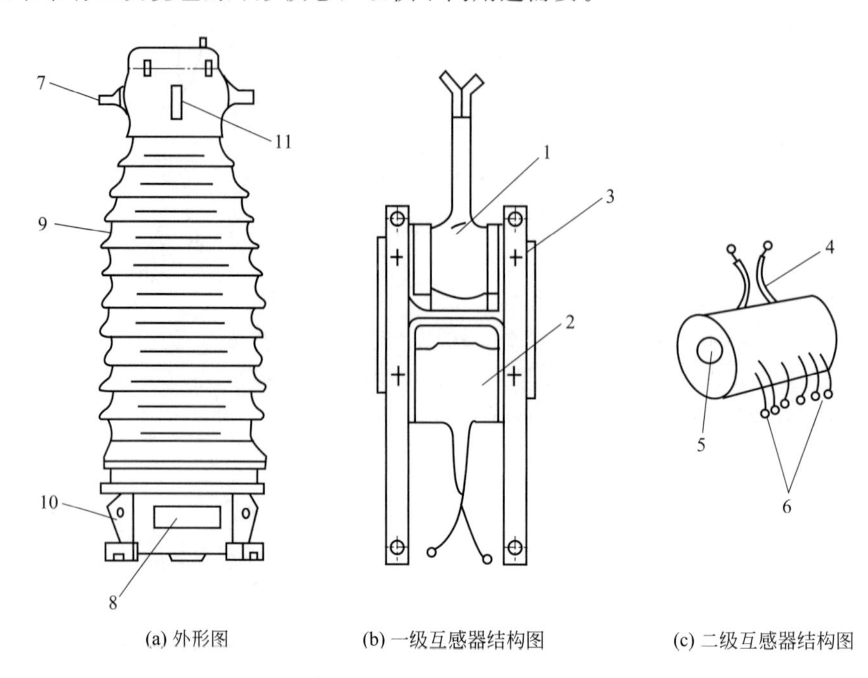

图3-9　串级式电流互感器

1—第一级互感器一次绕组；2—第一级互感器二次绕组；3,5—矩形铁芯；4—第二级互感器一次绕组；6—第二级互感器二次绕组；7—第一级互感器一次绕组出线头；8—第二级互感器二次绕组出线端子；9—瓷套；10—底架；11—油标

牵引变电所27.5kV电压设备直接套用电力系统35kV电压设备的绝缘水平是不合理的。就电流互感器来说，目前主要套用的是LCZ-35型电流互感器，对地承受的相电压是$35\text{kV}/\sqrt{3}=20.2\text{kV}$，而牵引变电所对地所承受的电压是25kV，比20.2kV高出23.8%。为此，各厂家也先后开发了多种型号的电气化铁路专用电流互感器，主要型号有JDT-27.5型、LQZT-27.5型、LZZB1-27.5型及LZBJ1-27.5型等。

3. 电子式电流互感器

（1）有源电子式电流互感器

采用罗戈夫斯基（Rogowski）线圈感应被测电流，如图3-10所示。罗戈夫斯基线圈套在一次导电杆上，线圈输出的电压$u(t)$是导电杆中电流$i(t)$的导数值，即

$$u(t)=M\frac{\mathrm{d}i(t)}{\mathrm{d}t} \tag{3-4}$$

$$M=\frac{U_0 nS}{2\pi r} \tag{3-5}$$

式中　M——仅取决于线圈尺寸的比例系数；

n——线圈匝数；

S——每匝线圈的横截面积；

r——线圈中心与导电杆中心之间的距离。

罗戈夫斯基线圈的输出电压 $u(t)$ 与被测电流 $i(t)$ 的时间导数成正比，将 $u(t)$ 积分便可求得被测电流 $i(t)$，对结果进行数字化后通过光纤输出。

基于罗戈夫斯基线圈的电子式电流互感器如图 3-11 所示。一次传感器采用罗戈夫斯基空心线圈，空心线圈密度要求恒定，骨架截面面积也要恒定，线圈横截面要与中心线垂直，工艺水平影响产品稳定性；一次变换器包括积分变换、A/D 转换和 LED 等；光纤作为传输元件。

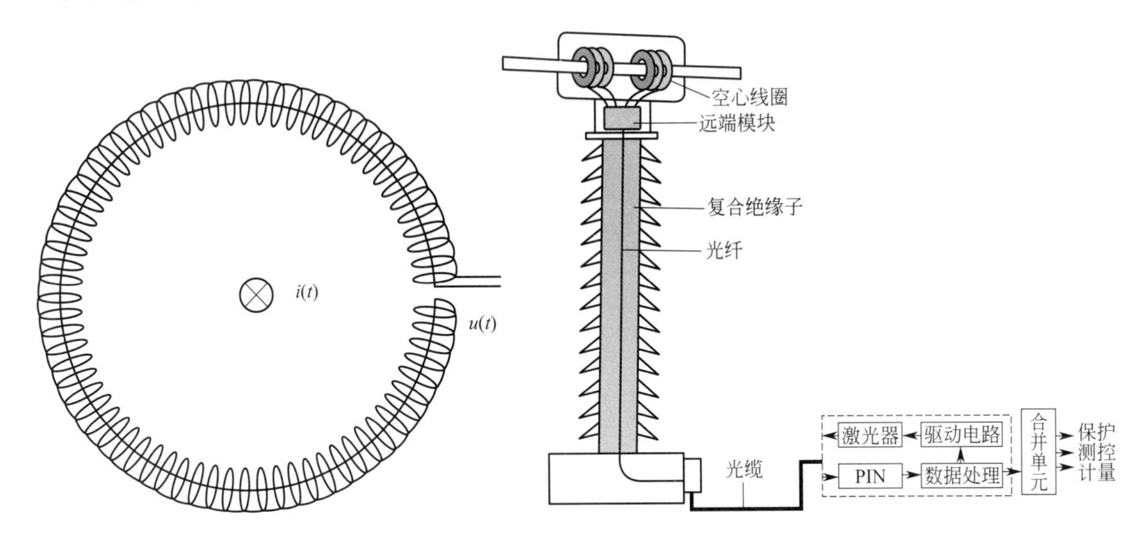

图 3-10 罗戈夫斯基线圈

图 3-11 基于罗戈夫斯基线圈的电子式电流互感器

PIN—光电二极管

由于一次变换器部分需要外加电源，无论是电源的获取还是可靠性都有一定影响，也有将罗戈夫斯基线圈输出的电压直接通过电缆传输至二次侧进行积分变换与处理的。

基于罗戈夫斯基线圈的电子式电流互感器在智能变电站工程项目建设中应用较早，应用范围较为广泛。从 2008 年以来，某集团有限公司生产的基于罗戈夫斯基线圈的电子式电流互感器在国内多个智能变电站工程建设中成功挂网运行，运行状况良好。

(2) 法拉第磁光效应的无源电子式电流互感器

大部分无源全光型电流互感器是利用法拉第磁光效应测量的。如图 3-12 所示，LED 发出的光经起偏器后为一线偏振光，线偏振光在磁光材料（如重火石玻璃）中绕载流导体一周后其偏振面将发生旋转。根据法拉第磁光效应及安培环路定律可知，线偏振光旋转角度 θ 与载流导体中的电流 i 有如下关系：

$$\theta = V\int_l \vec{H}\,\mathrm{d}\vec{l} = V\oint \vec{H}\,\mathrm{d}\vec{l} = Vi \tag{3-6}$$

式中 V——磁光材料的弗尔德常数；

角度 θ——与被测电流 i 成正比。

利用检偏器将角度 θ 的变化转换为输出光强度的变化。根据马吕斯（Malus）定律，将偏振面的偏转变换为光强度的变化来间接测量偏转角 θ。当线偏振光通过检偏器时，输出调制光强度为

$$I = I_0\cos^2\phi = I_0\cos^2(\theta+\gamma) \tag{3-7}$$

式中 I_0——入射光经起偏器后的光强度；

ϕ——射入检偏器光的偏振面与检偏器透光轴方向之间的夹角；

γ——起偏器和检偏器光轴之间的夹角。

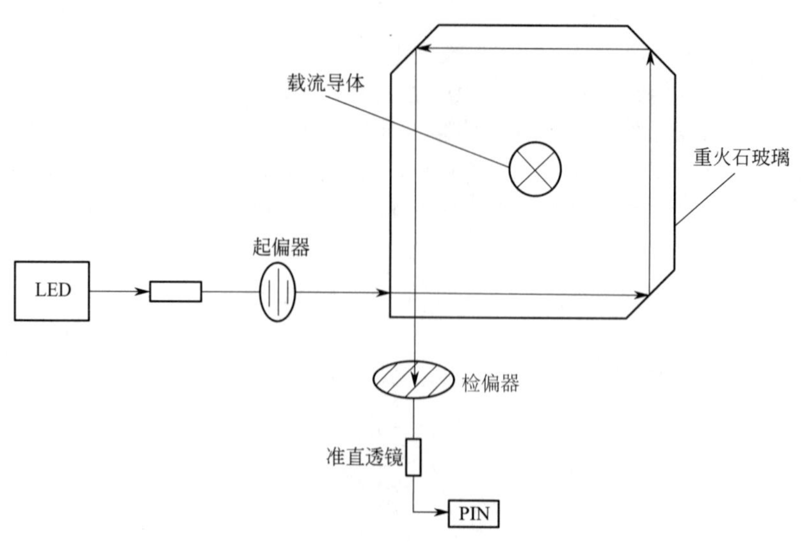

图 3-12　法拉第磁光效应电流互感器原理

当 $\gamma=\pi/4$ 时，I 对 θ 的变化具有最高的灵敏度，且线性度也好，这时式(3-7) 变为

$$I=I_0(1-\sin 2\theta)/2 \tag{3-8}$$

$\theta \ll 1$ 时，式(3-8) 可以写成

$$I\approx\frac{I_0(1-2\theta)}{2}=I_0(1-2Vi)/2 \tag{3-9}$$

输出调制光强度经光电变换及相应的信号处理便可求得被测电流 i。

载流通过光纤电流传感器，光纤电流传感器的敏感元件是光学玻璃；光纤只作为传输元件；二次回路包括光纤耦合器、光纤偏振器、光纤调制器和驱动电路，如图 3-13 所示。

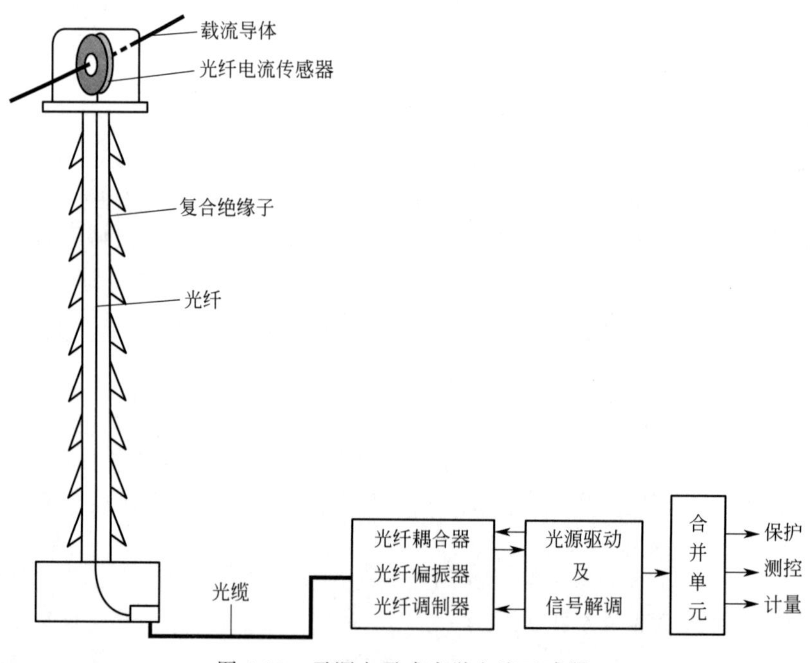

图 3-13　无源电子式光学电流互感器

无源电子式电流互感器的线性度较好、灵敏度较高、绝缘性能好，但精度和稳定性易受温度、振动的影响，且光纤与光学玻璃之间采用黏结方式，可靠性差。

除此之外，还有采用磁致伸缩效应光学原理的电流互感器，这里不再赘述。

哈尔滨工业大学研制的光学电流互感器覆盖了35kV、66kV、110kV、220kV、500kV、700kV六个电压等级以及国家电网有限公司的五大区域电网。2010年投运的辽宁大石桥220kV智能变电站装有99台光学电流互感器，是我国第一个光学电流互感器整站工程。

四、电流互感器的接线方式

电流互感器在三相电路中有如图3-14所示6种常见的接线方案。

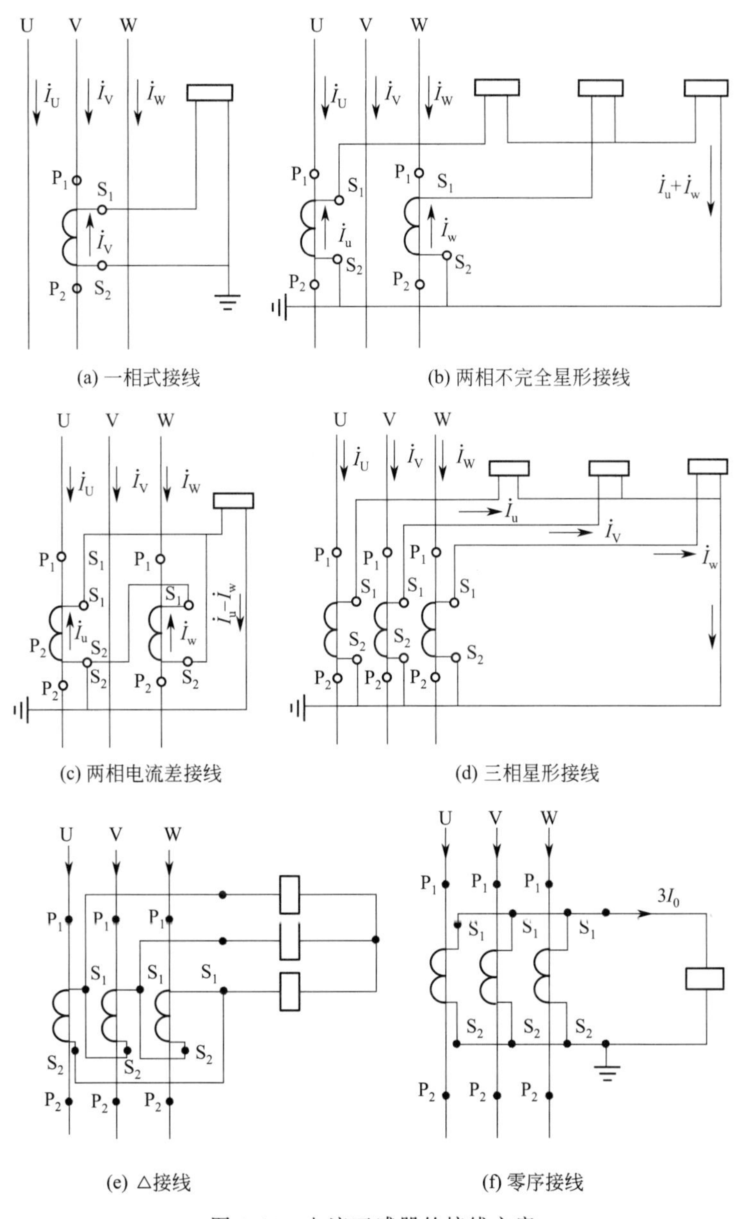

(a) 一相式接线 (b) 两相不完全星形接线

(c) 两相电流差接线 (d) 三相星形接线

(e) △接线 (f) 零序接线

图3-14 电流互感器的接线方案

① 一相式接线　如图 3-14(a) 所示，电流线圈通过的电流反映一次电路相应相的电流。这种接线通常用于负荷平衡的三相电路，如在低压动力线路中，供测量电流或接过负荷保护装置之用。

② 两相不完全星形接线　如图 3-14(b) 所示，在继电保护装置中，这种接线称为两相两继电器接线。此种接线方式广泛用于中性点不接地的三相三线制高压电路中（如 6～10kV）的三相电流、电能的测量及过电流继电保护。由图 3-15 的相量图可知，两相不完全星形接线的公共线上的电流 $\dot{I}_u+\dot{I}_w=-\dot{I}_v$，反映的是未接电流互感器的那一相（BV 相）的电流。

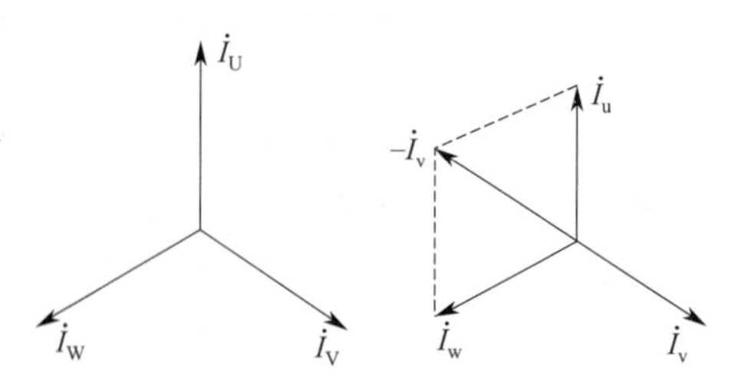

图 3-15　两相不完全星形接线电流互感器的一、二次侧电流相量图

③ 两相电流差接线　如图 3-14(c) 所示，由图 3-15 的相量图可知，二次侧公共线上的电流为 $\dot{I}_u-\dot{I}_w$，其量值为相电流的$\sqrt{3}$倍。这种接线适于中性点不接地的三相三线制电路中（如 6～10kV）的过电流继电保护，也称为两相一继电器式接线。

④ 三相星形接线　如图 3-14(d) 所示，这种接线中的 3 个电流线圈正好反映各相电流，广泛应用在负荷一般为不平衡的三相四线制系统中，也用在负荷可能不平衡的三相三线制系统中，用作三相电流、电能测量及过电流继电保护等。

⑤ 三角形接线　如图 3-14(e) 所示，用于继电保护装置中，每相输出电流相对于二次绕组电流在相位上移动了 30°，在数值上是原来的$\sqrt{3}$倍。

⑥ 零序接线　如图 3-14(f) 所示，用于测量系统中三相电流相量和，在继电保护装置作为零序电流过滤器。

五、电流互感器的使用注意事项

① 极性连接要正确。电流互感器一般按减极性标注，如果极性连接不正确，就会影响计量，甚至在同一线路有多台电流互感器并联时，会造成短路事故。

② 二次电路应设保护性接地点，并可靠连接。为防止一、二次绕组之间绝缘击穿后高电压窜入低压侧危及人身和仪表安全，电流互感器二次侧应设保护性接地点，接地点只允许接一个，一般将靠近电流互感器的箱体端子接地。

③ 运行中二次绕组不允许开路，否则会导致以下严重后果：二次侧出现高电压，危及人身和仪表安全；出现过热，可能烧坏绕组；增大计量误差。

④ 用于电能计量的电流互感器二次电路，不应再接继电保护装置和自动装置等，以防互相影响。

第三节　电压互感器

电压互感器的文字符号为 TV，其功能是变换电压，即将一次侧的高电压变换为二次侧的低电压，二次侧额定电压为 100V。

电磁式电压互感器是目前应用最广泛的电压互感器，其工作原理与变压器相同。由于负载阻抗很大，运行条件相当于变压器空载。二次绕组匝数远小于一次绕组匝数，所以二次侧不能短路，短路将产生危险的过电流。为保证人在接触测量仪表和继电器时的安全，电压互感器的二次绕组应接地。这样，当电压互感器绝缘损坏时，可以防止在仪表上产生危险的高电压。

一、电磁式电压互感器的基本结构原理

电压互感器的基本结构原理图如图 3-16 所示。它的结构特点是：其一次绕组匝数多，二次绕组匝数较少，相当于降压变压器。工作时，一次绕组并联在一次电路中，而二次绕组并联仪表、继电器的电压线圈。由于这些电压线圈的阻抗很大，所以电压互感器工作时二次绕组接近于空载状态。

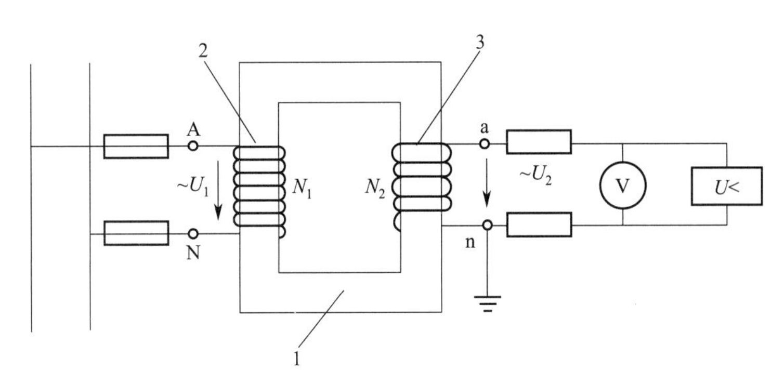

图 3-16 电压互感器的基本结构和接线

1—铁芯；2——一次绕组；3—二次绕组

二、电磁式电压互感器的工作特性

1. 额定电压比

电压互感器的额定电压比是一、二次侧额定电压之比，即 $K_U=U_{N1}/U_{N2}$。同电流互感器一样，电压互感器的额定电压比并不等于一、二次绕组的匝数比 $K_W=W_1/W_2$，K_UU_2 的值为被测一次侧电压的近似值。需要指出，接在电压互感器二次电路中的测量仪表的刻度已包含了 K_U 倍数。

2. 误差和准确度

反映电压互感器准确度的参数是电压互感器的误差，它分为电压幅值误差（比差）和相角误差（角差）两种，其定义与电流互感器的误差类似。

电压互感器的误差与负载的大小和功率因数 $\cos\varphi$ 有关，同时其结构、绕组阻抗也会对误差产生影响。一般地说，负载增加与 $\cos\varphi$ 的降低都将使误差增大，故运行中的负载必须配置适当。

为减小误差，制造时常采用高磁导率的硅钢片，减小磁路的空气隙，以减小空载电流。为减小比差，设计中往往增加二次绕组匝数（名为“追加匝数法”），而带补偿线圈的电压互感器则可减小角差。运行时一次侧电网电压和频率的波动也应在规定范围内，以保证电压互感器的准确度。

误差特性是电压互感器非常重要的特性。电压互感器的准确度等级取决于误差的极限值，并据此命名。例如，最大比差为 $\Delta U=\pm0.2\%$时，则称电压互感器为 0.2 级的。按我国标准将测量用电压互感器划分为 5 个精度等级，如表 3-1 所示。

表 3-1 测量用电压互感器的最大允许电压幅值误差和相角误差

级　别	$U_1/U_{1N}/\%$	$\Delta U_{max}/\%$	δ_{umax}	二次负荷条件
0.1	80～120	±0.1	±5′	二次负荷在额定负荷 25%～100%内，负荷的功率因数 $\cos\varphi_f=0.8$
0.2	80～120	±0.2	±10′	
0.5	80～120	±0.5	±20′	
1.0	80～120	±1.0	±40′	
3.0	80～120	±3.0	无规定	

通常 0.1、0.2 级电压互感器用于实验室精密测量；0.5 级电压互感器用于供电给瓦时计；1.0 级和 3.0 级电压互感器用于一般测量仪表。

保护用电压互感器的准确级分为 3P 和 6P 两种，它们的最大允许电压幅值误差和相角误差如表 3-2 所示。

表 3-2 保护用电压互感器的最大允许电压幅值误差和相角误差

级　别	$\Delta U_{max}/\%$	δ_{umax}	二次负荷条件
3P	3.0	120′	二次负荷在额定负荷 25%～100%内，负荷的功率因数 $\cos\varphi_f=0.8$
6P	6.0	240′	

3. 额定容量

由于电压互感器的误差随负载变化，故电压互感器容量应适应于一定的准确度，其准确度将随额定功率的增大而降低。此外，最大功率是由热稳定所确定的最大输出功率，一般都不应使电压互感器的负载达到这一容量。

三、电压互感器的分类和结构

1. 电磁式电压互感器

电磁式电压互感器有多种形式的分类方法：根据绕组数目来分有双绕组电压互感器和三绕组电压互感器；按相数来分有单相电压互感器和三相电压互感器；按冷却方式与绝缘方式来分有干式电压互感器、油浸式电压互感器、浇注式电压互感器、瓷箱式电压互感器；按结构来分有普通结构电压互感器和串级结构电压互感器；按安装环境来分有室内电压互感器和室外电压互感器。

电压互感器型号的表示和含义如下。

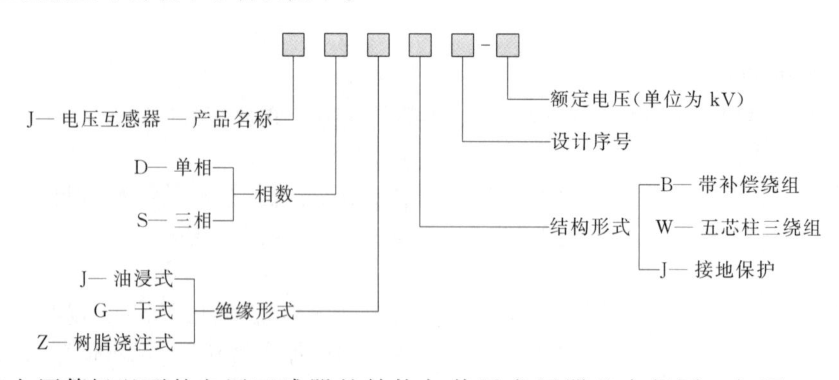

35kV 电压等级以下的电压互感器的结构与普通变压器基本相同。如图 3-17 所示的是 JDZJ-10 型电压互感器。

在变电所中还常用三相五柱式电压互感器。图 3-18 所示的是 JSJW-10 型电压互感器的原理接线与外形图。它由五个铁芯柱和两个铁轭组成磁路系统，中间三个芯柱上各有三个绕组，其中一次绕组接成 y0，两个二次绕组中一个接成 Y0、一个接成开口三角形。由于这种

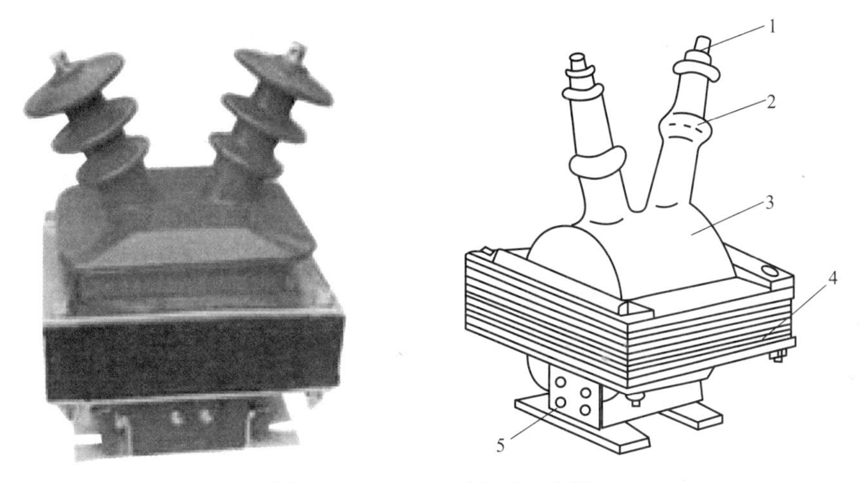

图 3-17 JDZJ-10 型电压互感器

1—一次接线端子；2—高压绝缘套管；3—一、二次绕组（环氧树脂浇注）；4—铁芯（壳式）；5—二次接线端子

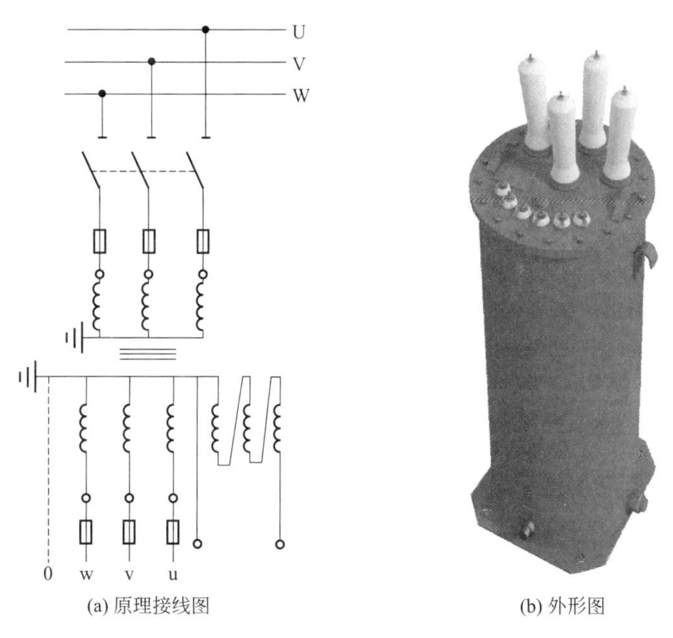

(a) 原理接线图　(b) 外形图

图 3-18 JSJW-10 型电压互感器的原理接线图及外形图

互感器有两个辅助芯柱，故可构成零序磁通的通路。铁芯和绕组放在装有变压器油的钢箱内，绕组端子通过固定在顶盖上的瓷套管引出。该种互感器用于室内 3～10kV 电压级，测量线电压、相电压，监视电网对地绝缘，测量零序电压以供接地保护使用。

当电压在 110kV 及以上时，一般不采用钢箱瓷套管式结构，因为这种结构使电压互感器显得笨重，且造价昂贵。此时采用单相串级式结构，并以瓷箱代替钢箱，可以使体积减小、重量减轻，并使造价降低。

串级式电压互感器的原理接线图和外形图如图 3-19 所示。这种电压互感器的铁芯为“口”字形，由条形硅钢片叠成。铁芯的上下边芯柱上套有一次绕组和平衡绕组。一次绕组为串联绝缘，分成两段，每段为一绝缘分级，由上而下，绕组对地电位逐渐降低，A 端全绝缘，下端（X 端）为接地端。下边芯柱还套有二次绕组与辅助绕组以供测量和保护等用。

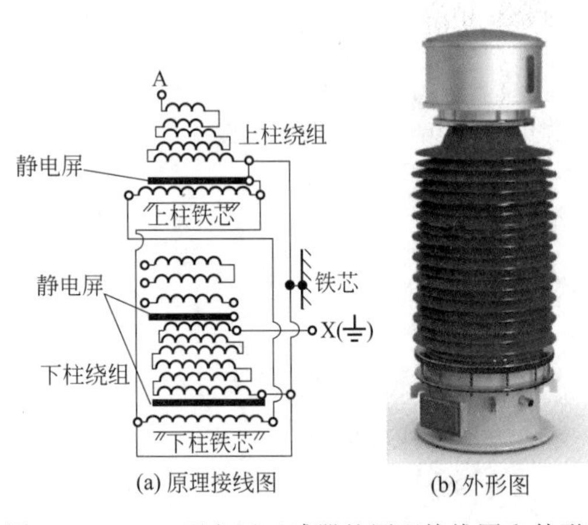

图 3-19　JCC_1 型电压互感器的原理接线图和外形图

当电压互感器空载时，上下边芯柱磁通相等，上下绕组的空载电流相同，每一绕组承受网压的一半。由于铁芯接于绕组的两个分段之间，故使每一段绕组对铁芯间只需承受网压的一半，因而降低了绝缘水平。当电压互感器带负荷运行时，二次绕组将有电流 I_2 流过，由它产生的磁通将引起铁芯磁通的变化，使之交链一、二次绕组的全磁通不再相等。因此，一次绕组两段承受的电压不再相等，下段一次绕组承受电压较 1/2 网压要低些，引起电压互感器误差增加。为避免这种现象，上下两段安装有匝数相同的平衡绕组彼此对接。带负荷运行时平衡绕组将有平衡电流产生，使上段铁芯磁通减小，下段铁芯磁通增大，从而使电压分布均匀，误差减小。

2. 电容式电压互感器

电容式电压互感器（CVT）在技术和经济方面具有优势。国外 66～765kV 电力系统中绝大多数采用这种类型的电压互感器，我国在 110～220kV 变电所设备更新或新建工程中优先采用电容式电压互感器已成为明显趋势。

电容式电压互感器的工作原理如图 3-20 所示。它由电容分压器和电磁单元两部分组成。由一级或多级耦合电容器组成的电容分压器从输电线路的高电压抽取一个中间电压（通常为 10～20kV）送入电磁单元，再降为 $100/\sqrt{3}$V 和 100V 低压分别供计量装置和继电保护装置使用。为了补偿电容分压器的容性阻抗，使二次电压不因负载的变化而变化，在中压回路中接入了补偿电抗器 K。阻尼器 Z 是为阻尼铁磁谐振而设置的。

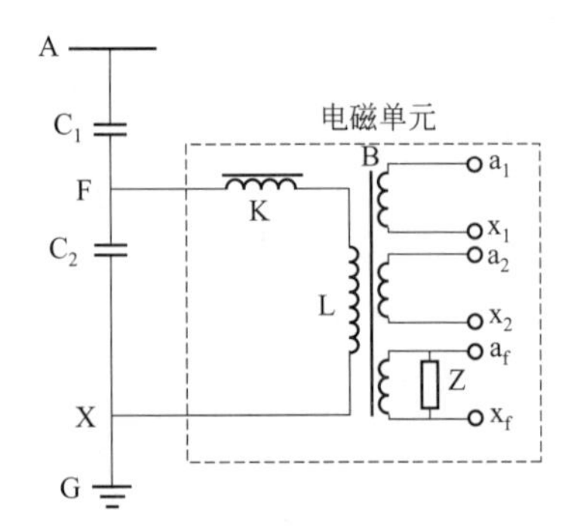

图 3-20　电容式电压互感器的工作原理

A，X—一次端子；a_1，x_1—主二次 1 号绕组端子；a_2，x_2—主二次 2 号绕组端子；a_f，x_f—辅助二次绕组端子；K—补偿电抗器；B—中压变压器；C_1—高压电容器；C_2—中压电容器；Z—阻尼器

若电抗器 K 的电感参数 L 按其与 C_1+C_2 在工频下谐振选择，即 $L=1/[4\pi^2 f^2(C_1+C_2)]$，则等值电路中内阻抗为 R，将使输出电压受负载变化的影响大为减小，这是电容式电压互感器内部接线的一个显著特点。

电力系统的频率会在 50Hz 上下波动，这时 L 与 C_1+C_2 不能完全谐振，相当于增加了等值电路中的内阻抗，将造成误差，该误差称为频率误差。为保证准确度，C_1+C_2 不能太小。由于电容器的价格与其容量有直接关系，高压电容器 C_1 的价格在电压互感器成本中占相当比重。

电容式电压互感器中电容器的介质，普遍采用聚丙烯膜与电容纸复合浸渍烷基苯绝缘油，产品结构向单柱式方向发展，即将电容分压器叠装在电磁单元的油箱上成为一个整体。二次输出容量在 0.5 级准确度下最大可达 500V·A，在 0.2 级准确度下最大可达 300V·A。

3. 电子式电压互感

（1）有源电子式电压互感器

被测高电压经电容环分压器、电阻分压器或电容电阻串联电路得到一个小电压信号，数字化后通过光纤输出。对于电容环分压器或电阻分压器分压得到的小电压和被测高电压成比例关系，小电压直接数字化输出即可；对于电容电阻串联电路在电阻上得到的小电压是被测电压的微分，要想得到被测电压值必须对小信号进行积分。当前电容电阻串联电路使用相对较多。阻容分压器如图 3-21 所示。

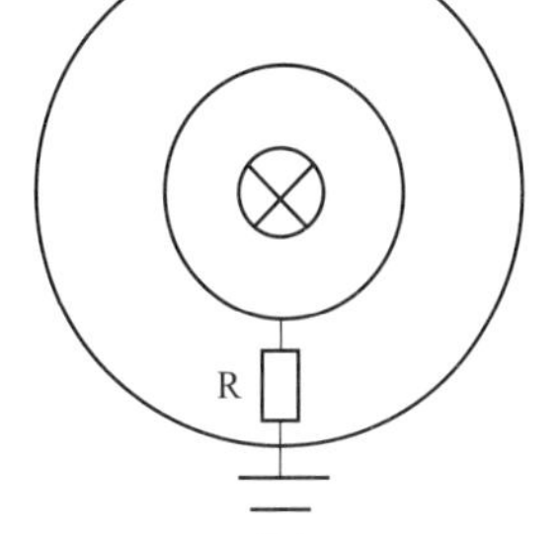

图 3-21 阻容分压器

这种电路中的电容是一个套在一次导电杆上的电容环，用一个电阻与此电容环串接并接地，则电阻上输出的电压为

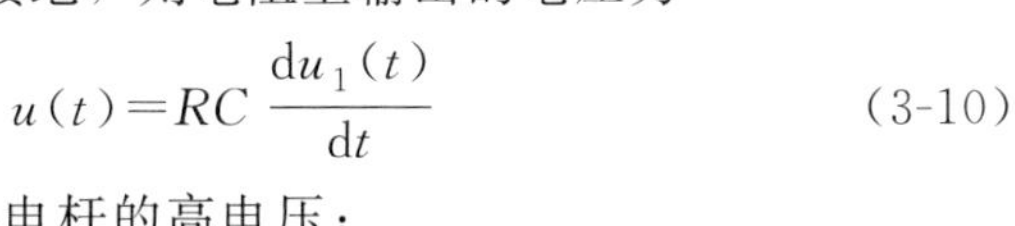

$$u(t)=RC\frac{\mathrm{d}u_1(t)}{\mathrm{d}t} \tag{3-10}$$

式中 $u_1(t)$——一次导电杆的高电压；

R——串接的电阻值；

C——电容环的电容值；

$u(t)$——电压传感器的输出电压（它是一次电压的导数值，利用与电流传感器类似的信号处理方法便可求得被测电压）。

电容分压式有源电压互感器的原理示意图如图 3-22 所示。

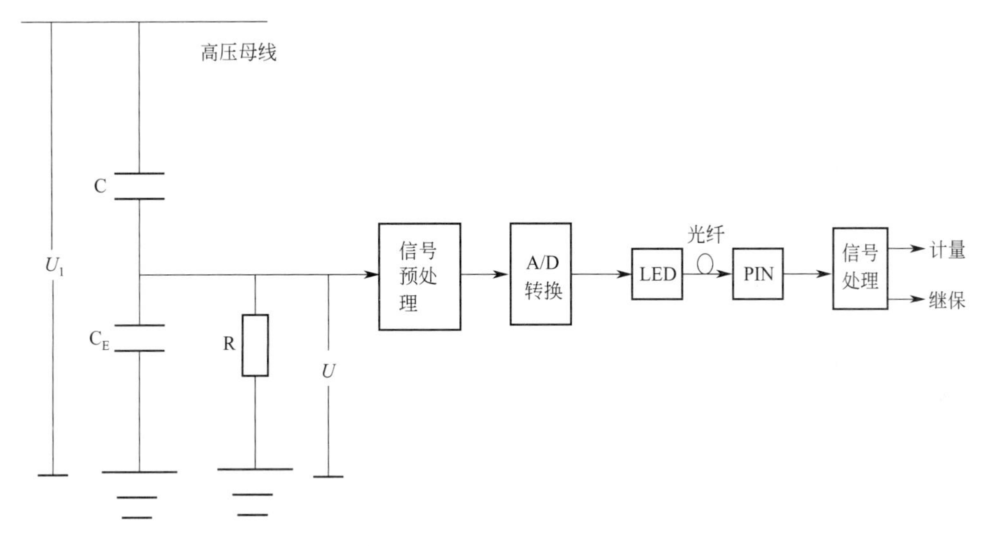

图 3-22 电容分压式有源电压互感器的原理示意图

有源电子式电压互感器主要有电容分压、电阻分压及阻容分压等类型。目前电阻分压型电子式电压互感器因受电阻功率和准确度的限制而在超高压交流电网中难以实际应用，多用于 10kV 和 35kV 电压等级；电容分压型电子式电压互感器在一次传感器结构和电磁屏蔽方面需要完善，并且存在线路带滞留电荷重合闸引起的暂态问题，故其应用尚需要积累工程经验。

（2）泡克尔斯（Pockels）效应电压互感器

国内外已经提出了许多种基于不同光学效应的电压测量原理，当前应用最多的是基于泡克尔斯效应（又称线性电光效应）的光学电压互感器。

所谓泡克尔斯效应，就是指某些透明的光学介质在外电场的作用下，其折射率线性地随外加电场而变化。具有泡克尔斯效应的物质很多，但在电力系统高电压测量中使用最多的是 BGO（锗酸铋 $Bi_4Ge_3O_{12}$）晶体。BGO 是一种透过率高、无自然双折射和自然旋光性、不

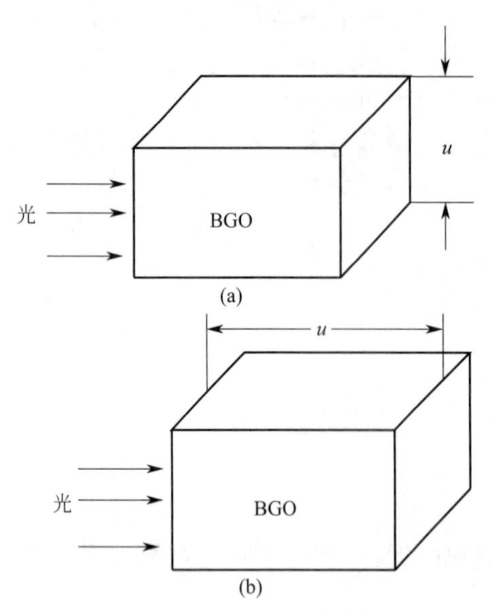

图 3-23　泡克尔斯效应电压互感器的两种测量原理图

存在热电效应的电光晶体。

根据电光晶体中通光方向与外加电场（电压）方向的不同，基于泡克尔斯效应的光学电压互感器可分为横向调制光学电压互感器和纵向调制光学电压互感器，如图 3-23 所示。图 3-23(a) 是横向调制光学电压互感器原理图，图 3-23(b) 是纵向调制光学互感器原理图。

横向调制型和纵向调制型泡克尔斯效应光学电压互感器的输出都是通过测量相位差实现的。在目前的技术条件下，相位的精密测量有很多种方法，较简单的方法是利用光的干涉，将光相位变化转换为光强度变化，通过测量光强度来间接测量相位。

基于泡克尔斯效应电压互感器的结构示意图如图 3-24 所示。

实际应用中，还有采用 kerr 电光效应的光学电压互感器，此处不再赘述。

光学电压互感器主要分为 GIS 内嵌式光学电压互感器和支柱式光学电压互感器，其中内嵌式光学电压互感器的一次性传感器安装在 GIS 罐体上，用于传感被测电场；支柱式光学电压互感器适用于 AIS 敞开式变电站。

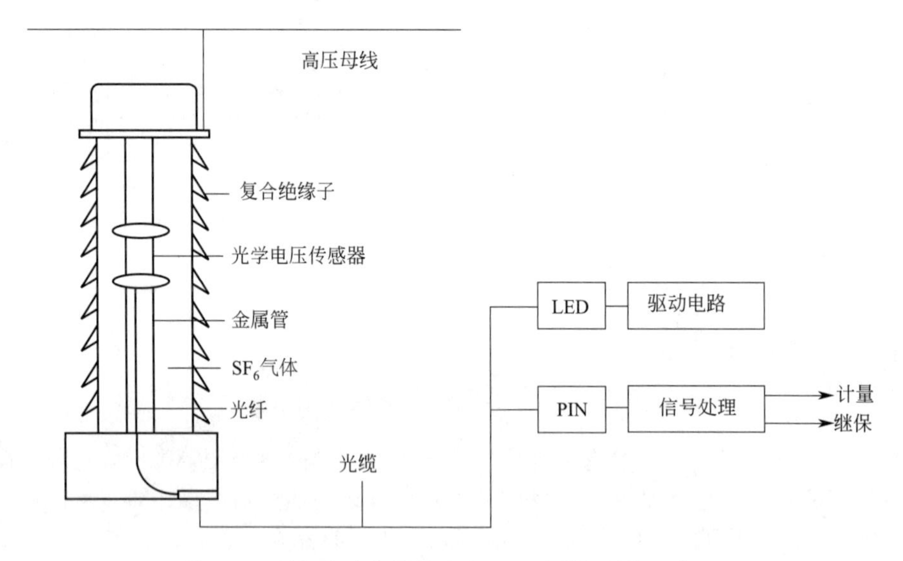

图 3-24　基于泡克尔斯效应电压互感器的结构示意图

4. 组合式光学电压电流互感器

组合式光学电压电流互感器如图 3-25 所示。

四、电压互感器的接线方式

电压互感器在三相电路中有如图 3-26 所示 4 种常见的接线方案。

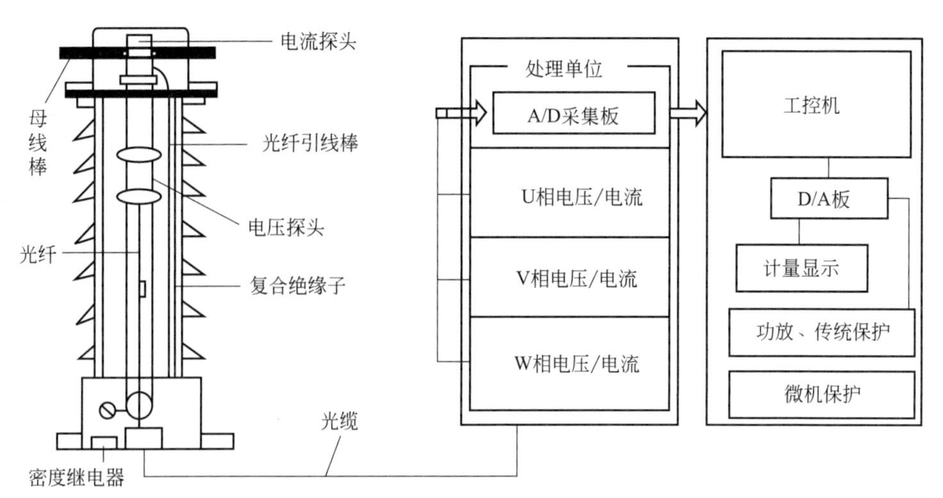

图 3-25 组合式光学电压电流互感器

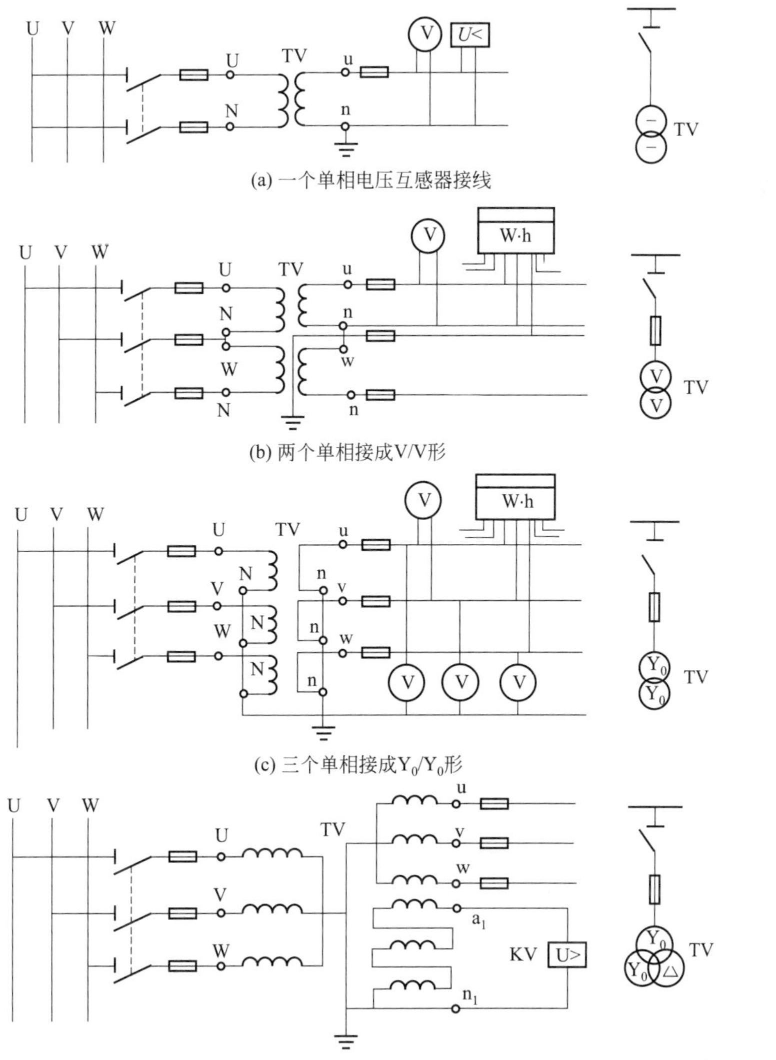

图 3-26 电压互感器的接线方案

① 一个单相电压互感器的接线　如图 3-26(a) 所示，可供仪表、继电器接于线电压。

② 两个单相电压互感器接成 V/V 形　如图 3-26(b) 所示，可供仪表、继电器接于三相三线制电路中的各个线电压，广泛应用在工厂变配电所的 6～10kV 高压配电装置中。

③ 三个单相电压互感器接成 Y_0/Y_0 形　如图 3-26(c) 所示，供电给要求线电压的仪表、继电器和要求接于相电压的绝缘监视电压表。由于小接地系统在一次侧发生单相接地时，另两相电压要升高到线电压，所以绝缘监视电压表的量程不能按相电压选择，而应按线电压选择，否则在发生单相接地时，绝缘监视电压表可能被烧毁。

④ 三个单相三绕组电压互感器或一个三相五芯柱式三绕组电压互感器接成 Y_0/Y_0-△（开口三角形)，如图 3-26(d) 所示，其接成 Y_0 的二次绕组，供电给需线电压的仪表、继电器及绝缘监视用电压表，与图 3-26(c) 的二次接线相同。接成开口三角形的辅助二次绕组，接电压继电器。当一次电压正常时，由于 3 个相电压对称，因此开口三角形开口两端的电压接近于零。当一次电路有一相接地故障时，开口三角形开口两端将出现近 100V 的零序电压，使电压继电器动作，发出故障信号。

五、电压互感器的使用注意事项

① 应根据用电设备的需要，选择电压互感器型号、容量、变比、额定电压和准确度等参数。

② 接入电路之前，应校验电压互感器的极性。

③ 接入电路之后，应将二次绕组可靠接地，以防一、二次侧的绝缘击穿时，高压危及人身和设备的安全。

④ 运行中的电压互感器在任何情况下都不得短路。由于电压互感器的内阻抗很小，二次电路短路时会出现很大的短路电流，将损坏二次设备甚至威胁人身安全。因此其一、二次侧都应安装熔断器，并在一次侧装设隔离开关。

⑤ 在电源检修期间，为防止二次侧电源向一次侧送电，应将一次侧的隔离开关和一、二次侧的熔断器都断开。

复习思考题

1. 互感器有什么作用？

2. 什么是互感器的准确度？电流互感器和电压互感器分别有哪些准确度等级，适用于什么场合？

3. 电流互感器有哪些接线方式？

4. 电压互感器有哪些接线方式？

5. 电流互感器使用时要注意什么？

6. 电压互感器使用时要注意什么？

7. 电流互感器的型号含义是什么？

8. 电容式电压互感器的原理是什么？一般用于什么场所？

9. 电子式互感器由哪些基本结构组成？

10. 简述新型电子式互感器和光电式互感器的工作原理，它们与传统电磁式互感器比较有哪些优点？

第四章 电气主接线

【学习目标】

1. 掌握电气主接线的概念。

2. 掌握桥式接线、分支接线、单母线接线、线路变压器组接线的结构、适用范围、优缺点。

3. 掌握目前不同变压器接线方式和不同供电方式下的各种牵引变电所的电气主接线结构，能够熟练识读主接线图，并开展简单倒闸作业。

4. 掌握目前不同供电方式下的各种分区亭、开闭所、AT所结构，能够熟练识读主接线图，并开展简单倒闸作业。

第一节 电气主接线概述

一、电气主接线的概念

变电所的电气主接线是指由断路器、隔离开关、互感器、避雷器、主变压器、母线和电缆等高压一次设备，按一定的顺序连接起来用于表示接受和分配电能的电路。

电气主接线反映变电所的基本结构和性能，在运行中表明电能的输送和分配关系、一次设备的运行方式，成为实际运行操作的依据。

二、电气主接线图

用国家统一规定的电气文字符号、图形符号表示电气主接线中各电气设备相互连接顺序的图形，称为电气主接线图。电气主接线图一般用单线图表示，即一根线代表三相，表示三相相同的交流电气装置中一相的连接顺序。当三相不完全相同时，则用多线图表示，最为常见的是接有电流互感器的部位；在牵引变电所中，牵引母线及馈线部分均为单相设备，因此也常用单线代表单相。

在电气主接线图中，电气设备的状态按正常状态画出。所谓正常状态就是指电路中无电压和外力作用下开关的状态，即断开状态。例如隔离开关都是以断开状态画出，如果有特殊情况则应注明。供安装使用的电气主接线图，在图上要标出主要电气设备的规格型号。

三、电气主接线的基本要求

电气主接线的设计正确与否对电力系统的安全、经济运行，对电力系统的稳定和调度的灵活性，以及对电气设备的选择、配电装置的布置、继电保护及控制方式的拟定等都有重大的影响。在选择电气主接线时，应注意发电厂或变电所在电力系统中地位、进出线回路数、电压等级、设备特点及负荷性质等条件，并满足下列基本要求。

1. 保证必要的供电可靠性和保证电能质量

保证必要的供电可靠性和保证电能质量，是电气主接线应满足的最基本要求。电气主接线的可靠性主要是指主电路故障或检修所带来的不利影响限制在一定范围内，以提高供电的能力和电能的质量。一般从以下几个方面对电气主接线的可靠性进行定性分析。

① 断路器检修时能否不影响供电。

② 断路器或母线故障以及母线检修时，尽量减少停运的回路数和停运时间，并要保证对重要用户的供电。

③ 尽量避免发电厂、变电所全部停运的可能性。

④ 大机组、超高压电气主接线应满足可靠性的特殊要求。

2. 具有一定的灵活性和方便性

应能灵活地投入和切除某些机组、变压器或线路，从而达到调配电源和负荷的目的；能满足电力系统在事故运行方式、检修运行方式和特殊运行方式下的调度要求；当需要进行检修时，应能够很方便地使断路器、母线及继电保护设备退出运行进行检修，而不致影响电网的运行或停止对用户供电；必须能够容易地从初期接线过渡到最终接线，以满足扩建的要求。

3. 具有一定的经济性

应力求简单，以节省断路器、隔离开关、电流互感器、电压互感器及避雷器等一次设备的投资；要尽可能简化继电保护和二次回路，以节省二次设备和控制电缆；应采取限制短路电流的措施，以便选择轻型小截面的载流导体；要为配电装置的布置创造条件，以节约用地和节省有色金属、钢材和水泥等基建材料；应经济合理地选择主变压器的形式、容量和台数，要避免出现两次变压，以减少变压器的电能损耗。

四、电气主接线分类

母线是接受和分配电能的装置，是电气主接线和配电装置的重要环节。电气主接线一般按有无母线分类，即分为有母线和无母线两大类。

有母线的主接线形式包括单母线和双母线。单母线又分为单母线无分段、单母线有分段、单母线分段带旁路母线等形式；双母线又分为普通双母线、双母线分段、3/2 断路器、双母线及带旁路母线的双母线等多种形式。

无母线的主接线形式主要有单元接线、桥形接线和角形接线等。

五、电气主接线中开关电器的配置原则

当线路或高压配电装置检修时，需要有明显可见的断口，以保证检修人员及设备的安

全。故在电气回路中，在断路器接电源的一侧或两侧均应配置隔离开关。若馈线的用户侧没有电源时，断路器通往用户的那一侧，可以不装设隔离开关。若电源是发电机，则发电机与出口断路器之间可以不装隔离开关。但有时为了便于对发电机单独进行调整和试验，也可以装设隔离开关或设置可拆卸点。

当电压在 110kV 及以上时，断路器两侧的隔离开关和线路隔离开关的线路侧均应配置接地开关。对 35kV 及以上的母线，在每段母线上亦应设置 1～2 组接地开关，以保证电器和母线检修时的安全。

六、电气设备的运用状态

运行中的电气设备，系指全部带电或一部分带电以及一经操作即带有电压的电气设备。所谓一经操作即带有电压的电气设备，是指现场停用或备用的电气设备，它们的电气连接部分和带电部分之间只用断路器或隔离开关断开，并无拆除部分，一经合闸即带有电压。因此运行中的电气设备具体指的是现场运行、备用和停电的设备。如电气设备某一部分已从电气连接部分拆下，并已经拆离原来的安装位置而远离带电部分，则就不属于运行中的电气设备。现场中全部带有电压的设备即处于运行状态，而其中一部分带有电压或一经操作才带有电压的设备是处于备用状态或停用状态以及检修状态。

电气设备的运用状态有运行状态、热备用状态、冷备用状态和检修状态。

（1）运行状态

电气设备的运行状态，是指断路器和隔离开关都在合闸位置。将电源至受电端间的电路接通，其间的电气设备及二次设备均处于带电工作的状态。

（2）热备用状态

电气设备的热备用状态，是指断路器在断开位置，而隔离开关仍在合闸位置。其特点是断路器一经操作即接通电源。

（3）冷备用状态

电气设备的冷备用状态，是指设备的断路器及隔离开关均在断开位置。其显著特点是该设备（如断路器）与其他带电部分之间有明显的断开点。设备的冷备用根据工作性质分为断路器冷备用与线路冷备用等。

（4）检修状态

电气设备的检修状态，是指该设备的断路器和隔离开关均已断开，待检修设备（如断路器）两侧装设了保护接地线（或合上接地开关），并悬挂了工作标示牌，安装了临时遮栏（注意：以上条件缺一不可）。装设临时遮栏的目的是将工作场所与带电设备区域相隔离，限制工作人员的活动范围，以防在工作中因疏忽而误碰带电部分。

检修应根据工作性质分为断路器检修和线路检修等。

① 断路器检修是指设备的断路器与两侧隔离开关均拉开，断路器的操作熔断器及合闸电源熔断器已取下，在断路器两侧装设了保护接地线或合上接地隔离开关，并做好安全措施。检修的断路器若与两侧隔离开关之间接有仪表变压器（或变压器），则该仪表变压器的隔离开关拉开或取下高低压熔断器，高压侧无法断开时则取下低压熔断器，如有母差保护，母差电流互感器回路应拆开并短路接地（二次回路应作相应的调整）。

② “线路检修”是指线路断路器及其两侧隔离开关拉开，并在线路出线端挂好接地线（或合上线路接地隔离开关）。如有线路仪表变压器（或变压器），应将其隔离开关拉开或取下高低压熔断器。

③ 变压器检修亦可分为断路器或变压器检修。挂接地线或合上接地隔离开关的地点应

分别在断路器两侧或变压器各侧。

④ 母线检修状态是指该母线从冷备用转为检修，即在冷备用母线上挂好接地线（或合上母线接地隔离开关）。母线由检修转为冷备用，是指拆除该母线的接地线（或拉开母线接地隔离开关），应包括母线电压互感器转为冷备用。母线从冷备用转为运行，是指有任一路电源断路器处于热备用状态，一经合闸，该母线即可带电，包括母线电压互感器转为运行状态。凡不符合上述状态的操作，调度员在发布操作命令时必须明确提出要求，以便正确执行倒闸操作。

七、倒闸操作注意事项

电气设备有多种不同的运行状态，要将电气设备由一种运行状态转变到另一种运行状态，就需要进行一系列的倒闸操作。所谓改变运行状态，就是拉开或合上某些断路器和隔离开关，包括断开或投入相应的直流回路；改变继电保护和自动装置的定值或运行状态，临时接地线等。倒闸操作主要是指为适应供电系统运行方式改变的需要，而必须进行的拉合断路器、隔离开关、高压熔断器等（简称为一次设备）的操作。为适应一次设备运行状态的改变，继电保护及自动装置（简称二次设备）运行状态亦应作相应的改变，如继电器保护装置的投入或退出、保护定值的调整等。为了保证上述操作正确无误地进行，要求在操作过程中进行必要的检查。

倒闸操作均须有电力调度的命令。一次设备按中国国家铁路集团有限公司要求统一编号，未经职能部门书面同意，任何人不得擅自更改一次设备编号。模拟盘上一次设备编号和一次设备本体编号要与电力系统一次图、监控屏幕中编号一致，模拟盘、监控屏幕上一次设备的位置要与实际运行方式一致。重大停送电操作，按供电部门停送电通知单执行；一般停送电操作按签批的工作票执行。在试验位置进行的开关分合试验及联锁信号试验，不需要停送电通知单。

一切倒闸操作必须由两人执行，一人操作，一人监护或监控。监护或监控人由具有一定资质和操作技能者担任，复杂的操作应由值班负责人担任监护。倒闸操作应由操作人按操作顺序填写操作票，经电力调度员审核后，方可执行。操作时应严格执行有关制度，严禁进行与操作无关的谈话。每操作完一项，在操作票上相应条目打勾作为完成的记号。全部操作完成后应进行复查。

倒闸操作注意事项如下。

① 明确主接线倒闸作业前后的运行方式，特别掌握电源的供电情况和各开关设备的通断情况。

② 明确倒闸操作中相应的继电保护及自动装置调整和转换。

③ 停电时，从负荷侧开始，先分断负荷侧开关，后分断电源侧开关；送电时，先合电源侧开关，后合负荷侧开关。这样使开合的电流最小，万一发生操作失误，可以将影响面降到最小。

④ 隔离开关与断路器串联时，隔离开关应先合后分。隔离开关与断路器并联时，隔离开关应先分后合。隔离开关无论是分闸操作还是合闸操作都是在断路器分闸状态下进行的，从而保证了隔离开关不带负荷操作。

⑤ 隔离开关带接地刀闸时，送电时应先断接地刀闸，后合主刀闸；停电时应先断主刀闸，后合接地刀闸。否则会造成接地短路。

八、变电所的类型

本变电所的母线上有其他变电所的负荷电流通过称为系统功率穿越。根据变电所在电网中的位置、重要程度和从电力系统取得电源的方式不同，可分为下列几种形式。

① 中心变电所　具有 4 路及以上电源进线并有系统功率穿越，除了完成一般变电所的功能，还向其他变电所供电。

② 中间（或终端）变电所　变电所有 2 路电源进线的为中间（或终端）变电所，其中有系统功率穿越的称为通过式变电所，没有系统功率穿越的称为分接式变电所。

各种变电所类型示意图如图 4-1 所示。电气化铁路牵引变电所一般都是分接式变电所。

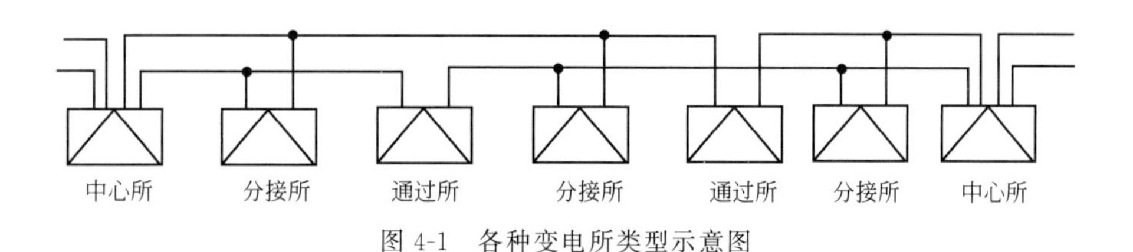

图 4-1　各种变电所类型示意图

第二节　常见电气主接线

一、桥形接线

1. 概述

当只有两台主变压器和两条电源进线线路时，可以采用如图 4-2 所示的接线方式。这种接线称为桥式接线。

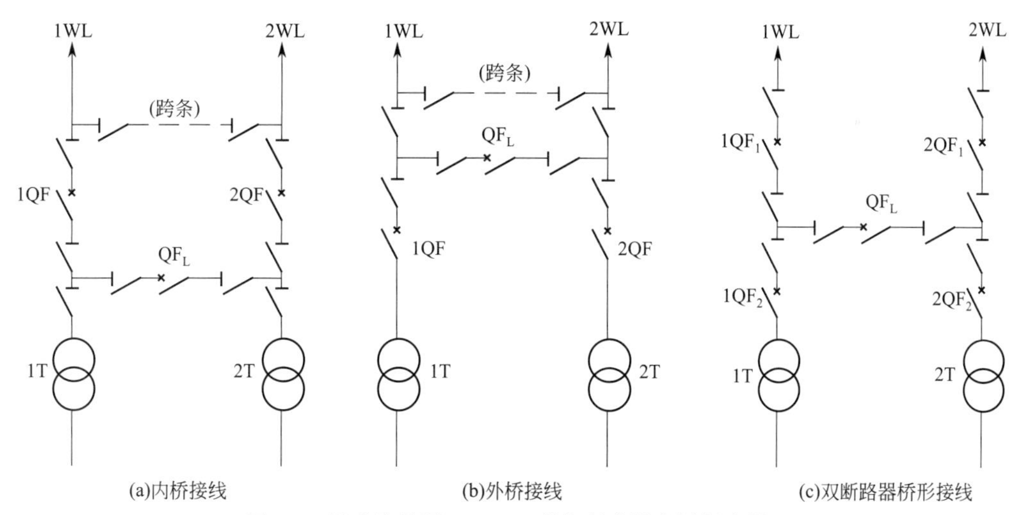

图 4-2　桥式接线图（QF_L—联络断路器或桥断路器）

桥式接线的桥臂由断路器 QF_L 及其两侧隔离开关组成，正常运行时处于接通或断开状态（由系统运行方式决定）。桥式接线根据桥臂的位置又可分为内桥接线、外桥接线和双断路器桥形接线三种形式。

2. 内桥接线

内桥接线如图 4-2(a) 所示，桥臂置于线路断路器 1QF、2QF 的内侧，靠近主变压器

1T、2T。其特点如下。

① 线路 1WL 或者 2WL 发生故障时，仅故障线路的断路器 1QF 或者 2QF 跳闸，其余三条支路可继续工作，并保持相互间的联系。

② 变压器故障时，联络断路器 QF_L 及与故障变压器同侧的线路断路器 1QF 或者 2QF 均自动跳闸，使未故障线路的供电受到影响，需经倒闸操作后，方可恢复对该线路的供电。

③ 线路运行时变压器操作复杂。

内桥接线适用于输电线路较长、线路故障率较高、穿越功率少和变压器不需要经常改变运行方式的场合。

3. 外桥接线

外桥接线如图 4-2(b) 所示，桥臂置于线路断路器的外侧。其特点如下。

① 变压器发生故障时，仅跳故障变压器支路的断路器 1QF 或者 2QF，其余支路可继续工作，并保持相互间的联系。

② 线路发生故障时，联络断路器 QF_L 及与故障线路同侧的变压器支路的断路器 1QF 或者 2QF 均自动跳闸，需经倒闸操作后，方可恢复被切除变压器的工作。

③ 线路投入与切除时，操作复杂，影响变压器的运行。

这种接线适用于线路较短、故障率较低、主变压器需按经济运行要求经常投切以及电力系统有较大的穿越功率通过桥臂回路的场合。

4. 双断路器桥形接线

桥式接线属于无母线的接线形式，简单清晰，设备少，造价低，也易于发展过渡为单母线分段或双母线接线。但因内桥接线中变压器的投入与切除要影响到线路的正常运行，外桥接线中线路的投入与切除要影响到变压器的运行，而且更改运行方式时需利用隔离开关作为操作电器，故桥式接线的工作可靠性和灵活性较差。

为了提高供电可靠性，克服内、外桥形接线的不足，使运行方式的调度操作更为方便，确保安全可靠供电，可在高压母线与主变压器进线之间增设断路器，其原理接线如图 4-2(c) 所示。这种接线方式在 35/10kV 的变电站中大量采用。

桥形接线在牵引变电所应用很少。

二、单母线接线

1. 概述

为使每一台主变压器能从任一电源回路获得电能，这就需要设置汇流母线，以便将各电源回路电能汇集起来，再分配到各个用电回路，以提高供电的可靠性和经济性。

如果电源回路和用电回路都通过断路器、隔离开关接在同一套母线上，则构成单母线接线，如图 4-3 所示。

这种接线的优点是接线简单，投资少；操作方便，容易扩建。缺点是：检修母线或母线隔离开关（如 QS_1、QS_2 等），全所停电；母线或母线隔离开关（如 QS_1、QS_2 等）故障，全所停电；检修出线断路器（如 QF_2 等），该回路停电。

因此，这种接线只适用于小容量和用户对供电可靠性要求不高的发电厂或变电所中。为了克服以上缺点，可采用母线分段和加旁路母线的措施。

2. 单母线分段接线

（1）单母线隔离开关分段接线

如图 4-4 所示，当任一段母线（Ⅰ段或Ⅱ段）及其母线隔离开关停电检修，可以通过事先断开分段隔离开关 QS_d，使另一段母线的工作不受影响。

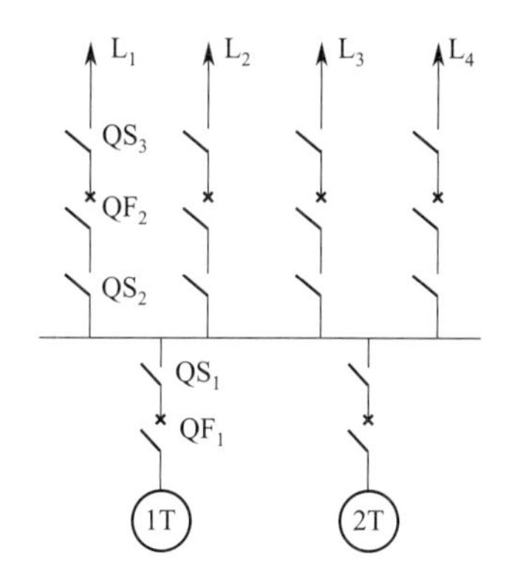

图 4-3 单母线接线

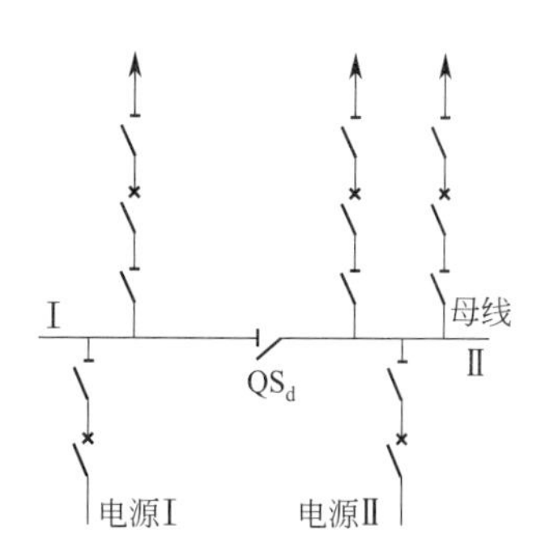

图 4-4 单母线隔离开关分段接线

在分段隔离开关 QS_d 投入，两段母线同时运行期间，若任一段母线发生故障，仍将造成整个配电装置的短时停电。只有将与母线相连的所有断路器跳闸后，才可以用分段隔离开关 QS_d 将故障段母线隔开，方能恢复非故障段母线的运行。

单母线隔离开关分段接线在牵引变电所 27.5kV（55kV）侧得到广泛应用。

（2）单母线断路器分段接线

如图 4-5 所示，单母线通过 QF_d 分为母线Ⅰ和母线Ⅱ。当分段断路器 QF_d 接通运行时，若任一段母线发生故障，在继电保护装置的作用下，分段断路器和接在故障段上的电源回路断路器便自动断开。这使非故障段母线可以继续运行，缩小了母线故障的停电范围。

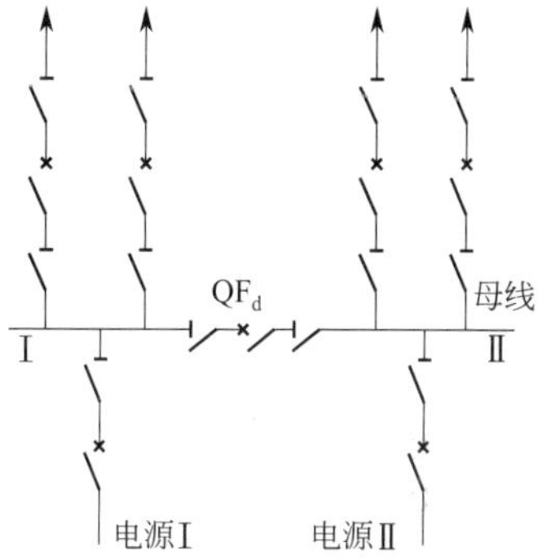

图 4-5 单母线断路器分段接线

断路器分段时的优点如下。

① 在正常情况下检修母线时，可不中断另一段母线的运行。

② 任一段母线发生故障时，在继电保护装置的作用下，母线分段断路器断开，从而保证了非故障段母线的不间断供电。

③ 可满足采用双回线路供电的重要用户供电可靠性要求。

断路器分段时的缺点如下。

① 一段母线或母线隔离开关故障或检修时，该段母线上的所有回路都要在检修期间内停电。

② 当采用接于不同段母线的双回线路供电时，常使架空线路出现交叉跨越。

③ 扩建时需要向两个方向均衡扩建。

单母线分段的数目取决于电源的数目、电网的接线及主接线的运行方式，一般以 2～3 段为宜。其连接的回路数一般比不分段的单母线接线增加一倍，但仍不宜过多。

单母线分段接线主要应用于中小容量发电厂的电气主接线、各类发电厂的厂用电接线以及进出线数量比较多的 6～220kV 变电所中。

3. 单母线带旁路母线接线

(1) 单母线带旁路母线接线

如图 4-6 所示，在工作母线外侧增设一组旁路母线，并经旁路隔离开关引接到各线路的外侧。另设一组旁路断路器 QF_p（两侧带隔离开关）跨接于工作母线与旁路母线之间。

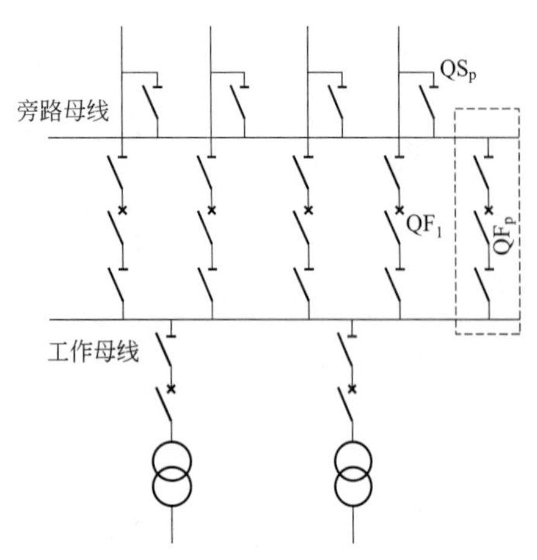

图 4-6 单母线带旁路母线接线

当任一回路的断路器（如 QF_1）需要停电检修时，该回路可经旁路隔离开关 QS_p 绕道旁路母线，再经旁路断路器 QF_p 及其两侧的隔离开关将电能输送至工作母线（主母线）。此途径即为"旁路回路"或简称"旁路"。

平时旁路断路器和隔离开关均处于分闸位置，旁路母线不带电。当需检修某线路断路器时，首先合上旁路断路器两侧的隔离开关，然后合上旁路断路器向旁路母线空载升压，检查旁路母线无故障后，再合上该线路的旁路隔离开关。此后，断开该出线断路器及其两侧的隔离开关，这样就由旁路断路器代替了该线路断路器工作。

单母线带旁路母线接线方式的最大优点是供电可靠性高。断路器故障检修时，可不停电进行检修，供电可靠，运行灵活，适用于向重要用户供电，出线回路较多的变电所尤为适用。该接线方式仅适用于 110kV 及以下电压等级的母线。

旁路断路器在同一时间只能代替一个线路断路器的工作。但母线出现故障或检修时，仍会造成整个工作母线停止工作。为了解决这个问题，可以采用带旁路母线的单母线分段接线。

(2) 单母线带旁路母线分段接线

这种接线方式兼顾了旁路母线和母线分段两方面的优点。为了减少投资，可不专设旁路断路器，而用母线分段断路器兼作旁路断路器，常用的接线如图 4-7 所示。在正常工作时，靠旁路母线侧的隔离开关 QS_3、QS_4 断开，而隔离开关 QS_1、QS_2 和断路器 QF_d 处于合闸位置（这时 QS_d 是断开的），主接线系统按单母线分段方式运行。当需要检修某一出线断路器（如 1WL 回路的 1QF）时，可通过倒闸操作，将分段断路器作为旁路断路器使用，即由 QS_1、QF_p、QS_4 从母线Ⅰ接至旁路母线，或经 QS_2、QF_p、QS_3 从母线Ⅱ接至旁路母线，再经过 $1QS_p$ 构成向 1WL 供电的旁路。此时分段隔离开关 QS_d 是接通的，以保持两段母线并列运行。

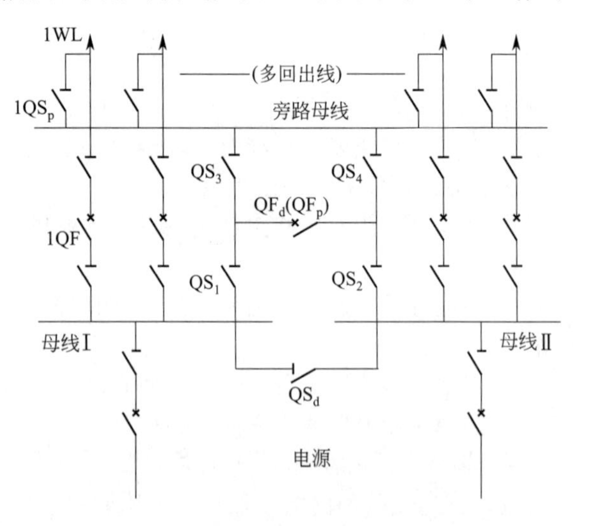

图 4-7 单母线带旁路母线分段接线
[QF_d—分段断路器（兼旁路断路器）]

现以检修 1QF 为例，简述其倒闸操作步骤。

① 向旁路母线充电，检查其是否完

好。合上 QS_d；断开 QF_p 和 QS_2；合上 QS_4；再合上 QF_p，使旁路母线空载升压，若旁路母线完好，QF_p 不会自动跳闸。

② 接通 1WL 的旁路回路。合上 $1QS_p$，这时有两条并列的向 1WL 供电的通电回路。

③ 将线路 1WL 切换至旁路母线上运行。断开断路器 1QF 及其两侧的隔离开关，并在靠近断路器一侧进行可靠接地。这时，断路器 1QF 退出运行，进行检修，但线路 1WL 继续正常供电。

单母线带旁路母线分段接线方式。供电可靠性高，一般用于 35～110kV 的变电所母线。

三、单元接线（线路-变压器组接线）

如图 4-8(a)、(b) 所示，电源线路（或发电机）与变压器直接连接成一个单元，组成线路（发电机)-变压器组，称为单元接线。其中图 4-8(a) 是发电机-双绕组变压器单元接线，发电机出口处除了接有厂用电分支外，不设母线，也不装出口断路器，发电机和变压器的容量相匹配，必须同时工作，发电机发出的电能直接经过主变压器送往升高电压电网。发电机出口处可装一组隔离开关，以便单独对发电机进行实验。对于 200MW 及以上的发电机，由于采用分相封闭母线，不宜装设隔离开关，但应有可拆连接点。图 4-8(b) 是发电机-三绕组变压器单元接线，为了在发电机停止工作时，变压器高压侧和中压侧仍能保持联系，发电机与变压器之间应装设断路器和隔离开关。

为了减少变压器及其高压侧断路器的台数，节约投资与占地面积，可采用图 4-8(a)、图 4-8(b) 所示的扩大单元接线。图 4-8(c) 是两台发电机与一台双绕组变压器的扩大单元接线，图 4-8(d) 是两台发电机与一台低压分裂绕组变压器的扩大单元接线，这种接线可限制变压器低压侧的短路电流。扩大单元接线的缺点是运行灵活性较差。

单元接线的优点是接线简单、投资少、占地少、操作方便、经济性好；由于不设发电机电压母线，减少了发电机电压侧发生短路故障的概率。

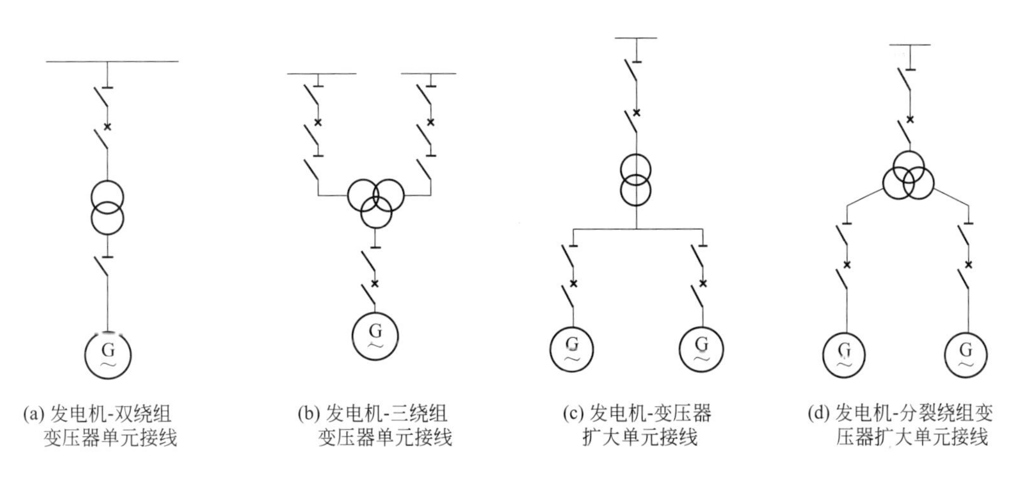

(a) 发电机-双绕组变压器单元接线
(b) 发电机-三绕组变压器单元接线
(c) 发电机-变压器扩大单元接线
(d) 发电机-分裂绕组变压器扩大单元接线

图 4-8 单元接线

四、分支接线（双 T 接线）

当变电所只有两条电源线路和两台变压器时，且电源进线较短，无系统功率穿越时，可以采用分支接线。我国电气化铁路的牵引变电所的进线电源侧（110kV 或 220 kV 侧）大多

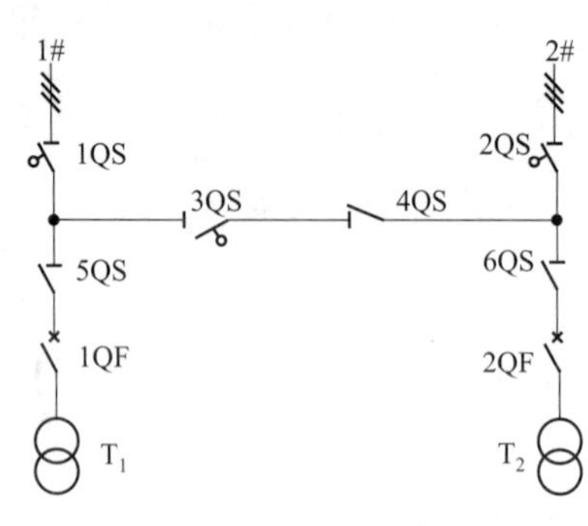

图 4-9　分支接线

采用分支接线。

分支接线的电源进线是从电力系统区域变电站高压母线上分支接入（T 形连接）变电所。因为无系统功率穿越，所以两电源进线之间不需要连接桥，考虑到运行的灵活性，保留只有隔离开关的跨条，如图 4-9 所示。

目前采用分支接线的牵引变电所一般采用一回路电源线路供电（通常是电气化铁路专用线路），另一回路电源线路备用；两台主变压器中，一台投入运行，另一台备用的运行方式。这样就可以再分成两种直列供电和两种交叉供电的运行方式。直列供电是指电源线路给直接相连变压器供电，如 1＃向 T_1 供电；交叉供电是指电源线路通过跨条给变压器供电，如 1＃向 T_2 供电。

下面介绍分支接线的运行方式的转换情况。

1. 电源线路的转换

电源线路正常转换方式受电源参数影响，电源引入时应与电力部门协商确定好。可以分成下列两种方式。

（1）两路电源允许在 25kV 牵引侧并联

在这种条件下，如果先采用 1＃向 T_1 的直列供电方式，此时 1QS、5QS、3QS、6QS、1QF 闭合，2QS、4QS、2QF 断开。要转换成 2＃向 T_2 供电，倒闸步骤如下。

① 确认 2＃电源电压正常。

② 闭合 2QS。

③ 再闭合 2QF，此时 25kV 牵引侧并联。

④ 断开 1QF。

⑤ 再断开 1QS。

3QS、4QS 是手动隔离开关，正常运行时一般处于闭合状态，只有检修设备或试验需要时才断开。在上述倒闸作业过程中没有中断向牵引负荷供电。

为了突出一次侧主接线，变压器低压侧断路器没有画出，所以在倒闸过程中省略了对它的切换。根据第一节所讲的原则，每次断开变压器高压侧断路器之前要先断开低压侧断路器，而合闸顺序与之相反。所以在断开 1QF 之前，要先断开相应的低压侧断路器，而闭合 2QF 之后还应闭合相应的低压侧断路器，后面所述的倒闸过程也省略了低压侧断路器，读者可通过思考补齐。

（2）两路电源不允许在 25kV 牵引侧并联

当电源参数变化时，采用上述运行方式转换的倒闸步骤。

① 确认 2＃电源电压正常。

② 闭合 2QS。

③ 断开 1QF（中断向牵引负荷供电）。

④ 再闭合 2QF（牵引负荷恢复供电）。

⑤ 断开 1QS。

电源线路故障时，线路继电保护及自动装置会自动完成电源转换。假如正常运行时还是采用上面所述运行方式，当 1＃线路出现故障时，1QF 在失压保护作用下自动分闸，T_1 将自动退出，电力系统的备用电源自动投入装置将使 2QF 自动合闸，在与电力系统联系后，断开 1QS，闭合 2QS，再闭合 2QF，这样就从 1＃电源直列供电转换成 2＃电源直列供电。

在这个过程中会出现全所失压，牵引负荷短时间断电。

2. 主变压器的转换

先看主变压器正常转换，正常运行还是采用1#电源直列供电，将 T_1 退出，投入 T_2，倒闸步骤如下。

① 闭合4QS。

② 闭合2QF（两台主变压器并联运行）。

③ 断开1QF。

这样倒闸不会中断对牵引负荷供电。

变压器故障时转换时，采用同前所述运行方式时，T_1 故障，则反映该故障的继电保护装置动作使1QF自动分闸，切除主变压器，同时备用电源自投装置动作，使4QS、2QF自动合闸，T_2 投入运行，转换成1#电源向 T_2 供电的交叉供电方式。

分支接线中，有两回路电源、两台主变压器，4个元件只用2套断路器，主接线简单。牵引变电所电源线路不需要设置继电保护装置，使所内二次接线装置相对简单，节省了投资。

第三节 普速铁路牵引变电所电气主接线举例分析

牵引变电所电气主接线结构形式，取决于牵引供电系统供电方式、牵引变压器的类型、馈线回路数等因素。目前，牵引供电系统常见的供电方式包括直接供电（TR）、带回流线的直接供电（TRNF）、AT（自耦变压器）供电等；牵引变压器的类型包括三相变压器、单相变压器、三相-两相变压器等；馈线回路数依据牵引变电所在铁路线路中的位置确定，复线区段区间变电所一般设置四条馈线，靠近车站、编组站设置的变电所一般有6条以上馈线。

本节及下节分别介绍我国普速电气化铁路和高速电气化铁路的几种常见的牵引变电所主接线的形式。两节内容直接选用了来自工作现场的牵引变电所电气主接线工程图纸或监控计算机屏显画面，因此，个别设计部门与设备厂家在图形符号和文字符号上并未遵照国际标准，有所差异，请读者注意识读。

一、带回流线的直接供电方式下的三相牵引变电所电气主接线

如图4-10所示，该变电所为某复线电气化铁路的一个区间牵引变电所，该区段线路牵引供电系统采用带回流线的直接供电方式。

1. 牵引变压器高压侧接线

该牵引变电所采用两路电源进线，进线电压为三相交流110kV，高压侧采用双T（分支）接线，这是我国电气化铁路牵引变电所高压侧最常见的接线形式。1011、1021为两路电源的进线隔离开关，分别联动带接地刀闸1010、1020，采用电动机操动机构。1301、1302为两台跨条隔离开关，其中1302为手动隔离开关（非检修模式下处于闭合状态），1301为电动隔离开关。跨条两端分别设置电压互感器1PT、2PT以及避雷器，进行进线电源电压的测量和过电压防护；101、102为进线断路器，采用三相联动 SF_6 断路器，电

流互感器 1LH～4LH 分别完成电流测量、电能计量、过电流保护、变压器差动保护等功能。

根据电力系统的要求，两路进线电源不能并联运行，两台牵引变压器高低压侧也不能并联运行，因此高压侧采用双 T（分支）接线情况下，其运行方式仅有两类四种。其一，“1号电源 1 号变”运行方式：高压侧开关 1011、101 闭合，而 1021、1301、102 开关断开。其二，“2 号电源 2 号变”运行方式：高压侧开关 1021、102 闭合，而 1011、1301、101 开关断开。以上两种一般称为直列供电方式。其三，“1 号电源 2 号变”运行方式：高压侧开关 1011、1301、102 闭合，而 1021、101 开关断开。其四，“2 号电源 1 号变”运行方式：高压侧开关 1021、1301、101 闭合，而 1011、102 开关断开。以上两种一般称为曲列供电方式。

2. 牵引变压器接线形式及低压侧接线

该变电所牵引变压器采用 Y_Nd11 接线，110kV 高压侧星形绕组，中性点经隔离开关（1019、1029）接地，1019、1029 一般情况下处于分闸状态，仅在牵引变压器停送电操作之前合闸接地，并设置电流互感器监测接地电流大小。牵引变压器 27.5kV 低压侧采用三角形接线，三角形绕组的三个顶点分别引出 A、B、C 三相。其中，C 相作为接地相，通过电流互感器分别接变电所地网和线路钢轨，电流互感器用于监测地中回流和轨中回流的大小。A、B 两相作为牵引相，接室外架空辅助软母线 A1、B1、A2、B2，并设置避雷器完成过电压防护功能。

3. 牵引侧接线

该变电所牵引侧电压等级 27.5kV，采用单母线接线，未设分段。27.5kV 侧设备均设置在高压室内，布置 A 相和 B 相两根硬母线。201A、201B、202A、202B 为带隔离触指的真空断路器，分别将软母线电能引入室内硬母线。

A 相硬母线两端设置通过隔离开关 2203、2204 连接避雷器和电压互感器 1VYHB、2VYHB，进行过电压防护与电压监视测量。B 相硬母线连接方式与 A 相类似。

4. 馈线侧接线

该变电所目前共有 4 条馈线，即红花塘、成北、成都、预留。馈线侧接线采用了 50％备用的接线形式，即 2 条馈线设置 3 套馈线断路器，这是普速铁路复线区段区间变电所最常见的接线形式。如图 4-10 所示，211 和 217 为馈线断路器，而 212 为备用断路器；213 和 215 为馈线断路器，而 214 为备用断路器。正常情况下，213 和 2131 闭合为“成北”方向供电，215 和 2151 闭合为“成都”方向供电，214、2141、2142 处于分闸状态。若 213 需要退出检修，则按照先后顺序断开 213、2131，使 213 断路器先退出，“成北”方向短暂停电；而后按照先后顺序闭合 214、2141，实现 214 替代 213 工作。当然，同时二次回路应作相应切换。

1KL～4KL 为滤波电抗器。

5. 电容补偿装置

为提高系统功率因数以及接触网末端电压，设置并联电容补偿装置 1＃C 和 2＃C，1L 和 2L 为电抗器，用来减小 1＃C 和 2＃C 投入时产生的涌流，并为 1＃C 和 2＃C 停电退出时提供放电回路。

6. 所内自用电装置

本变电所设置两台自用电变压器，即 3B、4B。两台变压器一次侧均采用星形接线，中

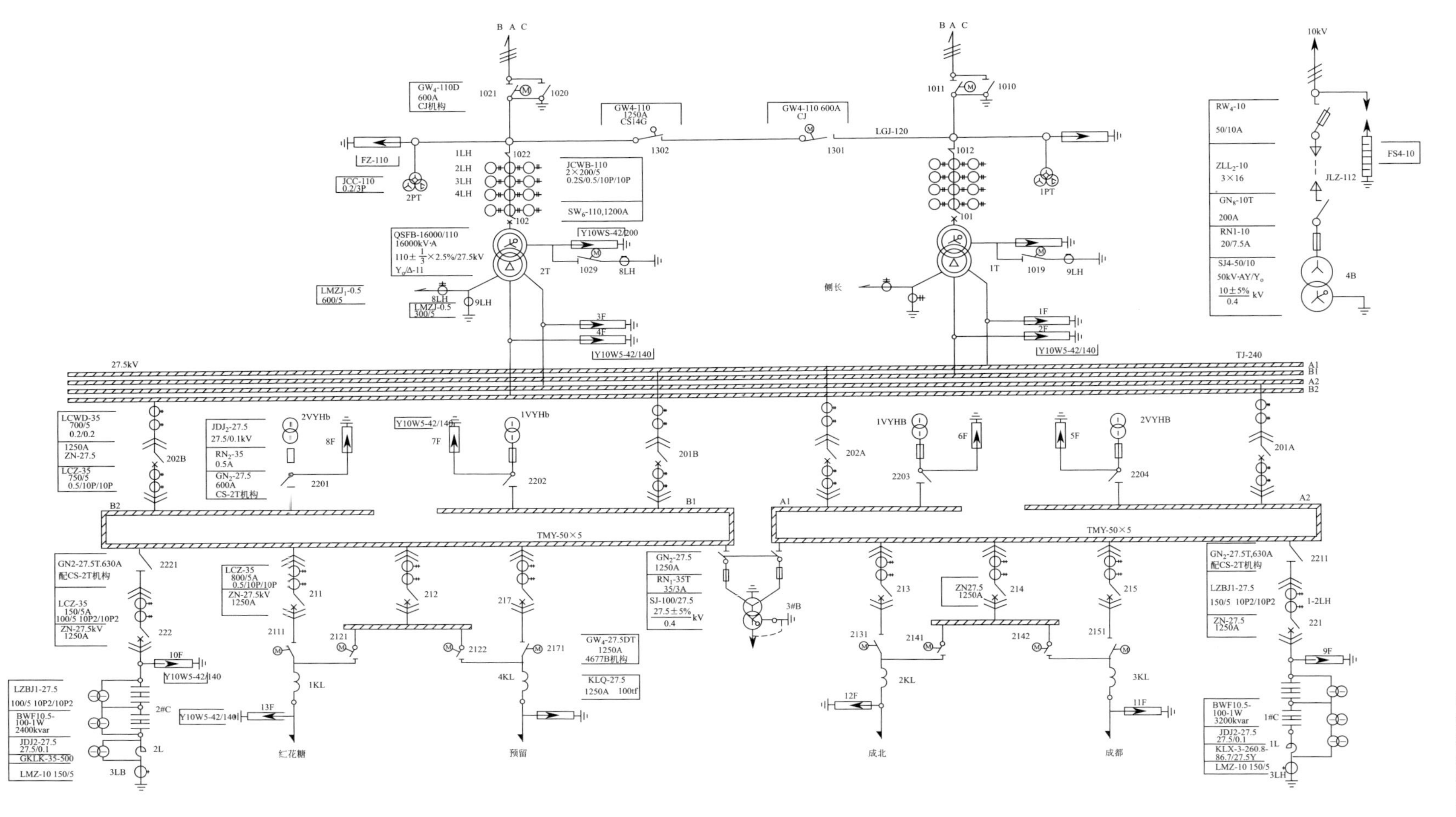

图 4-10 带回流线的直接供电方式下的三相牵引变电所电气主接线

性点不接地，而二次侧（低压侧）均采用中性点接地的星形接线，输出为线电压 0.4kV，亦可输出相电压。4B 从变电所外 10kV 贯通线上引入电能，作为主用变压器；3B 分别从 A、B 两相牵引母线和地网（C 相）获得电能（额定电压 27.5kV），作为备用变压器。

二、带回流线的直接供电方式下的牵引变电所电气主接线

如图 4-11 所示，某复线电气化铁路的一个区间牵引变电所，该区段线路牵引供电系统采用带回流线的直接供电方式。

1. 牵引变压器高压侧接线

该牵引变电所采用两路电源进线，进线电压为三相交流 110kV，高压侧采用双 T（分支）接线，这是我国电气化铁路牵引变电所高压侧最常见的接线形式。1011、1021 为两路电源的进线隔离开关，1011D、1021D 为接地隔离开关，采用电动机操动机构。单相电压互感器 1YH（2YH）和三台单相避雷器 1BL～3BL（4BL～6BL）通过隔离开关 1013（1023）接于进线隔离开关外侧。避雷器用于线路防雷；而电压互感器完成进线电源电压的监测，为备用电源自动投入装置提供测量信号。1001、1002 为两台跨条隔离开关，其中 1002 为手动隔离开关（非检修模式下处于闭合状态），1001 为电动隔离开关。跨条两端分别设置电压互感器 3YH～5YH、6YH～8YH，进行进线电源电压的测量、计量；101、102 为进线断路器，采用三相联动 SF_6 断路器，每回设置三台单相电流互感器 1LH～3LH（4LH～6LH），电流互感器四个二次绕组分别完成电流测量、电能计量、过电流保护、变压器差动保护等功能。

高压侧双 T（分支）接线运行方式类同于图 4-10，这里不再细述。

2. 牵引变压器接线形式及低压侧接线

该变电所牵引变压器采用 Vv 接线，110kV 高压侧 A、B、C 三相接于 V 形绕组三个顶点，牵引变压器 27.5kV 低压侧采用 V 形绕组三个顶点分别引出 A、B、C 三相。其中，C 相作为接地相，通过电流互感器分别接变电所地网和线路钢轨，电流互感器用于监测地中回流和轨中回流的大小。A、B 两相作为牵引相，通过断路器 201A、201B（202A、202B）接牵引母线。

3. 牵引侧接线

该变电所牵引侧电压等级 27.5kV，采用单母线隔离开关分段带旁路母线的接线，由两极联动隔离开关 2001、2002 将牵引母线分为Ⅰ段、Ⅱ段。27.5kV 侧设备均设置在高压室内，布置 A 相和 B 相两根硬母线。201A、201B、202A、202B 为带隔离触指的真空断路器。

A 相硬母线设置避雷器 12BL 和电压互感器 10YH，B 相硬母线设置避雷器 14BL 和电压互感器 12YH，进行过电压防护与电压监视测量。

4. 馈线侧接线

该变电所目前共有 4 条馈线，即樊口上行、樊口下行、何刘上行、何刘下行。馈线侧接线采用了 50%备用的接线形式，如图 4-11 所示。211 和 212（213 和 214）为馈线断路器，21B（22B）为备用断路器。正常情况下，211、2111 和 212、2121（213、2131 和 214、2141）闭合供电，21B（22B）、2112、2122（2132、2142）处于分闸状态。若 211 需要退出

检修，则按照先后顺序断开 211、2111，使 211 断路器先退出，“何刘下行”方向短暂停电；而后按照先后顺序闭合 21B、2112，实现 21B 替代 211 工作。当然，同时二次回路应作相应切换。

为实现接触网绝缘状况测试，设置故障判别高压熔断器 10RD（11RD）、高阻抗电阻 1XL（2XL）、故障判别电压互感器 13YH（14YH），并设置旁路母线。正常情况下，旁路母线与各条馈线的联络负荷开关 2114、2124、2134、2144 断开。在馈线断路器合闸送电之前，要首先进行接触网绝缘状况测试。例如，“何刘上行”方向送电前，需先闭合负荷开关 2124，牵引母线通过 11RD、2XL 向旁路母线送电，旁路母线通过 2124、2123 向接触网实施高阻试送电，此时读取 14YH 的电压值，若超过接触网空载电压，则可确认接触网绝缘状况良好，允许 212 合闸送电；若低于接触网空载电压，则可确认接触网绝缘状况不好，闭锁 212。若接触网有预伏短路，则会引起高压熔断器 11RD 的动作。

5. 电容补偿装置

设置并联电容补偿装置 1FD 和 2FD，1DKQ 和 2DKQ 为电抗器。

6. 所内自用电装置

本变电所设置两台自用电变压器，即 3B、4B。

三、 AT 供电方式下的三相-两相牵引变电所电气主接线

如图 4-12 所示，该变电所电源引入同图 4-10。牵引变压器 1T 和 2T 采用两台 Scott 接线的三相-两相变压器，固定全备用。Scott 接线的三相-两相变压器高压侧绕组为“倒 T”形绕组，三个端点接 A、B、C 三相；低压侧绕组为“L”形绕组，输出电压 55kV。其中高边绕组（T 座）接牵引母线 F_T、T_T，低边绕组（M 座）接母线 F_M 和 T_M，两组牵引母线（F_T、T_T 和 F_M、T_M）分别采用两台双极联动隔离开关（2001、2002、2003、2004）分段。

由于 Scott 接线变压器二次绕组间（F_T 与 T_T 之间、F_M 与 T_M 之间）电压为 55kV，又无法引出与地电位连接的中性点，需要设自耦变压器 AT，自耦变压器绕组两端接母线 F（F_T 或 F_M）和 T（T_T 或 T_M），绕组中心抽头经 N 线接钢轨并经接地放电保护装置 FD 接地，母线 T 和 F 架空输出到接触网后分别与接触导线、正馈线相连，这样接触导线与钢轨间的首端电压才能是 27.5kV。

该变电所目前共有 4 条馈线，即漯河上行、漯河下行、确山上行、确山下行。馈线侧接线采用了 50%备用的接线形式。变电所高压电气设备均布置在室外，55kV 隔离开关、断路器均为双极联动。

1BR 和 2BR 为并联电容补偿装置，1DRK 和 2DRK 为电抗器。

两台自用电变压器 1ZB、2ZB 固定全备用，采用逆斯科特接线（∟/⊥接线），变压器一次绕组接于互成 90°角的两个单相牵引母线上，二次绕组输出互成 120°角的三相电压，供牵引变电所三相负荷用电。由于逆斯科特变压器二次绕组没有中性点抽头，故只可供应三相三线动力负荷用电，用此种变压器作为所用电变压器时，需再增设一台变比为 1∶1 的 Y，Y^n 接线、容量为 100kV·A 的变压器，将三相三线换为三相四线，向单相负荷供电，变比为 55kV/0.4kV。

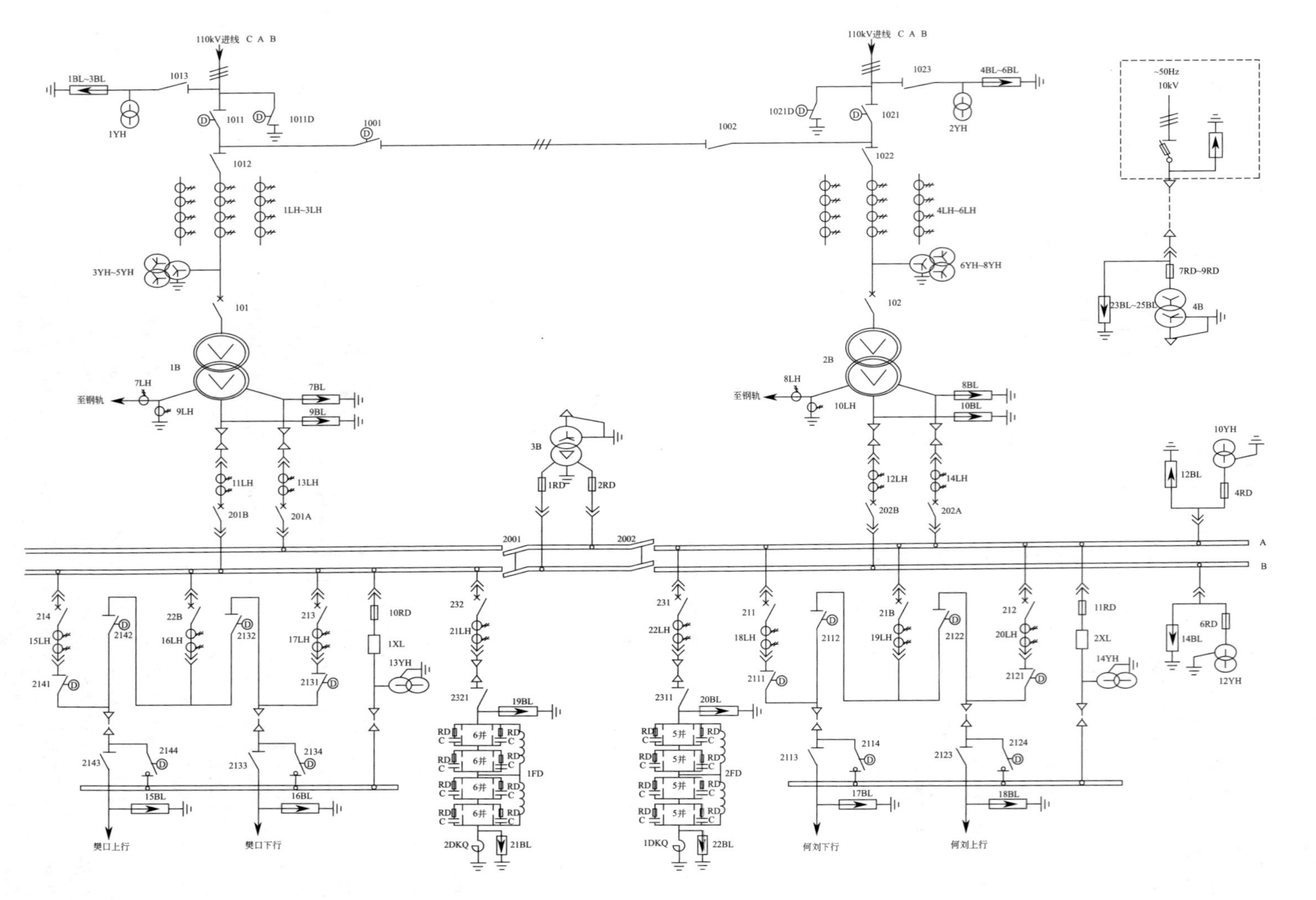

图 4-11　带回流线直接供电方式下的单相 V/V 牵引变电所电气主接线

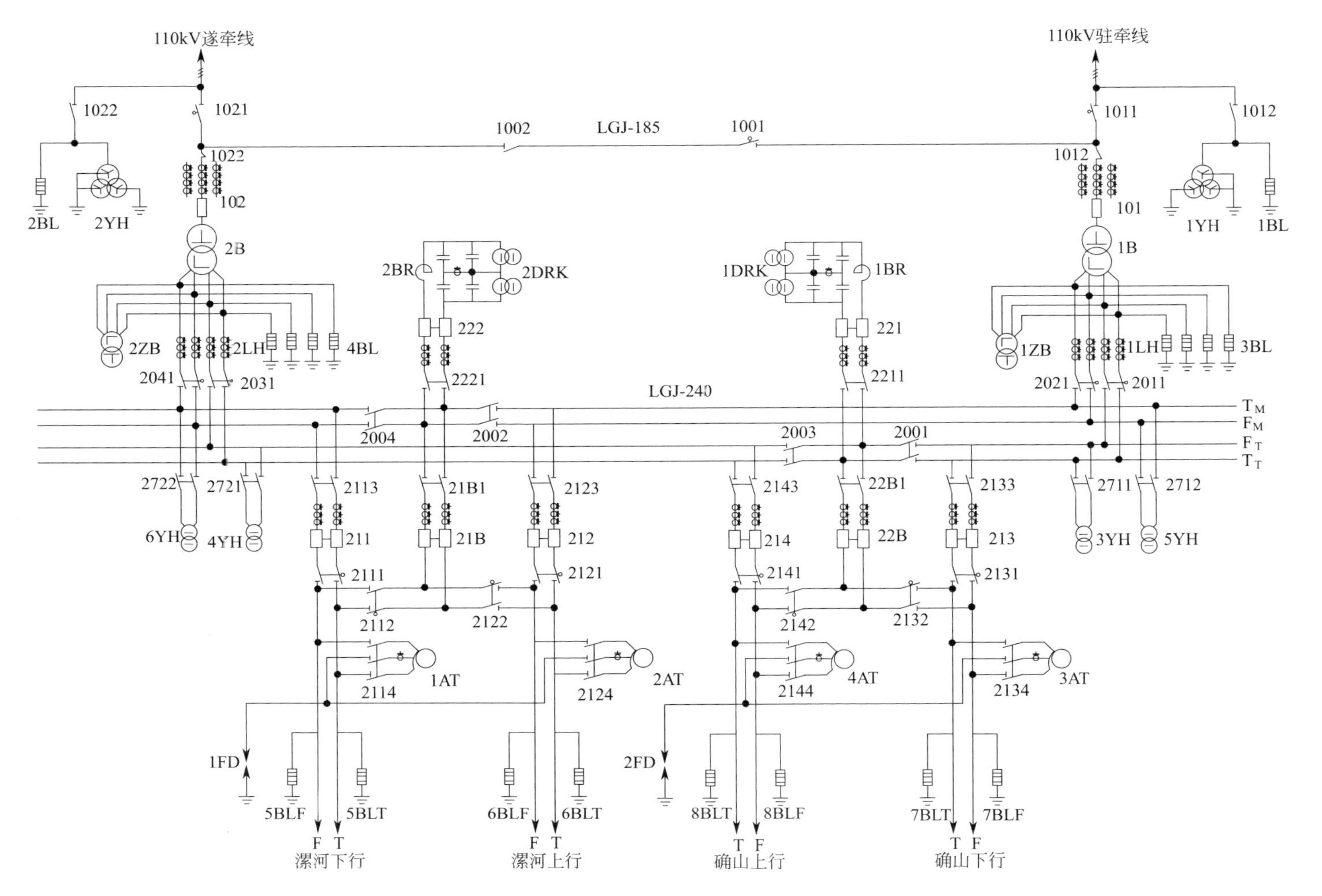

图 4-12 AT 供电方式下的三相-两相牵引变电所电气主接线

第四节　高速铁路牵引变电所电气主接线举例分析

一、带回流线的直接供电方式下的客运专线牵引变电所电气主接线

如图 4-13 所示，该变电所为某客运专线（复线）区间牵引变电所，该区段线路牵引供电系统采用带回流线的直接供电方式，牵引变压器采用单相接线。

1. 进线电源电压的选择

全线牵引变电所采用超高压送电，即以 220kV 电压两路电源向牵引变电所送电。各变电所对 220kV 三相电网仍换相接线，以减少电力电网的相间功率不平衡问题。这种超高压送电方式，与我国一贯采取的 110kV 供电完全不同。其优点如下。

（1）提高送电能力

限制输电网送电能力的因素有四个方面：导线发热、电压损耗、功率和能量损耗、稳定破坏。这四个都是由电流引起的。当输送功率一定时，输电电压越高，电流就越小，采用 220kV 时，其电流比 110kV 小一半，可大大降低线路电压损耗，相对电压波动也小，这对保证牵引供电系统的电压水平十分有利；同时，线路的损耗也将大幅度下降，改善了运营指标。对应一定的输送功率，有一最合理的线路电压。

在线路始末端电压间相位角保持不变的前提下，沿线路传输的功率是与线路的额定电压的平方成正比的，如 110kV 时传输功率为 10000～50000kW，220kV 时的传输功率为 100000～150000kW，也就是说提高线路电压相当于减小线路电抗。因此，采用 220kV 供电，可改善限制送电能力的功率和能量损耗。

（2）增强负序承受能力

单相牵引负荷在系统中产生负序电流。在高速下，牵引负荷更大且更加不平衡，在系统中产生的负序电流会更加严重，负序电压值也会更大。

220kV 供电方式改善了负序电流影响。与 110kV 侧相比，220kV 侧以前的各支路（电厂、负荷）更多，使牵引负荷距离小容量发电机更远，从而将负序电流进行更多支路的分流，减小了敏感支路中的电流，有效抑制负序电流影响。

220kV 供电方式改善了负序电压影响。220kV 级短路容量一般在 2000～40000MV·A，110kV 短路容量为 800～2500MV·A，系统短路容量的增大，使负序电压相对值变小。

因此，高速铁路牵引变电所电源电压采用 220kV，具有技术性能好、电网的综合技术经济指标高的优点。哈大（哈尔滨-大连）线、秦沈（秦皇岛-沈阳）客运专线改变了我国多年一贯采用 110kV 电源电压向电气化铁路供电的传统做法，为我国此后建设高速电气化客运专线中采用 220kV 供电方式提供了借鉴。

2. 牵引变压器类型的选择

全线变电所均采用单相牵引变压器。其优势如下。

① 便于实现同相供电。接触网的分相问题被解决（或分相数量可最少），对高速运行有利。

② 容量利用率高、能耗低，变电所及变压器结构简单，因而可靠性高，工程投资及运营维护费用低。对负序问题，可通过相序轮换（非同相供电）和采用对称补偿技术或用单一

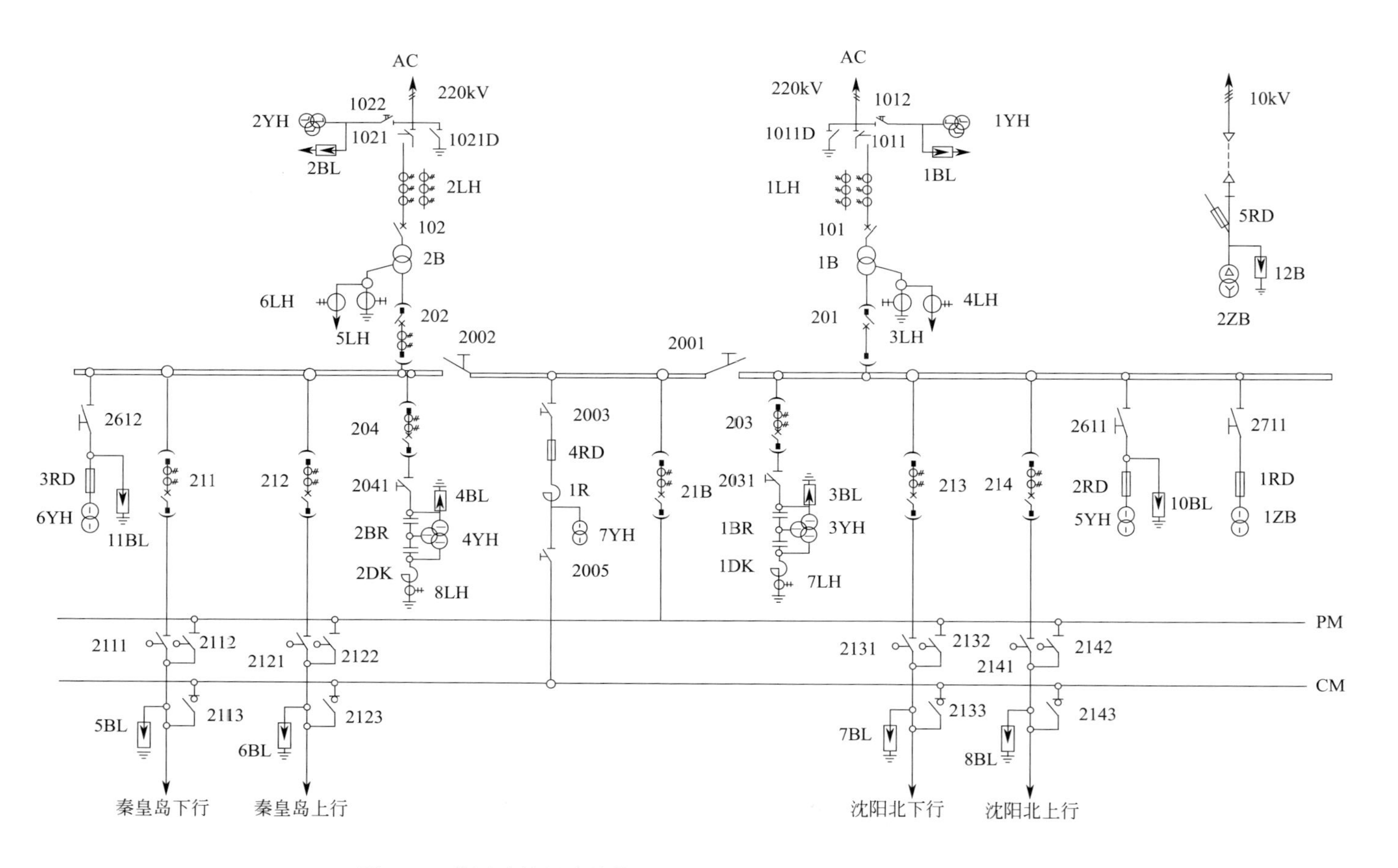

图 4-13　带回流线的直接供电方式下的单相牵引变电所电气主接线

三相平衡转换装置（实现同相供电时）降低对电力系统的影响。

3. 牵引变压器高压侧接线

该牵引变电所220kV侧采用线路-变压器组接线，这是我国高速客运专线牵引变电所高压侧最常见的接线形式。根据换相连接的要求，本变电所引入A、C两相电源。1#系统侧有进线隔离开关1011、断路器101、牵引变压器1B等高压电气设备，2#系统侧有进线隔离开关1021、断路器102、牵引变压器2B等高压电气设备。两路系统之间不设连接跨条和连接桥，相互独立。

根据电力系统的要求，两路进线电源不能并联运行，两台牵引变压器高低压侧也不能并联运行，因此在高压侧线路-变压器组接线情况下，其运行方式仅有两种。其一，“1号电源1号变”运行方式：高压侧开关1011、101闭合，而1021、102开关断开。其二，“2号电源2号变”运行方式：高压侧开关1021、102闭合，而1011、101开关断开。

与前述牵引变电所高压侧采用双T（分支）接线相比较，线路-变压器组接线的优点在于：结构简单，设备投资减少，运行模式少，倒闸作业简单，备用电源自投和备用主变自投逻辑简单。但由于任意一路电源或者一台主变压器故障（检修）时，将造成本侧系统不能投入，使运行可靠性下降。鉴于客运专线采用夜间停运检修模式，这种缺陷将不再重要。

4. 牵引变压器接线形式及低压侧接线

该变电所牵引变压器采用单相接线，220kV高压侧A、C两相接于绕组两个端点，牵引变压器27.5kV低压侧绕组两个端点分别引出A、C两相。其中，C相作为接地相，通过电流互感器分别接变电所地网和线路钢轨（电流互感器用于监测地中回流和轨中回流的大小）。A相作为牵引相，通过断路器201（202）接牵引母线。

5. 牵引侧与馈线侧接线

该变电所牵引侧电压等级27.5kV，采用单母线隔离开关分段带旁路母线的接线，由单极隔离开关2001、2002将牵引母线分为Ⅰ段、Ⅱ段。27.5kV侧设备均设置在高压室内，共设置三根硬母线：A相工作母线、旁路母线PM、测试母线CM。

A相工作母线Ⅰ段设置避雷器10BL和电压互感器5YH，A相工作母线Ⅱ段设置避雷器11BL和电压互感器6YH，进行过电压防护与电压监视测量。设置并联电容补偿装置1BR和2BR，1DK和2DK为电抗器。设置两台自用电变压器，即1ZB、2ZB。

该变电所目前共有4条馈线，即秦皇岛上行、秦皇岛下行、沈阳上行、沈阳下行。馈线断路器25%备用。如图4-13所示，211、212、213、214为馈线断路器，21B为备用断路器。正常情况下，211、2111和212、2121以及213、2131和214、2141闭合供电，21B、2112、2122、2132、2142处于分闸状态，旁路母线PM不带电。若211需要退出检修，则需进行以下操作。

① 闭合21B，对旁路母线试送电，确定旁路母线绝缘良好后再打开21B。

② 按照先后顺序断开211、2111，使211断路器先退出，“秦皇岛下行”方向短暂停电。

③ 按照先后顺序闭合21B、2112，实现21B替代211工作。

④ 对21B和211的二次回路作相应切换。

为实现接触网绝缘状况测试，设置故障判别高压熔断器4RD、高阻抗电阻1R、故障判别电压互感器7YH，并设置测试母线CM。正常情况下，测试母线CM与各条馈线的联络

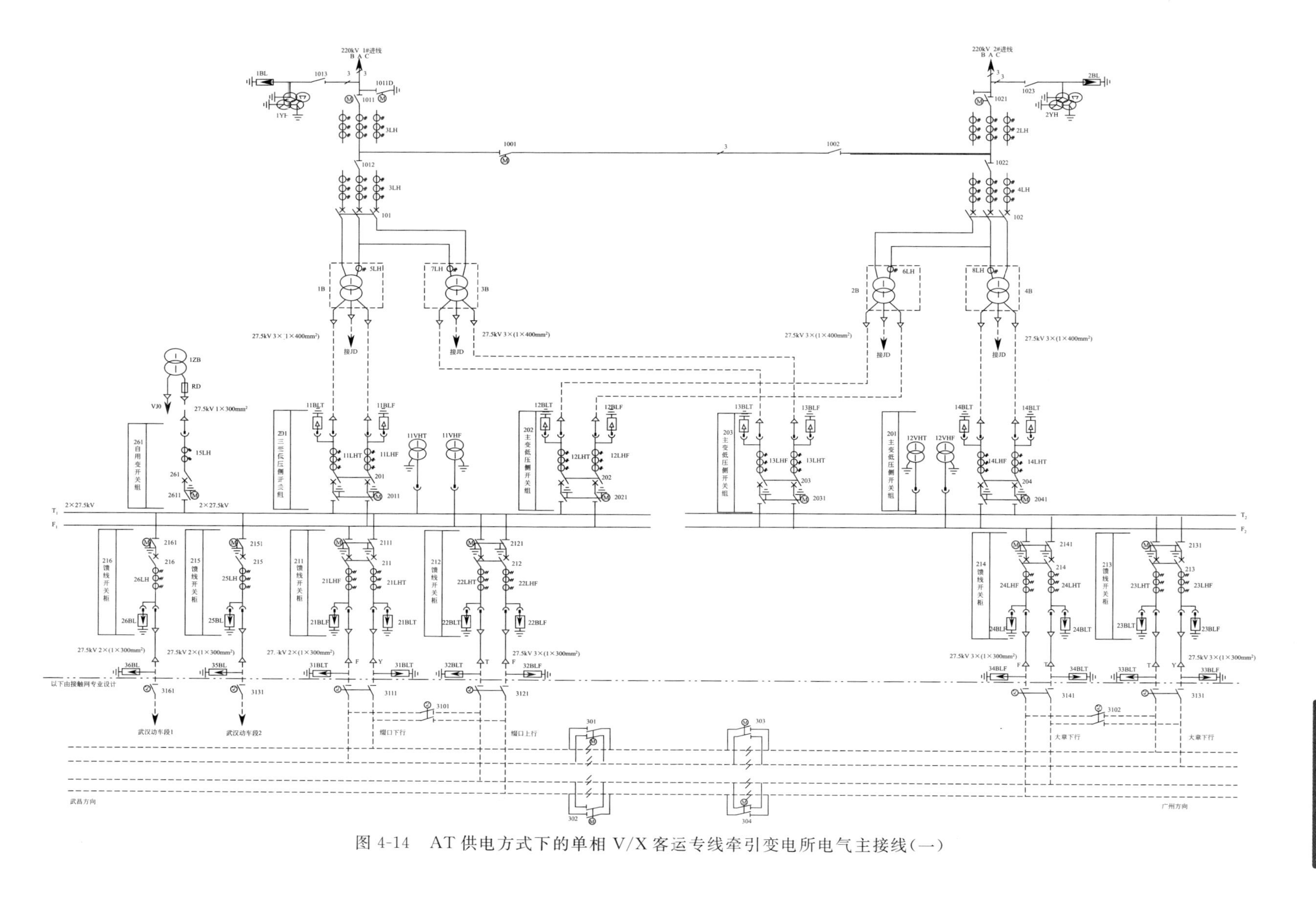

图 4-14 AT供电方式下的单相V/X客运专线牵引变电所电气主接线（一）

负荷开关 2113、2123、2133、2143 断开。在馈线断路器合闸送电之前，要首先进行接触网绝缘状况测试。例如，“秦皇岛上行”方向送电前，需先闭合负荷开关 2123，牵引母线通过 4RD、1R 向测试母线 CM 送电，测试母线 CM 通过 2123 向接触网实施高阻试送电，此时读取 7YH 的电压值。若超过接触网空载电压，则可确认接触网绝缘状况良好，允许 212 合闸送电；若低于接触网空载电压，则可确认接触网绝缘状况不好，闭锁 212。若接触网有预伏短路，则会引起高压熔断器 4RD 的动作。

二、 AT 供电方式下的高速铁路牵引变电所电气主接线

如图 4-14 所示为某客运专线牵引变电所电气主接线图。与前述变电所相比，该牵引变电所采用电力系统两回独立可靠的 220kV 电源，互为热备用；高速正线采用 2×25kV (AT) 供电方式；牵引变电所采用 4 台单相变压器，2 台运行、2 台备用；牵引变电所不设置自耦变压器，不设置并联电容补偿装置。

1. V/X 接线的牵引变压器

牵引变电所中的 4 台单相变压器，每 2 台构成 1 组，分别称为Ⅰ座、Ⅱ座。变压器的接线形式如图 4-15 所示，每台变压器的高压侧有一个绕组，工作在 220kV 电压下；低压侧有两个参数相同的串联绕组，每个绕组输出额定电压 27.5kV，N 端（N_1、N_2）架空输出到线路后接钢轨，母线 T(T_1、T_2) 和 F(F_1、F_2) 架空输出到接触网后分别与接触导线、正馈线相连，由此形成了 2×25kV (AT) 供电方式；牵引所不需要自耦变压器 (AT)。

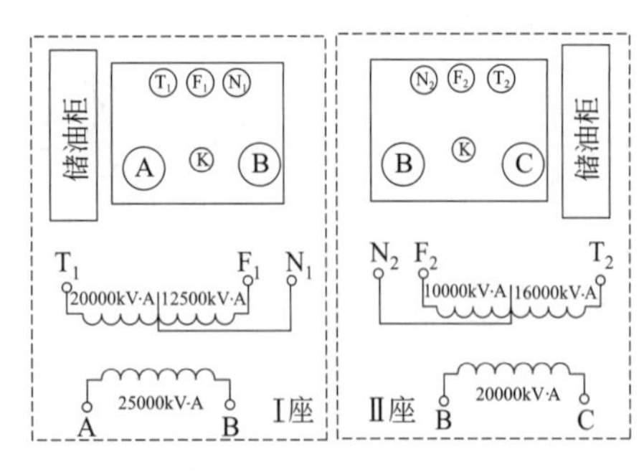

图 4-15 V/X 接线的牵引变压器示意图

2. 无备用馈线断路器的馈线侧接线形式

该变电所目前共有 6 条馈线，其中 2 条为预留馈线，1～4 号馈线为工作馈线。仅有馈线断路器 211、212、213、214，未专设备用馈线断路器，211 和 212、213 和 214 互为备用。馈线断路器正常时，1、2 号馈线的并联隔离开关 2113 以及 3、4 号馈线的并联隔离开关 2133 处于分闸状态。若一台馈线断路器（如 211）需退出检修，则闭合并联隔离开关（如 2113），由一台馈线断路器（如 212）对两条馈线实施供电。在断路器质量稳定可靠以及客运专线夜间停电检修模式的前提下，该接线形式使馈线侧接线简单，操作方便。

3. 集中接地

客运专线铁路短路电流大，牵引变电所采用“独立接地”已无法满足故障时人身及设备安全要求。牵引变电所接地必须纳入综合接地系统，并对短路故障时地电位进行校核。设置集中接地箱，将牵引变压器的 N 端、电压互感器的接地端、接触网上的 PW 线、钢轨等汇流接地网。

如图 4-16 所示为另一客运专线牵引变电所电气主接线图。其与图 4-15 的区别在于：高压侧采用了双 T（分支）接线，牵引侧电气设备采用了 GIS 组合电器，因此采用了单母线不分段接线方式。其他内容读者可自行分析。

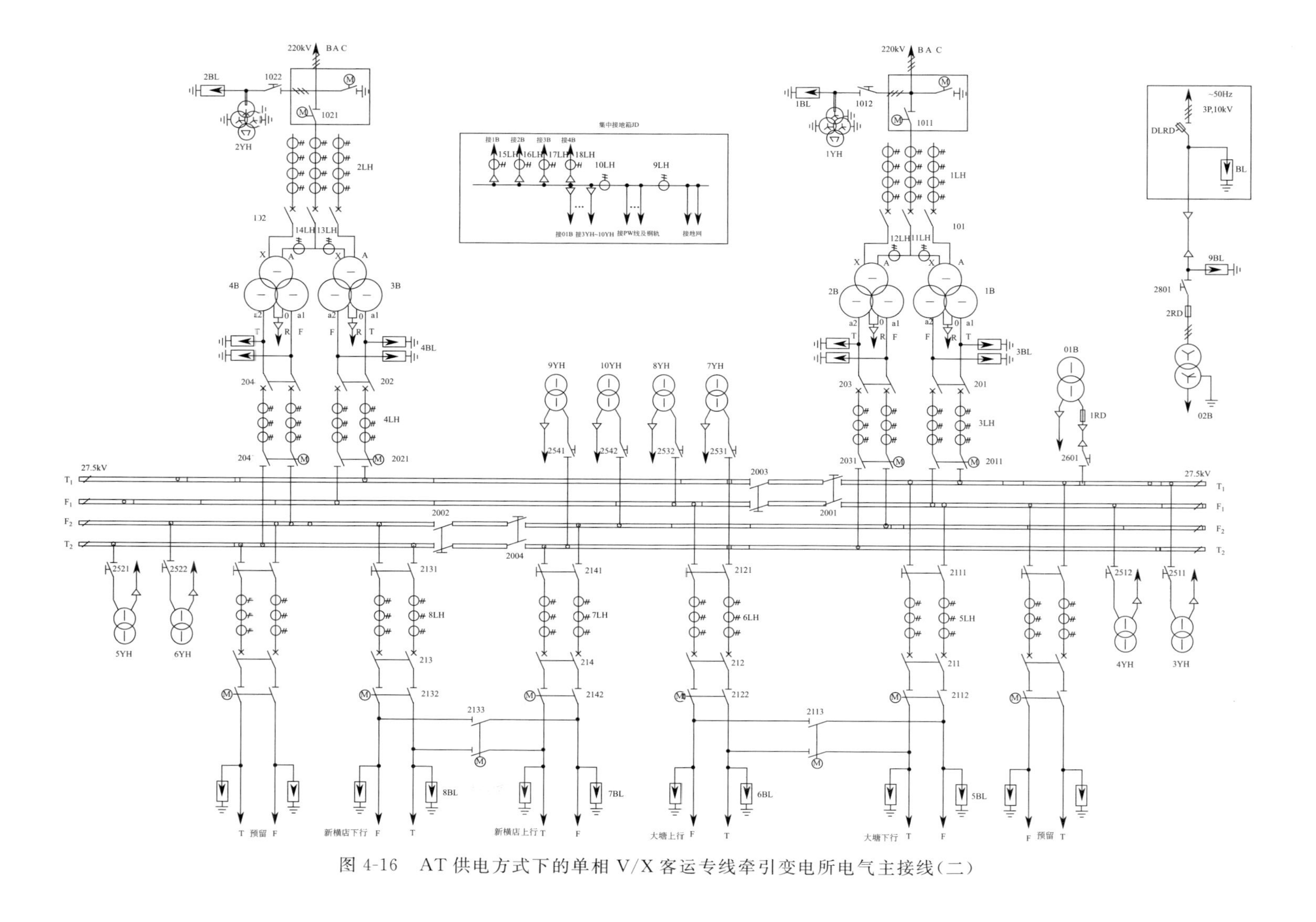

图 4-16　AT 供电方式下的单相 V/X 客运专线牵引变电所电气主接线(二)

第五节 分区亭、开闭所、 AT 所电气主接线举例分析

AT 供电方式下客运专线的分区亭、开闭所、AT 所结构较复杂，因此，本节仅举例分析选自工作现场的分区亭、开闭所、AT 所电气主接线工程图纸。由于个别设计部门与设备厂家在图形文字和文字符号上并未遵照国际标准，有所差异，请读者注意识读。

一、分区亭、开闭所、AT 所的功能

分区亭布置在两个供电分区的交界处，其作用是：通过将同一供电分区的上、下行接触网末端并联，提高接触网末端电压水平、减少能耗；必要时闭合不同供电分区之间的横向联络开关实现越区供电。

开闭所也称辅助供电分区亭，一般布置在大宗负荷（如编组站、车站、机务段等）附近，其作用是：将长供电臂分段，发生故障时缩小停电范围；扩大馈线数目，起到配电所的作用。

在 AT 供电方式的电气化铁路沿线，每隔 12～15km 设立一座 AT 所，用来放置自耦变压器（AT），一般也会与变电所、分区亭、开闭所合建。

AT 供电方式下的分区亭（所）、AT 所分布示意图如图 4-17 所示。

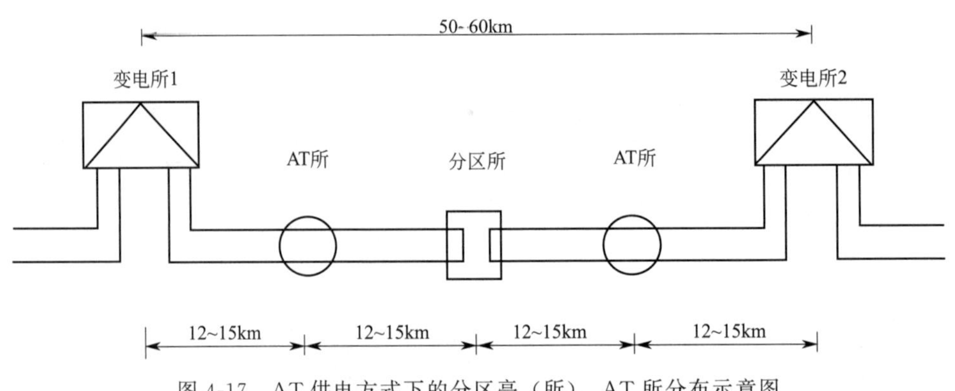

图 4-17 AT 供电方式下的分区亭（所）、AT 所分布示意图

二、开闭所主接线

由于开闭所为一级负荷，一般设两路电源进线。在单线区段，两路电源从相邻两供电分区的接触网引入；在复线区段，电源可由同一供电分区的上、下行接触网或由相邻两供电分区的接触网引入。开闭所的馈线一般在 3 回路以上，所以采用单母线接线。

如图 4-18 所示为 AT 供电方式下某开闭所电气主接线图，其电气设备主要采用 GIS 组合电器。27.5kV 电源采用两路进线，为一主一备的运行方式，设有备用电源自投装置，27.5kV 母线不分段。进线处设置电压互感器用于检压；6 条馈出线为直接供电方式。

设置两台自用电变压器，一台为 10kV/0.4kV 自用电变压器，接于所外 10kV 铁路电力线路上；另一台为 27.5kV/0.23kV 所用变压器通过断路器、隔离开关接入并联母线上。

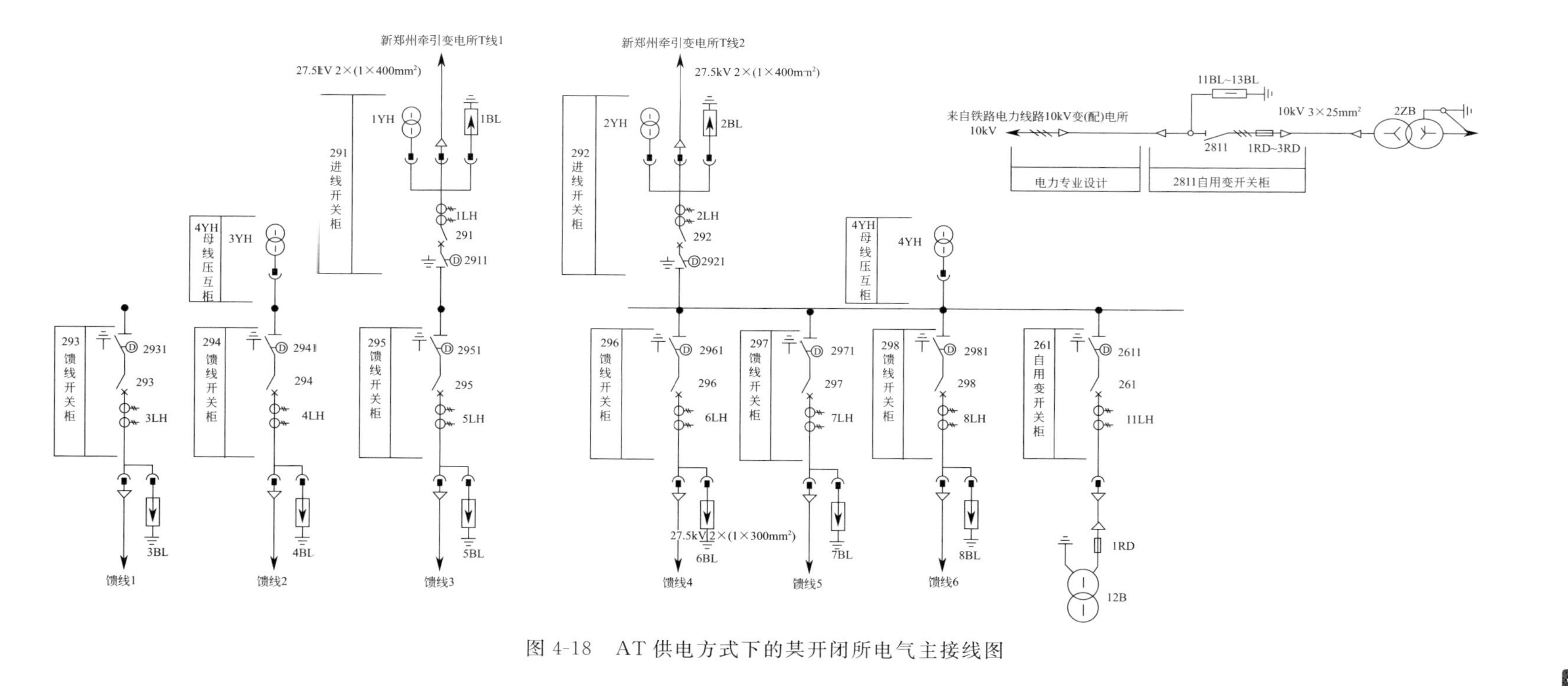

图 4-18 AT供电方式下的某开闭所电气主接线图

由于AT供电系统的供电距离长，两变电所间可达近百公里，某些情况下也会在牵引变电所与分区亭之间设开闭所，将长供电分区分段，可实行上、下行牵引网并联供电。

三、分区亭主接线

复线电化区段采用AT供电方式时，分区亭电气主接线如图4-19所示。2×25kV侧开关设备采用室内GIS开关柜。

该分区亭右侧（左侧）供电分区的上、下行接触网分别通过断路器271、272（273、274）和隔离开关2711、2721（2731、2741）引入，平时这些开关处于合闸状态，使同一供电分区的上、下行接触网并联供电。由相邻两牵引变电所供电的接触网分区在网上用分相绝缘器断开后，在分区亭内用电动隔离开关2001、2002将两侧不同供电分区的接触网隔离。平时2001、2002断开，只有在越区供电时，2001、2002才闭合。

分区亭设置4台AT变压器，在任何情况下，2台投入运行，另2台备用。

设置两台自用变压器，一台为10kV/0.4kV自用电变压器2ZB，接于所外10kV铁路电力线路上；另一台为27.5kV/0.23kV所用变压器1ZB通过断路器、隔离开关接入左侧母线上。

每回进线T、F线上各接单相电压互感器，供测量、保护及重合闸时检查电压用。接一台避雷器。设置集中接地箱，供自耦变压器中心抽头引出的N线、所内自用电变压器等装置接地。

四、 AT所（自耦变压器站）主接线

AT供电方式下的AT所电气主接线如图4-20所示。2×25kV侧开关设备采用室内GIS开关柜。

该AT所采用单母线接线形式，断路器272和隔离开关2721引入上行接触网到并联母线，断路器271和隔离开关2711引入下行接触网到并联母线，平时这些开关处于合闸状态，使同一供电分区的上、下行接触网并联供电。1AT通过断路器291和隔离开关2911接并联母线，2AT通过断路器292和隔离开关2921接并联母线，正常运行时一台自耦变压器运行，另一台备用，在接触网与钢轨之间建立25kV工作电压。

设置两台自用变压器，一台为10kV/0.4kV自用电变压器2ZB，接于所外10kV铁路电力线路上；另一台为27.5kV/0.23kV所用变压器1ZB通过断路器、隔离开关接入母线。

每回进线T、F线上各接单相电压互感器，供测量、保护及重合闸时检查电压用。接一台避雷器。设置集中接地箱，供自耦变压器中心抽头引出的N线、所内自用电变压器等装置接地。

五、客运专线全并联AT供电方式

在复线AT供电方式的基础上，将上下行牵引网的接触线（T）、钢轨（R）和正馈线（F）在变电所出线处及AT所处通过横连线并联起来，称为全并联AT供电方式。这种方式在近期建设运营的客运专线牵引供电系统中得到广泛应用。全并联AT供电方式示意图如图4-21所示。

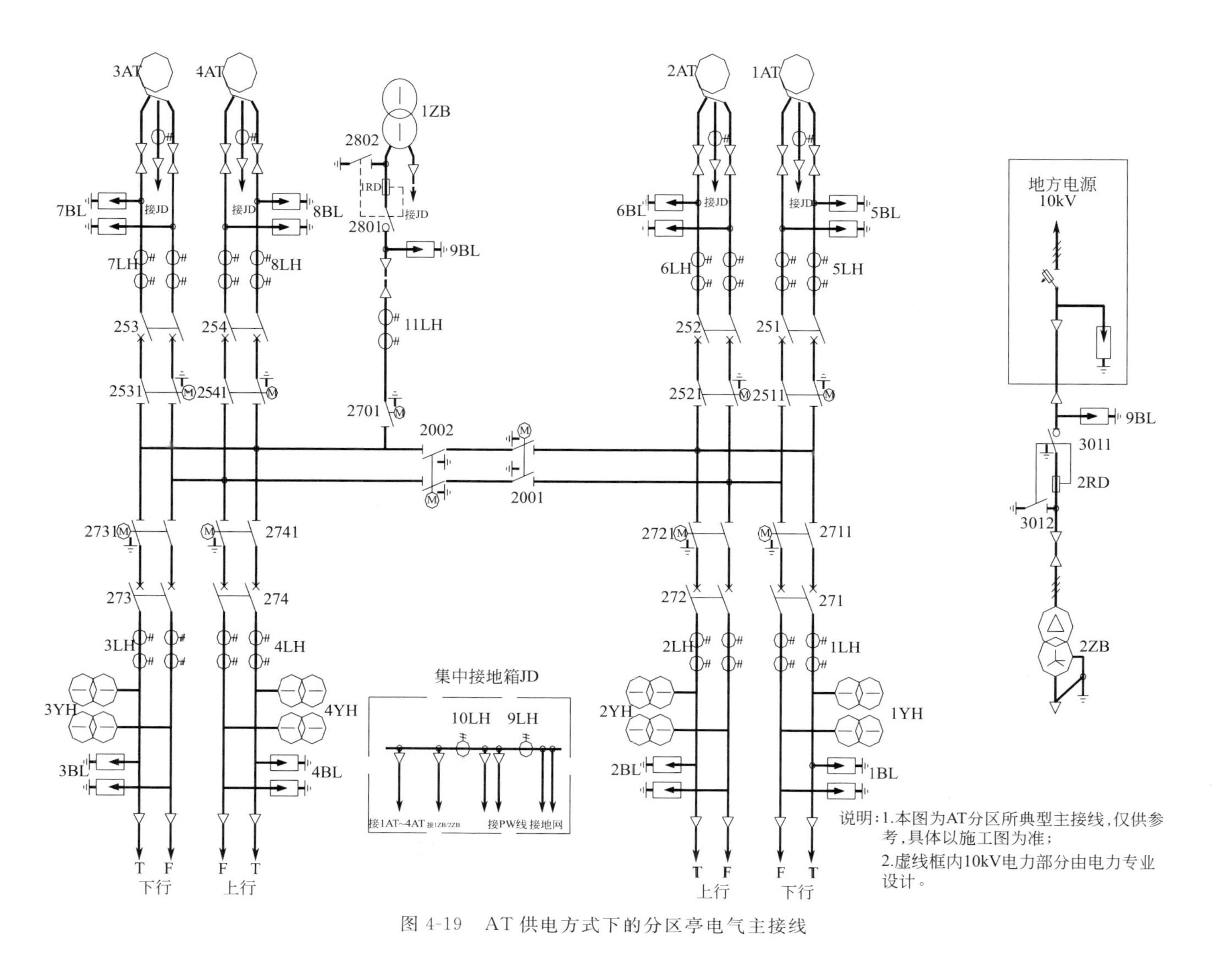

说明：1.本图为AT分区所典型主接线，仅供参考，具体以施工图为准；

2.虚线框内10kV电力部分由电力专业设计。

图 4-19 AT 供电方式下的分区亭电气主接线

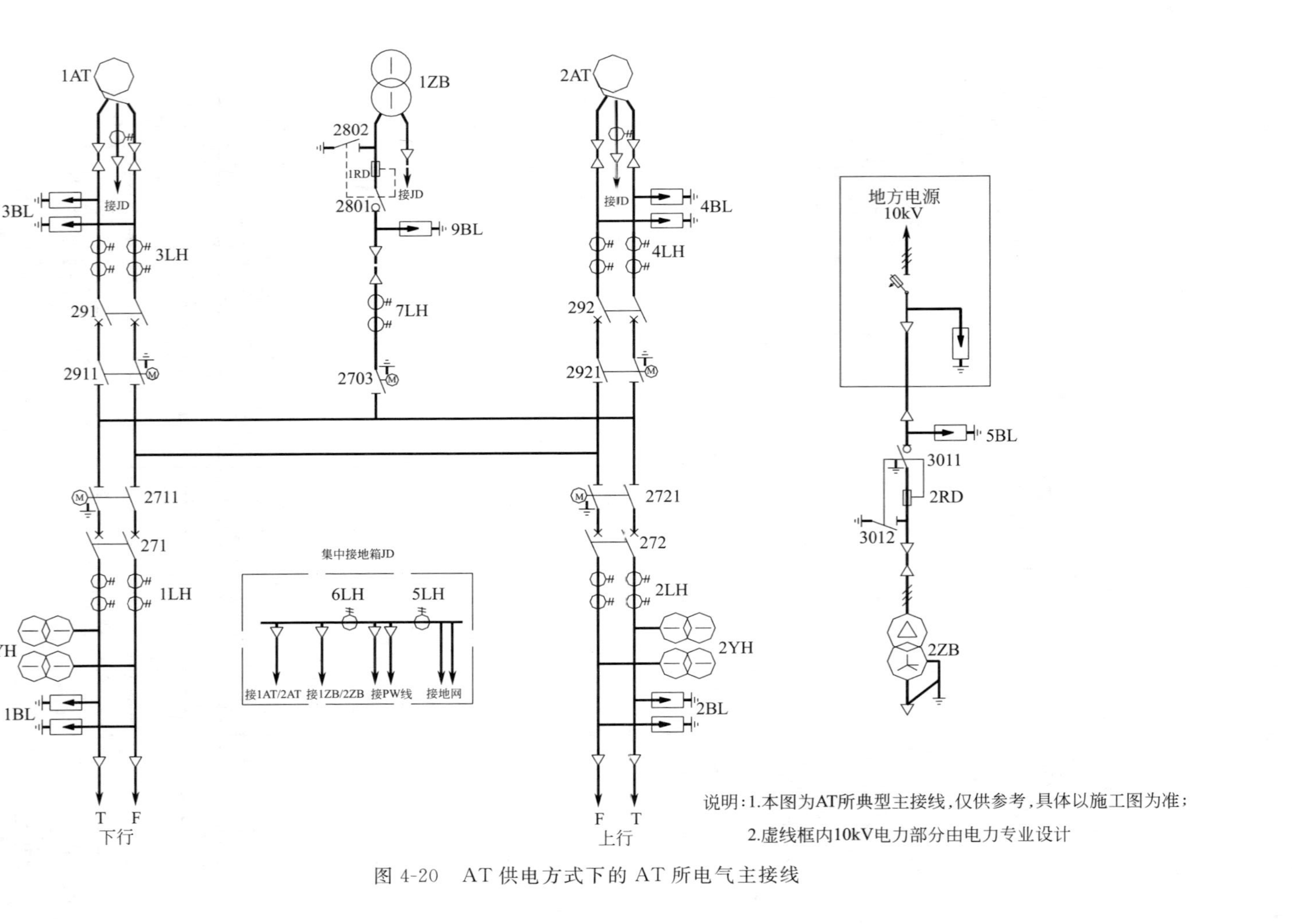

说明：1.本图为AT所典型主接线，仅供参考，具体以施工图为准；

2.虚线框内10kV电力部分由电力专业设计

图 4-20 AT 供电方式下的 AT 所电气主接线

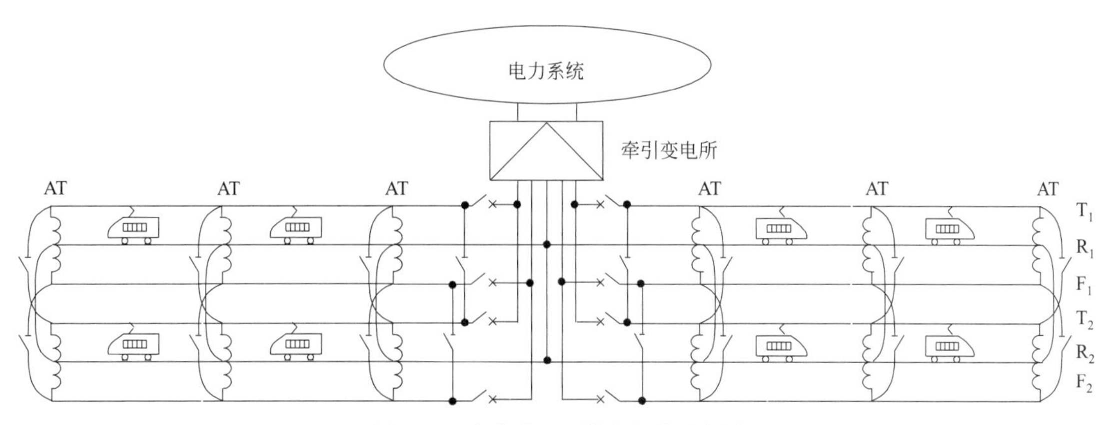

图 4-21 全并联 AT 供电方式示意图

全并联 AT 供电方式与不并联的 AT 供电方式相比，减小牵引网单位长度阻抗，减少电压损失和增强供电能力。在相同的负载条件下，可以减少牵引网电力损失大约 10%。同时，由于在每一 AT 站都进行了并联，负荷电流在上下行牵引网进行了均分，使得线路运行更加均衡，大大提高了供电的可靠性和带负载能力及减少对周围通信的干扰。

在全并联 AT 供电方式下，由于在每一个 AT 站进行电气横连后，整个牵引网的电路拓扑结构变得极其复杂。当牵引网线路发生短路时，故障区段及故障地点的准确判别也变得非常困难，不利于故障的排除和供电的及时恢复。

正常模式：变电所上下行断路器均投入运行，并联隔开分，AT 所及分区所并联断路器均合，投入一台 AT 变。

变电所馈线断路器检修模式：变电所投入一台断路器，并联隔开合，AT 所、分区所与上述情况一致。

越区模式：两变电所馈线断路器均分条件下，合越区隔开，再由主供牵引变电所馈线合闸，模式与正常模式一致。

牵引网发生故障时：变电所上下行馈线断路器先跳闸；AT 所、分区所上下行并联断路器跳闸；变电所上下行重合闸；AT 所、分区所并联断路器通过检查有压自动重合闸。

第六节 牵引变电设备编号规则

为统一电气化铁路牵引变电设备编号，推进牵引变电专业简统化、标准化工作，中国国家铁路集团有限公司组织制定了《电气化铁路牵引变电设备编号规则》。该规则共有八章和九个附图，主要内容包括总则、电气设备编号规则概述、各牵引变电所亭设备编号规则、接触网隔离开关设备编号规则、附则等。本节对该规则进行简要介绍。

一、电气设备编号规则概述

牵引变电设备编号以数字和字母排列组成。设备编号规则根据设备所在的铁路运营里程、系统层级、位置特征以及供电方式等综合确定。

1. 断路器编号规则

① 断路器编号采用3位数字与字母组合表示。

② 第1位数字表示断路器的电压等级。数字1表示330kV、220kV、110kV电压等级，数字2表示27.5kV和2×27.5kV电压等级。

③ 第2位数字表示断路器的位置。数字0表示牵引变电所电源进线和牵引变压器低压侧的断路器，数字1和2表示牵引变电所馈线断路器，数字3表示牵引变电所补偿用断路器，数字4表示开闭所进线断路器，数字5表示开闭所馈线断路器，数字6表示所用变压器、27.5kV动力变压器断路器，数字7表示分区所、自耦变压器所进线断路器或上下行并联断路器，数字8表示自耦变压器断路器。

④ 第3位数字表示断路器所在的位置序号，由0至9构成，一般从1开始编号。

⑤ 当牵引变电所馈线断路器编号大于229时，可采用23×，一般从235开始顺序编号；当开闭所馈线断路器编号大于259时，可采用26×，一般从265开始顺序编号。

⑥ 数字后的字母采用DL。

2. 牵引变电所亭内隔离开关编号规则

① 牵引变电所亭内隔离开关用4位数字与字母组合表示。

② 第1位数字表示隔离开关的电压等级。数字1表示330kV、220kV、110kV电压等级的隔离开关，数字2表示27.5kV、2×27.5kV电压等级的隔离开关和10kV所用变压器回路的隔离开关。

③ 第2、3、4位数字序号表示隔离开关的设备位置，并与回路中断路器的编号相关。

④ 数字后的字母采用GK，隔离开关地刀在数字后加字母D。

电气设备编号中数字后面的字母，应按照表4-1编制。

表4-1　电气化铁路牵引变电设备编号中的字母对应关系表

设备名称	字母
断路器	DL
隔离开关、三工位开关、负荷隔离开关	GK
隔离开关地刀	D
电流互感器	LH
电压互感器	YH
避雷器	BL
熔断器	RD
牵引变压器(电力变压器)	B
所用变压器	ZB
27.5kV动力变压器	DLB
自耦变压器	AT
电容器	C
电抗器	DK
抗雷圈	K

二、牵引变电所设备编号规则

1. 电源进线编号规则

铁路小里程方向的电源为1#进线，铁路大里程方向的电源为2#进线。当电源进线方向平行于铁路时，将电源进线和牵引变电所旋转至电源进线方向垂直铁路后，再进行编号。

2. 牵引变压器编号规则

牵引变压器编号与电源进线编号对应。牵引变电所采用2台牵引变压器时，对应1＃进线的编号采用1B，对应2＃进线的编号采用2B。牵引变电所采用4台牵引变压器时，对应1＃进线的编号分别采用1B、3B，对应2＃进线的编号分别采用2B、4B，其中铁路小里程方向为1B、2B，铁路大里程方向为3B、4B。牵引变电所内如有110kV/10kV、220kV/10kV等电力变压器时，其编号参照牵引变压器编号规则，按先牵引变压器后电力变压器进行顺序编号。共用进线电源或有三路以上进线电源的牵引变电所，设备可参照《电气化铁路牵引变电设备编号规则》进行编号。

3. 牵引变压器和电力变压器高压侧断路器编号规则

高压侧断路器编号与进线相对应，1＃进线对应的牵引变压器高压侧断路器编号采用101DL，2＃进线对应的牵引变压器高压侧断路器编号采用102DL，连接1＃、2＃进线之间的分段断路器编号采用100DL。当高压侧断路器超过上述描述数量时，其第3位数字编号按顺序进行编号。

4. 牵引变压器低压侧断路器编号规则

牵引变压器低压侧断路器编号与电源进线编号对应。牵引变压器采用单相变压器时，对应1＃进线的低压侧断路器编号采用201DL，对应2＃进线的低压侧断路器编号采用202DL。牵引变压器采用三相变压器或由单相变压器组合成的三相变压器时，对应1＃进线的低压侧断路器编号分别采用201DL、203DL，对应2＃讲线的低压侧断路器编号分别采用202DL、204DL，其中铁路小里程方向为201DL、202DL，铁路大里程方向为203DL、204DL。

5. 馈线断路器编号规则

馈线断路器编号规则见《电气化铁路牵引变电设备编号规则》第六条，其第3位数字的编号规则为沿铁路小里程方向至大里程方向，数字由小至大排列，上行线路采用偶数数字、下行线路采用奇数数字。如馈线侧的铁路小里程下行、上行方向的断路器编号分别采用211DL、212DL，铁路大里程下行、上行方向的断路器编号分别采用213DL、214DL。

馈线侧备用断路器采用1∶N备用时，按照相关馈线断路器编号进行顺序编号，并在数字编号后加字母BDL。如211DL和212DL之间的备用断路器编号采用21BDL，213DL和214DL之间的备用断路器编号采用22BDL。

6. 牵引变压器高压侧隔离开关编号规则

1＃进线系统高压侧隔离开关编号采用1011GK，2＃进线系统高压侧隔离开关编号采用1021GK。牵引变电所高压侧采用分支接线方式时，1＃和2＃进线之间的联络隔离开关编号采用1001GK和1002GK。靠近1＃进线的隔离开关编号采用1001GK，靠近2＃进线的隔离开关编号采用1002GK。

1＃进线系统高压侧进线电压互感器隔离开关编号采用1012GK，2＃进线系统高压侧进线电压互感器隔离开关编号采用1022GK。

高压侧采用分支接线方式时，1＃进线系统高压断路器前的隔离开关编号采用1013GK，2＃进线系统高压断路器前的隔离开关编号采用1023GK。

1B牵引变压器高压侧中性点隔离开关编号采用1019GK，2B牵引变压器高压侧中性点隔离开关编号采用1029GK。

7. 牵引变压器低压侧和母线隔离开关编号规则

牵引变压器低压侧及母线电压互感器前的隔离开关编号前3位数字与对应的牵引变压器低压侧27.5kV断路器编号一致；第4位数字，数字1表示牵引变压器低压侧隔离开关，数字2表示母线电压互感器前的隔离开关。

27.5kV母线分段隔离开关编号的前3位数字采用200；第4位数字采用与其靠近的27.5kV进线断路器编号的第3位数字。

8. 馈线侧隔离开关编号规则

馈线隔离开关编号的前3位数字与对应馈线断路器的编号一致；第4位数字，断路器连接接触网供电线的隔离开关采用1，连接27.5kV母线的隔离开关采用2，连接备用断路器的隔离开关采用3。

9. 其他电气设备编号规则

两台所用变压器编号分别采用1ZB、2ZB，若其中一台为27.5kV所用变压器，该所用变压器编号采用1ZB。1ZB、2ZB所用变压器回路上对应的断路器编号采用261DL和262DL，隔离开关编号分别采用2611GK和2621GK。27.5kV动力变压器编号采用1DLB。对应的断路器编号采用263DL，隔离开关编号采用2631GK。

电压互感器编号与对应的断路器编号相关，其字母采用YH。电压互感器编号末尾还应分别加A、B、C或T、F进行相别区分，如101YH-A、201YH-T。电压互感器对应的熔断器编号规则同电压互感器。电源进线单相抽压装置的设备编号，在字母后加J，如101YH-J。

电流互感器编号与对应的断路器编号相关，其字母采用LH。电流互感器编号末尾还应分别加A、B、C或T、F进行相别区分，如101LH-A、201LH-T。牵引变压器中性点电流互感器与对应的隔离开关编号一致。当同一断路器支路上有多组电流互感器时，可增加第4位数字表示每组电流互感器在本支路上的位置序号。

避雷器编号与对应的断路器编号相关，其字母采用BL。避雷器编号末尾还应分别加A、B、C或T、F进行相别区分，如101BL-A、201BL-T。牵引变压器中性点避雷器可与对应的隔离开关编号相关。当同一断路器支路上有多组避雷器时，可增加第4位数字表示每组避雷器在本支路上的位置序号。

三、开闭所、分区亭、AT所设备及接触网隔离开关编号规则

1. 开闭所设备编号规则

铁路小里程方向的电源为1#进线，铁路大里程方向的电源为2#进线。进线断路器对应1#进线和2#进线断路器编号分别采用241DL和242DL。馈线断路器第3位数字表示在开闭所所处的位置，沿铁路小里程方向至大里程方向，数字由小至大排列；且上行线路用偶数，下行线路用奇数。其他设备的编号可参照牵引变电所设备编号规则编制。

2. 分区亭设备编号规则

对于采用单台断路器并联的分区亭，根据分区亭所处位置，小里程方向的上下行并联断路器编号采用271DL，大里程方向的上下行并联断路器编号采用273DL；对于采用四台断路器进线的分区所，小里程方向下行、小里程方向上行、大里程方向下行、大里程方向上行

进线对应的断路器编号分别采用 271DL、272DL、273DL、274DL。越区隔离开关编号采用 2701GK 和 2702GK。当需要区分上、下行时，上、下行越区隔离开关的设备编号采用 2702GK 和 2701GK。小里程方向下行、小里程方向上行、大里程方向下行、大里程方向上行对应的自耦变压器编号分别采用 1AT、2AT、3AT、4AT，对应的断路器编号分别采用 281DL、282DL、283DL、284DL。其他设备的编号可参照牵引变电所设备编号规则编制。

3. 自耦变压器所设备编号规则

对于采用单台断路器并联的自耦变压器所，并联断路器编号采用 271DL；对于采用两台断路器进线自耦变压器所，上、下行对应的断路器编号分别采用 272DL、271DL。下、上行自耦变压器编号分别采用 1AT、2AT，对应的断路器编号分别采用 281DL、282DL。其他设备的编号可参照牵引变电所设备编号规则编制。

4. 接触网隔离开关设备编号规则

接触网上网隔离开关采用 4 位数字和字母 WG 组合表示，第 1 位数字采用 3；后三位数字采用对应所亭内馈线隔离开关的第 2、3、4 位数字。如 2111 隔离开关对应的上网隔离开关编号采用 3111WG。如需区分 T/F 相上网隔离开关时，则在 WG 后增加字母 T 或 F，如 3111WG-T。

接触网电分相隔离开关采用 4 位数字和字母 WG 组合表示，第 1 位数字采用 3；小里程方向下行、小里程方向上行、大里程方向下行、大里程上行对应的分相隔离开关的编号分别采用 3001WG、3002WG、3003WG、3004WG。

复习思考题

1. 什么是变电所的电气主接线？

2. 设计变电所的电气主接线要满足哪些基本要求？

3. 在倒闸作业中必须遵守的基本原则是什么？

4. 列表说明牵引变电所常用的电气主接线形式的特点和适用范围，可以采用的运行方式。

5. 牵引变电所馈线侧的接线形式主要有哪些？简述优缺点与适用范围。

6. 牵引变电所电气主接线结构形式取决于哪些因素？试选择某一变电所电气主接线图分析其结构与设备。

7. 简述分区亭、开闭所、AT 所的作用、布置场所、电气主接线结构、设备状况。

8. 简述客运专线全并联 AT 供电方式的概念、特点及其运行方式。

9. 分析图 4-16 所示变电所电气主接线的结构、设备以及运行方式。

10. 根据《电气化铁路牵引变电设备编号规则》，对图纸上的设备重新进行编号。

第五章 高压配电装置

【学习目标】

1. 掌握室内外配电装置的现场应用情况及最小安全净距的概念。
2. 理解典型结构的牵引变电所配置图。
3. 了解 SF_6 组合电器（GIS）和空气组合电器（AIS）的基本结构、使用与维护。

第一节 配电装置概述

配电装置是按主接线的要求，由开关电器与电气设备、母线保护电器、测量电器和必要的辅助设备组装在一起的接受和分配电能的装置。

配电装置应满足的基本要求如下。

① 设计应符合国家技术经济政策，满足有关规程要求。

② 设备选择合理，技术性能可靠。

③ 布置整齐、清晰，有足够的安全距离保证人身和设备安全，操作、巡视、检修方便。

④ 在保证安全、可靠的条件下，力求降低造价，减少工程量和占地面积。

⑤ 留有发展扩建的余地。

一、配电装置的分类及其特点

（1）按照安装地点分类

根据安装地点的不同，配电装置可分为室内配电装置和室外电装置。

① 室内配电装置　安装在建筑物内的电气装置即为室内配电装置。对于室内配电装置来说，设备巡视、操作、维修在室内进行，外界环境对设备影响较小，可采用价格较低的轻型设备，且维修工作量相对较少；占地面积小，但建筑费用高。

② 室外配电装置　安装在露天场地的电气装置即为室外配电装置。对于室外配电装置来说，土建工程量和费用较少，建设工期期短；占地面积大，相邻设备之间的距离较大，便于带电作业，且扩建比较方便。但受外界环境影响大，气候恶劣时，对设备的运行、操作、维修都有影响，需采用价格较高的重型设备。特别是周围空气污染严重时，还需加强绝缘。

配电装置选择时，应考虑所在地区的地理情况及环境条件，通过技术经济比较，优先选用占地少的配电装置，并宜符合下列规定。

① 市区或污秽地区的35～110kV配电装置宜采用室内配电装置。

② 大城市中心地区或其他环境特别恶劣地区，110kV配电装置可采用SF_6全封闭组合电器（简称GIS）。GIS宜采用室内布置。当GIS采用室外布置时，应考虑气温、日温差、日照、冰雹及腐蚀等环境条件的影响。

牵引变电所一般处在郊区野外，高压侧通常采用室外配电装置，而27.5kV和10kV设备采用室内配电装置。

（2）按照组装方式分类

配电装置根据组装方式的不同，可分为装配式配电装置和成套配电装置。

① 装配式配电装置　装配式配电装置是在配电装置的土建工程建筑基本完成后，将电气设备在现场组装。装配式配电装置的特点是：现场安装，建造安装灵活；投资较少，金属消耗量少；安装工作量大。

② 成套配电装置　成套配电装置是由工厂定型生产装配的，将开关电器、互感器、继电保护装置、测量仪表和辅助设备等安装在柜内组成的成套供应的配电装置，属于室内配电装置。成套配电装置的特点是：电气设备布置在封闭或半封闭的金属外壳中，相间和对地间距离可以缩小，结构紧凑，占地面积小；所有电气元件已在工厂组装成一个整体（开关柜），再运至现场，大大减少了现场安装工作量，有利于缩短建设工期，也便于扩建和搬迁，且运行可靠性高，维护方便；但耗用钢材较多，造价较高。

二、配电装置的最小安全净距

配电装置的各种结构尺寸，是综合考虑到设备外形尺寸、检修维护和搬运的安全距离、电气绝缘距离等因素决定的。各种间隔距离中最基本的是空气中不同相的带电部分之间或各带电部分对接地部分之间的空间最小安全净距，在国家标准中称为A值。在此距离下，无论是处于正常最高工作电压之下，或处于内外过电压之下，空气间隙均不致被击穿。我国《高压配电装置设计规程》规定的室内、室外配电装置的安全净距，如表5-1和表5-2所示。其中，B、C、D、E等类电气距离是在A值的基础上再考虑运行维护、搬运和检修工具活动范围及施工误差等因素确定的，其含义如图5-1和图5-2所示。例如，栅状遮栏至带电部分之间的电气安全净距$B_1=A_1+750\text{mm}$，是考虑到用栅状遮栏防护带电设备时，按运行人员手臂长度为750mm计算，当其误入栅栏时，仍能与带电部分保持最基本的安全净距A_1。

表5-1　室内配电安全净距　　单位：mm

符号	适应范围	额定电压/kV								
		3	6	10	15	20	35	63	110J	110
A_1	带电部分至接地部分之间 网状和板状遮栏向上延伸线距地2.3m处与遮栏上方带电部分之间	75	100	125	150	180	300	550	850	950
A_2	不同相的带电部分之间 断路器和隔离开关的断口两侧引线带电部分之间	75	100	125	150	180	300	550	900	1000
B_1	栅状遮栏至带电部分之间 交叉的不同时停电检修的无遮栏带电部分之间	825	850	875	900	930	1050	1300	1600	1700

续表

符号	适应范围	额定电压/kV								
		3	6	10	15	20	35	63	110J	110
B_2	网状遮栏至带电部分之间	175	200	225	250	280	400	650	950	1050
C	无遮栏裸导体至地楼面之间	2500	2500	2500	2500	2500	2600	2850	3150	3250
D	平行的不同时停电检修的无遮栏裸导体之间	1875	1900	1925	1950	1980	2100	2350	2650	2750
E	通向室外的出线套管至室外通道的路面	4000	4000	4000	4000	4000	4000	4500	5000	5000

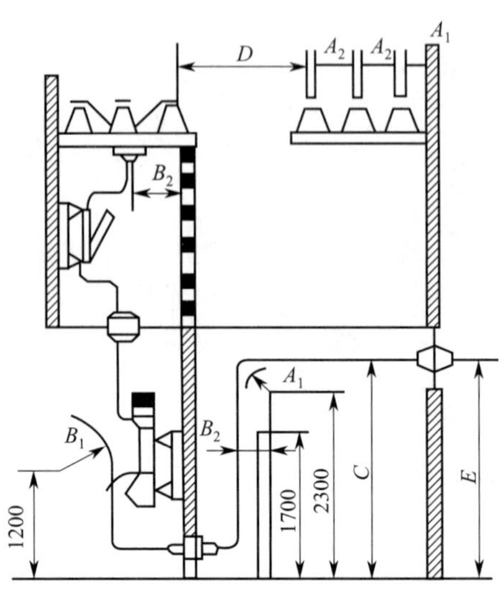

图 5-1 室内配电装置最小安全净距校验图

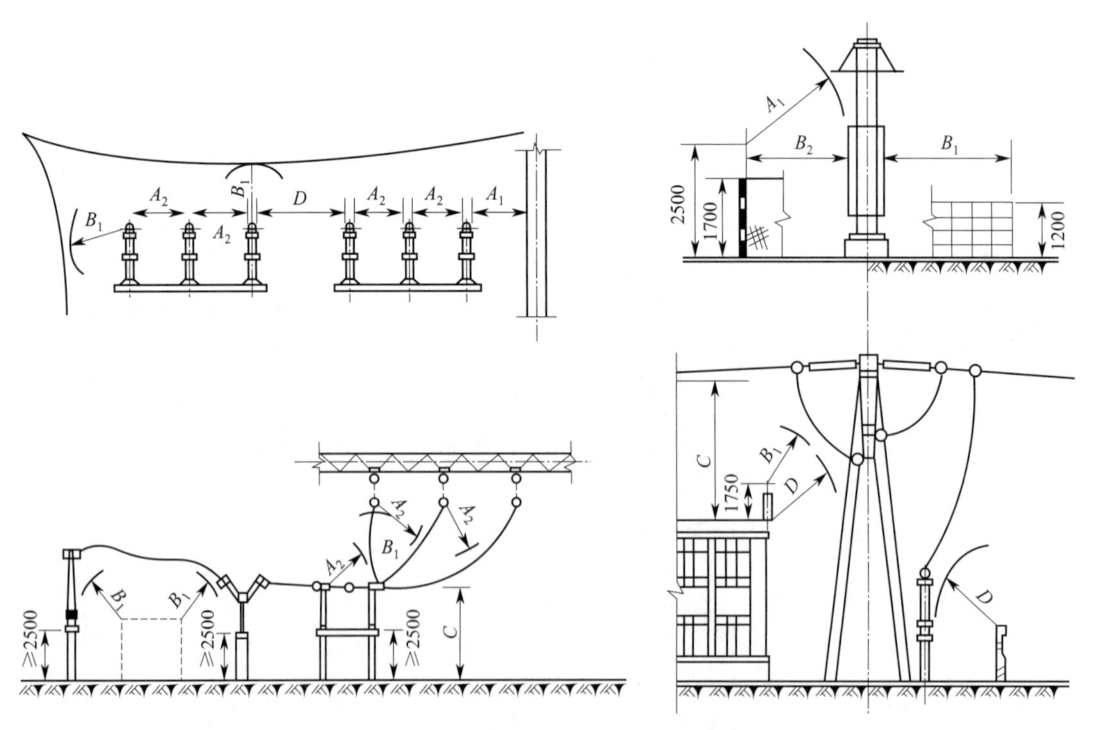

图 5-2 室外配电装置安全净距校验图

表 5-2 室外配电安全净距 单位：mm

符号	适应范围	额定电压/kV					
		3～10	15～20	35(27.5)	63(55)	110J	110
A_1	带电部分至接地部分之间	200	300	400	650	900	1000
	网状遮栏向上延伸线距地 2.5m 处与遮栏上方带电部分之间						
A_2	不同相的带电部分之间	200	300	400	650	1000	1100
	断路器和隔离开关的断口两侧引线带电部分之间						
B_1	设备运输时，其外廊至无遮栏带电部分之间	950	1050	1150	1400	1650	1750
	交叉的不同时停电检修的无遮栏带电部分之间						
	栅状遮栏至绝缘体和带电部分之间						
B_2	网状遮栏至带电部分之间	300	400	500	750	1000	1100
C	无遮栏裸导体至地面之间	2700	2800	2900	3100	3400	3500
	无遮栏裸导体至建筑物、构筑物顶部之间						
D	平行的不同时停电检修的无遮栏带电部分之间	2200	2300	2400	2600	2900	3000
	带电部分与建筑物、构筑物的边沿部分之间						

室外配电装置使用软导线时，由于软母线在风力、温度及覆冰等情况下，导线会伸缩和摆动，无法保证规定的安全净距。在不同的过电压和工作电压下，考虑到不同风力影响，其带电部分至接地部分和不同相带电部分之间的安全净距，应根据表 5-3 进行校验，并应采用其中最大数值。

表 5-3 不同条件下的计算风速和安全净距 单位：mm

条件	校验条件	计算风速/(m/s)	A 值	额定电压/kV			
				35(27.5)	63(55)	110J	110
雷电过电压	雷电过电压和风偏	10	A_1	400	650	900	1000
			A_2	400	650	1000	1100
操作过电压	操作过电压和风偏	最大设计风速的 50%	A_1	400	650	900	1000
			A_2	400	650	1000	1100
最大工作电压	最大工作电压短路和 10m/s 风速时的风偏		A_1	150	300	300	450
	最大工作电压和最大设计风速时的风偏		A_2	150	300	500	500

三、牵引变电所配电装置的配置与结构

下面结合一个牵引变电所布置情况，简要介绍牵引变电所的配电装置的配置情况。该变电所主接线图如图 5-3 所示。

1. 牵引变电所室外配电装置的结构要点与配置原则

室外配电装置的布置及结构，与主接线形式、电压等级、母线套数、架构结构方式、地形地势等有关，装置的结构尺寸、距离主要取决于室外配电装置的安全净距。

图 5-4 为某牵引变电所总平面布置图和 110kV 室外配电装置平面布置图，该图显示了变电所室外配电装置和房屋建筑的平面布置情况。图 5-5 是该变电所 110kV 联络隔离开关间隔断面图。

牵引变电所室外配电装置的结构特点如下。

① 室外配电装置根据电气设备和母线布置的高度和层次结构分为中型、半高型和高型。牵引变电所室外配电装置，通常采用中型配电装置：所有电气设备安装在较低的基础和支架上，处在同一平面内。母线一般采用软母线，用悬式绝缘子串悬挂在较高水平面的门形架构

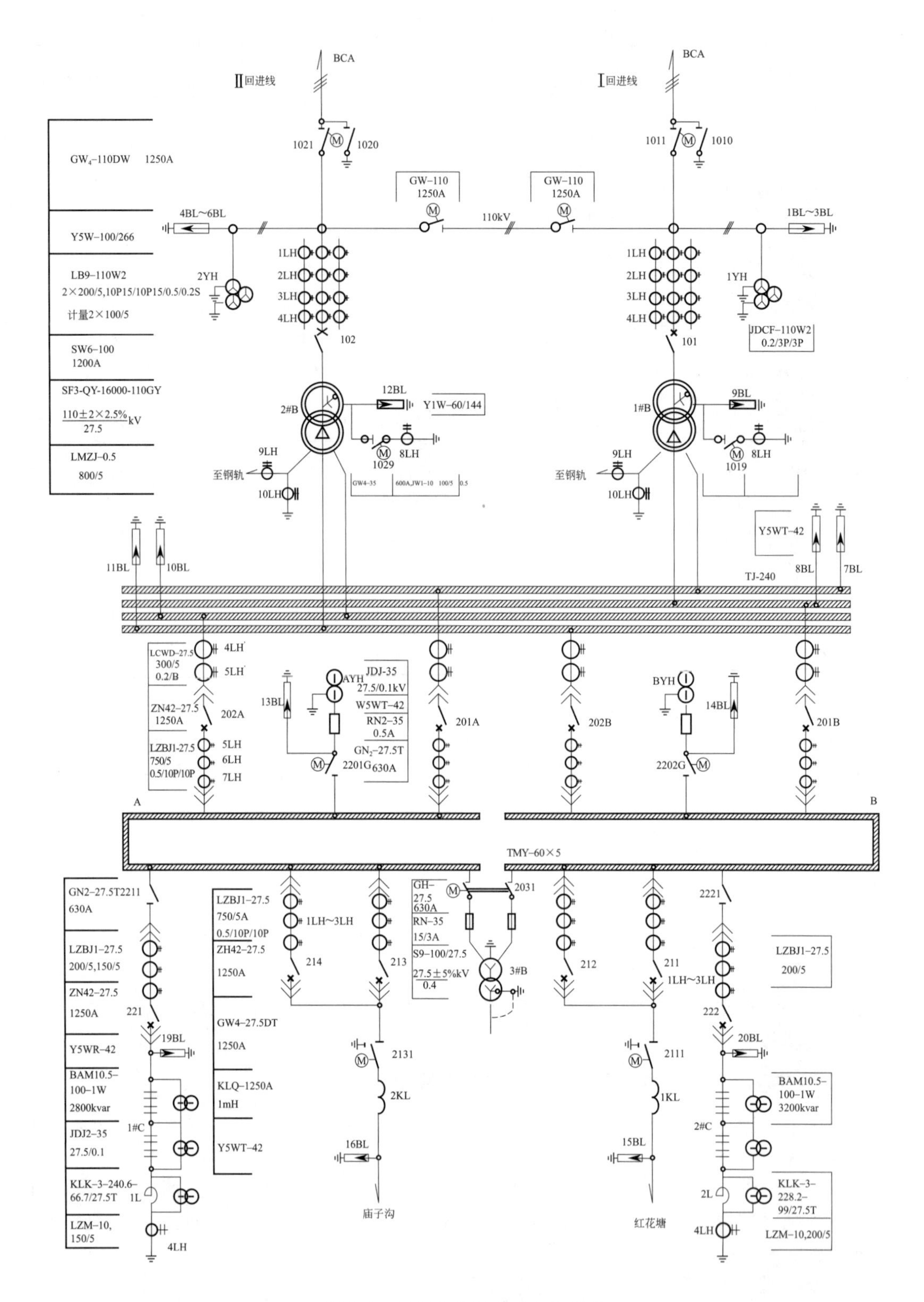

图 5-3　三相牵引变电所主接线图

上，母线水平面高于电气设备的水平面。

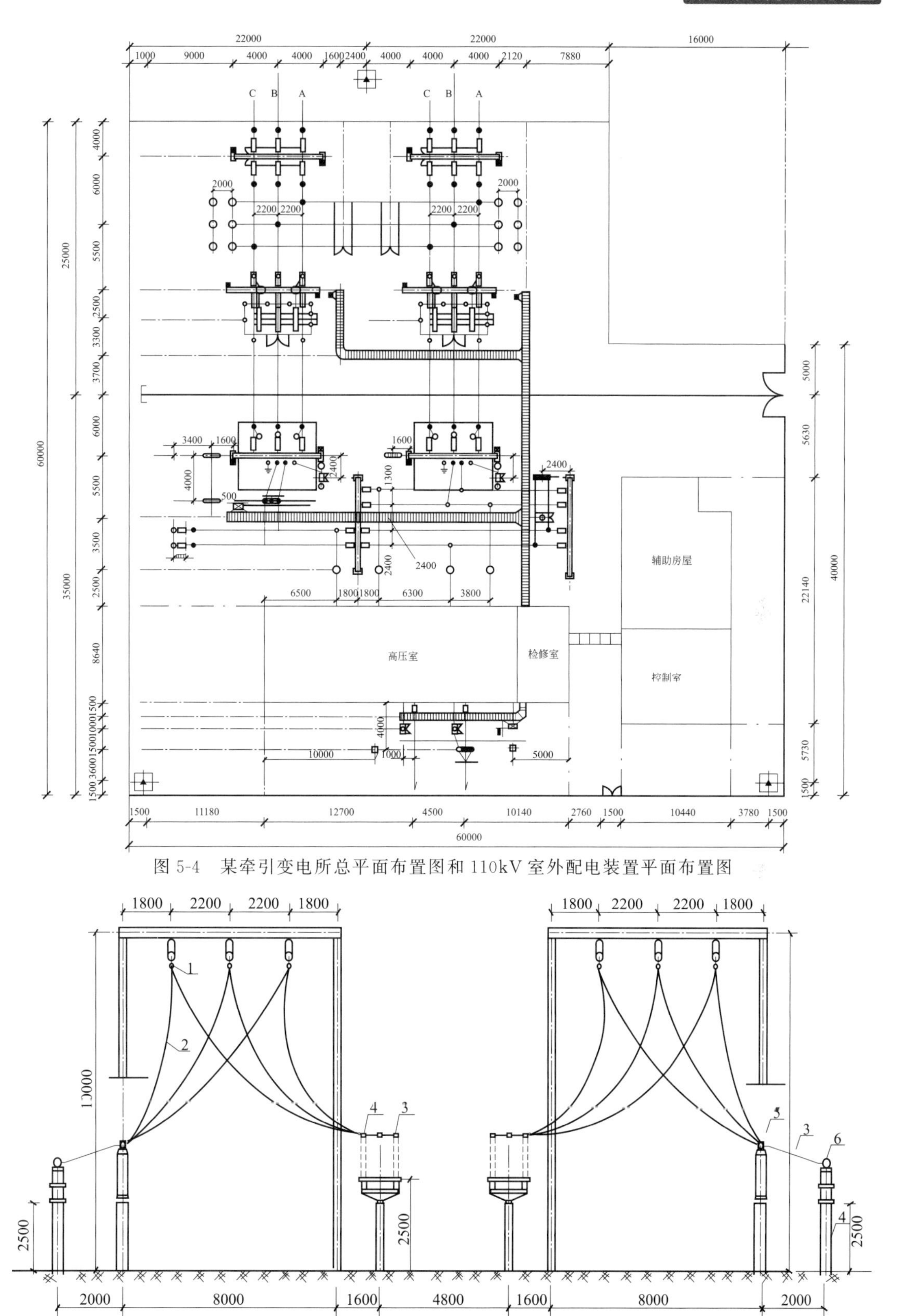

图 5-4 某牵引变电所总平面布置图和 110kV 室外配电装置平面布置图

图 5-5 某变电所 110kV 联络隔离开关间隔断面图

1—T 形铜线夹；2—钢芯铝绞线；3，4—铜铝过渡设备线夹；5，6—铜设备线夹如果将电气设备和母线分层布置，将一组母线与另一组母线重叠布置，为高型配电装置。如果仅将母线与断路器、电流互感器等重叠布置，则为半高型配电装置。

② 主接线中每一回路的电气设备组成一个间隔，间隔之间没有专门间隔物。一般室外配电装置由电源进线间隔、变压器间隔、电压互感器与避雷器间隔及母线联络（或旁路母线）断路器间隔等组成。配电装置的纵向距离与母线套数、架构形式等因素有关。

③ 电源进出线间隔与主变压器间隔对称布置。

④ 将电压互感器、避雷器间隔布置在母线的延长端或主变压器间隔的延长端，以靠近主变压器和减小占地面积。

⑤ 电源进出线间隔应布置在分段母线的中部，尽量使母线各段通过的电流比较均匀。

⑥ 两汇流母线架构间接入的单元间隔数一般不应超过 4 个。

⑦ 应将两主变压器间隔布置在不同的汇流母线跨距内（两母线架构为一跨距），以保证安全供电。

⑧ 应使设备布置整齐、规律，进出线避免交叉，维修、运输设备安全、方便。

⑨ 为防大气过电压的危害，变电所四周设有单独避雷针。为防止感应过电压危害，母线上挂有避雷器。

⑩ 电缆沟的配置应使控制电缆和电力电缆走的路径最短。电缆沟盖板可以揭开，以利于检修维护，平时电缆沟还可做巡视设备的路径。

2. 27.5kV 室内配电装置的结构要点与配置原则

室外配电装置的布置及结构，与主接线形式、电压等级、母线套数等有关，装置的结构尺寸、距离主要取决于室内配电装置安全净距。

室内配电装置既可采用装置式配电装置，也可采用成套配电装置。27.5kV 室内配电装置由于其设备多是单相元件的特点，其结构与普通三相室内配电装置有以下明显不同。

① 高压室内用钢板和网栅围成一个个间隔，27.5kV 主接线中同一回路的电气设备布置在同一间隔内，如馈线回路所有设备（如母线、隔离插头、电流互感器、断路器等电气设备）都安装在馈线间隔内，主接线中有多少条回路就得有多少间隔，并且还需适当预留备用间隔。间隔走廊侧设有带瞭望孔的钢板门、隔离开关的手动操动机构和断路器合闸直流电源配电箱。如图 5-6 所示某牵引变电所 27.5kV 高压室进出线间隔断面图。图中表明了电气设备分配于各配电间隔情况以及电气连接关系，并表示出各间隔之间、间隔与房屋走廊的相对位置。

② 室内配电装置的布置要方便设备的操作、搬运、检修和试验，间隔可单列或双列对称布置，操作通道和维护通道的最小宽度满足表 5-4 的规定。

表 5-4　配电装置室内各种通道的最小宽度　　单位：mm

设置方式	维护通道	操作通道	
		固定式	手车式
设备单列布置	800	1500	单车长＋1200
设备双列布置	1000	2000	双车长＋900

室内配电装置平面布置图，是按比例绘出的房屋内平面俯视图，能反映各配电间隔、配电装置、电气设备、走廊和出口的平面结构尺寸。可分为两列布置：一列是电源类，如 27.5kV 进线间隔、自用变压器间隔等；另一列是负荷类，如 27.5kV 馈线间隔。维护通道一般可取 2760mm。

除了平面布置图，配电装置需要按比例画出断面图，这样才能反映配电装置的整体结构尺寸。如图 5-7 是某牵引变电所 27.5kV 高压室母线布置图，图 5-8 是它的 27.5kV 电容器

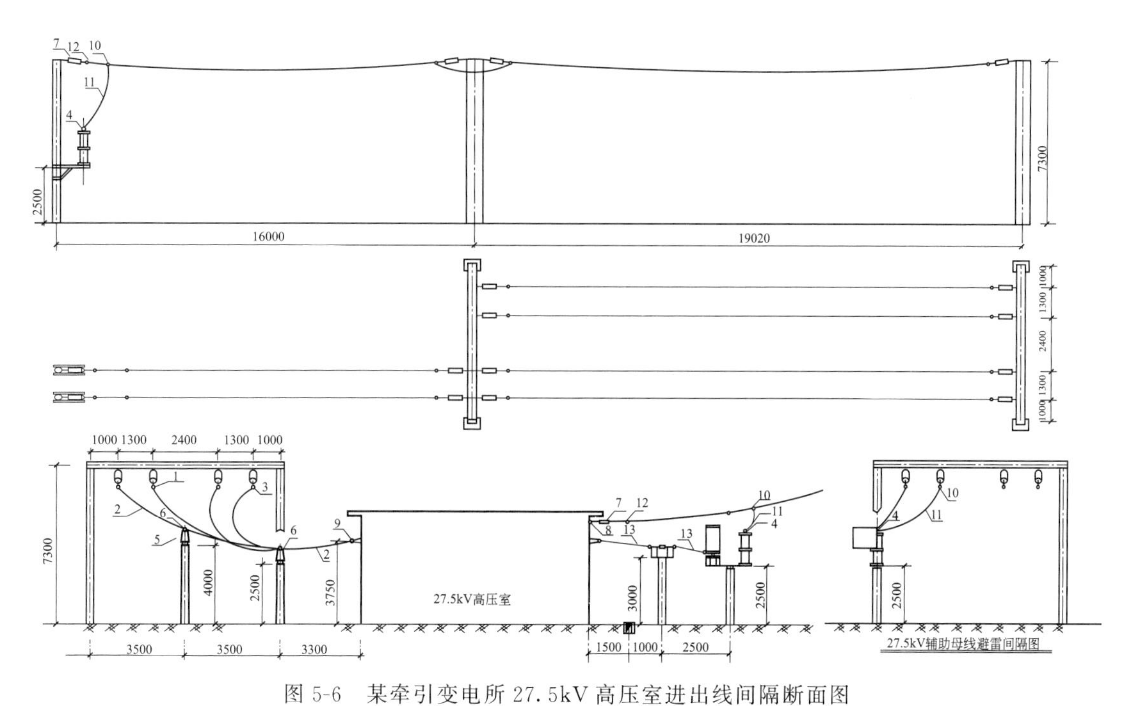

图 5-6　某牵引变电所 27.5kV 高压室进出线间隔断面图

1,3—T形铜线夹；2—铜绞线；4—设备线夹；5—支柱绝缘子；6—软导线固定线夹；7—耐张绝缘子串；8—耳环杆头杆；9—铜设备线夹；10—带电装卸线夹；11—钢芯铝绞线；12—耐张线夹；13—铜母排；

室与高压室穿墙套管及母线断面图。

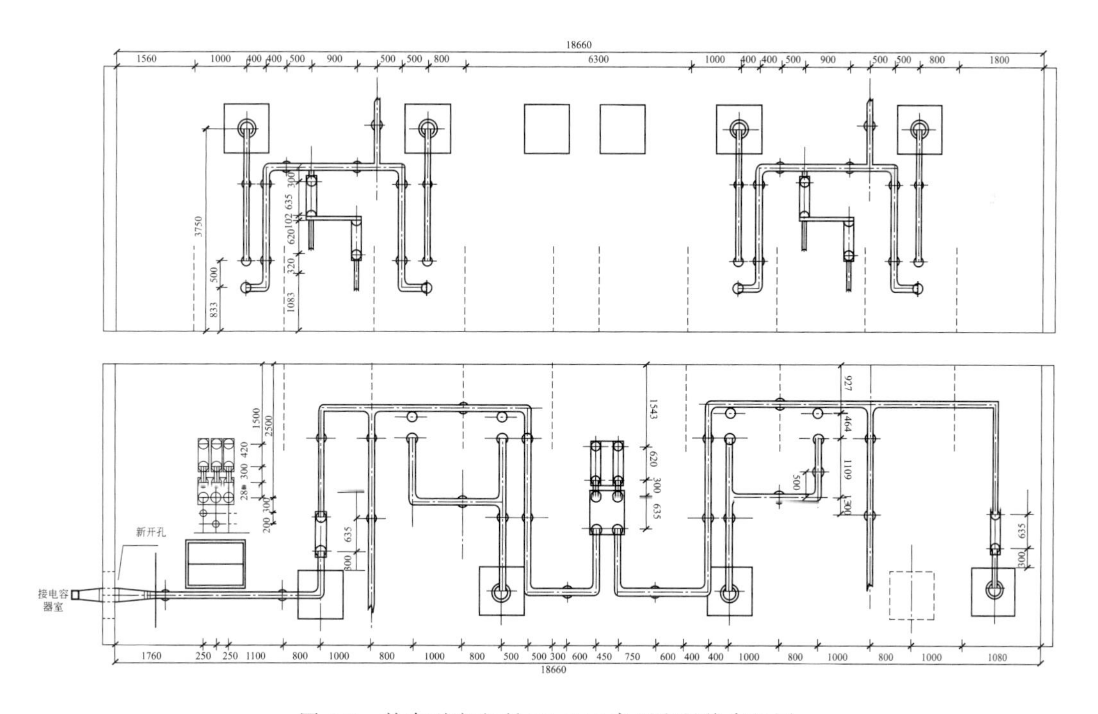

图 5-7　某牵引变电所 27.5kV 高压室母线布置图

③ 高压室内硬母线可分相布置或不分相布置。两相硬母线水平或垂直用支持绝缘子固定在墙上。布置母线时应考虑分段母线检修时互不影响，互为备用。

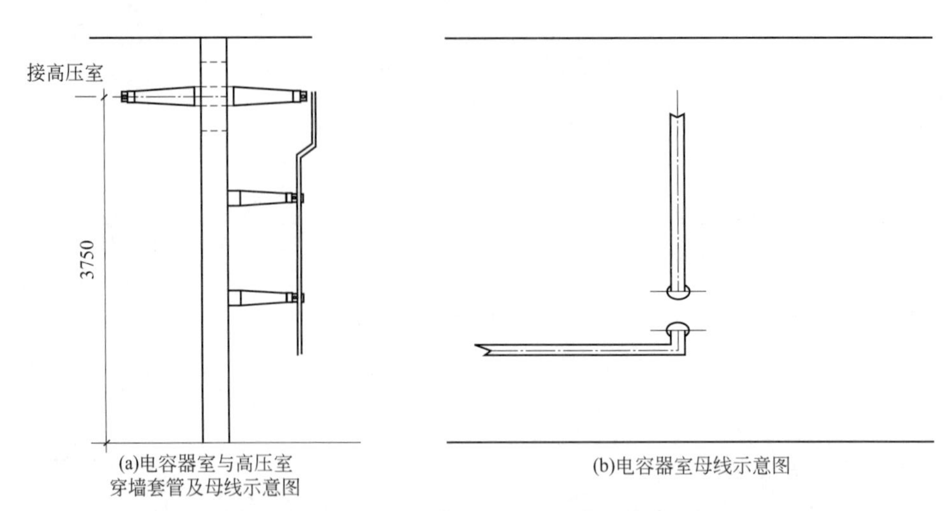

图 5-8　某牵引变电所 27.5kV 电容器室与高压室穿墙套管及母线断面图

配电间隔双列布置时，对面两墙壁上的同一相母线应用同一规格的硬母线连接起来。硬母线应涂上不同颜色的漆以示区别和增加散热能力。通常黄、绿、红色代表三相，黑色代表中性线。

④ 尽量将电源引入线（进线间隔）布置在分段母线的中部，减小母线截面通过的电流。

⑤ 电缆沟设在操作走廊地下，控制电缆经电缆沟与每个间隔的电气设备和主控室中的配电盘相连。

⑥ 对于充油电气设备（如变压器），当油量大于 100kg 时，应安装在与其他间隔隔绝的防爆间隔（变压器间隔）内，采取密封措施以防止事故时油箱爆炸。小间内地面上应设有能蓄油量为变压器用油量 20%的蓄油坑，并用排油管将事故排油引至安全地点。对于电压互感器（无论油量多少）或小容量自用电变压器（一般为 50kV・A）均可安装在一般的敞开式小间内。

⑦ 单台容量较小的电容器组可采用高层结构组装，以减小占地面积。电容器组设在单独的电容器房间内。电容器组的布置应便与检查维护，室内电容器组应装设金属网状栅栏防护。

⑧ 长度大于 7m 的配电装置应有两个出口，位于楼上的配电装置室，其中一个出口可通向楼梯的平台。配电装置室的门应向外开，并装弹簧锁。

第二节　GIS 组合电器

一、概述

GIS 是由断路器、隔离开关、接地开关、互感器、避雷器、母线、连接件等单元，封闭在接地的金属体内组成的。GIS 内部充有一定压力并有优异灭弧和绝缘能力的 SF_6 气体。由于 GIS 既封闭又组合，故占地面积小，占用空间少，基本不受外界环境影响，不产生噪声和无线电干扰，运行安全可靠，且维护工作量少，在城网建设和改造工程中得到广泛的应用。它的突出优点如下。

① 最大限度地缩小整套配电装置的占地面积和空间体积，结构十分紧凑。110～220kV GIS 占地面积仅为敞开式变电站（AIS）的 1/10，这在人口高度集中的大都市和密集的负荷中心，显得更为重要。

② 全封闭的电气结构，不受污染、雨雷、尘沙及盐雾等各种恶劣自然环境条件的影响，减少了设备事故的可能性，特别适合用于工业污染和气候恶劣以及高海拔地区。

③ 安装方便。因 GIS 已向三相共箱化、复合化和智能化方向发展，一般由整件或若干单元组成，可大大缩短安装工期。

20 世纪 50 年代，高压电器的绝缘介质采用 SF_6 气体代替了空气；60 年代中期，美国制造了第一套 GIS 设备，使高压电器发生了质的飞跃，也给配电装置带来了一次革命。

30 年来，GIS 设备发展很快，欧洲、美洲、中东的电力公司都规定配电装置要用 GIS 设备，在亚洲、非洲、澳洲的发达国家也基本上规定要用 GIS 设备，在南非有 800kV GIS 设备投入运行。国际大电网会议在 1992 年统计，各国已投入运行的 GIS 变电站近 2000 所。

我国 GIS 设备的研制工作起步于 60 年代，与世界其他国家基本同步。1971 年，我国首次试制成功 110kV GIS 设备，并投入运行。自 20 世纪 80 年代开始，国产大型 GIS 设备也投入电网系统运行，共达 407 个间隔，较大的有广西天生桥水电站的 500kV GIS 设备、渭南变电站的 330kV GIS 设备、上海杨树浦电厂的 220kV GIS 设备等。

二、 GIS 结构

1. 110kV 电压等级的圆筒形 GIS

气体绝缘金属封闭开关设备（简称 GIS），用于电力系统中对输电线路进行控制、测量、保护和切换。

如图 5-9 所示 ZF12B-126 型 GIS 是我国自主研发的新一代小型化 GIS，配有三工位隔离-接地开关，技术参数达到国内外同类产品的先进水平。它应用于 110kV 电压等级的牵引变电所，断路器采用自能灭弧原理。该产品在国内外已安全可靠地运行于 600 多个变电站。我国电气化铁路个别牵引变电所 110kV 或者 220kV 侧开始使用 GIS。

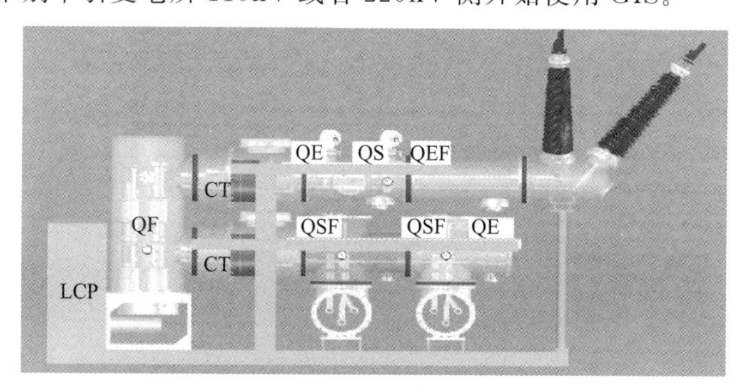

图 5-9 ZF12B-126 型 GIS

LCP—电气柜；QF—断路器；CT—电流互感器；QE—普通接地；QS—普通隔离；QSF—快速隔离；QEF—快速接地

2. 110kV 电压等级 GIS 的结构

它由几种标准功能模块，如断路器、隔离开关、接地开关、电流互感器、电压互感器、氧化锌避雷器等基本元件组成。其结构形式既有三相共箱式，也有三相分箱式，以满足不同客户要求。

（1）断路器

断路器是 GIS 的重要元件，采用自能灭弧原理，运动质量轻、所需操作功小、开断能力强。它采用的是三相共箱断路器，其结构图与外形图如图 5-10 所示。

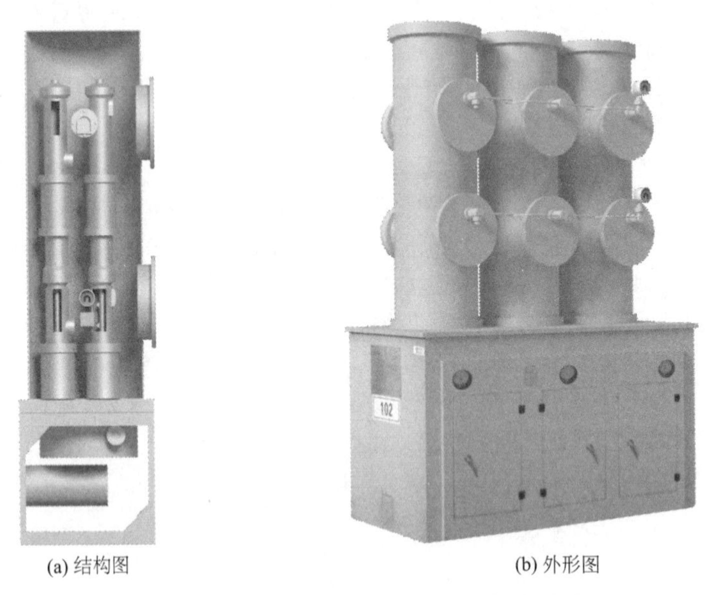

(a) 结构图　　(b) 外形图

图 5-10　三相共箱断路器的结构图与外形图

断路器的灭弧室结构包括动触头、静触头、三相连板、拐臂盒、下出线导体、上绝缘支柱、下绝缘支柱、壳体等部分，如图 5-11 所示。

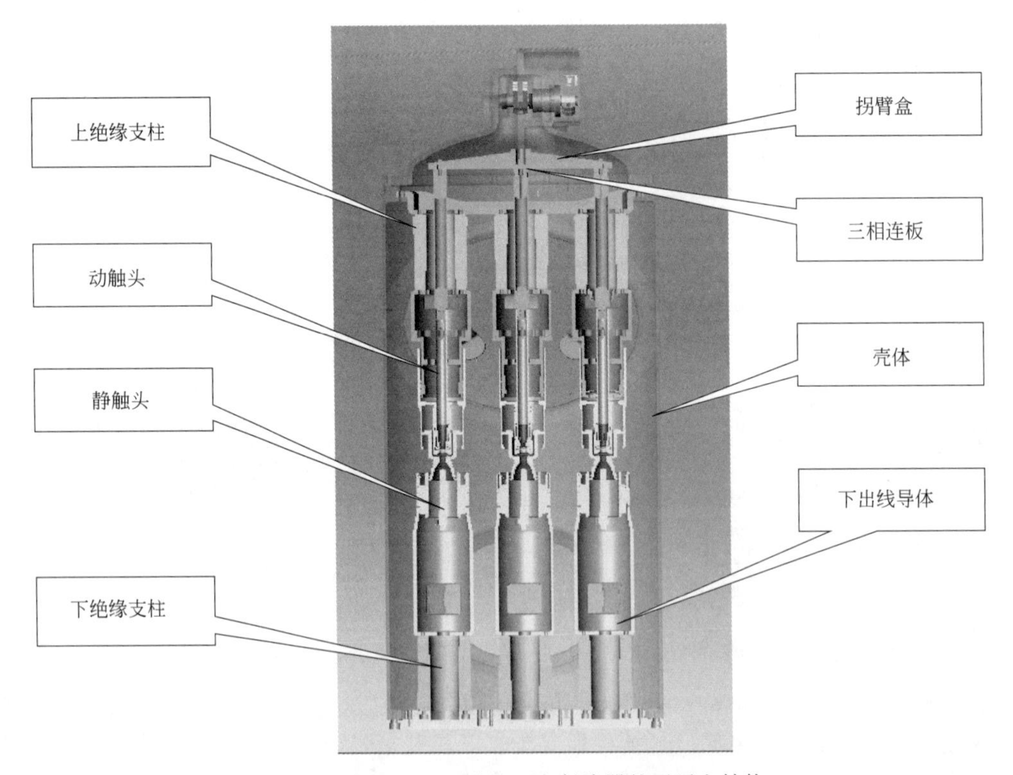

图 5-11　ZF12B-126 型 GIS 中断路器的灭弧室结构

(2) 隔离开关

ZF12B-126 型 GIS 把隔离开关和接地开关组合在一起形成三工位隔离-接地组合开关，不仅优化了设备结构，而且体积小、结构紧凑。隔离开关和接地开关共用一台电动机操动机构，同时隔离开关和接地开关还能实现机械联锁。三工位隔离-接地组合开关的结构图和外形图如图 5-12 所示。

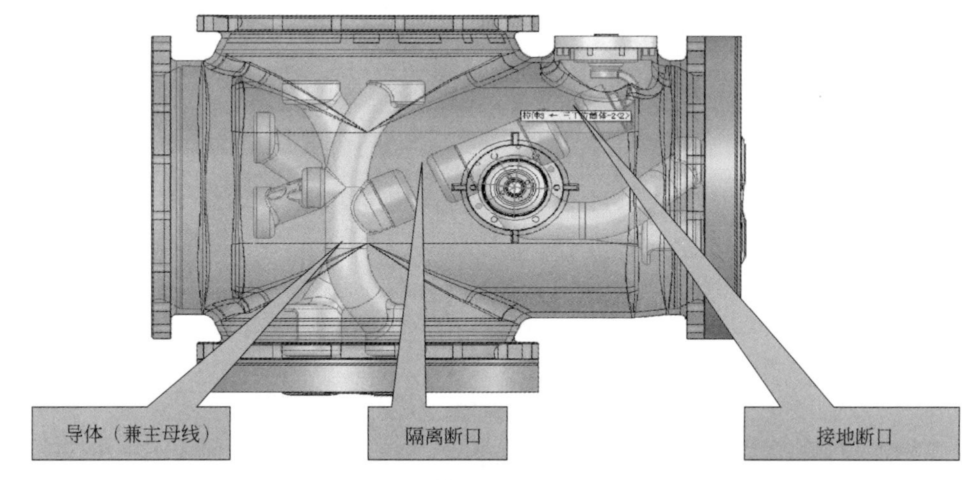

(a) 结构图

(b) 外形图

图 5-12 三工位隔离-接地组合开关的结构图和外形图

（3）电流互感器

ZF12B-126 型 GIS 中的电流互感器采用穿心式内置结构，壳体采用铸铝件。其结构图如图 5-13 所示。

（4）套管

ZF12B-126 型 GIS 中套管的结构简单，整体结构小型化。其结构图和外形图如图 5-14 所示。该 GIS 可按用户提出的不同主接线要求进行组合，有套管进出线、电缆进出线、与变压器直连三种连接方式。

3. 常用的典型 GIS 间隔布置图

常用的典型 GIS 双母间隔尺寸为 3900mm×820mm×3287mm，间隔宽度为 1000mm。ZF12B-126 型 GIS 间隔布置图如图 5-15 所示。

4. ZF12B-126 型 GIS 产品的主要特点

① 断路器配备弹簧操动机构，实现了机构的无油化、无气化。该产品结构简单，维护方便，具有高度可靠性。

图 5-13　GIS 中电流互感器的穿心式内置结构图

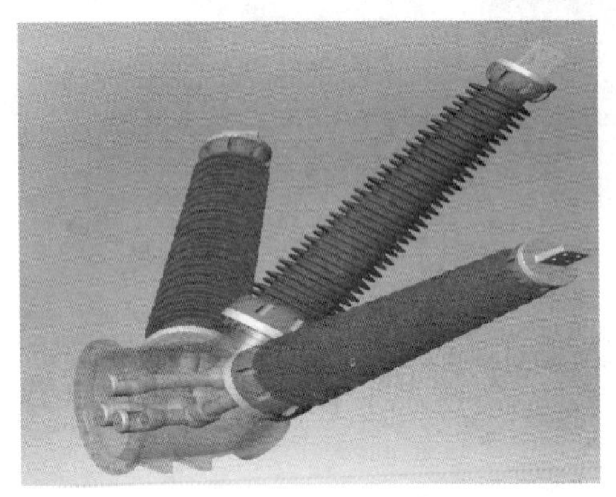

(a) 结构图

(b) 外形图

图 5-14　ZF12B-126 型 GIS 中套管的结构图和外形图

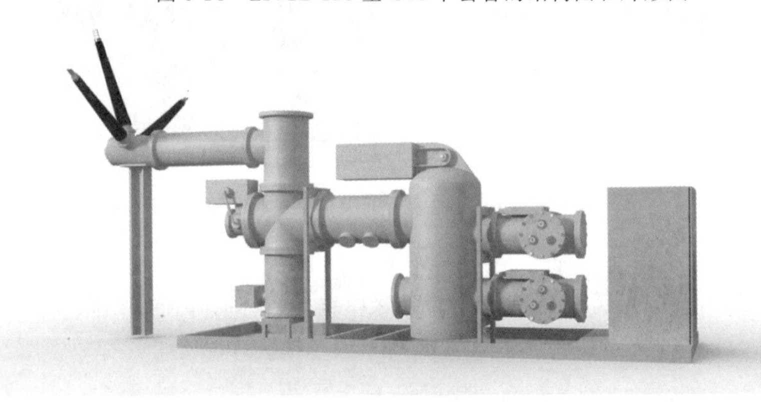

(a) 进出线间隔

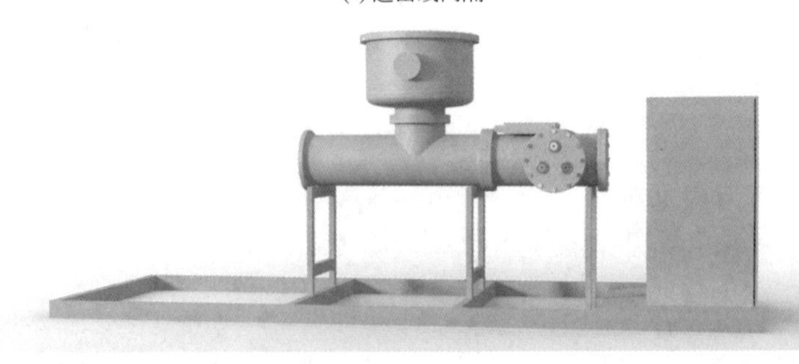

(b) 测保间隔

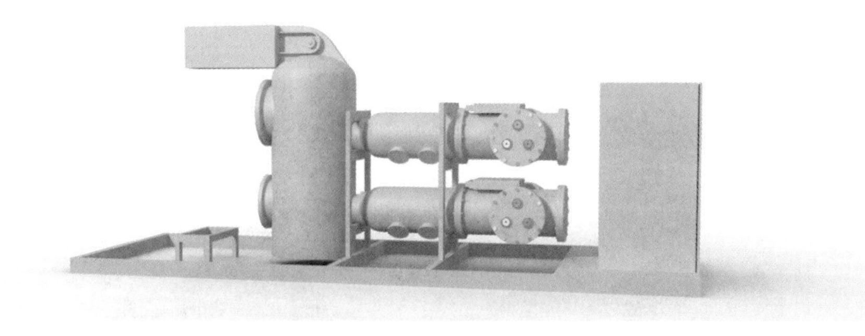

(c) 母联间隔

(d) 青海群科变电所

图 5-15　ZF12B-126 型 GIS 间隔布置图

② 该产品全部采用铝壳体，具有重量轻、温升低、防腐能力强的特点。

③ 气体密封性能优良，采用双道密封，年漏气率在 0.5%以下。

④ 采用整体运输方式，安装、检修方便。

⑤ 对 GIS 而言，外壳都是全部接地的，二次线和二次电缆全密封布置，所以没有任何触电危险，安全性好。

⑥ 绝缘性能优异。

⑦ 导电性能优良。

⑧ 通流能力强。

⑨ ZF12 B 型 GIS 的三工位隔离-接地组合开关，是将隔离开关和接地开关组合在一起，共用一个筒体和一台操动机构，可以实现三个位置的操作功能；能实现隔离开关和接地开关的机械联锁，简化了二次控制，提高了可靠性。

5. 中压圆筒形 GIS

如图 5-16 所示的 8DA10 型 GIS 是德国西门子公司推出的开关设备，也是西门子公司的第一种将免维护真空开关管封闭在充有 SF_6 绝缘气体的金属外壳内的开关设备。目前，该 GIS 在我国高速客运专线（如武广、郑西、京津等）牵引变电所 2×27.5kV 侧得到应用。

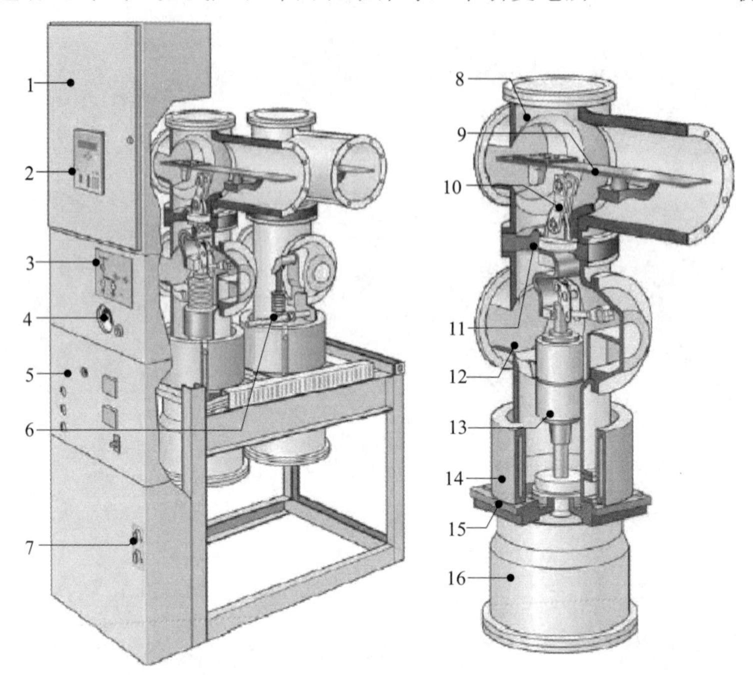

图 5-16　8DA10 型 GIS

1—低压室；2—微机保护装置；3—操动机构、三工位开关联锁机构以及三工位开关和断路器的位置指示器；4—馈线气室的气压计；5—断路器操动机构；6—真空断路器操作杆；7—电压检测系统；8—母排室；9—母排；10—三工位隔离开关；11—三工位开关和断路器间的气密室套管；12—断路器室；13—真空断路器；14—电流互感器；15—极支撑板；16—连接器

该 GIS 每相有两个接地的铸铝圆筒外壳，呈 T 形排列。上部圆筒中装有母线、隔离开关，下部圆筒中装有真空断路器，电流互感器放在圆筒之下，电缆接头由下部引出。采用免维护的真空断路器、紧凑式的三工位隔离开关，断路器操动机构为弹簧储能操动机构。

三、 GIS 设备运行管理

1. SF_6 气体管理

（1）水分管理

控制 GIS 水分含量的基本原则是保证所含水蒸气的露点在-5℃以下，使固体绝缘件的沿面闪络电压不致因凝露而降低；保证与电弧分解物作用的生成物很少，不致引起设备损坏或性能下降。

（2）纯度管理

充入 GIS 的气体应是经过抽样检查、符合新气纯度指标的合格气体。运行一段时间后，随着空气的侵入、电弧或局部放电的出现，会使气体逐渐被污染，纯度降低。试验表明，当 SF_6 气体含量（体积百分数）为 95%以上时，对绝缘和开断性能影响甚微。

2. GIS 设备管理

对 GIS 内各主元件，如断路器、负荷开关、熔断器、隔离开关、接地开关、避雷器、互感器等仍需按各自特性进行巡视检查。

各测控、保护装置除各自运行良好外，还需保证与SCADA系统通信正常。

GIS设备巡视的一般检查项目如下。

① 设备安装牢固，无倾斜，外壳无严重锈蚀，接地良好，基础、支架应无严重破损剥落。

② 检查各断路器、隔离开关的显示位置是否与实际位置相符。

③ 检查SF_6气压表的显示是否在正常范围。

④ 检查液压操动机构、气动操动机构的压力表的显示是否在正常范围，以判断是否有漏油、漏气现象；弹簧操动机构的储能弹簧是否在储能位置。检查操动机构是否有锈蚀，传动装置是否有脱位、变形现象。

⑤ 正常运行时，“当地/远方”控制选择应在“远方”位。

⑥ 正常运行时相关的联锁不应解锁，电磁锁、机械锁、带电显示装置正常。

⑦ 检查各测控、保护装置运行是否正常，有无异常的信号显示或弹出告警栏。

⑧ 检查开关柜外壳接地部分是否良好。

⑨ 检查SF_6气压防爆装置是否良好，正常巡视时勿在防爆膜附近长时间停留。

⑩ 检查各类中间继电器、接触器运行是否正常。

⑪ 检查用于防潮、防凝露的加热器工作是否正常。

3. GIS设备的维修

一般GIS设备的维修方式、维修内容和周期如表5-5所示。

表5-5 GIS设备的维修方式、维修内容和周期

序号	维修方式	设备状态	主要内容	周期
1	巡视检查	正常运行	检查分合闸指示及信号	每天或数天
			记录介质压力、温度	
			检查有无异常声音、臭味或痕迹	
2	一般维修	停运	分合闸操作试验	3～5年
			操动机构及控制柜外部检查	
			测定绝缘电阻等	
3	全面维修	停运，机构解体	检查操动机构和控制柜内零件，必要时应更换	6～10年
			操作特性测试	
			密度继电器和压力开关调整	
4	临时检查	停运，是否解体视情况而定	更换磨损件	达到规定操作次数或发现异常时
			进行必要的修理、清理或更换零件	
5	抽样检查	是否停运视项目而定	气体抽检	视抽查项目和运行情况而定
			开关元件抽检，进行必要的检修、清理和更换零件	

4. 高铁GIS开关柜故障时供电运营检修

我国高速铁路建设与运营发展迅速，至2019年底高铁运营里程已达到3.5万公里，运营安全面临着极大的挑战，供电设备安全对于高速铁路运输保障重要性凸显。GIS开关柜（气体绝缘金属封闭式组合电器开关设备）是一种新型的铁路供电设备，集成了断路器、隔离开关、互感器、母线等元器件，虽然节约了占地，减少了维护，但复杂性也大大增加，一旦发生故障，很难及时检修、更换。近年来仅由于穿墙套管开裂造成的开关柜损坏，在京沪高铁发生过5起，哈大高铁发生过2起，郑西客专发生过1起。

该类GIS开关柜产品中，穿墙套管由外浇环氧树脂的金属导电棒、紧固件与屏蔽层构成，而环氧树脂与金属棒收缩比率不同，套管在温度快速交替变化下会出现较大内应力。高速铁路负荷变化比较快，在冬季外部低温情况下，负荷电流产生的温升效应与外部低温作用，使套管因内应力产生微小密封裂隙，放电击穿致气体泄漏，开关柜烧损引发 27.5kV 母线短路，导致上级断路器 201 跳闸。在越区供电情况下，应当加强对供电负荷的监测，验证设备的供电能力是否能够满足运输需求，是否会出现主变压器过负荷、接触网电流过大而发生器件烧损、网压过低等情况。在越区过程中，通过监测、验证牵引供电系统的供电能力，确定高铁越区供电的最佳方案。根据越区范围，及时核对动车组运行密度，调阅运行图和调度监控系统，查找可能出现最大负荷的时间段，加强与行车指挥的沟通，确保对动车组的行车限制要求落实到位；同时，做好负荷监测和记录，为合理修正主变压器过电流保护整定值提供参考。

供电设备运营单位应准备多种预案，监测重点设备如 GIS 开关柜的运行状态，做好设备发生故障时的应对措施，并减少次生故障的发生。抢修原则应为综合利用远动（SCADA）和综合视频系统，结合运输、天气情况，准确判断故障性质；根据设备特性，缩小故障供电范围，压缩故障停电时间，快速响应，高效抢修，以最快的速度恢复供电，最大限度地减少对运输秩序的影响。

第三节　AIS 组合电器

AIS 组合电器是指以空气绝缘的 3～35kV 的成套配电装置（或高压开关柜）。发电厂和变电站中常用的高压开关柜有固定式和移开式两种。

一、固定式高压开关柜

固定式高压开关柜的柜内所有电气部件（包括其主要设备如断路器、互感器和避雷器等）都固定安装在不能移动的台架上。固定式高压开关柜具有构造简单、制造成本低、安装方便等优点；但内部主要设备发生故障或需要检修时，必须中断供电，直到故障消失或检修结束后才能恢复供电。因此，固定式高压开关柜一般用在企业的中小型变配电所和负荷不是很重要的场所。

近年来，我国设计生产了一系列符合 IEC 标准的新型固定式高压开关柜。下面以 HXGN 系列（固定式高压环网柜）、XGN 系列（箱型固定式金属封闭高压开关柜）和 KGN 系列（交流金属铠装固定式高压开关柜）为例来介绍固定式高压开关柜的结构与特点。

1. HXGN 系列固定式高压环网柜

高压环网柜是为适应高压环形电网的运行要求而设计的一种专用开关柜。高压环网柜主要采用负荷开关和断路器的组合方式，正常电路通断操作由负荷开关实现，而短路保护由具有高分断能力的断路器来完成。这种负荷开关加熔断器的组合柜与采用断路器的高压开关柜相比，体积和重量都明显减小，价格也便宜很多。而对于一般 6～10kV 的变配电所，负荷的通断操作较频繁，短路故障的发生却是个别的，因此采用负荷开关-熔断器的环网柜更为经济合理。所以，高压环网柜主要适用于环网供电系统、双电源辐射供电系统或单电源配电系统，可作为变压器、电容器、电缆、架空线等电气设备的控制和保护装置，亦适用箱式变电站，作为高压电气设备。

如图 5-17 所示为 HXGN1-10 型高压环网开关柜的外形图和内部结构图。它由三个间隔组成：电缆进线间隔、电缆出线间隔、变压器回路间隔。主要电气设备有高压负荷开关、高压熔断器、高压隔离开关、接地开关、电流和电压互感器、避雷器等。该高压环网框具有可靠的防误操作设施，有“五防”功能，在我国城市电网改造和建设中得到广泛的应用。

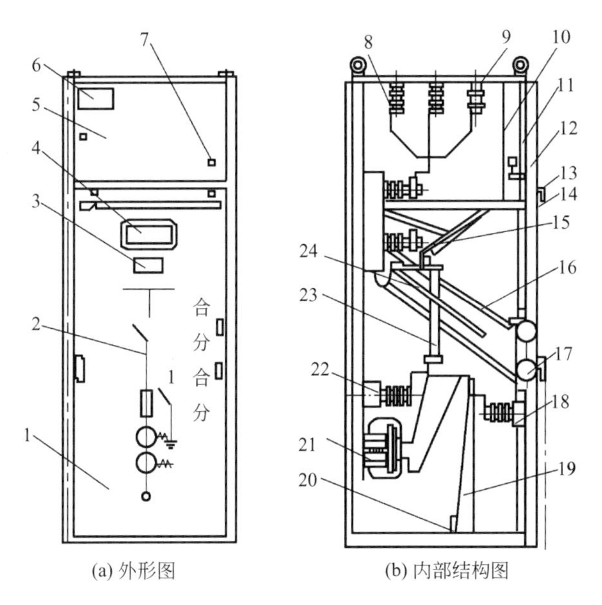

图 5-17 HXGN1-10 型高压环网开关柜的外形图和内部结构图

1—下门；2—模拟电路；3—显示器；4—观察孔；5—上门；6—铭牌；7—组合开关；8—母线；9—绝缘子；10，14—隔板；11—照明灯；12—端子排；13—旋钮；15—负荷开关；16，24—连杆；17—负荷开关操动机构；18，22—支架；19—电缆（自备）；20—固定电缆支架；21 电流互感器；23—高压熔断器

2. XGN 系列箱型固定式金属封闭高压开关柜

金属封闭开关柜是指开关柜内除进出线外，其余完全被接地金属外壳封闭的成套开关设备。XGN 系列箱型固定式金属封闭开关柜是我国自行研制开发的新一代产品，该产品采用 ZN28、ZN28E、ZN12 等多种型号的真空断路器，也可以采用少油断路器。隔离开关采用先进的 GN30-10 型旋转式隔离开关，技术性能高，设计新颖。柜内仪表室、母线室、断路器室、电缆室用钢板分隔封闭，使之结构更加合理、安全，可靠性高，运行操作及检修维护方便。在柜与柜之间加装了母线隔离套管，避免一个柜子故障时波及邻柜。

如图 5-18 所示为 XGN_2-10-07D 型金属封闭高压开关柜外形图和内部结构图。该型号适用于 3～10kV 单母线、单母线带旁路系统中作为接受和分配电能的高压成套设备，为金属封闭箱型结构。柜体骨架由角钢焊接而成，柜内用钢板分隔成断路器室、母线室。该开关柜具有较高的绝缘水平和防护等级，内部不采用任何形式的相间和相对地隔板及绝缘气体，二次回路不采用二次插头（即无论在何种状态下，保护和控制回路始终是贯通的），产品的各项技术指标符合《3～35kV 交流金属封闭开关设备》和国家标准及“五防”要求。

3. KGN 系列固定式交流金属铠装高压开关柜

所谓金属铠装开关柜是指柜内的主要组成部件（如断路器、互感器、母线等）分别装在接地的用金属隔板隔开的隔室中的金属封闭开关设备。它具有“五防”功能，其性能符合 IEC 标准。

二、手车式（移开式）高压开关柜

手车式高压开关柜是将成套高压配电装置中的某些主要电器设备（如高压断路器、电压

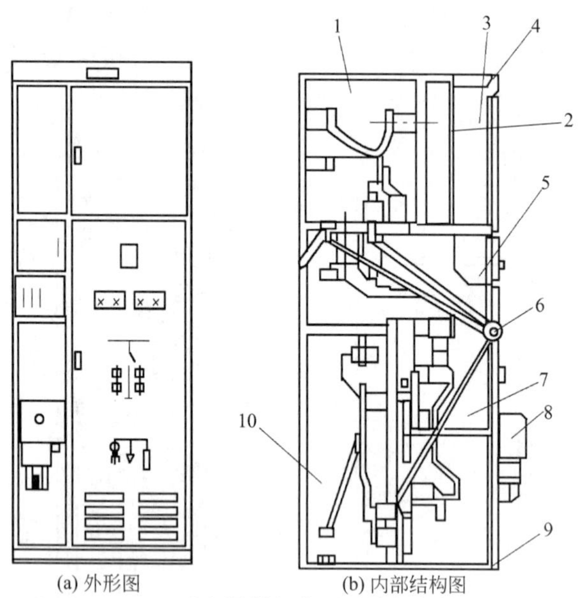

图 5-18 XGN_2-10-07D 型金属封闭高压开关柜的外形图和内部结构图

1—母线室；2—压力释放通道；3—仪表室；4—二次小母线室；5—组合开关室；6—手动操动机构及联锁机构；7—主开关室；8—电磁操动机构；9—接地母线；10—电缆室

互感器和避雷器等）固定在可移动的手车上，另一部分电器设备则装置在固定的台架上。当手车上安装的电气部件发生故障或需检修、更换时，可以随同手车一起移出柜外，再把同类备用手车（与原来的手车同设备、同型号）推入，就可以立即恢复供电。相对于固定式高压开关柜，手车式高压开关柜的停电时间大大缩短。因为可以把手车从柜内移开，又称为移开式高压开关柜。这种开关柜检修方便安全，恢复供电快，供电可靠性高，但价格较高，主要用于大中型变配电所和负荷较重要、供电可靠性要求较高的场所。

手车式高压开关柜的主要新产品有 KYN 系列、JYN 系列等。

1. KYN 系列金属铠装移开式高压开关柜

KYN 系列室内金属铠装移开式开关柜是消化吸收国内外先进技术，根据国内特点设计研制的新一代开关设备。它用于接受和分配高压、三相交流 50Hz 单母线及母线分段系统的电能并对电路实行控制、保护和检测的室内成套配电装置，主要用于发电厂、中小型电动机送电、工矿企业配电以及电业系统的二次变电所的受电、送电及大型高压电动机启动及保护等。

如图 5-19 所示为 KYN28A-12 型开关柜的结构图和外形图。该类型可分为靠墙安装的单面维护型和不靠墙安装的双面维护型，由固定的柜体和可抽出部件（手车）两大部分组成。

该开关柜完全金属铠装，由金属板分隔成手车室、母线室、电缆室和继电器仪表室，每一单元的金属外壳均独立接地。在手车室、母线室、电缆室的上方均设有压力释放装置，当断路器或母线发生内部故障电弧时，伴随电弧的出现，开关柜内部气压上升达到一定值后，压力释放装置释放压力并排泄气体，以确保操作人员和开关柜的安全。配用真空断路器手车，性能可靠、使用安全，可实现常年免维修。该开关柜也具有“五防”功能。

2. JYN 系列交流金属封闭移开式高压开关柜

JYN 系列交流金属封闭移开式高压开关柜在高压、三相交流 50Hz 的单母线及单母线分段系统中作为接受和分配电能用的室内成套配电装置。整柜为间隔型结构，由固定的壳体和可移开的手车组成。柜体用钢板或绝缘板分隔成手车室、母线室、电缆室和继电器仪表室，

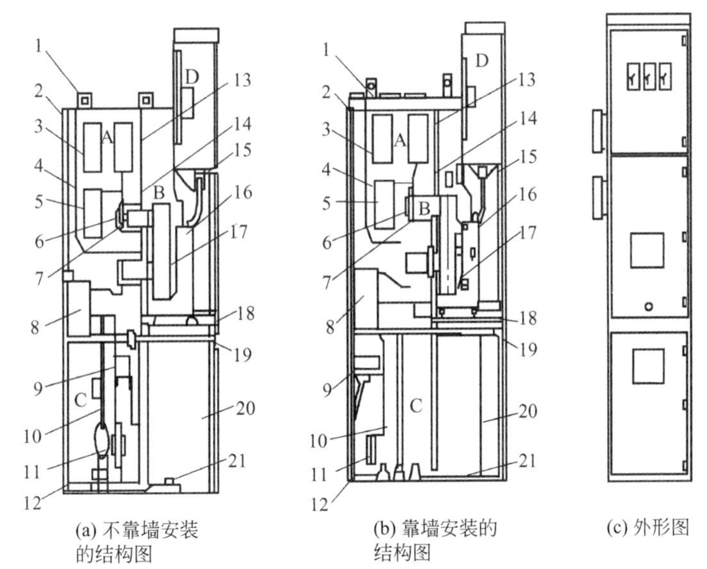

(a) 不靠墙安装的结构图　(b) 靠墙安装的结构图　(c) 外形图

图 5-19　KYN28A-12 型金属铠装移开式高压开关柜的结构图和外形图

A—母线室；B—断路器手车室；C—电缆室；D—继电器仪表室

1—泄压装置；2—外壳；3—分支母线；4—母线套管；5—主母线；6—静触头装置；7—静触头盒；8—电流互感器；9—接地开关；10—电缆；11—避雷器；12—接地母线；13—装卸式隔板；14—隔板（活门）；15—二次触头；16—断路器手车；17—加热去湿器；18—可抽出式隔板；19—接地开关操作结构；20—控制小线槽；21—底板

而且具有良好的接地装置和“五防”功能。

三、开关柜运行的一般要求

① 为了保证安全，开关柜一般均有完备的“五防“功能，即防止带负荷分合隔离开关和隔离插头；防止误分合断路器、负荷开关和接触器（允许提示性）；防止接地开关在合闸位置时关合断路器、负荷开关等；防止带电时误合接地开关；防止误入带电间隔。正常运行时，需保证各联锁装置投入使用，电磁锁、机械锁、带电显示装置等防电气误操作的闭锁装置正常。

② 对移开式开关柜的运行操作需注意：只有当断路器、负荷开关或接触器处于分闸位置时，隔离插头方可抽出或插入；只有当装有断路器的小车处于确切位置时，断路器、负荷开关或接触器才能进行分合操作；只有当接地开关处于分闸位置时，装有断路器的小车方可推入工作位置；只有当装有断路器的小车向外拉到试验位或随后的其他位置（即隔离触头间形成足够大的绝缘间隙）后，接地开关方允许合闸。

复习思考题

1. 对配电装置的基本要求是什么？
2. 试述配电装置的类型及其特点。
3. 什么是配电装置的最小安全净距？它的意义是什么？
4. 什么是 GIS 组合电器？举例简述中压筒型、中压柜型、高压柜型 GIS 的基本结构。
5. 简述 AIS 组合电器的分类及其特点。
6. 高压开关柜的“五防”指的是什么？

第六章 接地装置

【学习目标】

1. 理解接地的概念与分类。
2. 掌握牵引变电所中接地装置的构成。
3. 了解高速铁路综合接地系统的概念、功能及结构。

牵引供电系统是一线一地制系统。故接地装置是保证人身和设备安全的重要技术措施之一，是牵引变电所不可少的组成部分。本章重在介绍接地的基本概念、常用接地电阻值、牵引变电所复合接地网的结构特点及其作用、牵引电流回输牵引变电所的方式，为运行管理工作建立必需的运行、安全常识。

第一节 接地的有关概念

一、接地

电气设备、杆塔或过电压保护装置用接地线与接地体（网）连接称为接地。埋入地中并直接与大地接触的金属导体，称为接地体，或称接地极。专门为接地而人为装设的接地体，称为人工接地体。兼作接地体用的直接与大地接触的各种金属构件、金属管道及建筑物的钢筋混凝土基础等，称为自然接地体。连接于接地体与电气设备接地部分之间的金属导线，称为接地线。由若干接地体在大地中相互用接地线连接起来的一个整体，称为接地网。接地线又分为接地干线和接地支线，接地干线一般应采用不少于两根导体在不同地点与接地网连接，如图 6-1 所示。接地体（或接地体网）和接地线总称为接地装置。

二、电气上的“地”和对“地”电压 U_E

当接地装置上有电压作用时，将有接地电流从接地装置向四周大地扩散，如大地各方向土壤电导相同，则接地电流从接地点向大地呈半球形散开，如图 6-2 所示。离接地点越近，球面越小，地中接地电流密度越大，引起的地电位越高；离接地点越远，球面越大，地中接地电流密度越小，引起的地电位越低。试验证明：在距接地点 20m 以外的地方，半球形的球面已经很大，地中接地电流密度已经很小。忽略不计时，地电位即可认为是零。因此规定：地电位等于零的地方，称为电气上的“地”。

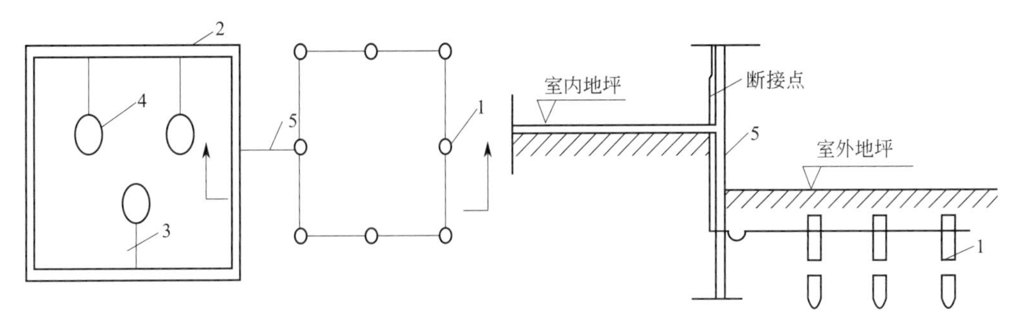

图 6-1 接地装置示意图

1—接地体；2—接地干线；3—接地支线；4—电气设备；5—接地引下线

电气设备发生接地故障时其接地部分（如接地的设备外壳、接地体或接地网）与大地零电位之间的电位差称为接地故障时设备的对地电压（或接地电压）。

三、接触电势、接触电压

当接地短路电流或牵引回流流过接地装置时，大地表面形成分布电位，在地面上离设备水平距离 0.8m 处与沿设备外壳两点间的电位差称为接触电压，如图 6-2 所示。

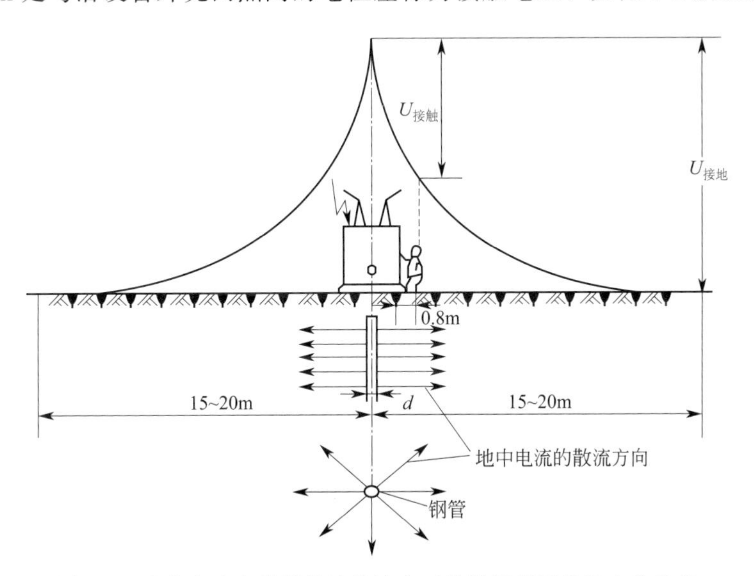

图 6-2 地中电流由单管接地体流出时的散流情况及地电位分布

四、跨步电势、跨步电压

在接地电流扩散区域内，地面上水平距离为 0.8m 的两点间的电位差，称为跨步电势。人体两脚接触该两点时所承受的电压称为跨步电压。跨步电压值的大小随着与接地体或接地处间的距离而变化。当人的一脚踏在接地体（或碰地处）跨出一步时，跨步电压最大；当人的两脚站在距接地体或接地处越远时，跨步电压越小；若距接地体或碰地处达 20m 以上，则跨步电压接近于零。

人体所能耐受的接触电压和跨步电压的允许值，与通过人体的电流值、持续时间的长短、电流流经人体的途径和人体的电阻、地面土壤电阻率等因素有关。一般认为人体电阻为

800Ω（在皮肤受损或潮湿时）至数万欧，人体最小感觉电流，工频约为 1mA，直流约为 5mA，冲击电流为 40～90mA。当工频电流超过 8～10mA 时，手已难以摆脱电源。当电流为 25～80mA 且触电时间超过 15s 时，即可致命。因此在最恶劣的情况下，人体所接触的电压只要达到 0.05A×1000Ω＝50V，即有致命危险。

因此，根据环境条件的不同，我国规定安全电压如下。

① 在没有高度危险的建筑物（干燥、有采暖、无导电粉末者）中为 65V。

② 在高度危险的建筑物（潮湿、炎热、有导电粉末者）中为 36V。

③ 在特别危险的建筑物（特别潮湿、有腐蚀性蒸气、煤气者）中为 12V。

五、保护接地及其作用

为防止绝缘损坏而遭受触电的危险，将与电气设备带电部分相绝缘的金属外壳或构架同接地体间作良好的电气连接，称为保护接地。如牵引变电所中的变压器及电气设备的底座和外壳、配电盘的金属框架、电缆金属支架接地等。

众所周知，单相接地电流与电力系统中性点运行方式有关。在接地短路电流（I_E＞500A）大、中性点直接接地的高电压网中，发生碰壳即成为短路，由于继电保护装置动作迅速切除故障，设备外壳只短时带电，工作人员触电的机会较少。在中性点不接地（或经消弧线圈接地）系统发生碰壳时，由于继电保护装置仅发出信号，设备外壳可能长期处于相电压下，工作人员触电的机会较多，人若触及带电的金属外壳，就有电容电流通过人体［如图 6-3(a) 所示，这与直接接触载流导体的一相有同样的危险］。为了避免这种触电的危险，应尽量降低人体所能触到的接触电压，因此电气设备的金属外壳应采取保护接地。

当电气设备有保护接地时［图 6-3(b)］，电动机外壳上的对地电压为：

$$U_E = I_E R_E$$

式中　I_E——单相接地电容电流；

　　　R_E——接地装置的接地电阻。

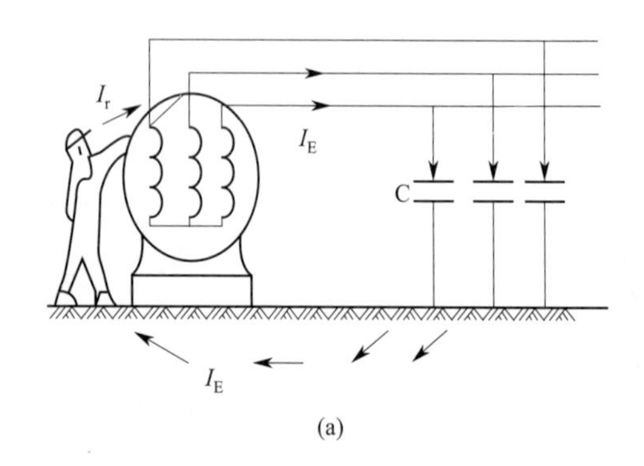

(a)

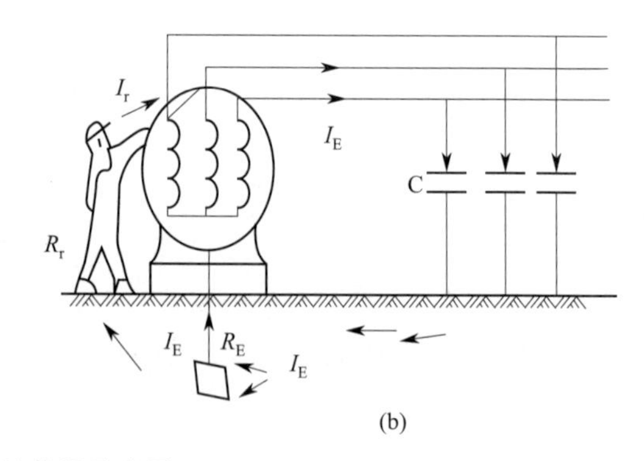

(b)

图 6-3　保护接地作用示意图

这时，当人体一旦触及带电的电动机外壳时，I_E 将同时沿着接地装置和人体两条通路流过［图 6-3(b)］，流过每条通路的电流值与其电阻的大小成反比，即

$$\frac{I_r}{I_E} = \frac{R_E}{R_r} \text{或} I_r = I_E \frac{R_E}{R_r}$$

式中　R_E、I_E——接地体的接地电阻和沿接地体流过的电流；

　　　R_r、I_r——人体的电阻和流过人体的电流。

从上式可看出，接地装置的接地电阻 R_E 越小，流过人体的电流 I_r 也越小，通常人体电阻比接地电阻大数百倍；当接地电阻 R_E 极微小时，通过人体的电流几乎为零。因此，适当选择接地电阻值，可使触电人员的人体分流限制在安全数值以内，即可避免或减轻触电的危害。

由此可知，不论接地装置是在施工或运行中，在一年中任何季节，均应保证接地电阻值不大于规定的标准数值，以免发生触电事故。

六、工作接地

电气设备正常运行需要的接地称为工作接地。为了保证供电系统的正常运行、防止系统振荡、保证继电保护装置的可靠性而将系统内电源端带电导体进行的接地称为工作接地。如电力系统中性点直接接地方式，可在系统发生地故障时，产生较大的接地故障电流，使继电保护装置迅速动作，切除故障回路。某些变压器的中性点接地、牵引变压器二次绕组的一端接地等属于工作接地。工作接地可直接接地，也可经消弧线圈、击穿保险器等特殊装置接地。

七、保护接零和重复接地

在低压电网（0.4kV）中，电机、电器的绕组中以及串联电源回路中某一点与外部各接线端间的电压绝对值均相等时，这点称为中性点。当中性点接地时称为零点。由中性点引出的导线为中性线。由零点引出的导线为零线。

将与带电部分相绝缘的金属外壳或构架与中性点直接接地系统中的零线相连接称为保护接零，如图 6-4 所示。

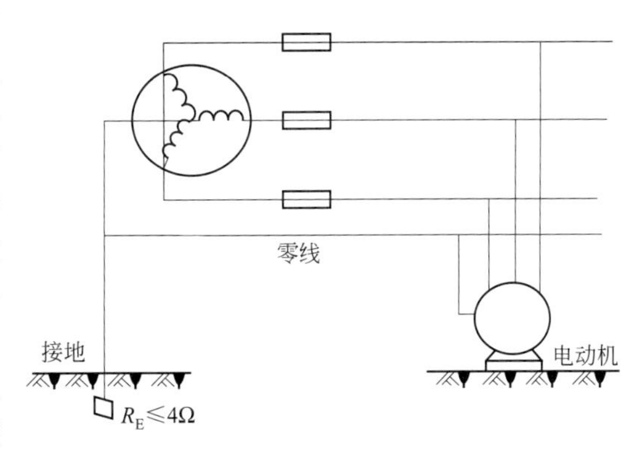

图 6-4 保护接零

保护接零通常应用于 380/220V 三相四线系统中。若电气设备采取保护接零而发生碰壳时，由于零线回路电阻很小，碰壳即形成单相接地短路，短路电流将使保护装置可靠动作以切除电源，保证了人身及设备安全。由于在低压电网中为减小接地电阻而敷设接地网不经济，故低压电网中的电气设备通常采用保护接零的方式。

采用保护接零时，通常将零线上的一点或地多次作良好的电气连接，称为重复接地，如图 6-5 所示。采用重复接地后，由于重复接地点使零线与大地可靠连接，可保证单相碰壳时，零线电位不升高，可保证接零设备的安全。

但采用重复接地也不是绝对安全的，如图 6-5(b) 所示。当某种原因使零线折断后，断线处以后的电气设备将失去保护接零，即使零线采用重复接地，这部分电气设备仅相当于采用了保护接地。

在 380/220V 三相四线系统中，电气设备采用保护接地是不安全的。由于变压器中性点接地电阻和设备外壳接地电阻受条件的限制，不可能无限小，一般规定为 4Ω，系统电压又较低（如 220V），使得碰壳接地电流为 220V/(4Ω+4Ω)≈27.5A。此电流不足以启动保护装置动作，以切断电源，使设备外壳将长期存在较高的对地电压，危及人身安全。同时，由

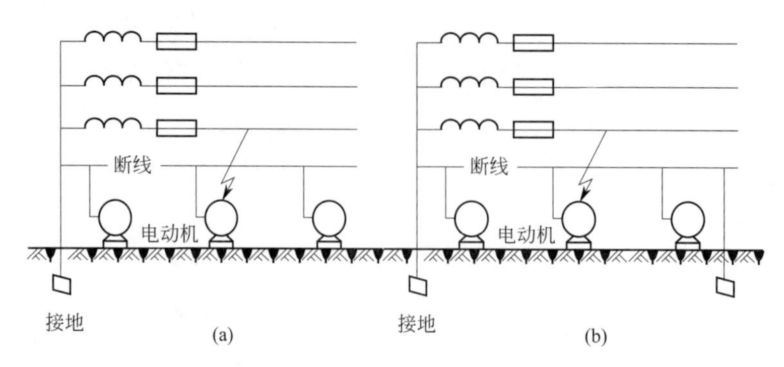

图 6-5　重复接地

于保护接地设备的碰壳造成三相系统不平衡，使零线电位升高，将同时危及保护接零设备的安全。

故在 380/220V 三相四线系统中，一般不允许电气设备采用保护接地，同时应采取措施保证零线不断线。

八、防雷接地、过电压保护接地

以防止雷害为目的而作的接地为防雷接地。防雷装置由接闪器（如避雷针、避雷线、避雷器）、接地线、接地体组组成。避雷针一般用长 1.5～2m 的镀锌铁棒或铁管制成，其顶部略成尖形即可。接地线一般用截面积为 $35mm^2$ 的镀锌钢绞线或圆钢、扁钢制成。

牵引变电所中的防雷接地装置（指避雷针）应设单独的接地体组，并应使此接地体组泄流时不对其他设备产生影响。

牵引变电所内的过电压保护接地一般是通过氧化锌避雷器和接地放电保护装置完成的。

九、综合接地

供电系统中，同时存在多个用于不同目的、不同用途的接地系统，例如在交流系统中任一电压等级都同时存在工作接地和保护接地的问题。110/35kV 变电所中存在 110 kV 设备的保护接地、35 kV 系统的工作接地、35 kV 设备的保护接地；车站 35/0.4kV 降压变电所中存在 35kV 设备的保护接地、0.4kV 系统的工作接地、0.4kV 设备的保护接地。

因此，一个车站内要求接地的系统和设备很多。从接地装置的要求上，可以共用接地装置，也可以分设，但分设接地装置时强电和弱电接地装置需要相距 20m 以上。在分开设置不同的接地装置时，若距离不能满足要求，将导致由于接地装置电位不同所带来的不安全因素，不同接地导体之间的耦合影响也难以避免，会引起相互干扰。目前，我国高速铁路多采用综合接地系统。

综合接地系统是指供电系统和需要接地的其他设备系统的系统接地、保护接地、电磁兼容接地和防雷接地等采用共同的接地装置，并实施等电位连接措施，如图 6-6 所示。各类接地可以采用单独的接地线，但接地极和“等电位面”是共用的，不存在不同接地系统接地导体之间的耦合问题，也避免了采用不同接地导体时产生的电位不同问题。综合接地装置的接地电阻值按照接入设备的要求和人身安全防护的要求等方面综合确定，综合接地装置的接地电阻值必须不大于接入设备所要求的最小接地电阻值。

综合接地系统一般由共用接地极引出两个接地母排，即一个强电接地母排与一个弱电接地母排，分别用于供电系统和通信信号等弱电系统的各类接地。

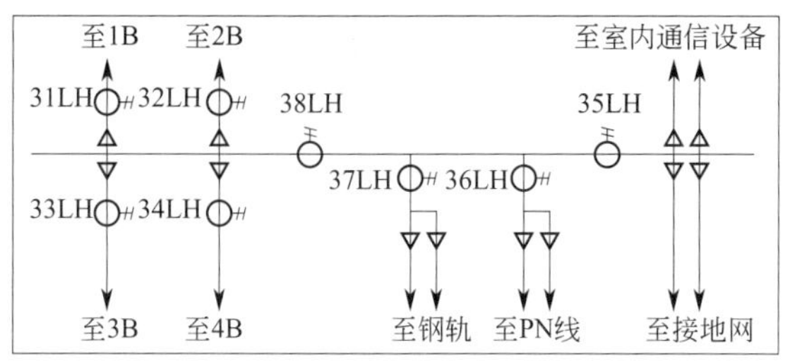

(a) 线路图

(b) 实物图

图 6-6 综合接地系统连接图

十、等电位连接

在电气装置间或某一空间内，将金属可导电部分（包括电气装置外露可导电部分和电气装置外部可导电部分）以恰当的方式互相连接，使其电位相等或相近，此类连接称为等电位连接。

对设备和人身安全造成危害的电气问题，都不是因为电位的高或低引起的。人身遭受电击、电气火灾的发生和电子信息设备的损坏，主要是由电位差引起的放电造成的。消除或减小电位差，是消除此类电气灾害的有效措施。采用等电位连接可以有效消除或减小各部分之间的电位差，有效防止人身遭受电击、电气火灾等事故的发生。

等电位连接可分为总等电位连接、辅助等电位连接和局部等电位连接。

① 总等电位连接　是将总保护导体、总接地导体或总接地端子、建筑物内的金属管道（通风、空调、水管等）和可利用的建筑物金属部分进行连接，以降低车站、建筑物内间接接触电压和不同金属部件间的电位差，并消除自建筑物外经电气线路和各种结构管道引入危险故障电压的危害。

② 辅助等电位连接　是将可同时触及的两个或几个可导电部分，进行电气连通，使它们之间的故障接触电压小于接触电压安全限值。

③ 局部等电位连接　是在某一个局部电气装置范围内，通过局部等电位连接板，将该范围内电气设备外露可导电部分和外部可导电部分等进行电气连通，使该局部范围内，故障接触电压小于接触电压安全限值。

当变电所中压设备发生漏电时，将使共用接地极的电位升高，而且中压接地电流越大，接地装置的电位越高。当低压配电系统接地形式采用 TN 系统时，高电位将随 PE 或 PEN

传导到低压配电设备，若没有等电位连接，可能存在人身安全问题。因此在综合接地系统中，等电位连接是非常重要的。

低压配电系统内部发生接地故障，接地故障保护应在规定的时间内切除故障回路，当不能满足切除时间要求时，就需要采用辅助等电位连接。

对于泵房等潮湿场所，需要增加局部等电位连接，消除不同金属导体之间可能出现的接触电压。

当采用交流牵引供电时，由于交流电流的交变性，交流杂散电流对金属物体的腐蚀极小。可以按照交流接地系统和接地安全的要求，考虑采用结构钢筋等自然接地体作为接地装置并实施等电位连接。

十一、流散电阻、接地电阻和冲击接地电阻

接地体的对地电压与经接地体流入大地的接地电流之比，称为流散电阻。

电气设备的接地部分的对地电压与接地电流之比，称为接地装置的接地电阻，即等于接地线电阻与流散电阻之和。一般因为接地线电阻很小，可略去不计，因此可认为接地电阻等于流散电阻。接地电阻的数值与土壤的电阻率以及接地体的形状、尺寸和布置方式等因素有关。

为降低接地电阻值，往往将很多根单一的接地极用导线并联连接，组成接地网。由于各单独的接地极埋置的距离远小于 40m，当有接地电流经各接地极向大地流散时，将互相限制，而阻碍接地电流向大地流散（图 6-7），即相当于增加了各单一接地体的电阻。这种影响接地电流流散的作用，称为屏蔽作用。

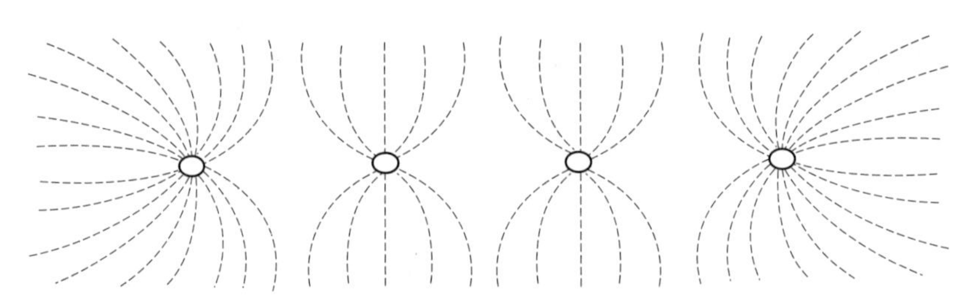

图 6-7　多根接地体的电流流散屏蔽作用

由于屏蔽作用，接地体网的流散电阻，并不等于各单一接地体流散电阻的并联值，而是略为增大。此时接地体网的流散电阻为

$$R'_{\mathrm{E}}=\frac{R_{\mathrm{E}}}{n\eta}$$

式中　R_{E}——单一接地体的流散电阻；

n——单一接地体的根数；

η——接地体的利用系数，它与接地体的形状、根数、位置有关（$\eta\leqslant1$）。

以上所讲的接地电阻是指在工频电流密度不大的情况下测得的，与雷击时引出雷电流的接地装置的工作状态大不相同。由于雷电流是一个非常强大的冲击波，其幅值往往大到几万安甚至几十万安，这样使流过接地装置的电流密度很大，并受到由于电流冲击特性而产生电感的影响。由于冲击波电流使土壤中的气隙、接地体与土壤间的气隙等处发生火花放电现象，这就使土壤电阻率变小和土壤与接地体间的接触面积变大，结果相当于加大接地体的尺寸，降低了冲击接地电阻值。又由于雷电流冲击波的波前陡度很大，在电流冲入接地体时，

将在接地体上产生很大的电感压降，限制接地冲击电流流向接地装置深部，这一效应使接地电阻增高。

考虑到上述两种效应，冲击接地电阻值可由下式决定：

$$R_b = R_E \alpha$$

式中 α——冲击系数，可查表6-1获得。

表6-1 长2～3m、直径6cm以下的垂直接地体，在冲击波电流持续3～6μs的冲击系数α值

土壤电阻率 ρ /Ω·cm	I_E/kA			
	5	10	20	40
10^4	0.85～0.9	0.75～0.85	0.6～0.75	0.5～0.6
5×10^4	0.6～0.7	0.5～0.6	0.35～0.45	0.25～0.3
10^5	0.45～0.55	0.35～0.45	0.25～0.30	—

注：表中较大数值用于3m长的接地体，较小者用于2m长的接地体。

第二节 牵引变电所接地装置

一、接地装置的接地电阻允许值

原则上讲，接地装置的接地电阻值越小越好，但由于受地理条件、施工条件的限制，接地电阻值不可能达到无限小。接地电阻值只要不超过允许的最大值，即可满足工程的需要。

在1kV以上大接地短路电流（I_E>500A）系统中，发生碰壳或单相接地即形成单相短路，相应的继电保护装置将迅速动作，切除故障。电气设备上存在的对地电压尽管很高，但存在的时间很短，工作人员恰在此时触及电气设备外壳的可能性很小；同时，工作人员在操作时均采取可靠的安全措施，所以《电力设备接地设计技术规程》中规定，当接地短路电流经接地装置流入大地时，接地网电位升高不超过2kV（即最高允许接地电压。运行经验表明，接地网电位升高到2kV时是安全的），则接地装置的接地电阻值应符合下式要求：

$$R_E \leqslant \frac{2000}{I_E}$$

式中 I_E——计算用的流经接地装置的入地短路电流，A。

当 I_E>4kA时，可取 $R_E \leqslant 0.5\Omega$。

实际上，这是一种不考虑 I_E 变化时引起接地电压变化的方法。若 I_E 再行增大，也不再设法降低 R_E 值，而把 $R_E \leqslant 0.5\Omega$ 作为一个最低要求值。

在1kV以上小接地短路电流系统中（一般认为 I_E<500A），即中性点不接地系统或中性点经消弧线圈接地系统发生单相接地故障时，保护装置通常只发出信号而不切除故障，电气设备上存在的接地电压维持时间较长（一般不超过2h），工作人员触及设备外壳的概率较大。为保证工作人员的安全，《电力设备接地设计技术规程》中规定：

① 对高压和低压电气设备共用的接地装置，考虑到接地的并联回路数较多，电气设备对地电压不超过125V（安全电压的一倍），则接地装置的接地电阻值应符合下式要求：

$$R_E \leqslant \frac{125}{I_E}$$

当 $I_E \geqslant 30$A时，$R_E \leqslant 4\Omega$。

② 对仅用于高压电气设备的接地装置，因为高压电气设备的应用范围不如低压电气设备广泛，而且一般只有熟练工作人员才能进行操作和维护，所以电气设备的对地电压不超过

250V，则接地装置的接地电阻值应符合下式要求：

$$R_E \leqslant \frac{250}{I_E}$$

当 $I_E \geqslant 25A$ 时，$R_E \leqslant 10\Omega$。

在1kV以下中性点直接接地的三相四线制系统中，变压器中性点接地装置的接地电阻值一般不宜大于4Ω；当其容量不超过100kV·A时，变压器中性点接地装置的接地电阻值不宜大于10Ω。零线的每一重复接地装置的接地电阻不宜大于10Ω；当重复接地点多于三处时，每一重复接地装置的接地电阻不宜大于30Ω。

对于1kV以下中性点不接地系统中的电气设备，其接地装置的接地电阻一般不应大于10Ω。

不同用途和不同电压等级的电气设备，除另有规定外，应使用一个总的公共接地装置，其接地电阻应符合其中最小值的要求。

二、牵引变电所中的接地装置

为保证牵引变电所工作人员的安全和牵引供电设备的正常运行，牵引变电所中必须设置可靠的接地装置，并将电力设备中的下列金属部分（另有规定者除外）接地或接零。

① 电机、变压器、开关电器、照明器具、携带式及移动式用电器具等的底座和外壳。

② 电气设备的操动机构。

③ 互感器的二次绕组。

④ 配电盘和控制盘的框架。

⑤ 室内外配电装置的金属架构和钢筋混凝土架构以及靠近带电部分的金属围栏和金属门。

⑥ 交直流电力电缆接线盒、终端盒的外壳和电缆的金属外皮、穿线钢管。

⑦ 装在配电线路杆上的开关设备、电容器等电力设备。

⑧ 铠装控制电缆的外皮。

电力设备的下列金属部分，除另有规定外，可不接地或不接零。

① 安装在配电盘和配电装置上的电气测量仪表、继电器和其他低压电气设备等的外壳，以及当发生绝缘损坏时，在支持物上不会引起危险电压的绝缘子金属底座等。

② 安装在已接地的金属架构上的设备（应保证电气接触良好）。

③ 额定电压220V及以下的蓄电池室内的支架。

1. 牵引变电所室外配电装置中的接地装置及其敷设

敷设接地装置时，应首先考虑利用自然接地体。地面以下敷设的原有金属物体（如地下的金属水管、金属井管、水工建筑物的金属桩、与大地可靠连接的建筑物的金属结构），称为自然接地体。自然接地体的接地电阻由实际测量确定。电气设备的接地装置应充分利用自然接地体。当无自然接地体可利用或自然接地体的接地电阻不符合要求时，才考虑敷设人工接地装置。

专门敷设于地面以下作为接地体的金属物体称为人工接地体。人工接地体按敷设方式可分为垂直接地体、水平接地体和复合接地网。

（1）垂直接地体

垂直埋入土中的钢管或角钢即为垂直接地体，其长度为2～3m，钢管的外径为48～60mm，管壁厚度不小于3.5mm，角钢尺寸为50mm×50mm×5mm。垂直接地体的根数由计算确定，但不得少于两根。

（2）水平接地体

距地面 0.6m 深处水平敷设的扁钢（50mm×5mm）或圆钢（$\phi10$）构成水平接地体。

（3）复合接地网

仅由垂直（水平）接地体构成的接地装置为简单接地装置，如防雷接地装置。既有垂直接地体又有水平接地体构成的接地装置为复合接地网。牵引变电所室外配电装置中的接地装置，一般采用复合接地网的形式。

① 复合接地网的类型（图 6-8）

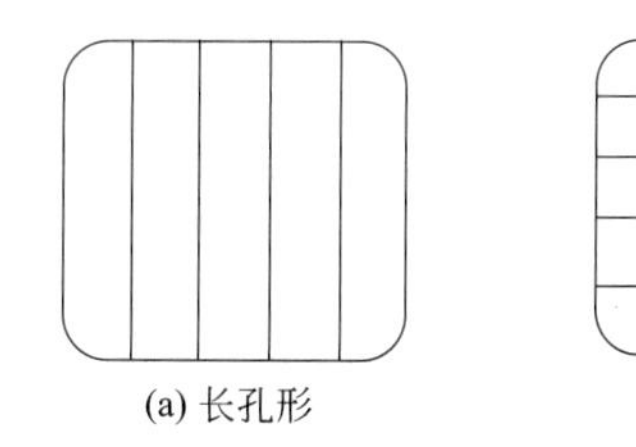

(a) 长孔形　　(b) 方孔形

图 6-8　复合接地网类型

a. 当土壤电阻率 $\rho\leqslant300\Omega\cdot m$ 时，可采用以垂直接地体为主的棒带接地网。

b. 当土壤电阻率 $500\Omega\cdot m\geqslant\rho\geqslant300\Omega\cdot m$ 时，可采用以水平接地体为主的棒带接地网。

c. 接地体总根数在 18 根（包括水平接地体）及以下时，宜采用长孔形复合接地网，见图 6-8(a)。

d. 接地体总根数在 18 根（包括水平接地体）以上时，宜采用方孔形复合接地网，如图 6-8(b) 所示。

② 复合接地网的结构要点

a. 垂直接地体间距不小于其长度的两倍，一般为 4～5m。

b. 水平接地体间距一般为 4～5m。水平接地体距地面一般为 0.6m，这样可以使接地电阻不会由于冬季土壤表面的冻结和夏季水分的蒸发而引起较大的变动。

c. 复合接地网一般布置成封闭环状，外缘拐弯处呈圆弧状。圆弧半径一般为 2～3m。

d. 复合接地网边缘经常有人出入处设置不同深度、与接地网相连的“帽沿式”均压带(两条)。

e. 水平接地体与垂直接地体间应焊接。

f. 复合接地网应与架空避雷线相连接，但应有便于分开的断开点，以便于测量接地网的接地电阻。

g. 接地体若埋入有化学腐蚀作用的土壤中时，接地体应镀锌或加大结构尺寸。

h. 在土质坚硬（岩土）的地区，如果不能垂直埋入角钢或钢管，则可用平放的扁钢或圆钢（直径不小于 8mm）等作为主要接地体，敷设深度应不小于 0.8m，连成长孔形和格网形（图 6-8），构成水平接地网。

③ 复合接地网的作用

复合接地网或水平接地网都可使在接地网区域内发生接地故障时，地电位分布平坦（图 6-9），以降低接地网区域内的接触电压和跨步电压值，保证工作人员的安全。

2. 牵引变电所室内配电装置中的接地装置及其敷设

牵引变电所室内配电装置中（如高压室、主控室），一般采用扁钢或圆钢固定在室内四周墙壁下面组成接地干线，楼上、楼下的接地干线应多处连接构成一体。再与室外复合接地网多处连接，每台电气设备应用接地支线单独与接地干线相连，不允许几台电气设备的接地支线串联后再接入接地干线。接地支线、接地干线必须涂成黑色，以示区别。

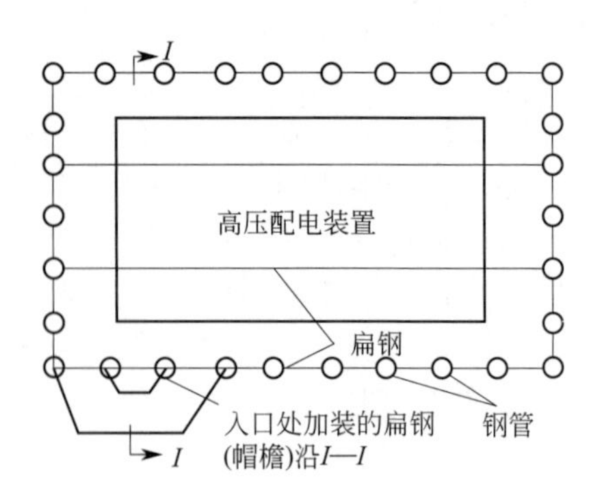

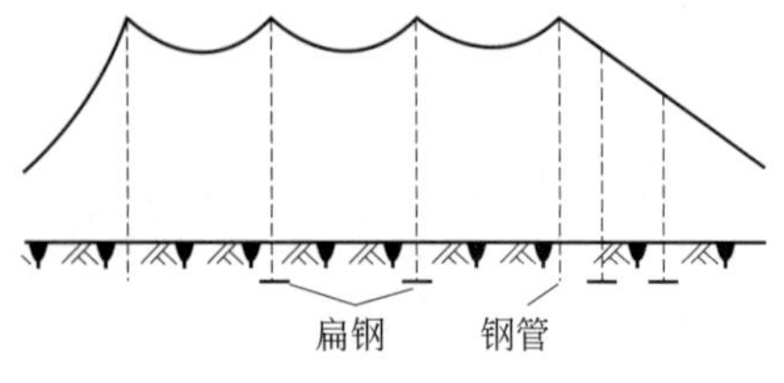

图 6-9　复合接地网示意图及电位分布线

三、降低接地装置接地电阻值的措施

在某些场合，由于土壤电阻率过高，或者由于施工条件的限制，使得在一般条件下不能满足接地装置对接地电阻的要求时，为降低接地电阻值，一般采取下列措施。

1. 置换材料法

用低电阻率的固体或液体材料、吸湿剂置换接地体附近小范围内的高电阻率土壤，以降低接地电阻值的方法称为置换材料法。这种方法施工简单，不易受地质条件的限制，在现场得到广泛的应用。

选择置换材料要因地制宜（如我国电力部门常采用的置换材料有钙、镁盐、盐泥、电石渣），选择吸收和保持水分并且对接地体无强烈腐蚀作用的物质。

2. 浸渍法

用高压泵将低电阻率的化学溶剂（降阻剂）压入高电阻率的地层中，用于大面积减小土壤电阻率的方法称为浸渍法。它特别适用于砂层和砾石地区。

常用的化学降阻剂配方如表 6-2 所示。

表 6-2　30L 降阻剂的原料配方用量表

配合剂	原料名称	质量比	质量	作用
A 剂	氯化钾,氯化镁	$KCl : MgCl_2 = 1 : 1$	1.5kg 1.5kg	强电解质,是降阻作用的主体
B 剂	含水硫酸氢钠		0.4kg	硬化剂
C 剂	脲醛树脂	尿素：甲醛＝1：2.5	4kg	聚合成网状胶体,包含水分和强电解质
D 剂	尿素,聚乙烯醇,水	尿素：聚乙烯醇：水＝2：1：6	0.8kg 0.5kg 2.7kg	填充网状胶体的空格,使水分和强电解质不易流失
水	水		20kg	混合用
合计			30kg	

注入化学降阻剂的操作方法和顺序如下。

① 在桶中注入 20kg 水，加 A 剂搅拌溶解。

② 加入 B 剂并充分搅拌溶解。

③ 在证实 A、B 两剂确实完全溶解后，加 C 剂混合。

④ 最后加入 D 剂。

⑤ A、B、C、D 四剂和水混合，应充分搅拌，再注入接地体孔洞中。

⑥ 遇到疏松的砂土时，应将降阻剂放置呈乳化后，再注入接地体孔洞中。

⑦ 冬季施工时，应加倍增加 B 剂。

使用降阻剂的效果是显著的。例如某接地装置使用降阻剂，经一个月的稳定期后，其接地电阻降低约43.5%。

3. 接地装置外引法

在某些场地狭小且土壤电阻率高的场合，可在本场地适当布置接地装置的同时，再采用一部分外引接地装置，如靠近河流、湖泊可将附加外引接地装置引入水中（在河底打入钢管锚固，然后把设计好的并用扁钢或圆钢焊成闭合的接地网沉浸水底即可）或者就近的土壤电阻率较低的场所。但两者间的连接干线不得少于两根。

4. 其他方法

如地下较深处的土壤电阻率较低，可采用井式或深钻式接地体。

四、牵引变电所接地装置举例

与图5-3相对应的某牵引变电所室外配电装置的复合接地网平面布置图，如图6-10所示。

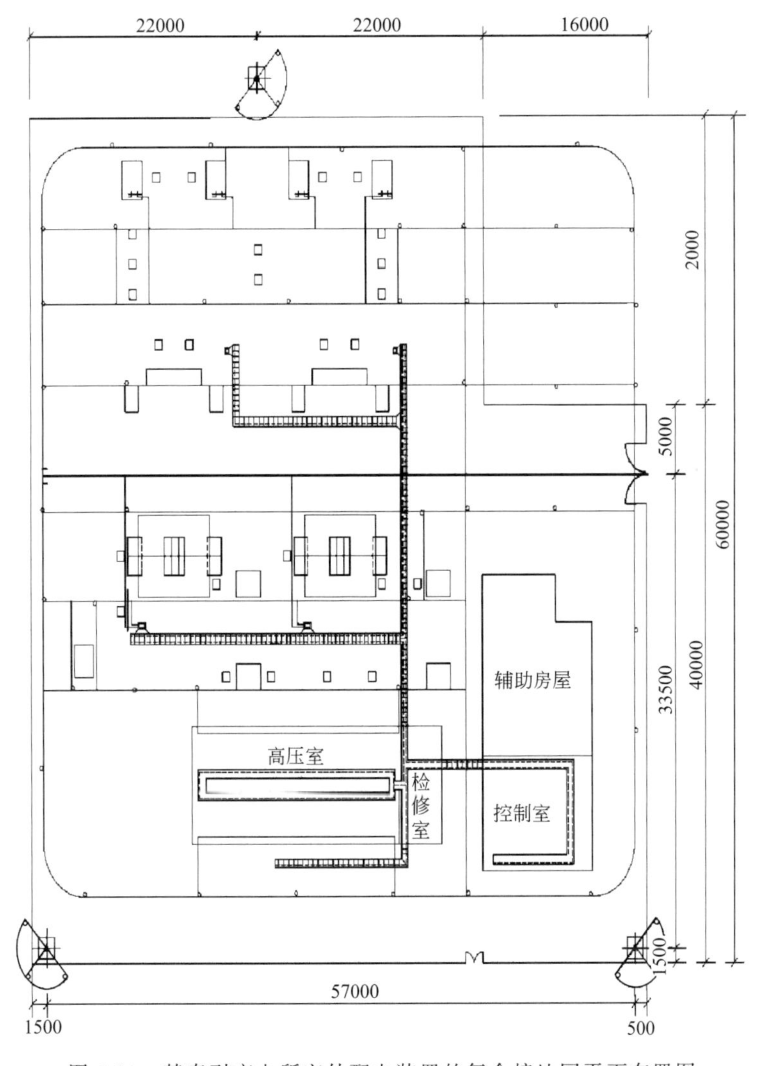

图6-10 某牵引变电所室外配电装置的复合接地网平面布置图

复合接地网接地电阻值在一年中任何季节不得超过0.5Ω。

垂直接地体采用50mm×50mm×5mm的角钢，长2.5m，埋设深度0.5m。水平接地体采用50mm×5mm扁钢，埋设深度0.5m，与垂直接地体焊接连接。

主变压器回流处（接地相入地处）采用两根扁钢并联，以提高回流效果。110kV电气设备和27.5kV室外设备分别采用ϕ10mm或ϕ8mm的圆钢作接地线，与复合接地网相连。

在主变压器接线端子箱中，装有轨回、地回两台电流互感器，主变压器接地相分别经两台电流互感器与接地网和钢轨相连。

110kV线路引入牵引变电所的架空避雷线，在进线杆塔（或门形架构）处与接地网间用螺栓连接，以供定期测试接地电阻值之用。

电缆沟中单设40mm×4mm扁钢水平接地体，专供电缆金属外皮接地，其他电气设备的接地线不能接到此扁钢上。

避雷针设独立的接地装置，其接地电阻值不得大于10Ω（非高土壤电阻率地区）；在高土壤电阻率地区，当要求做到规定的10Ω确有困难时，允许采取较高的接地电阻值，并可与主接地网连接，但从避雷针与主接地网的地下连接点至27.5kV（35kV）及以下设备的接地线与主接地网的地下连接点，沿接地体的长度不得小于15m，且避雷针至被保护设施的空气中距离和地中距离，还应符合防止避雷针招雷时对被保护设备反击的要求。

五、牵引负荷电流回输牵引变电所方式

在牵引供电系统中，牵引负荷电流一般是经接触网送给电力机车，通过电力机车经钢轨、回流线（与钢轨并联）流回牵引变电所的。由于钢轨对地存在泄漏，因此，由电力机车所在位置起，牵引负荷电流大部分经钢轨流回牵引变电所，简称轨回流；小部分由钢轨入地，经大地流回牵引变电所，简称地回流。地回流在单线区段约占牵引负荷电流的50%，复线段约占35%，如图6-11所示。

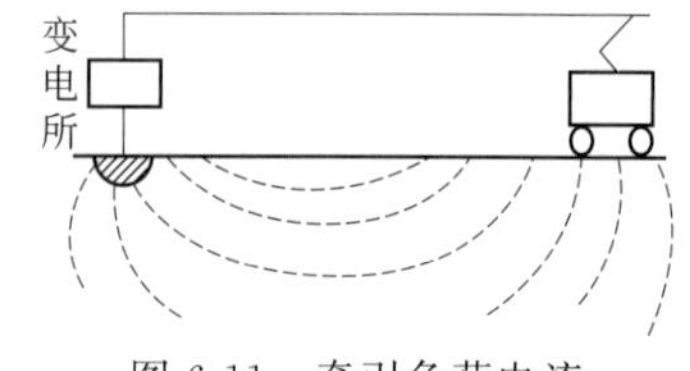

图6-11　牵引负荷电流回输示意图

目前，绝大部分电力牵引区段钢轨的接头处一般都有良好的电连接，以保证牵引负荷电流沿轨道回输牵引变电所。轨回流一般是沿两条钢轨回输的。为了能绕过信号轨道电路的轨端绝缘，在钢轨接头处装有扼流线圈，如图6-12所示。

扼流线圈是绕在铁芯上的匝数相等的两个线圈。两线圈串联后，其两端分别接至两侧钢轨上，串联接头作为扼流线圈的中心抽头与相邻扼流线圈的中心抽头相连接。扼流线圈的作用是隔断轨道中的信号电流而仅让轨道中的牵引负荷电流顺利通过，在两轨端绝缘处为牵引负荷电流提供通路，保证轨道的导电性能。

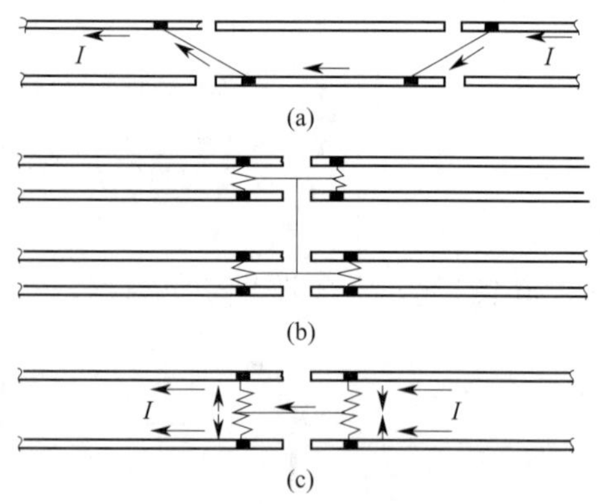

图6-12　牵引负荷电流钢轨回输方式原理图

为减小泄漏电流（地电流）、增大轨回流及提高轨回流的效果，当牵引变电所设有铁路专用线时，在BT供电区段和直供加回流线供电区段，通常是采用吸上线，将轨道中的牵引负荷电流引入架空回流线回输牵引变电所的。回流线中的电流在牵引变电所处通常经过电缆或架空线接至牵引变压器接地相，并经接地保护放电装置与接地网相连。

吸上线一端接架空回流线，另一端接扼流线圈中心抽头。相邻两吸上线间的距离在BT供电方式的自动闭塞区段应大于一个闭塞分区，在直供加回流线的供电方式的自动闭塞区段不应小于两个闭塞分区。

在AT供电区段，牵引负荷电流由电力机车所在位置经钢轨、保护线用连接线（CPW线）、保护线（PW线）流向AT（自耦变压器）的中心抽头，通过AT的作用，牵引负荷电流将沿正馈线（AF线）回输到牵引变电所。如图6-13所示，在牵引变电所处，接触线、正馈线经架空线（供电线）接至牵引变压器55kV母线（T座或M座）上，PW线经供电线（N线）接至牵引变电所内AT的中间抽头上并经接地保护放电装置与接地网相连。相邻两AT的间距通常在15～20km。

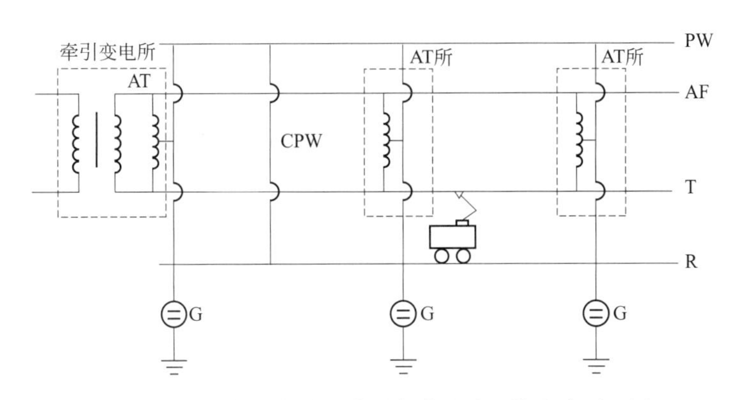

图6-13 AT供电方式的牵引负荷电流回输方式原理图

AT—自耦变压器；PW—保护线；AF—正馈线；T—接触网；R—钢轨；

CPW—保护线用连接线；G—接地保护放电装置

某些BT和直供加回流线电化区段，牵引变电所内设有铁路岔线。若岔线轨与正线牵引轨有电连接，则牵引变压器牵引侧接地相端子必须同时与岔线轨和接地网相连接，使接地网与岔线轨等电位；若岔线轨与正线牵引轨间互相绝缘，则岔线轨必须与接地网相连，使两者电位相等，正线牵引轨中的牵引负荷电流必须经架空线或电缆接至牵引变压器牵引侧接地相端子。正常运行时，牵引变电所中的接地网仅作保护接地之用，平时接地网中无负荷电流。

第三节 高速铁路综合接地系统

一、高速铁路综合接地系统的概念

铁路综合接地技术一直是人身安全、设备安全的重要保障措施之一。我国高速铁路工程建设步伐加快，以往分散的接地方式不能适应高速铁路发展的需要。针对我国高速铁路的特点，结合“以人为本”的设计理念，需要将高速铁路沿线各种接地有机、合理地结合起来，保证各系统、设备之间实现等电位连接，减少不同设备、不同系统之间存在的电位差及可能造成的人身和设备的安全隐患。经过对国内外接地技术的研究、消化吸收和试验验证，提出高速铁路综合接地总体技术方案，建立了系统标准体系，并将其确定为装备我国高速铁路的重要系统之一。

高速铁路一般采用电力牵引供电，牵引回流和短路电流经过钢轨并在钢轨和与之相连的设施上产生对地电位差，当该电位差达到一定数量级时，将对人身和设备安全构成威胁。国外高速铁路国家根据自身铁路建设和技术发展的特点对铁路接地方式进行了全面的系统研究，形成了目前以法国（贯通地线、接地极、接地端子及接地连接线等构成，利用桥梁、隧道等土建结构钢筋作为接地极）、德国（信号系统传输采用电缆方式，以钢轨作为接地连接线，将沿线设备、设施及接地装置等电位连接）为代表的综合接地方式，建立了EN50122铁路接地安全评价体系，采用等电位连接方式，在铁路沿线形成面积非常大的综合接地体，增强接地效果。

我国电气化普速铁路的接地系统设计一直沿用前苏联模式，采用的是各系统的接地线分别设置、相互隔离的方式。随着提速、重载和高速铁路的建设，铁路系统大量运用各种电子设备。由于耐过压能力低、雷电高电压和雷电电磁脉冲侵入以及接触网25kV高压线、回流线所产生的电磁效应、热效应，都会对系统设备造成干扰或永久性损失。在现场已暴露出分散接地体系由于缺乏统筹考虑，不仅成本高、接地效果差、相互干扰，而且长大桥梁、隧道及石质路基地段现场施工十分困难。

列车速度提高，钢轨电流增大，大幅值、强波动的牵引回流在钢轨中流动将产生钢轨电位，对人身安全、信号系统等的正常工作和设备安全，乃至于对行车安全构成非常大的影响。铁路线路的桥梁、隧道比重加大，必须采取特殊的措施对设备及人员进行安全防护。经过国内外接地技术的调研及现场试验研究，采用综合接地系统将各专业、各类型的接地线均接入此系统，在满足各系统设备防雷、接地及等电位连接要求的同时，可有效降低干扰，优化牵引回流系统。

在高速铁路中，随着电气化牵引电流不断增大，由于较高的回流电流引起的轨道对地电位超过安全值，可能危害轨道附近的电子设备和作业人员的安全。我国高速铁路采用综合接地系统，以保障人身及设备安全。

高速铁路采用综合接地系统，利用建筑物内的钢筋作为自然接地体及引下线，避免了单独设置人工接地装置需要较大场地的限制，节省投资，且金属受混凝土保护，不易腐蚀。

二、高速铁路综合接地系统的功能

综合接地系统的优势主要体现在以下方面。

① 铁路综合接地充分利用沿线设施，可有效降低钢轨电位，保证人身和设备安全，降低铁路各子系统单独接地所需的工程投资。

② 对于场坪面积条件有限或高土壤电阻率地区，采用综合接地优势特别突出，尤其是长大桥梁、隧道地段。

③ 铁路各子系统接地纳入综合接地系统后，在大大降低各子系统独立进行接地处理的实施难度的同时，可有效克服各系统设备之间的电位差。

三、高速铁路综合接地系统的结构

铁路工程本身是一个分布式多专业协同运行的系统工程，沿线构筑物涉及桥梁、隧道、路基、信号、通信、信息、电气化、电力、机械、环工、给排水等多个专业，电气化、电力、信号、通信等电气和电子系统设施分散设置在铁路沿线，为保证人身安全、设备安全和正常运行，各系统均有接地要求。高速铁路综合接地系统以沿线路两侧敷设的贯通地线为主干，充分利用沿线桥梁、隧道、路基地段构筑物设施内的接地装置作为接地体，形成低阻等电位综合接地平台，并将铁路沿线各专业电气和电子系统设备、构筑物内部结构钢筋、长大金属件等以等电位连接方式连接成一体的多专业分布式集成接地系统。

在实际工程中，综合地线与钢轨通过一定间距的横向连接线进行连接。如图 6-14 所示，B 和 C 分别是相邻的 2 个连接点，钢轨上的电流到达连接点时要进行重新分配。综合地线的分流系数反映了相邻两连接点间综合地线的电流和钢轨电流的分配比例。

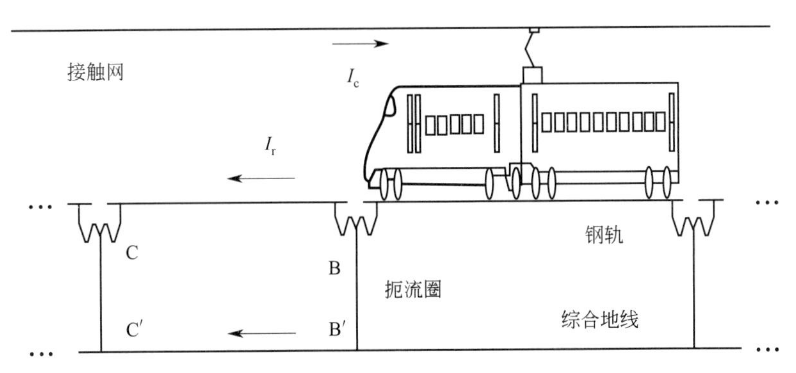

图 6-14 钢轨与综合地线连接示意图

高速铁路综合接地系统设计原则如下。

① 距接触网带电体 5m 范围以内的金属结构和设备应接入综合接地系统。

② 距铁路两侧 20m 范围以内的铁路设备房屋的接地装置应接入综合接地系统。

③ 在综合接地系统中，建筑物、构筑物及设备在贯通地线接入处的接地电阻不应大于 1Ω。

④ 综合接地系统应利用桥梁、隧道、接触网支柱基础结构物内的非预应力结构钢筋作为接地钢筋。

⑤ 不便于铁路综合接地系统等电位连接的第三方设施（如路外公共建筑物、金属管线等）必须采取可靠的隔离或绝缘等措施。

综合接地系统设计时，需要综合考虑接地电阻、等电位连接、钢轨电位、接触电压和跨步电压、系统安全、电流腐蚀等基本要素，用以指导技术方案的合理制定。综合接地系统能否达到预期的效果，关键在于等电位连接和接地电阻，一个重要的指标就是“任意接入点的接地电阻不大于 1Ω”。在综合接地总体技术方案的制定中充分反映了这两点。贯通地线是实现全线各地段接地装置、接地设备及设施等电位连接的重要载体；桥梁、隧道、路基地段接地极的设置则是有效降低接地电阻的重要保障。因此，等电位连接和接地极的设计、施工、验收等成为综合接地系统工程建设的关键。

四、高速铁路综合接地系统的接地阻抗与散流特性

高速铁路列车因载客量高、运行速度快、安全性高、舒适方便、能耗低等优点而得到快速发展。高速铁路行车密度高，牵引电流大，短路电流大，钢轨泄漏电阻大，钢轨电位比普速电气化铁路高。电气化区段内，通信、信号、电力牵引网、电力系统等若仍沿用传统的分别接地方式，则系统内设备间电位差、人身和设备安全等问题难以解决。为减少强弱电系统各专业接地系统间电位差及电磁干扰，我国高速铁路采用综合接地系统，通过沿线两侧敷设贯通地线将铁路沿线牵引供电回流系统、电力供电系统、通信信号系统、建筑物、道床、站台、桥梁、隧道、声屏障及其他电气电子信息系统等需要接地的装置连成一体，将强电和弱电、牵引和供电、信号和通信、防雷接地和保护接地等联系在一起，形成世界上最大规模的长距离水平伸长联合接地系统。

目前有关接地体接地性能的研究主要集中在电力系统接地方面。高速铁路综合接地系统是一

种纵向贯通型大规模水平接地系统，不同于发电厂、变电站接地网，也不同于输电线路杆塔、避雷针等小型接地体，入地电流产生的电流场分布和电位分布与半球形接地极散流差异很大。

① 随着土壤电阻率的增大，高速铁路综合接地系统接地阻抗与土壤电阻率呈近似幂函数关系，电抗分量占接地阻抗的比例不能忽略，综合接地系统应测量接地阻抗。土壤电阻率不大于 3000Ω·m 时，接地阻抗小于 1Ω。

② 随着土壤电阻率的增大，高速铁路综合接地系统的作用范围逐渐增大。

③ 随着土壤电阻率的增大，高速铁路综合接地系统的散流长度也逐渐增大，如表 6-3 所示。当土壤电阻率为 100Ω·m 时，高速铁路综合接地系统的散流长度约为 4km；当土壤电阻率为 5000Ω·m 时，达 30km。

④ 随着土壤电阻率的增大，高速铁路综合接地系统的接地阻抗有效测量长度逐渐增大，如表 6-4 所示。当土壤电阻率为 100Ω·m 时，高速铁路综合接地系统的接地阻抗有效测量长度约为 2km；当土壤电阻率为 5000Ω·m 时，达 10km。接地阻抗有效测量长度小于散流长度。

表 6-3　高速铁路综合接地系统散流长度

土壤电阻率/Ω·m	散流长度/km	土壤电阻率/Ω·m	散流长度/km
100	4	1000	13
300	7	3000	23
500	9	5000	30

表 6-4　高速铁路综合接地系统接地阻抗有效测量长度

土壤电阻率/Ω·m	有效测量长度/km	土壤电阻率/Ω·m	有效测量长度/km
100	2	1000	7
300	4	3000	9
500	5	5000	10

高速铁路综合接地系统接地阻抗与有效测量长度的关系如图 6-15 所示。

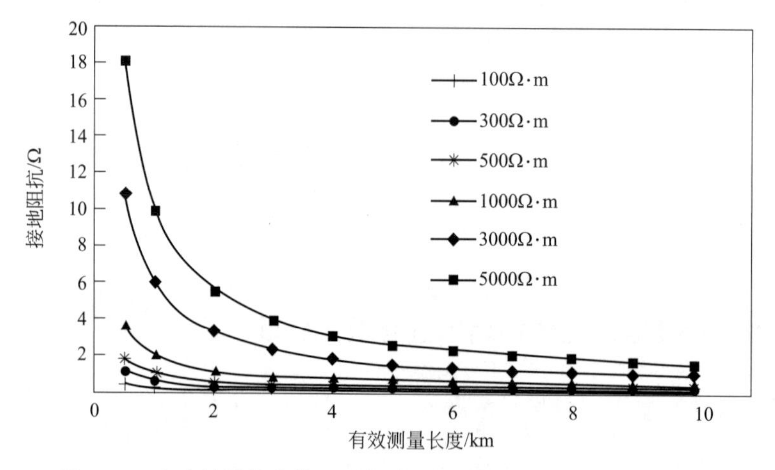

图 6-15　高速铁路综合接地系统接地阻抗与有效测量长度的关系

五、综合接地效果评价指标

综合接地系统的主要作用有两个方面：一是降低钢轨电位，保护道旁人员的人身安全。二是为沿线的电气设备提供公共的参考地，防止因地电位变化导致设备损坏或误动作。因此接地效果的评价指标也主要集中在这两个方面。定性上看，接地阻抗越小，分流系数越大，对轨道电位的降低效果就越显著。因此，选用这两个参数作为评价指标能够很好地反映接地效果。接地阻抗和分流系数与综合地线的埋设深度、导线半径、钢轨的相邻横向连接线间的距离等参数有关。根据上文对综合贯通地线接地阻抗与分流系数的分析结果，考虑到实际工程施工中节约成本和减少劳动量的需要，综合贯通地线半径不应超过 5mm，横向连接线距离不大于 1.5km，地线埋设深度不超过 1.0m。

六、高速铁路综合接地系统在工程的应用及取得的成效

高速铁路沿线各地段的接地装置间的等电位连接是构成综合接地系统平台的纽带和关键。因此，必须在施工工艺上要求高可靠性和可实施性。桥梁、隧道、路基、站台区及无砟轨道接地装置内的接地钢筋必须电气可靠连接。桥墩与桥梁接地装置间、无砟轨道与接地端子间均采用不锈钢丝绳等电位连接。桥梁、隧道接地装置在电缆槽内预置接地端子，采用专用连接器与贯通地线等电位连接。路基地段的接触网支柱基础接地极通过分支引接线与贯通地线等电位连接。沿线各系统设备及金属构件等的接地均通过预留的接地端子接入综合接地系统。

在遂渝线无砟轨道试验段、合宁客专和京津城际铁路工程中开展的综合接地试验测试结果表明：综合接地系统对降低钢轨电位、提高人身和设备安全具有明显效果；从保证人身和设备安全、提高客运专线各系统电磁兼容性角度，高速铁路采用综合接地系统是必要的；贯通地线的主要作用不在分流，而在降低牵引回流网络的综合对地漏泄电阻；综合接地系统的接地电阻满足不大于 1Ω 的要求；钢轨电流不平衡度满足规范不大于 5%的要求。

结合武广、郑西客专等工程的综合接地系统实施情况，根据铁路不同地段分类编制综合接地系统典型工点示意图，主要包括桥梁、隧道、路基、站台区、无砟轨道、声屏障等典型工点的综合接地系统图。通过与外方咨询人员的技术交流和专业间的沟通，对实施方案进一步理解细化和完善，完成桥梁、隧道、路基、站台综合接地通用参考图的设计。在此基础上，铁道部组织相关部门总结经验，编制完成铁路工程建设通用参考图《铁路综合接地系统》，为其他高速铁路综合接地系统的标准化建设奠定了基础。

复习思考题

1. 对下列名词进行解释：

接地　接地装置　人工接地体　自然接地体　工作接地　保护接地　对地电压　接触电压　跨步电压　接地电阻　综合接地　等电位连接

2. 电气装置中哪些部分必须接地，哪些部分不必接地？

3. 保护接地为什么能防止触电？牵引变电所中哪些接地属于保护接地？

4. 牵引变电所中哪些接地属于工作接地？

5. 什么是保护接零？为什么在 380/220V 三相四线制系统不允许一部分设备保护接零，一部分设备保护接地？

6. 牵引变电所中电气设备一般采取的接地方式有哪几种？

7. 复合接地网的类型主要有哪几种？其主要作用是什么？

8. 室内配电装置的接地装置一般采取什么形式？敷设时注意事项主要有哪些？

9. 工程上降低接地电阻的主要技术措施有哪些？

10. 简述高速铁路综合接地系统的概念及构成。

第七章 电气设备选择

【学习目标】

1. 了解电流特别是短路电流的热效应、力效应的产生原理和危害。
2. 掌握短路电流热效应、力效应的计算方法。
3. 掌握电气设备选择的基本工作过程。

第一节 电流的热效应、力效应

一、短路电流的热效应

高压电气设备和金属导体通过电流时会产生热能，这些热能中的一部分因温差而以传导、辐射或对流方式散失到周围介质中去，另一部分则使金属导体本身发热，温度升高，降低金属导体的机械强度，使其承受电动力的能力下降，且绝缘老化加速，缩短设备的使用寿命。

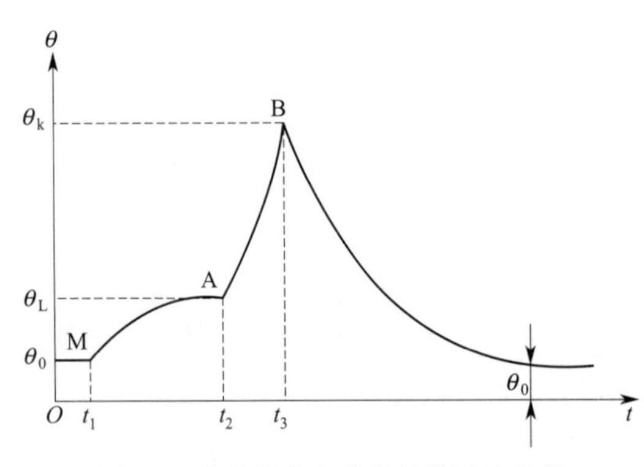

图 7-1 电气设备和载流导体通过负荷电流及短路电流时的温度变化曲线

电气设备和载流导体通过负荷电流及短路电流时的温度变化曲线如图 7-1 所示。设备的环境温度为 θ_0，在 0 到 t_1 时刻内，设备未投入运行，其本身温度等于环境温度 θ_0；在 t_1 到 t_2 时刻内，设备投入运行，流过负载电流 I_L，温度上升到 θ_L；t_2 时刻若发生短路，直到 t_3 时刻短路被切除，温度由 θ_L 上升到 θ_k；t_3 时刻后，若设备退出运行，则其温度由 θ_k 逐渐下降到 θ_0。

1. 负荷电流的热效应

电气设备和载流导体连续通过恒定负荷电流 I_L 时，其温度上升，起初因温差小，散热量少，因而吸热量多，温度上升较快。以后随着温差增大而使散热量增多，吸热量减少，因而温度上升较慢。最后当温差增大到单位时间内的发热量等于散热量时，由于导体本身不再吸收热量，故温度不再升高，此时导体温度达到一个稳定值θ_L。

我国采用的计算环境温度θ_{0N}如下。

① 电气设备和穿墙套管，$\theta_{0N}=40℃$。

② 母线、架空导线和电力电缆，$\theta_{0N}=25℃$。

③ 埋入地中的电力电缆，$\theta_{0N}=15℃$。

在规定的计算环境温度θ_{0N}下，电力设备和载流导体流过额定电流I_N时，电力设备和载流导体稳定温度将上升到正常发热允许温度θ_{La}。所谓正常发热允许温度θ_{La}是指使载流导体和电气设备能保持正常连续工作所允许的最高发热温度。正常发热允许温度实际上确定了电气设备与载流导体在连续发热情况下的允许电流值，这个电流值即定义为电气设备的额定电流I_N。

我国规定的各种载流部位长期发热（正常发热）的允许温度列于表7-1。

表7-1 各种载流部位长期发热的允许温度

序号	载流部位	最高允许发热温度		介质温度40℃时的温升	
		在空气中/℃	在油中/℃	在空气中/℃	在油中/℃
1	不与绝缘材料接触的载流与不载流的金属部位	115	90	75	50
2	与绝缘材料接触的载流和不载流的金属部位以及由绝缘材料制成的零件，当绝缘等级为：				
	Y	85		45	
	A	100	90	60	50
	E、B、F、H、C	115	90	75	50
3	最上层变压器油：				
	①作为灭弧介质时	—	80	—	40
	②只作绝缘介质时	—	90	—	50
4	接触连接：				
	①由钢或其合金制成，没有银覆盖层；用螺栓、螺纹、铆钉和其他能保证紧固连接方法压紧的	80	85	40	45
	②用弹簧压紧的	75	80	35	40
	③由铜和其合金制成，有镀银层	90	90	50	50
	④由银制成或表面带有焊接的银片	105	90	65	50

当流过设备的负荷电流不等于额定电流时，在计算环境温度θ_{0N}下，负荷电流发热稳定温度θ_L可用下式计算：

$$\theta_L=\theta_{0N}+(\theta_{La}-\theta_{0N})\left(\frac{I_L}{I_N}\right)^2 \tag{7-1}$$

应用式(7-1)时必须注意：当环境温度不等于θ_{0N}时，其额定电流将发生变化，此时应将额定电流I_{0N}乘以温度修正系数K_θ作为实际环境温度下的额定电流。公式中的θ_{0N}应修正为θ_0，即

$$\theta_L=\theta_0+(\theta_{La}-\theta_0)\left(\frac{I_L}{K_\theta I_N}\right)^2 \tag{7-2}$$

式中，$K_\theta=\sqrt{\dfrac{\theta_{La}-\theta_0}{\theta_{La}-\theta_{0N}}}$，也可查表获得。

例如，由产品目录查得15mm×3mm的立放矩形铝母线在计算环境温度（空气中）为25℃，允许发热温度为70℃时，额定电流为165A；当环境温度升高到40℃时，温度修正系数K_θ为0.81。则当允许发热温度仍为70℃时，其额定电流应为

$$I'_N=I_N K_\theta=165\text{A}\times0.81=133.65\text{A}$$

2. 短路电流的热效应

当系统发生短路故障时，通过导体的短路电流要比正常工作电流大很多倍。虽然继电保护装置能在很短的时间内切除故障，但导体的温度仍有可能被加热到很高的温度，导致电气设备的破坏。如果导体在短路时的最高温度不超过设计规程规定的允许温度，则认为导体对短路电流是满足热稳定要求的，否则就不满足热稳定的要求。短路电流的发热计算目的在于确定导体在短路时的最高温度，再与该类导体在短路时的最高允许温度相比较。

图 7-1 中，t_2 到 t_3 的时间是短路电流发热时间，它等于主继电保护装置动作时间加上断路器的分闸时间。由于这个时间很短，短路电流通过导体产生的热量来不及向周围散失，全部用于使导体温度升高。导体温度由 θ_L 升高到短路发热最终温度 θ_k。θ_k 必须小于导体允许的短时发热最高温度 θ_{ka}。因为短路电流发热时间很短，绝缘材料的老化和金属机械强度的降低除受温度影响外，还取决于短路发热持续的时间，故 θ_{ka} 比正常发热允许温度要高。导体短路时发热最高允许温度 θ_{ka} 列于表 7-2 中。

表 7-2　短路时发热最高允许温度　　单位：℃

导体的材料和种类		短路时最高允许温度	导体的材料和种类		短路时最高允许温度
母线	铜	300	充油纸绝缘电缆(60～330kV)		150
	铜(有锡覆盖层接触面时)	200	橡胶绝缘电缆		150
	铝	200	聚氯乙烯电缆		120
	钢(不和电气设备直接连接)	420	交联聚乙烯电缆	铜芯	230
	钢(和电气设备直接连接)	320		铝芯	200
油浸纸绝缘电缆	铜芯 10kV 及以下	250	有中间接头的电缆(不包括聚氯乙烯电缆)		150
	铝芯 10kV 及以下	200			
	20～30kV	175			

(1) 短路电流的发热计算特点及热平衡方程式

短路电流是一幅值很大、维持时间很短的电流。它对导体的加热过程时间极短，导体的温度上升速度很快，可以认为短路电流在导体中产生的热量全部用来提高导体本身的温度，可不计及扩散至周围介质中的热量，即这一过程为绝热过程。

考虑上述特点，短路时的热平衡方程式应为

$$I_{kt}^2 R_\theta \mathrm{d}t = c_\theta G \mathrm{d}\theta \tag{7-3}$$

其中

$$R_\theta = \rho_0 \frac{l}{S}(1+\alpha\theta)$$

$$c_\theta = c_0(1+\beta\theta)$$

$$G = \gamma S l$$

式中　I_{kt}——任意时刻短路全电流的有效值（因短路电流非周期分量随时间衰减，所以 I_{kt} 也随时间而变化），A；

R_θ——温度为 θ℃时导体的电阻，Ω；

c_θ——温度为 θ℃时导体的比热容，W·s/g；

G——导体总质量，g；

ρ_0、c_0——0℃时导体的电阻率和比热容；

α、β——电阻和比热容的温度系数；

γ——导体的密度，g/cm^3；

l、S——导体的长度和截面积，m 和 mm^2。

整理上述内容，可得

$$\frac{1}{S^2}I_{kt}^2\mathrm{d}t=\frac{c_0\gamma}{\rho_0}\times\frac{1+\beta\theta}{1+\alpha\theta}\mathrm{d}\theta \tag{7-4}$$

对式(7-4)两边积分，左边从短路开始时（$t=0$）至短路被切除时（$t=t_k$），右边从短路起始温度 θ_s 到短路电流切断时的温度 θ_k，则有

$$\frac{1}{S^2}\int_0^t I_{kt}^2\mathrm{d}t=\frac{c_0\gamma}{\rho_0}\int_{\theta_s}^{\theta_k}\frac{1+\beta\theta}{1+\alpha\theta}\mathrm{d}\theta \tag{7-5}$$

(2) $A=f(\theta)$ 曲线

对式(7-5)的右边积分可得

$$\frac{c_0\gamma}{\rho_0}\int_{\theta_s}^{\theta_k}\frac{1+\beta\theta}{1+\alpha\theta}\mathrm{d}\theta=A_k-A_s \tag{7-6}$$

式中

$$A_k=\frac{c_0\gamma}{\rho_0}\left[\frac{\alpha-\beta}{\alpha^2}\ln(1+\alpha\theta_k)+\frac{\beta}{\alpha}\theta_k\right]$$

$$A_s=\frac{c_0\gamma}{\rho_0}\left[\frac{\alpha-\beta}{\alpha^2}\ln(1+\alpha\theta_s)+\frac{\beta}{\alpha}\theta_s\right]$$

比较 A_k 与 A_s，可以引出 A 函数为

$$A=f(\theta)=\frac{c_0\gamma}{\rho_0}\left[\frac{\alpha-\beta}{\alpha^2}\ln(1+\alpha\theta)+\frac{\beta}{\alpha}\theta\right] \tag{7-7}$$

显然，函数 A 在导体材料决定之后是温度 θ 的函数，而 A_k 与 A_s 分别是对应于切断时和开始时的两个点。为计算方便，工程上按铜、铝、钢的 ρ_0、c_0、γ、α 和 β 等参数作出了 $A-f(\theta)$ 曲线，如图 7-2 所示。

当已知 θ 求 A 或者已知 A 求 θ 时，均可直接查曲线求得。

(3) 假定时间 t_{im} 的确定

式(7-5)左边的积分因短路电流随时间变化的规律很复杂，要精确计算较困难。在实际计算中，通常采用等效方法进行计算，即假定在短路整个过程中始终以稳态短路电流 I_∞ 流通，它在假想时间 t_{im} 内所产生的热量等于实际短路电流 I_{kt} 在实际短路时间内所产生的热量，即

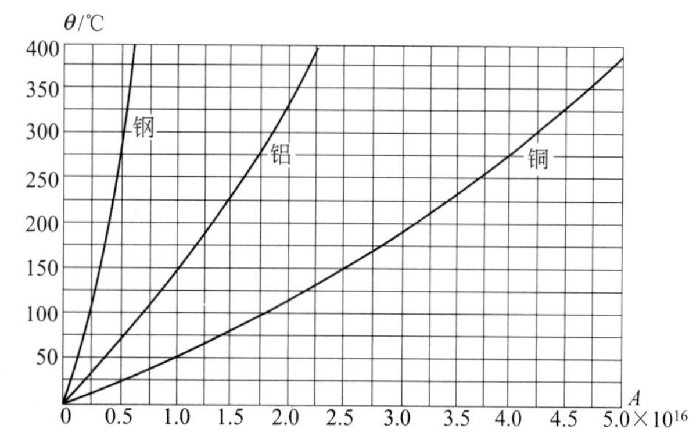

图 7-2 短路发热的 $A=f(\theta)$ 曲线

$$\frac{1}{S^2}\int_0^t I_{kt}^2\mathrm{d}t=\frac{1}{S^2}I_\infty^2 t_{im} \tag{7-8}$$

短路电流的有效值可以表示为 $I_{kt}^2=I_{pt}^2+I_{npt}^2$，代入式中得

$$\begin{aligned}\frac{1}{S^2}\int_0^t I_{kt}^2\mathrm{d}t&=\frac{1}{S^2}\int_0^t(I_{pt}^2+I_{npt}^2)\mathrm{d}t\\&=\frac{1}{S^2}\int_0^t I_{pt}^2\mathrm{d}t+\frac{1}{S^2}\int_0^t I_{npt}^2\mathrm{d}t\\&=\frac{1}{S^2}I_\infty^2 t_{im}\end{aligned} \tag{7-9}$$

式中 I_{pt}——任意时刻短路电流周期分量有效值，A；

I_{npt}——任意时刻短路电流非周期分量有效值，A。

假设将假想时间也分为相应的周期分量与非周期分量两个部分，即

$$t_{im}=t_{im\cdot p}+t_{im\cdot np}$$

则有

$$\frac{1}{S^2}\int_0^t I_{pt}^2\,dt+\frac{1}{S^2}\int_0^t I_{npt}^2\,dt=\frac{1}{S^2}I_\infty^2 t_{im\cdot p}+\frac{1}{S^2}I_\infty^2 t_{im\cdot np} \tag{7-10}$$

式中 $t_{im\cdot p}$——短路电流周期分量的假想时间；

$t_{im\cdot np}$——短路电流非周期分量的假想时间。

短路电流周期分量假想时间 $t_{im\cdot p}$ 与短路电流的实际流通时间 t 和电源供电系统情况$\left(\text{即 }\beta''=\frac{I''}{I_\infty}\right)$有关，即

$$t_{im\cdot p}=f\left(\frac{I''}{I_\infty},t\right)=f(\beta'',t)$$

当发电机无自动调压器时，$I_\infty<I''$，则 $t_{im\cdot p}>t_{im}$；如果发电机有自动调压器，周期分量假想时间 $t_{im\cdot p}$ 随 $\beta''=\frac{I''}{I_\infty}$而定。$\beta''$越大，$t_{im\cdot p}$ 越大，其具体数值可由图 7-3 查得。

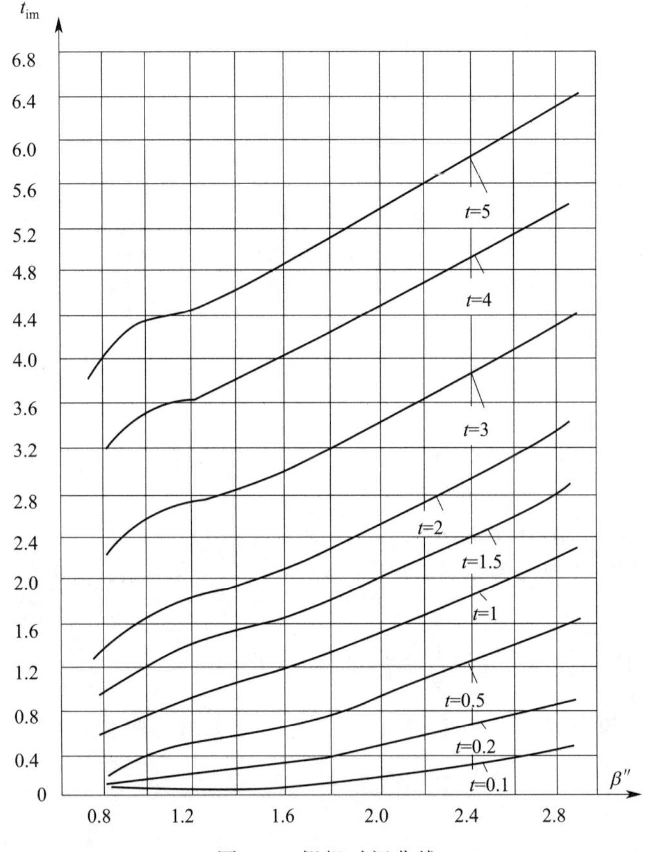

图 7-3 假想时间曲线

图中仅作出短路电流持续时间 $t\leqslant 5$s 时的曲线，如果实际短路时间 $t>5$s，可认为在 5s 以后的时间内短路电流维持不变并为稳态值 I_∞，则有

$$t_{im\cdot p}=t_{(5s)}+(t-5)$$

所以大于5s之后的周期分量假想时间和短路电流持续时间是相等的。

如果由无限容量电力系统供电，短路电流的周期分量并不衰减，则 $t_{im \cdot p}$ 等于实际短路时间 t，即

$$t_{im \cdot p}=t$$

实际短路时间 t 等于距离短路点最近的主保护装置的动作时间 t_{op} 和高压断路器固有分闸时间 t_{oc} 之和，即

$$t=t_{op}+t_{oc}$$

将随时间衰减的非周期分量短路电流 $I_{npt}=\sqrt{2}I''e^{-\frac{t}{\tau_f}}$ 代入其热量公式，可得

$$\begin{aligned}\frac{1}{S^2}\int_0^t I_{npt}^2 dt &= \frac{1}{S^2}I''^2\int_0^t 2e^{-\frac{2t}{\tau_f}}dt \\ &= \frac{1}{S^2}I''^2\tau_f(1-e^{-\frac{t}{0.5\tau_f}})\end{aligned}$$

所以，短路电流非周期分量假想时间为

$$t_{im \cdot np}=\tau_f(\beta'')^2(1-e^{-\frac{t}{0.5\tau_f}})$$

在一般高压短路回路中，$\tau_f=0.05s$，并且在实际短路时间 $t>0.1s$ 时，可以近似地取 $e^{-\frac{t}{0.5\tau_f}}=0$，则上式可简化为

$$t_{im \cdot np}=0.05(\beta'')^2 \tag{7-11}$$

由式(7-11)和图7-3可以得到全部假想时间 $t_{im}=t_{im \cdot p}+t_{im \cdot np}$。

(4) 确定载流导体短路时的最高温度 θ_k

求得假想时间后，按式(7-8)可求得 $\frac{1}{S^2}\int_0^t I_{kt}^2 dt$ 的值，再在图7-2的 $A=f(\theta)$ 函数曲线上，根据短路起始温度 θ_s 查出对应的 A_s，然后按式(7-5)、式(7-6)求出 A_k，即

$$\begin{aligned}A_k &= \frac{1}{S^2}\int_0^t I_{kt}^2 dt + A_s \\ &= \frac{1}{S^2}I_{\infty}^2 t_{im}+A_s\end{aligned}$$

再次在 $A=f(\theta)$ 函数曲线上根据 A_k 值求得导体发热的最高温度 θ_k。若 θ_k 小于或等于表7-2所列的导体在短路时的最高允许温度，则认为所选设备满足热稳定性，否则导体在短路时不能保证热稳定，需要重选导体或采取相应对策，使其满足条件 $\theta_k \leqslant \theta_{ka}$。

二、短路电流的电动力效应

当供电系统短路时，导体中通过短路电流，导体间的电动力将急剧增加。特别是冲击电流出现的瞬间，若导体和绝缘子的机械强度不够，强大的电动力将使之产生变形或损坏，破坏电气设备，也可能使闭合状态下的电路触头打开，造成重大事故。为防止这种现象发生，必须研究短路电流电动力的大小和特征，以便选用适当强度的电气设备和导体，使其具有足够的电动力稳定性。

载流导体之间电动力的大小和方向，取决于电流的大小和方向，载流导体的尺寸、形状和相互间的位置及周围介质的特性。

如图7-4所示，通过电流 i 的导体 l，处在外磁场 B 中，导体 l 上单元长度 dl 上所受的电动力 dF 为

$$dF = iB\sin\alpha\, dl \tag{7-12}$$

式中　B——dl 处的磁感应强度，T；

　　α——dl 与 B 的夹角，rad。

电动力 dF 的方向由左手定则确定。

沿导体 l 全长积分，可得 l 全长上所受的电动力为

$$F = \int_0^l iB\sin\alpha\, dl \tag{7-13}$$

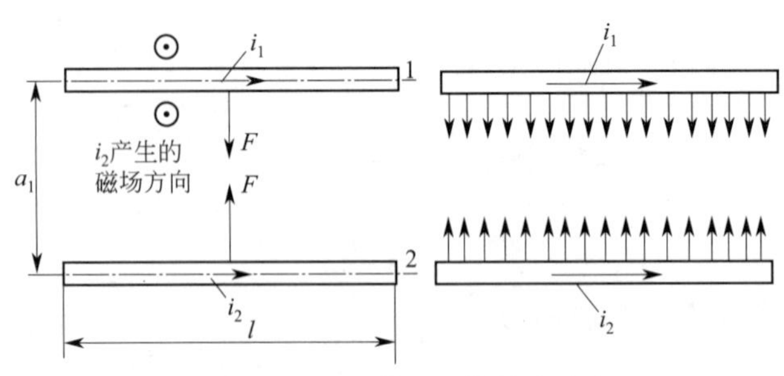

图 7-4　磁场对载流导体的电动力

1. 两根平行细长均匀载流导体的电动力

对两根平行的载流导体，其产生相互作用力方向取决于所通电流的方向。如果流过两载流导体的电流瞬时方向相同，则两者相互吸引；如果流过两载流导体的电流瞬时方向相反，则两者相互排斥。

两平行载流导体相互作用的电动力为

$$F = B_1 l I_2 = 2\times10^{-7}\times i_1 i_2 \frac{l}{a} \tag{7-14}$$

式中　i_1、i_2——两根载流导体中所通过的瞬时电流值，A；

　　l——载流导体长度，m；

　　a——两根平行载流导体中心间距，m。

式(7-14) 仅适用于圆形或管形截面的载流导体。对于非圆形截面（如矩形截面）的两平行母线，其截面周长的尺寸远小于两母线的空间距离时，该式也同样适用。当两根平行矩形截面母线相邻很近（如大工作电流配电装置中的各相母线有多条时，条间距离很小）时，母线电动力的计算公式应乘以形状系数 K_s 进行修正：

$$F = 2\times10^{-7}\times K_s i_1 i_2 \frac{l}{a} \tag{7-15}$$

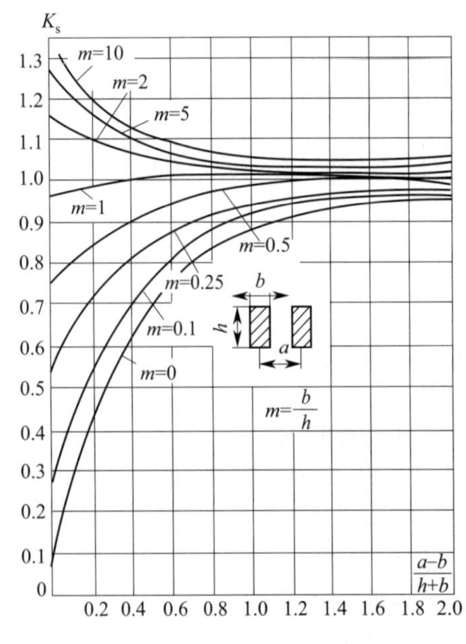

图 7-5　决定矩形母线形状系数的曲线

形状系数 K_s 可由图 7-5 所示的 $K_s = f\left(\frac{a-b}{b+h}, \frac{b}{h}\right)$ 函数关系曲线查得。其中，a、b、h 分别为母线轴间距离、母线宽度、母线高度。

从图中可见，当母线立放时，$m=\frac{b}{h}<1$，则 $K_s<1$；当母线平放时，$m=\frac{b}{h}>1$，则 $K_s>1$，但最大不超过 1.4。若$\frac{a-b}{b+h}\geqslant 2$，即母线的空间间距大于或等于矩形截面周长 $2(b+h)$

时，无论 m 值大小，其形状系数 K_s 均接近于 1。

2. 同一平面内三相平行载流导体间的电动力

(1) 三相平行载流导体发生两相短路

在三相平行载流导体中，当发生两相短路时，流到短路点的故障相电流大小相等、方向相反。当载流导体通过短路电流时，通常按短路开始时的最大冲击短路电流计算导体或母线间的最大相互作用力。则故障相载流导体间的最大电动力（斥力）为

$$F_{max}^{(2)}=2\times10^{-7}\times K_s[i_{ch}^{(2)}]^2\frac{l}{a} \tag{7-16}$$

式中 $i_{ch}^{(2)}$——两相短路冲击电流，kA。

(2) 三相平行载流导体发生三相短路

如图 7-6 所示，为了研究三相平行载流导体发生三相短路时各相载流导体所受电动力的情况，先在图中 A、B、C 三根载流导体中分别通入三相短路电流（不计非周期分量），则有

$$\begin{aligned}i_{kA}&=I_M\sin\omega t\\ i_{kB}&=I_M\sin(\omega t-120^\circ)\\ i_{kC}&=I_M\sin(\omega t-240^\circ)\end{aligned} \tag{7-17}$$

式中 I_M——短路电流周期分量幅值（$I_M=\sqrt{2}I''^{(3)}$），A。

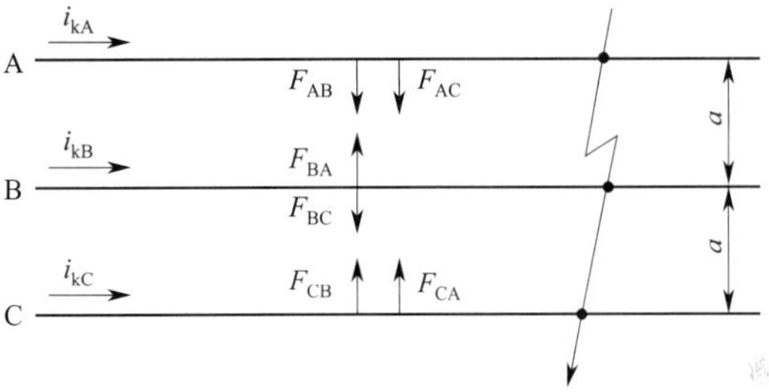

图 7-6 三相平行载流导体受力分析

从图 7-6 中可以看出，当三相载流导体平行布置在同一平面内时，每相载流导体的电流同时受另外两相电流磁场的作用。作用于每相载流导体的电动力，取决于该载流导体中的电流与其他两相电流的相互作用力。边缘相 A 相、C 相与中间相 B 相载流导体上所受的电动力并不相同。

边缘相（以 A 相为例）上所受的电动力为（假设 $K_s=1$）：

$$F_A=F_{AB}+F_{AC}=2\times10^{-7}\times i_{kA}(i_{kB}+0.5i_{kC})\frac{l}{a} \tag{7-18}$$

中间相 B 相所受的电动力为

$$F_B=F_{AB}-F_{CB}=2\times10^{-7}\times i_{kB}(i_{kA}-i_{kC})\frac{l}{a} \tag{7-19}$$

将式(7-15) 代入(7-18) 与式(7-19)，并进行整理化简后取$\frac{dF}{d(\omega t)}=0$，可以得到：

① 当 $\omega t=75^\circ$时，边缘相 A 相或 C 相所受电动力最大，为

$$F_{Amax}=-2\times10^{-7}\times0.81I_M^2\frac{l}{a} \tag{7-20}$$

式中负号表示最大电动力受力方向与原设方向相反，是斥力而不是吸力。

② 当 $\omega t=105^\circ$和 $\omega t=75^\circ$时，B 相所受电动力最大，为

$$F_{Bmax}=\pm2\times10^{-7}\times\frac{\sqrt{3}}{2}I_M^2\frac{l}{a} \tag{7-21}$$

比较式(7-20) 与式(7-21) 可以看到，当布置在同一平面内的三相载流平行导体中通过三相短路电流时，中间相载流导体所受电动力最大。在实用中，我们最关心的是短路过程中电动力的最大值，所以，只有当式(7-21) 中的 I_M 为短路冲击电流 $i_{ch}^{(3)}$ 时，F_{Bmax} 才有真正

的最大值，再计及形状系数 K_s，该最大值为

$$F_{Bmax}=\pm 2\times 10^{-7}\times\frac{\sqrt{3}}{2}K_s[i_{ch}^{(3)}]^2\frac{l}{a}$$

$$=\pm\sqrt{3}\times 10^{-7}\times K_s[i_{ch}^{(3)}]^2\frac{l}{a} \tag{7-22}$$

式中　$i_{ch}^{(3)}$——三相短路冲击电流，kA。

比较式(7-16) 与式(7-22)，且有 $i_{ch}^{(2)}=\frac{\sqrt{3}}{2}i_{ch}^{(3)}$，可得

$$F_{max}^{(2)}=\frac{3}{4}F_{max}^{(3)}$$

显然，三相短路时载流导体所受电动力比两相短路时载流导体受力更大，即三相短路时在中间相载流导体上的破坏力最严重。所以，在对母线、绝缘子以及各电气设备的动稳定性校验时，均以三相短路时所产生的最大电动力来考虑。

第二节　电气设备选择

一、电气设备选择的一般原则

为了保障高压电气设备的可靠运行，高压电气设备选择与校验的一般条件有：按正常工作条件选择，包括电压、电流、频率、开断电流等；按短路条件检验，包括动稳定、热稳定校验；按环境工作条件选择，包括温度、湿度、海拔等。

由于各种高压电气设备具有不同的性能特点，选择与校验条件不尽相同，高压电气设备的选择与校验项目如表 7-3 所示。

表 7-3　高压电气设备的选择与校验项目

设备名称	额定电压	额定电流	开断能力	短路电流校验		环境条件	其他
				动稳定	热稳定		
断路器	√	√	√	○	○	○	操作性能
负荷开关	√	√	√	○	○	○	操作性能
隔离开关	√	√		○	○	○	操作性能
熔断器	√	√	√			○	上、下级间配合
电流互感器	√	√		○	○	○	
电压互感器	√					○	二次负荷、准确等级
支柱绝缘子	√			○		○	二次负荷、准确等级
穿墙套管	√	√		○	○	○	
母线		√		○	○	○	
电缆	√	√			○	○	

注：表中“√”为选择项目，“○”为校验项目。

1. 按正常工作条件选择

（1）额定电压和最高工作电压

高压电气设备所在电网的运行电压因调压或负荷的变化，常高于电网的额定电压，故所选电气设备允许最高工作电压 U_{alm} 不得低于所接电网的最高运行电压。一般电气设备允许的最高工作电压可达 1.1～1.15U_N，而实际电网的最高运行电压 U_{sm} 一般不超过 1.1U_{Ns}。

因此在选择电气设备时，一般可按照电气设备的额定电压 U_N 不低于装置地点电网额定电压 U_{Ns} 的条件选择，即

$$U_N \geqslant 1.1U_{Ns}$$

(2) 额定电流

电气设备的额定电流 I_N 是指在额定环境温度下，电气设备的长期允许通过电流。I_N 应不小于该回路在各种合理运行方式下的最大持续工作电流 I_{max}，即

$$I_N \geqslant I_{max}$$

计算时应注意以下几个问题。

① 由于发电机、调相机和变压器在电压降低 5%时，出力保持不变，故其相应回路的 I_{max} 为发电机、调相机或变压器的额定电流的 1.5 倍。

② 若变压器有过负荷运行可能，I_{max} 应按过负荷确定（1.3～2 倍变压器额定电流）。

③ 母联断路器回路一般可取母线上最大一台发电机或变压器的 I_{max}。

④ 出线回路的 I_{max} 除考虑正常负荷电流（包括线路损耗）外，还应考虑事故时由其他回路转移过来的负荷。

(3) 按环境工作条件校验

在选择电气设备时，还应考虑电气设备安装地点的环境（尤其注意小环境）条件，当气温、风速、温度、污秽等级、海拔高度、地震烈度和覆冰厚度等环境条件超过一般电气设备使用条件时，应采取措施。例如，当地区海拔超过制造部门的规定值时，由于大气压力、空气密度和湿度相应减小，使空气间隙和外绝缘的放电特性下降。一般当海拔在 1000～3500m 范围内，若海拔比厂家规定值每升高 100m，则电气设备允许最高工作电压要下降 1%。当最高工作电压不能满足要求时，应采用高原型电气设备，或采用外绝缘提高一级的产品。对于 110kV 及以下电气设备，由于外绝缘裕度较大，可在海拔 2000m 以下使用。

当污秽等级超过使用规定时，可选用有利于防污的电瓷产品，当经济上合理时可采用室内配电装置。

当周围环境温度 θ_0 和电气设备额定环境温度不等时，其长期允许工作电流应乘以修正系数 K，即

$$I_{al\theta} = KI_N = \sqrt{\frac{\theta_{max} - \theta_0}{\theta_{max} - \theta_N}} I_N$$

我国目前生产的电气设备使用的额定环境温度 $\theta_N = 40℃$。当周围环境温度 θ_0 高于 40℃（但低于 60℃）时，其允许电流一般可按每增高 1℃，额定电流减少 1.8%进行修正；当环境温度低于 40℃时，环境温度每降低 1℃，额定电流可增加 0.5%，但其最大电流不得超过额定电流的 20%。

2. 按短路条件校验

(1) 短路热稳定校验

短路电流通过电气设备时，电气设备各部件温度（或发热效应）应不超过允许值。满足热稳定的条件为

$$I_t^2 t \geqslant I_\infty^2 t_{im}$$

式中 I_t——由生产厂给出的电气设备在时间 t 秒内的热稳定电流；

I_∞——短路稳态电流值；

t——与 I_t 相对应的时间；

t_{im}——短路电流热效应假想时间。

(2) 短路动稳定校验

动稳定是电气设备承受短路电流机械效应的能力，也称电动力稳定。

一般设备的动稳定校验条件为

$$i_{max} \geqslant i_{ch}^{(3)} \text{ 或 } I_{max} \geqslant I_{ch}^{(3)}$$

式中 i_{max} 和 I_{max}——电气设备允许通过的动稳定电流幅值和有效值，可查阅有关手册或产品样本；

i_{ch} 和 I_{ch}——短路冲击电流幅值和有效值。

绝缘子的动稳定校验条件为

$$F_{a} \geqslant F_{C}^{(3)}$$

式中 F_{a}——绝缘子的最大允许载荷，可由有关手册或产品样本查得；

$F_{C}^{(3)}$——三相短路时作用于绝缘子上的计算力（母线平放于绝缘子上时，$F_{C}^{(3)}=F^{(3)}$；母线竖放于绝缘子上时，$F_{C}^{(3)}=1.4F^{(3)}$。

硬母线的动稳定校验条件为

$$\sigma_{a} \geqslant \sigma_{C}$$

式中 σ_{a}——母线材料的最大允许应力（硬铜母线 $\sigma_{a}=140\text{MPa}$，硬铝母线 $\sigma_{a}=70\text{MPa}$）；

σ_{C}——母线通过 $i_{ch}^{(3)}$ 时所受到的最大计算应力。

σ_{C} 的计算方法是：

$$\sigma_{C}=\frac{M}{W}$$

式中 M——母线通过 $i_{ch}^{(3)}$ 时所受到的弯曲力矩［母线档数为 1～2 时，$M=F^{(3)}\ l/8$；母线档数大于 2 时，$M=F^{(3)}\ l/10$（l 为母线的档距）］；

W——母线的截面系数［母线水平排列时，$W=b^{2}h/6$（b 和 h 分别为母线截面的水平宽度与垂直高度）］。

下列几种情况可不校验热稳定或动稳定。

① 用熔断器保护的电器，其热稳定由熔断时间保证，故可不校验热稳定。

② 采用限流熔断器保护的设备，可不校验动稳定。

③ 装设在电压互感器回路中的裸导体和电气设备可不校验动稳定、热稳定。

（3）短路电流计算条件

为使所选电气设备具有足够的可靠性、经济性和合理性，并在一定时期内适应电力系统发展的需要，作校验用的短路电流应按下列条件确定。

① 容量和接线按本工程设计最终容量计算，并考虑电力系统远景发展规划（一般为本工程建成后 5～10 年）；其接线应采用可能发生最大短路电流的正常接线方式，但不考虑在切换过程中可能短时并列的接线方式。

② 短路种类一般按三相短路验算，若其他种类短路较三相短路严重时，则应按最严重的情况验算。

③ 计算短路点时，选择通过电器的短路电流为最大的那些点为短路计算点。

（4）短路计算时间

校验热稳定的等值计算时间 t_{im} 为周期分量等值时间 $t_{im\cdot p}$ 及非周期分量等值时间 $t_{im\cdot np}$ 之和。对无穷大容量系统，$I''=I_{\infty}$，显然 $t_{im\cdot p}$ 和短路电流持续时间相等，按继电保护装置动作时间 t_{op} 和相应断路器的全开断时间 t_{oc} 之和计算，即

$$t_{im\cdot p}=t_{op}+t_{oc}$$

式中 t_{oc}——断路器全开断时间（包括断路器固有分闸时间和断路器开断时电弧持续时间，少油断路器的电弧持续时间为 0.04～0.06s，SF_6 断路器和空气断路器的电弧

持续时间为0.02～0.04s)；

t_{op}——保护动作时间。

开断电器应能在最严重的情况下开断短路电流，考虑到主保护装置拒动等原因，按最不利情况取后备保护的动作时间。

二、高压断路器、隔离开关的选择

1. 高压断路器的选择

高压断路器选择及校验条件有额定电压、额定电流、热稳定校验、动稳定校验等。

(1) 种类与形式的选择

应根据断路器的安装场所环境与使用条件选择种类与形式。少油断路器制造简单、价格便宜、维护工作量较少，在3～220kV系统中应用较广。但近年来，真空断路器在35kV及以下电力系统中得到了广泛应用，有取代油断路器的趋势。SF_6断路器也已在向中压10～35kV发展，并获得了广泛应用。

高压断路器的操动机构大多数由制造厂配套供应，仅部分少油断路器(有电磁式、弹簧式或液压式等几种形式)的操动机构可供选择。一般电磁式操动机构需配专用的直流合闸电源，但其结构简单可靠；弹簧式操动结构比较复杂，调整要求较高；液压式操动机构加工精度要求较高。操动机构的形式，可根据安装调试方便和运行可靠性进行选择。

(2) 额定电压的选择

断路器的额定电压U_N应等于或大于所在电网的额定电压U_{Ns}，即

$$U_N \geqslant U_{Ns}$$

(3) 额定电流的选择

断路器的额定电流I_N应等于或大于电路中的最大长期工作电流I_{Lmax}，即

$$I_N \geqslant I_{Lmax}$$

(4) 额定开断电流的选择

制造厂给定的断路器的额定开断电流I_{Nk}不小于断路器灭弧触头刚分离瞬间电路内短路电流的有效值I_{kt}，即

$$I_{Nk} \geqslant I_{kt}$$

为了确定I_{kt}，应正确选择短路计算点、短路类型以及短路计算时间$t_k = t_{op} + t_{oc}$。

对于设有快速保护装置($t_{op} \leqslant 0.05s$)的高速断路器($t_{oc} \leqslant 0.04s$)，$t_k < 0.1s$，其开断短路电流应考虑非周期分量的影响。对于设有快速保护装置($t_{op} \leqslant 0.05s$)的非高速断路器($t_{oc} \approx 0.05 \sim 0.15s$)，$t_k \approx 0.1 \sim 0.2s$，此时短路非周期分量电流接近衰减完毕。

(5) 短路关合电流的选择

在断路器合闸之前，若线路上已存在短路故障，则在断路器合闸过程中，动、静触头间在未接触时即有巨大的短路电流通过(预击穿)，更容易发生触头熔焊和遭受电动力的损坏。另外，断路器在关合短路电流时，不可避免地在接通后又自动跳闸，此时还要求能够切断短路电流。因此，额定关合电流是断路器的重要参数之一。为了保证断路器在关合短路时的安全，断路器的额定关合电流i_{Nd}不应小于短路电流最大冲击值i_{ch}，即

$$i_{Nd} \geqslant i_{ch}$$

(6) 额定断流容量的选择

制造厂给定的断路器额定断流容量S_{Nk}不应小于短路功率S_{kt}，即

$$S_{Nk} \geqslant S_{kt}$$

其中，$S_{Nk}=\sqrt{3}U_N I_{Nk}$，$S_{kt}=\sqrt{3}U_N I_{kt}$。

（7）高压断路器在短路时的动稳定性校验

制造厂给定的能保证机械稳定性的极限通过电流瞬时值 i_{max} 或有效值 I_{max} 应不小于三相短路冲击电流 $i_{ch}^{(3)}$ 或 $I_{ch}^{(3)}$，即 $i_{max} \geqslant i_{ch}^{(3)}$ 或 $I_{max} \geqslant I_{ch}^{(3)}$ 便能满足短路时动稳定性的要求。

（8）高压断路器在短路时的热稳定性校验

制作厂给定的高压断路器在 t 秒（1s 或 4s、5s、10s）内允许通过的热稳定电流 I_{Nt} 产生的发热效应 $I_{Nt}^2 t$ 应不小于短路时产生的热效应 Q_{kt}，即

$$I_{Nt}^2 t \geqslant Q_{kt}$$

其中，$Q_{kt}=Q_p+Q_{np}=I_{\infty}^2 t_{im}$。

那么，为保证热稳定要求应满足的条件是：

$$I_{Nt}^2 t \geqslant I_{\infty}^2 t_{im}$$

2. 隔离开关的选择

隔离开关应根据额定电压、额定电流、安装地点、结构形式进行选择，此外还需要校验短路时的动稳定和热稳定。选择的方法和要求与选择断路器相同，但不需校验其断路能力。

应注意隔离开关的种类和形式的选择，尤其室外隔离开关的形式较多，对配电装置的布置和占地面积影响很大，因此其形式应根据配电装置特点和要求以及技术经济条件来确定，如表 7-4 所示。

表 7-4 隔离开关选择参考表

使用场合		特 点	参考型号
室内	室内配电装置成套高压开关柜	三级，10kV 以下	GN2、GN6、GN8、GN19
	发电机回路，大电流回路	单极，大电流 3000～13000A	GN10
		三级，15kV，200～600A	GN11
		三级，10kV，大电流 2000～3000A	GN18、GN22、GN2
		单极，插入式结构，带封闭罩 20kV，大电流 10000～13000A	GN14
室外	220kV 及以下各型配电装置	双柱式，220kV 及以下	GW4
	高型配电装置，硬母线布置	V 形，35～110kV	GW5
	硬母线布置	单柱式，220～500kV	GW6
	20kV 及以上中型配电装置	三柱式，220～500kV	GW7

三、互感器的选择

1. 电流互感器的选择

（1）电流互感器一次额定电压和电流的选择

电流互感器一次额定电压和电流选择时应满足：

$$U_{N1} \geqslant U_{Ns}$$
$$I_{N1} \geqslant I_{max}$$

式中 U_{N1}、I_{N1}——电流互感器的一次额定电压和一次额定电流。

为了确保所供测量仪表的准确度，电流互感器的一次额定电流应尽可能与最大工作电流接近。

（2）二次额定电流的选择

电流互感器的二次额定电流有 5A 和 1A 两种，一般强电系统用 5A，弱电系统用 1A。

（3）电流互感器种类和形式的选择

在选择电流互感器时，应根据安装地点（如室内、室外）和安装方式(如穿墙式、支持式、装入式等）选择相适应的类别和形式。选用母线型电流互感器时，应注意校核窗口尺寸。

（4）电流互感器准确级的选择

为保证测量仪表的准确度，电流互感器的准确级不得低于所供测量仪表的准确级。例如，装于重要回路（如发电机、调相机、变压器、厂用馈线、出线等）中的电能表和计费的电能表一般采用0.5～1级表，相应的电流互感器的准确级不应低于0.5级；对测量精度要求较高的大容量发电机、变压器、系统干线和500kV级宜用0.2级。供运行监视、估算电能的电能表和控制盘上仪表一般皆用1～1.5级的，相应的电流互感器的准确级应为0.5～1级。供只需估计电参数仪表的电流互感器可用3级。当所供测量仪表要求不同准确级时，应按相应最高级别来确定电流互感器的准确级。

（5）二次容量或二次负载的校验

为了保证电流互感器的准确级，电流互感器二次侧所接实际负载 Z_{21} 或所消耗的实际容量 S_2 应不大于该准确级所规定的额定负载 Z_{N2} 或额定容量 S_{N2}（Z_{N2} 及 S_{N2} 均可从产品样本查到)，即

$$S_{N2} \geqslant S_2 \text{ 或 } Z_{N2} \geqslant Z_{21}$$

其中 $S_2 = I_{N2}^2 Z_{21}$

$$Z_{21} \approx R_{wi} + R_{tou} + R_m + R_r$$

式中　R_m、R_r——电流互感器二次回路中所接仪表内阻的总和与所接继电器内阻的总和，可由产品样本中查得；

R_{wi}——电流互感器二次连接导线的电阻；

R_{tou}——电流互感器二次连线的接触电阻，一般取为0.1Ω。

整理可得

$$R_{wi} \leqslant \frac{S_{N2} - I_{N2}^2 (R_{tou} + R_m + R_r)}{I_{N2}^2}$$

因为

$$A = \frac{l_{ca}}{\gamma R_{wi}}$$

所以

$$A \geqslant \frac{l_{ca}}{\gamma (Z_{N2} - R_{tou} - R_m - R_r)} \tag{7-23}$$

式中　A、l_{ca}——电流互感器二次回路连接导线截面积及计算长度，mm^2 和 mm。

按规程要求连接导线应采用截面积不小于 $1.5mm^2$ 的铜线，实际工作中常取 $2.5mm^2$ 的铜线。当截面积选定之后，即可计算出连接导线的电阻 R_{wi}。有时也可先初选电流互感器，在已知其二次侧连接的仪表及继电器型号的情况下，利用式(7-23）确定连接导线的截面积。但必须指出，只用一台电流互感器时，电阻的计算长度应取连接长度2倍，如用三台电流互感器接成完全星形接线时，由于中线电流近于零，则只取连接长度为电阻的计算长度。若用两台电流互感器接成不完全星形接线时，其二次公用线中的电流为两相电流之相量和，其值与相电流相等，但相位差为60°，故应取连接长度的$\sqrt{3}$倍为电阻的计算长度。

（6）热稳定和动稳定校验

① 电流互感器的热稳定校验只对本身带有一次回路导体的电流互感器进行。电流互感器热稳定能力是根据其热稳定倍数 K_t 进行的。热稳定倍数 K_t 是指在规定时间（通常取1s、5s或10s）内所允许通过电流互感器的热稳定电流 I_t 与其一次额定电流 I_{N1} 之比，即

$$K_t=\frac{I_t}{I_{N1}}$$

故热稳定应按下式校验：

$$(K_t I_{N1})^2 t \geqslant I_\infty^2 t_{im}$$

式中　I_∞、t_{im}——短路稳态电流值及热效应等值计算时间。

② 电流互感器内部动稳定能力，是根据其动稳定倍数 K_D 进行的。热稳定倍数 K_D 是指当系统短路时允许通过电流互感器的动稳定电流的幅值 i_{max} 与其一次额定电流幅值之比，即

$$K_D=\frac{i_{max}}{\sqrt{2} I_{N1}}$$

故内部动稳定可用下式校验：

$$\sqrt{2} K_D I_{N1} \geqslant i_{ch}$$

式中　i_{ch}——故障时可能通过电流互感器的最大三相短路电流冲击值。

由于邻相之间电流的相互作用，使电流互感器绝缘瓷帽上受到外力的作用，因此，对于瓷绝缘型电流互感器应校验瓷套管的机械强度。瓷套管上的作用力可由一般电动力公式计算，故外部动稳定应满足：

$$F_{al} \geqslant 0.5 \times 1.73 \times 10^{-7} \times i_{ch}^2 \frac{l}{a}$$

式中　F_{al}——作用于电流互感器瓷帽端部的允许力；

l——电流互感器出线端至最近一个母线支柱绝缘子之间的跨距；

系数 0.5——互感器瓷套端部承受该跨上电动力的一半。

当按热稳定性和动稳定性校验条件不满足时，则应选择一次额定电流较大一级的电流互感器，再进行稳定性校验。

2. 电压互感器的选择

(1) 电压互感器一次额定电压的选择

为了确保电压互感器安全和在规定的准确级下运行，电压互感器一次绕组所接电网电压应在 $(1.1\sim0.9)U_{N1}$ 范围内变动，即满足下列条件：

$$1.1U_{N1} > U_{Ns} > 0.9U_{N1}$$

式中　U_{N1}——电压互感器一次额定电压。

选择时，满足 $U_{N1}=U_{Ns}$ 即可。

(2) 电压互感器二次额定电压的选择

电压互感器二次额定线间电压为 100V，要和所接用的仪表或继电器相适应。

(3) 电压互感器种类和形式的选择

电压互感器的种类和形式应根据装设地点和使用条件进行选择。例如，在 6～35kV 室内配电装置中，一般采用油浸式或浇注式；110～220kV 配电装置通常采用串级式电磁式电压互感器；220kV 及其以上配电装置，当容量和准确级满足要求时，也可采用电容式电压互感器。

(4) 电压互感器准确级的选择

有关电压互感器准确级的选择原则，可参照电流互感器准确级选择。一般供功率测量、电能测量以及功率方向保护用的电压互感器应选择 0.5 级或 1 级，只供估计被测值的仪表和一般电压继电器选用 3 级电压互感器为宜。

(5) 电压互感器额定二次容量的选择

首先根据仪表和继电器接线要求选择电压互感器接线方式，并尽可能将负荷均匀分布在各相上，然后计算各相负荷大小，按照所接仪表的准确级和容量选择电压互感器的准确级和额定容量。电压互感器的额定二次容量（对应于所要求的准确级）S_{N2}，应不小于电压互感器的二次负荷 S_2，即

$$S_{N2} \geqslant S_2$$

$$S_2=\sqrt{(\sum S_0\cos\varphi)^2+(\sum S_0\sin\varphi)^2}=\sqrt{(\sum P_0)^2+(\sum Q_0)^2}$$

式中 S_0、P_0、Q_0——各仪表的视在功率、有功功率和无功功率；

$\cos\varphi$——各仪表的功率因数。

如果各仪表和继电器的功率因数相近，或为了简化计算起见，也可以将各仪表和继电器的视在功率直接相加，得出大于 S_2 的近似值，它若不超过 S_{N2}，则实际值更能满足 $S_{N2} \geqslant S_2$ 的要求。

由于电压互感器三相负荷常不相等，为了满足准确级要求，通常以最大相负荷进行比较。计算电压互感器各相的负荷时，必须注意电压互感器和负荷的接线方式。

四、高压熔断器的选择

高压熔断器按额定电压、额定电流、开断电流和选择性等来选择和校验。

1. 额定电压的选择

对于一般的高压熔断器，其额定电压 U_N 必须大于或等于电网的额定电压 U_{Ns}，即

$$U_N \geqslant U_{Ns}$$

但是对于充填石英砂有限流作用的熔断器，则不宜使用在低于熔断器额定电压的电网中。这是因为限流式熔断器灭弧能力很强，在短路电流达到最大值之前就将电流截断，致使熔体熔断时因截流而产生过电压，其过电压倍数与电路参数及熔体长度有关。一般在 $U_{Ns}=U_N$ 的电网中，过电压倍数为 2～2.5 倍，不会超过电网中电气设备的绝缘水平；但如在 $U_{Ns}<U_N$ 的电网中，因熔体较长，过电压值可达 3.5～4 倍相电压，可能损害电网中的电气设备。

2. 额定电流的选择

对于熔断器，其额定电流包括熔断器载流部分与接触部分发热所依据的电流、熔体发热所依据的电流，前者称为熔管的额定电流，后者称为熔体的额定电流。同一熔管可装配不同额定电流的熔体，但要受熔管额定电流的限制。

(1) 熔管额定电流的选择

为了保证熔断器载流部分及接触部分不致过热和损坏，高压熔断器的熔管额定电流应满足：

$$I_{NFT} \geqslant I_{NFE}$$

式中 I_{NFT}——熔管的额定电流；

I_{NFE}——熔体的额定电流。

(2) 熔体额定电流的选择

为了防止熔体在通过变压器励磁涌流和保护范围以外的短路及电动机自启动等冲击电流时误动作，对于保护 35kV 及以下电力变压器的高压熔断器，其熔体的额定电流可下式选择：

$$I_{NFE}=KI_{max}$$

式中　K——可靠系数（不计电动机自启动时 $K=1.1\sim1.3$，考虑电动机自启动时 $K=1.5\sim2.0$）；

I_{max}——电力变压器回路最大工作电流。

对于用于保护电力电容器的高压熔断器，当系统电压升高或波形畸变引起回路电流增大或运行过程中产生涌流时不应误熔断，其熔体按下式选择：

$$I_{NFE}=KI_{NC}$$

式中　K——可靠系数（对限流式高压熔断器，当一台电力电容器时 $K=1.5\sim2.0$，当一组电力电容器时 $K=1.3\sim1.8$）；

I_{NC}——电力电容器回路的额定电流。

熔体的额定电流应按高压熔断器的保护熔断特性选择，并满足保护的可靠性、选择性和灵敏度要求。

3. 熔断器开断电流校验

熔断器的额定开断电流为

$$I_{Nbr}\geqslant I_{ch}（或 I''）$$

式中　I_{Nbr}——熔断器的额定开断电流。

对于没有限流作用的熔断器，选择时用冲击电流的有效值 I_{ch} 进行校验；对于有限流作用的熔断器，在电流达到最大值之前已截断，故可不计非周期分量影响，而采用 I''进行校验。

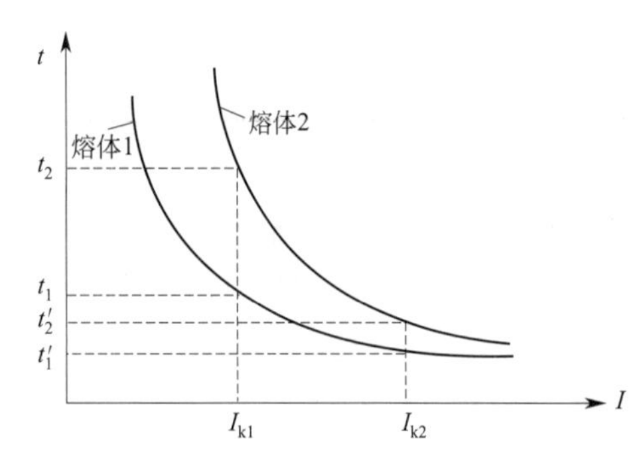

图 7-7　熔断器的安秒特性曲线

4. 熔断器选择性校验

为了保证前后两级熔断器之间或熔断器与电源（或负荷）保护装置之间动作的选择性，应进行熔体选择性校验。各种型号熔断器的熔体熔断时间可由制造厂提供的安秒特性曲线上查出。如图 7-7 所示为两个不同熔体的安秒特性曲线（$I_{Nfs1}<I_{Nfs2}$），同一电流同时通过这两个熔体时，熔体 1 先熔断。为保证动作的选择性，前一级熔体应采用熔体 1，后一级熔体应采用熔体 2。

保护电压互感器用的高压熔断器，只需按额定电压及断流容量来选择，其熔体不按额定电流选择而按熔体的机械强度选择。因为其负荷电流太小，若按负荷电流选择，则熔体截面积太小。若熔体过细，在安装时容易折断。

由于高压熔断器熔断时间很短，故由高压熔断器保护的电气设备不进行短路校验。

五、支柱绝缘子和穿墙套管的选择

1. 绝缘子

绝缘子俗称为绝缘瓷瓶，它广泛地应用在发电厂和变电所的配电装置、变压器、各种电器以及输电线之中。绝缘子用来支持和固定裸载流导体，并使裸载流导体与地绝缘，或者用于使装置和电气设备中处在不同电位的载流导体间相互绝缘。因此，要求绝缘子必须具有足够的电气绝缘强度、机械强度、耐热性和防潮性等。绝缘子按安装地点，可分为室内（户内）式和室外（户外）式两种；按结构用途，可分为支柱绝缘子和套管绝缘子。

支柱绝缘子分为室内式和室外式两种。室内式支柱绝缘子广泛应用在3～110kV各种电压等级的电网中，有外胶装式、内胶装式及联合胶装式等三种；室外支柱绝缘子有针式和实心棒式两种。

套管绝缘子简称为套管，按安装地点可分室内式和室外式两种。室内式套管绝缘子根据载流导体的特征可分为三种形式：采用矩形截面的载流导体型、采用圆形截面的载流导体型和母线型。前两种套管载流导体与其绝缘部分制作成一个整体，使用时由载流导体两端与母线直接相连。而母线型套管本身不带载流导体，安装使用时，将原载流母线装于该套管的矩形窗口内。室外式套管绝缘子用于将配电装置中的室内载流导体与室外载流导体之间的连接处，例如线路引出端或室外式电器由接地外壳内部向外引出的载流导体部分。因此，室外式套管绝缘子两端的绝缘分别按室内外两种要求设计。

2. 支柱绝缘子及穿墙套管的选择与校验

支柱绝缘子和穿墙套管的选择和校验项目如表7-5所示。

表7-5　支柱绝缘子与穿墙套管的选择和校验项目

项目	额定电压	额定电流	热稳定	动稳定
支柱绝缘子	$U_N \geqslant U_{Ns}$			$F_{al} \geqslant F_{ca}$
穿墙套管		$I_N \geqslant I_{max}$	$I_t^2 t \geqslant I_\infty^2 t_{im}$	

支柱绝缘子及穿墙套管的动稳定性应满足下式要求：

$$F_{al} \geqslant F_{ca}$$

式中　F_{al}　支柱绝缘子或穿墙套管的允许荷重（可按生产厂家给出的破坏荷重的60%考虑），N；

F_{ca}——加于支柱绝缘子或穿墙套管上的最大计算力，N。

F_{ca}即最严重短路情况下作用于支柱绝缘子或穿墙套管上的最大电动力。由于母线电动力是作用在母线截面中心线上的，而支柱绝缘子的抗弯破坏荷重是按作用在绝缘子帽上给出的，两者力臂不等，短路时作用于绝缘子帽上的最大计算力为

$$F_{ca}=\frac{H}{H_1}F_{max}$$

式中　F_{max}——最严重短路情况下作用于母线上的最大电动力，N；

H_1——支柱绝缘子高度，mm；

H——从绝缘子底部至母线水平中心线的高度，mm。

F_{max}的计算说明：布置在同一平面内的三相母线发生短路时，支柱绝缘子所受的力为

$$F_{max}=1.73^{i_{sh}^2\frac{L_{ca}}{a}\times10^{-7}}$$

式中　a——母线间距，m；

L_{ca}——计算跨距，m。

对母线中间的支柱绝缘子，L_{ca}取相邻跨距之和的一半；对母线端头的支柱绝缘子，L_{ca}取相邻跨距的一半；对穿墙套管，L_{ca}则取套管长度与相邻跨距之和的一半。

六、母线和电缆的选择与校验

1. 母线的选择与校验

母线一般按母线材料、类型与布置方式、导体截面积、热稳定、动稳定等进行选择和校

验。对于110kV以上母线还要进行电晕的校验，对重要回路的母线还要进行共振频率的校验。

（1）母线材料、类型和布置方式

配电装置的母线常用导体材料有铜、铝和钢。铜的电阻率低，机械强度大，抗腐蚀性能好，但价格较贵。一般情况下，优先选用铝母线。只有在持续工作电流大、出线位置特别狭窄或污秽、对铝有严重腐蚀而对铜腐蚀较轻的场所，才使用铜导体。

常用的硬母线截面有矩形、槽形和管形。矩形母线常用于35kV及以下、工作电流小于4000A的配电装置中。槽形母线机械强度好，载流量较大，集肤效应系数也较小，一般用于4000～8000A的配电装置中。管形母线集肤效应系数小，机械强度高，管内还可通风和通水冷却，可用于8000A以上的大电流母线。

为了减少集肤效应，并考虑到母线的机械强度，通常矩形母线边长之比为1/5～1/12，单条矩形截面积最大不应超过1250mm^2。当持续工作电流超过单条导体允许载流量时，可将2～4条矩形导体并列使用。由于多条矩形导体的集肤效应系数比单条导体的大，使附加损耗增大，尤其是每相三条以上时，导体的集肤效应系数显著增大，故一般避免采用4条矩形导体并列使用。

母线的散热性能和机械强度与母线的布置方式有关。三相水平布置、导体竖放与三相水平布置、导体平放相比，前者散热好、载流量大，但机械强度较低；后者反之。若三相垂直布置且导体竖放，则兼顾了上述两种布置方式的优点，即载流量大、机械强度高，但配电装置高度有所增加且固定困难。因此，导体的布置方式应根据载流量大小、短路电流大小和配电装置的具体情况而定。

（2）母线截面积的选择

除配电装置的汇流母线及较短导体（20m以下）按最大长期工作电流选择截面积外，其余导体的截面积一般按经济密度选择。

① 按最大长期工作电流选择　母线长期发热的允许电流 I_{al}，应不小于所在回路的最大长期工作电流 I_{max}，即

$$KI_{al} \geqslant I_{max} \tag{7-24}$$

式中　I_{al}——相对于母线允许温度和标准环境条件下导体长期允许电流；

K——综合修正系数，与环境温度和导体连接方式等有关。

② 按经济电流密度选择　按经济电流密度选择母线截面积可使年综合费用最低，年综合费用包括电流通过导体所产生的年电能损耗费、导体投资和折旧费、利息等。从降低电能损耗角度看，母线截面积越大越好；而从降低投资、折旧费和利息的角度看，则希望母线截面积越小越好。综合这些因素，使年综合费用最小时所对应的母线截面积称为母线的经济截面积，对应的电流密度称为经济电流密度。

按经济电流密度选择母线截面积按下式计算：

$$S_{ec} = \frac{I_{max}}{J_{ec}} \tag{7-25}$$

式中　I_{max}——通过导体的最大工作电流；

J_{ec}——经济电流密度。

在选择母线截面积时，应尽量接近按式(7-25)计算所得到的截面积。当无合适规格的导体时，为节约投资，允许选择小于经济截面积的导体，并要求同时满足式(7-24)的要求。

（3）母线的热稳定校验

按正常电流及经济电流密度选出母线截面积后，还应进行热稳定校验。满足热稳定要求的导体最小截面积为

$$S_{\min}=\frac{I_{\infty}}{C}\sqrt{t_{\mathrm{im}}K_{\mathrm{s}}}$$

式中 I_{∞}——短路电流稳态值，A；

K_{s}——集肤效应系数（对于矩形母线截面积在 $100\mathrm{mm}^2$ 以下，$K_{\mathrm{s}}=1$）；

t_{im}——热稳定计算假想时间；

C——热稳定系数。

（4）母线的动稳定校验

各种形状的母线通常都安装在支柱绝缘子上，当冲击电流通过母线时，电动力将使母线产生弯曲应力，因此必须校验母线的动稳定性。

安装在同一平面内的三相母线，其中间相受力最大，即

$$F_{\max}=1.732\times10^{-7}K_{\mathrm{f}}i_{\mathrm{sh}}^{2}\frac{l}{a}$$

式中 K_{f}——母线形状系数（当母线相间距离远大于母线截面周长时，$K_{\mathrm{f}}=1$）；

l——母线跨距，m；

a——母线相间距，m。

母线通常每隔一定距离由绝缘子自由支撑着。因此当母线受电动力作用时，可以将母线看成一个多跨距载荷均匀分布的梁。当跨距段在两段以上时，其最大弯曲力矩为

$$M=\frac{F_{\max}l}{10}$$

若只有两段跨距，则有

$$M=\frac{F_{\max}l}{8}$$

式中 $F_{\max}$——一个跨距长度母线所受的电动力，N。

母线材料在弯曲时最大相间计算应力为

$$\sigma_{\mathrm{ca}}=\frac{M}{W}$$

式中 W——母线对垂直于作用力方向轴的截面系数（又称抗弯矩，其值与母线截面形状及布置方式有关），m^3。

要想保证母线不致弯曲变形而遭到破坏，必须使母线的计算应力不超过母线的允许应力，即母线的动稳定性校验条件为

$$\sigma_{\mathrm{ca}}\leqslant\sigma_{\mathrm{al}}$$

式中 σ_{al}——母线材料的允许应力，硬铝母线 $\sigma_{\mathrm{al}}=69\mathrm{MPa}$，硬铜母线 $\sigma_{\mathrm{al}}=137\mathrm{MPa}$。

如果在校验时 $\sigma_{\mathrm{ca}}\geqslant\sigma_{\mathrm{al}}$，则必须采取措施减小母线的计算应力，具体措施有：将母线由竖放改为平放；放大母线截面积，但会使投资增加；限制短路电流值能使 σ_{ca} 大大减小，但必须增设电抗器；增大相间距离 a；减小母线跨距 l 的尺寸。此时可以根据母线材料最大允许应力来确定绝缘子之间最大允许跨距为

$$l_{\max}=\sqrt{\frac{10\sigma_{\mathrm{al}}W}{F_{1}}}$$

式中 F_{1}——单位长度母线上所受的电动力，N/m。

当矩形母线水平放置时，为避免导体因自重而过分弯曲，所选取的跨距一般不超过 1.5～2m。考虑到绝缘子支座及引下线安装方便，常选取绝缘子跨距等于配电装置间隔的宽度。

2. 电缆的选择与校验

在高压供配电装置中，有时因出线数量太多而难以实现采用架空输电线路供电，或某些地点不宜敷设架空线，往往采用电力电缆。

电力电缆种类较多，如电压在35kV及以下的电力电缆有油浸纸绝缘电缆、橡皮绝缘电缆、交联聚乙烯绝缘聚氯乙烯护套电缆（又称全塑料电缆）等，电压在35kV以上的电力电缆有充油电缆、静油电缆、充气电缆和气压电缆等。它们在结构上的共同之处是都由导电线芯、绝缘层和保护层三部分组成，如图7-8所示。

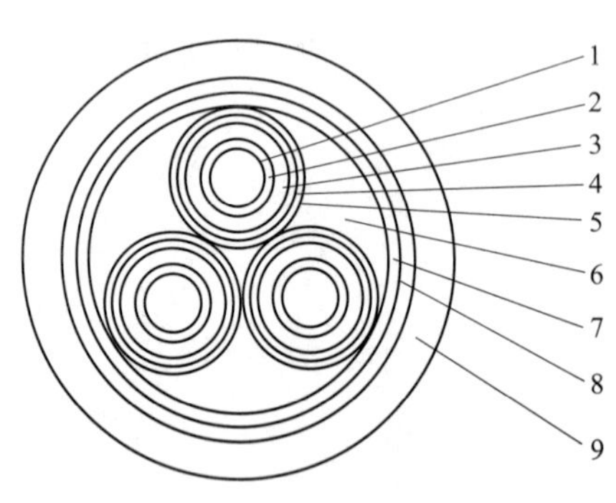

图7-8　交联聚乙烯绝缘电缆结构示意图
1—导电线芯；2—导体屏蔽；3—交联聚乙烯绝缘；4—绝缘屏蔽；5—金属屏蔽；6—填充；7—内衬层；8—铠装层；9—外护套

导电线芯的主要作用是输送电流，采用高电导率的铜和铝制成多股绞线，截面形状有圆形、弓形和扇形几种。10kV及以下的电缆单芯截面为圆形，两芯电缆截面采用弓形，三芯或四芯电缆采用扇形，这样可以减小电缆外径，从而节约绝缘层与保护层的材料。

绝缘层用于使导体与导体间以及导体与保护层间互相绝缘。油浸纸绝缘电缆的绝缘层主要是用一定厚度的青壳纸带在导体或多根芯线外面多层绕包，然后在变压器油和松香组成的黏性浸渍剂中浸渍而成的。

保护层又分为内保护层和外保护层。内保护层一般采用铅皮或铝皮沿电缆全长无缝包在线芯外面组成。其主要作用是防止绝缘层受潮和漏油，保证电缆的绝缘强度。外保护层主要作用是保护内保护层不受外界的机械损伤和化学腐蚀。外保护层又分为以下三层。

① 内衬垫层：一般用浸以沥青的黄麻或电缆纸包绕而成。保护密封层不受外部钢铠的机械损伤和周围介质的化学作用。

② 钢铠层：承受外力，保护电缆不受机械损伤。

③ 外皮层：保护钢铠不受外界腐蚀。它由一层浸渍的电缆麻和两层沥青混合物组成。

（1）按结构类型选择（即选择电缆的型号）

根据电缆用途、电缆敷设方法和场所，选择电缆的芯数、芯线的材料、绝缘的种类、保护层的结构以及电缆的其他特征，最后确定电缆的型号。常用的电力电缆有油浸纸绝缘电缆、塑料绝缘电缆和橡皮绝缘电缆等。

（2）按额定电压选择

可按照电缆的额定电压 U_N 不低于敷设地点电网额定电压 U_{Ns} 的条件选择，即

$$U_N \geqslant U_{Ns}$$

（3）按电缆截面积选择

一般根据最大长期工作电流选择，但是对有些回路（如发电机、变压器回路），其年最大负荷利用小时数超过5000h，且长度超过20m时，应按经济电流密度来选择。

① 按最大长期工作电流选择　电缆长期发热的允许电流 I_{al}，应不小于所在回路的最大长期工作电流 I_{max}，即

$$KI_{al} \geqslant I_{max}$$

式中　I_{al}——相对于电缆允许温度和标准环境条件下导体长期允许电流；

K——综合修正系数。

② 按经济电流密度选择　对于全年平均负荷和传输容量较大、电缆较长的大功率线路来说，其运行费用相当可观，必须从经济上考虑截面积的选择。电缆的运行费用与截面积的

关系如图 7-9 所示。曲线 1 为全年的电能损耗费，它随截面积的增大而减少。曲线 2 为电缆和附属设备的全年维修和折旧费，它随截面积的增大而增大。曲线 3 为全年运行费用，它为曲线 1、2 之和。显然当截面积为 S_j 时，全年总运行费用最少，S_j 就称为经济截面积。

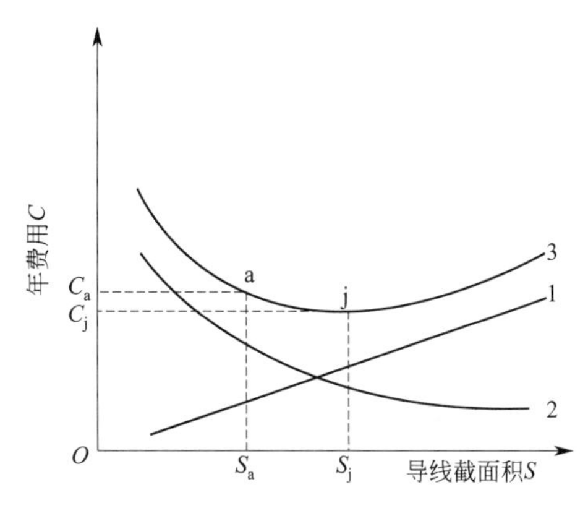

图 7-9 年运行费与电缆截面积的关系

电缆的年电能损耗是随全年平均负荷的不同而变化的（曲线 1 变化），因此得到的经济截面积也不同。电缆的负荷状态通常用最大负荷利用小时 T_{max} 来表示，即假定全部以最大负荷工作时，它在 T_{max} 小时内的能耗与实际负荷在一年（8760h）内造成的能耗相同。很明显 $T_{max} \leqslant 8760h$，一般取 $T_{max}=3000 \sim 5000h$。经济电流密度 j_{ec} 是与最大负荷利用小时成反比变化的，其数值如表 7-6 所示。

表 7-6 经济电流密度 j_{ec} 单位：A/mm^2

导体种类	最大负荷利用		
	3000h 以下	3000～5000h	5000h 以上
铜裸导线和母线	3.0	2.25	1.75
铝裸导线和母线	1.65	1.15	0.9
铜芯电缆	2.5	2.25	2.0
铝芯电缆	1.92	1.73	1.54

按经济电流密度 j_{ec} 选择电缆截面积应满足如下关系：

$$S_j=\frac{I_L}{j_{ec}}$$

式中 I_L——正常工作情况下电路的长期工作电流（不考虑任何过负荷）。

按经济电流密度选出的电缆，还必须按最大长期工作电流校验。

考虑到电缆正常负荷的发热、电流集肤效应及敷设时弯曲方便，所选择的电缆芯线截面积超过 $150mm^2$ 时，电缆的经济根数 n 由下式决定：

$$n=\frac{S_j}{150}$$

式中 S_j——选择电缆时计算得到的芯线截面积，mm^2。

按经济电流密度选出的电缆，还应决定经济合理的电缆根数，截面积 $S \leqslant 150mm^2$ 时，其经济根数为一根；当截面大于 $150mm^2$ 时，其经济根数可按 $S/150$ 决定。例如计算出 S_j 为 $200mm^2$，选择两根截面积为 $120mm^2$ 的电缆为宜。

为了不损伤电缆的绝缘层和保护层，电缆弯曲的曲率半径不应小于一定值（例如，三芯纸绝缘电缆的曲率半径不应小于电缆外径的 15 倍）。为此，一般避免采用芯线截面积大于 $185mm^2$ 的电缆。

（4）热稳定校验

电缆截面积热稳定的校验方法与母线热稳定校验方法相同。满足热稳定要求的最小截面积可按下式求得

$$S_{min}=\frac{I_{\infty}}{C}\sqrt{t_{im}}$$

式中 C——与电缆材料及允许发热有关的系数，如表 7-7 所示。

表 7-7 电缆热稳定系数 C 值

导体与绝缘种类 / 短路容许温度/℃ / 热稳定系数 C / 额定电压/kV	铜(油浸纸绝缘)			铝(油浸纸绝缘)		
	120	175	250	120	175	200
3～10	93.4	—	159	60.4	—	90
20～35	101.5	130	—	—	—	—

验算电缆热稳定的短路点按下列情况确定。

① 单根无中间接头电缆，选电缆末端短路；长度小于 200m 的电缆，可选电缆首端短路。

② 有中间接头的电缆，短路点选在第一个中间接头处。

③ 无中间接头的并列连接电缆，短路点选在并列点后。

(5) 电压损失校验

正常运行时，电缆的电压损失应不大于额定电压的 5%，即

$$\Delta U\%=\frac{\sqrt{3}I_{\max}\rho L}{U_{N}S}\times 100\%\leqslant 5\%$$

式中 S——电缆截面积，mm^2；

ρ——电缆导体的电阻率，铝芯 $\rho=0.035\Omega\cdot mm^2/m$ (50℃)，铜芯 $\rho=0.0206\Omega\cdot mm^2/m$ (50℃)。

复习思考题

1. 电气设备导体通过电流时发热的主要危害是什么?
2. 同一平面内三相载流导体所受电动力有什么特点?
3. 选择电气设备总的原则是什么?
4. 选择电气设备的一般方法步骤是什么?

第八章 二次接线

【学习目标】

1. 熟悉目前牵引变电所二次接线的结构体系、图纸类型。

2. 掌握二次接线的相关概念，理解展开式原理图的结构特点、读图方法，理解安装接线图的结构特点、读图方法。

3. 熟悉目前牵引变电所高压开关控制信号电路的结构体系、图纸类型与发展概况；掌握变电所信号装置的种类、内容、技术要求。能根据信号系统提供的信息判断故障。

4. 掌握综合自动化变电所中配用液压、弹簧、电动机等不同操动机构的高压开关控制信号电路的结构特点、工作原理。能够进行熟练读图、常见故障分析；理解高压开关的控制方法及其动作原理，掌握相关电路插件的连接关系。

第一节 二次接线概述

一、二次接线的概念、功能与分类

二次设备是指对一次设备的工作状态进行控制、保护、监视和测量的一系列低压、弱电设备，又称为辅助设备。二次设备包括测量、控制和信号装置，继电保护装置，自动装置，操作电源，控制电缆及熔断器等。二次设备通过电压互感器和电流互感器与一次设备取得电的联系。变电所中的二次设备按一定顺序相互连接而成的电路称为二次电路，也称为二次接线。

二次接线是供电系统电气接线的重要组成部分，它附属于一定的一次接线或一次设备，二次接线的基本任务是：反映一次设备的工作状况，控制一次设备；当一次设备发生故障时，能将故障部分迅速退出工作，以保持电力系统处在最佳运行状态。

二次接线按电流制分为直流回路和交流回路。按工作性质分为监视测量单元、控制单元、信号单元、调节单元、继电保护与自动装置单元、远动单元以及操作电源系统等几个部分。

1. 监视测量单元

它主要由测量元件及其相关回路组成。其作用是监视、测量一次设备的工作状态，以便运行人员掌握一次设备运行情况，为运行管理、事故分析提供参数。

2. 控制单元

它主要由控制开关、相应的控制继电器组成，其作用是对一次高压开关设备进行分合闸操作。控制单元按自动化程度可分为手动控制和自动控制两种，按控制距离可分为就地控制和距离控制两种，按操作电源性质可分为直流操作和交流操作两种。

3. 信号单元

变电所信号单元主要由开关设备的位置信号、继电保护和自动装置的动作信号和中央信号三部分组成。其主要作用是反映一次设备和二次设备的工作状态。

4. 调节单元

调节单元是指调节型自动装置，主要由测量机构、传送机构、调节器和执行机构组成。其作用是根据一次设备运行参数的变化，实时在线调节一次设备的工作状态，以满足运行要求。

5. 继电保护与自动装置单元

电力系统发生故障或出现不正常运行状态时，能够自动反应和处理故障。例如，测定故障的参数和位置，切除故障设备，投入备用设备等，这些设备统称为电力系统的继电保护与自动装置。继电保护与自动装置主要由继电保护装置、自动装置和相应的辅助元件组成。其作用是：自动判别一次设备的工作状态；在事故和不正常运行状态时，继电保护装置能够自动跳开断路器（切除故障）和消除不良状态并发出报警信号；当事故或不正常运行状态消失后，快速投入断路器，恢复系统正常运行。

6. 远动单元

为了完成变电所与调度所之间远距离信息的实时自动传输，必须应用远动技术，采用远动装置。远动技术即调度所与各被控端（包括变电所等）之间实现遥控、遥测、遥信和遥调技术的总称。远动化的主要任务：一是集中监视，提高安全经济运行水平。正常状态下实现合理的系统运行方式；事故时，及时了解事故的发生和范围，加快事故处理。二是集中控制，提高劳动生产率。调度人员可以借助远动装置进行遥控或遥调，实现无人化或少人化，并提高运行操作质量，改善运行人员的劳动条件。

变电所中的继电保护和远动装置属于二次接线范畴，但因为它们自成一个完整的体系，将其独立看待，专门研究。此处所讲的二次接线仅为变电所的控制、信号、监测等电路，不包括测控单元、继电保护单元的内部接线和原理。

7. 操作电源系统

操作电源系统主要由电源设备和供电网络组成，它包括直流电源系统和交流电源系统。其作用是供给上述各单元工作电源。变电所的操作电源多采用直流电源系统，简称为直流系统，部分小型变电所也可采用交流电源或整流电源（如硅整流电容储能或电源变换式直流系统）。

二、电气图形文字符号

电气图中元件、部件、组件、设备、装置、线路等一般采用图形符号、文字符号和项目代号来表示。图形符号、文字符号和项目代号可看成是电气工程语言中的“词汇”。阅读电气图，首先要了解和熟悉这些符号的形式、内容、含义，以及它们之间的相互关系。

1. 文字符号

在电气简图中，除了用图形符号来表示各种设备、元件等外，还在图形符号旁标注相应的文字符号，以区分不同的设备、元件，以及同类设备或元件中不同功能的设备或元件。

文字符号分为基本文字符号和辅助文字符号。基本文字符号分为单字母符号和双字母符号。

① 单字母符号。单字母符号是用拉丁字母将各种电气设备、装置和元器件划分为23大类，每大类用一个专用单字母符号表示。由于拉丁字母“I”和“O”易同阿拉伯数字“1”和“0”混淆，因此不把它们作为单独的文字符号使用。字母“J”也未采用。

② 双字母符号。双字母符号由一个表示种类的单字母符号与另一字母组成，其组合形式是以单字母符号在前、另一字母在后的次序列出。只有当用单字母符号不能满足要求，需要将大类进一步划分时，才采用双字母符号，以便较详细和更具体地表述电气设备、装置和元器件。

③ 辅助文字符号。辅助文字符号是用以表示电气设备、装置和元器件以及线路的功能、状态和特征的，通常是由英文单词的前一两个字母构成的。辅助文字符号一般放在基本文字符号的后边，构成组合文字符号，也可单独使用，如“ON”表示接通，“OFF”表示关闭。

文字符号的组合形成一般为

基本符号＋辅助符号＋数字序号

例如，第3组熔断器，其符号为FU3（或FU_3）；第2个接触器，其符号为KM2（或KM_2）。

2. 图形符号

通常用于图样或其他文件以表达一个设备或概念的图形、标记或字符，统称为图形符号。

电气图中所用的图形符号主要是一般符号和方框符号。

① 一般符号。一般符号是用于表示一类产品和此类产品特征的一种通常很简单的符号。

② 方框符号。方框符号是用于表示元件、设备等的组合及其功能的一种简单图形符号。既不给出元件、设备的细节，也不考虑所有连接，例如正方形、长方形、圆形图形符号。

根据国家标准GB/T 4728《电气简图用图形符号》的规定，将电气图形符号分为13类，包含了1900个图形符号。

图形符号均是按无电压、无外力作用的正常状态表示的。所谓正常状态是指电气元件的受电量和非电气元件的受力量均未达到动作值的状态。例如，继电器、接触器的线圈未通电；断路器、隔离开关未合闸；按钮未按下；行程开关未到位等。

在选用图形符号时，应尽可能采用优选形；在满足需要的前提下，尽可能采用最简单的形式；在同一图号的图中只能选用同一种图形形式。大多数图形符号的取向是任意的。在不会引起错误理解的情况下，可根据图面布置的需要将符号旋转或取其镜像放置。

三、二次接线图的类型

用来表明二次设备的配置、相互连接关系和工作原理的电气接线图，称为二次电路图，即二次接线图。按照用途，一般将二次接线图分为归总式原理接线图、展开式原理接线图和安装接线图。

1. 归总式原理接线图

归总式原理接线图简称原理图，是以整体形式表示各二次设备之间的电气连接及其工作原理的接线图，一般与一次接线中有关部分画在一起。

原理图主要特点如下。

① 二次接线和一次接线的有关部分画在一起，且电气元件以整体形式来表示，能表明各二次设备的构成、数量及电气连接情况，图形直观形象，便于设计构思和记忆，并可清晰地表明二次接线对一次接线的辅助作用。

② 用统一的图形符号和文字符号表示，按动作顺序画出，便于分析整套装置的动作原理，能使人们对整套保护装置的工作原理有一个整体概念，是绘制展开式原理接线图等其他工程图的原始依据。

③ 其缺点是交、直流回路画在一起，连线交叉零乱，又没有元件间的内部连线、端子号码和回路的标号等。对于较复杂的装置很难用原理接线图表现出来，即使画出了图，也很难看清楚，安装接线时容易出差错，不便于现场查找回路及调试，依靠它排除故障较困难。

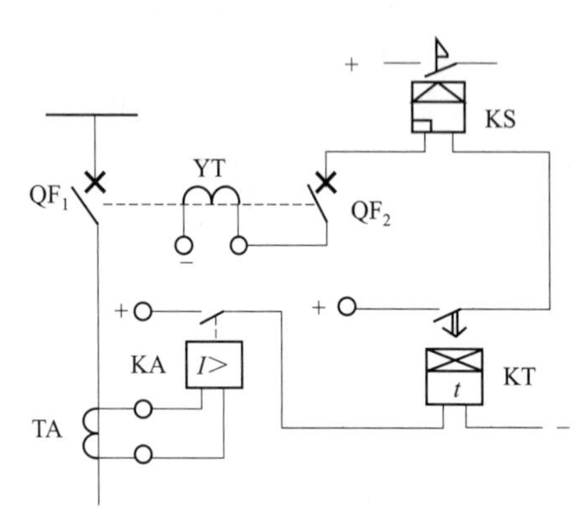

图 8-1　某输电线路过电流保护原理接线图

下面以图 8-1 所示某输电线路过电流保护原理接线图为例，说明这种接线图的特点。

由图 8-1 可见，过电流保护装置由一个电流继电器 KA、时间继电器 KT、信号继电器 KS 组成，并通过电流互感器 TA 和断路器分闸线圈 YT 与主电路联系在一起。正常时，由于负荷电流经电流互感器变流后流入电流继电器线圈的电流值小于 KA 的整定动作值，所以导致各继电器均处于正常状态，常开触点断开。断路器处于合闸位置（动作状态），其常开辅助触点闭合。

当一次电路发生短路故障时，馈线电流增大，TA 的二次电流也随之增大。当二次电流增大至 KA 的整定动作值时，KA 动作，其常开触点闭合，接通了 KT 线圈的直流回路，其带时限的常开触点延时闭合，使直流电源的正极经 KT 的常开触点、KS 的线圈、断路器常开辅助触点、断路器分闸线圈与直流电源的负极接通，分闸线圈受电，断路器操动机构动作，使断路器跳闸，自动切除故障线路。同时，信号继电器受电动作，其触点转换，发出分闸信号。

2. 展开式原理图

详细内容见本章第二节所述。

3. 安装接线图

详细内容见本章第三节所述。

第二节　展开式原理图

展开式原理接线图是将二次设备按其线圈和触点的接线回路展开分别画出，将整体形式的二次电路按其供电电源的性质不同，分解成交流电压、交流电流和直流回路等相对独立的部分，组成多个独立回路，表示二次电路设备配置、连接关系和工作原理的二次接线图，简称展开图。

一、展开式原理图的结构及特点

展开图的主要特点是以分散形式表示二次设备之间的电气连接。

① 按不同电源回路划分成多个独立回路。例如，直流回路与交流回路分开绘制。直流回路又分控制回路、测量回路、保护回路和信号回路等；交流回路又分为电流回路和电压回路。

② 同一元件的线圈、触点按其通过电流性质的不同，分别绘入对应的直流回路、交流回路中。例如，交流电流线圈接入电流回路，交流电压线圈接入电压回路。为了避免看图时产生混淆，属于同一元件的线圈和触点标有相同的文字符号。

图 8-2 为在图 8-1 的基础上绘制的某输电线路过电流保护原理图。该馈线过电流保护装置的接线，可用交流电流回路、直流回路两部分图来表示，同样能说明该保护装置的工作原理（略）。

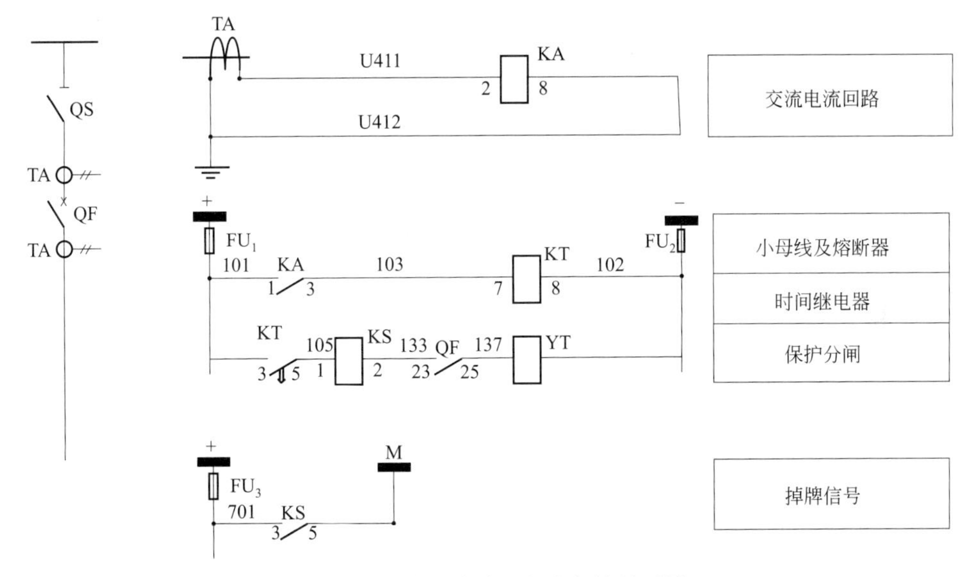

图 8-2 某输电线路过电流保护展开图

③ 展开图中，属于同一性质电路内的线圈、触点按电流通过的方向顺序（该顺序应便于接线）连接构成各自的回路。在同一回路里，继电器的线圈、触点及其他二次设备按电流流通的顺序从左至右依次连接（称为展开图的“行”），并在各行的右侧标出回路作用的文字说明。各回路的排列顺序一般是先交流电流回路、交流电压回路，后直流回路。在每个回路中，对交流回路，是按 U、V、W、N 相序分行排列的；对直流回路，则是按各元件动作的先后顺序由上而下逐行垂直排列的。

比较图 8-1 和 8-2 可见，图 8-2 接线清楚，全图从左到右、从上到下层次清楚，动作顺序层次分明，便于读图和分析，特别在复杂电路中优点更为突出。

二、展开式原理图的标号原则

为了便于二次电路安装施工和在投入运行后进行检修，对展开图不同的回路及回路中各元件间的连接导线应分别编制不同的标号。标号应该做到：根据标号能了解该回路的用途，根据标号进行正确的连接。

二次回路标号由三个及以下的数字组成，特殊情况下允许用四位数字。当需要表明回路的相别或某些主要特征时，可以在数字标号前面（或后面）增设文字标号。例如，对于交流回路应在数字标号前注明相别（如 U411、V411、W411…），对于不同用途的回路规定了标号数字的范围，对于一些比较重要的常见回路（例如直流正、负电源回路，跳、合闸回路）都给予了固定的标号。

二次回路的标号一般采用“等电位编号原则”，即回路中连于同一电位点的所有分支导线均应编相同的标号。回路中由线圈、触点、开关、按钮、电阻、连接片等元件间隔的不同线段，用不同的数字标号组表示。因为在触点断开时触点两端已不是等电位，所以应给予不同的编号。

三、展开式原理图的标号方法

二次回路标号的数字采用阿拉伯数字，文字标号采用规定的字母。与数字标号并列的文字符号用大写字母，角注用小写字母。标号的顺序应按展开图的行从上到下、从左到右依次编号。标号一般标注在连接线的上方。

1. 直流回路标号方法

直流回路的编号一般从正极回路线段起按规定的奇数号依次编制，每经过一个非阻抗元件（如按钮、开关、触点、连接片等），标号按奇数号递增（除特殊用途的标号外），即直流回路的正电位点用奇数标号（如 1、3、5…）；当经过阻抗元件时（如电压线圈、电阻等），应改变标号极性，即从负极侧按规定的偶数标号。根据上述的标号方法依次进行编制，即负电位点用偶数标号（如 2、4、6…）直至与正极标号的线段相接应（即所有线段均编有标号）。当从正、负极两侧编号至中间出现不能确定极性的线段（如串联阻抗元件之间的连接导线）时，可以任意选标该回路的奇数或偶数递增接续号。直流回路中的合闸、分闸、信号灯等特殊支路，应标注规定的专用标号。

在具体工程中，并不需要对二次回路展开图中的每一个接点都进行回路编号，而只对引至端子排上的回路加以编号即可。在同一盘上互相连接的设备，在盘后接线图中有相应的标志方法。

直流回路数字标号组如表 8-1 所示。控制和保护回路使用的数字编号，按空气开关 QA（熔断器 FU）所属的回路分组，以百位数为一组。表中文字Ⅰ～Ⅳ表示四个标号组，每一组用于由一对空气开关 QA（熔断器 FU）引下的控制回路编号，例如对于三绕组变压器，每一侧装一台断路器，其符号分别为 QF_1、QF_2 和 QF_3，则对每一台断路器的控制回路应取相对应的编号。例如对 QF_1 取 101～199，对 QF_2 取 201～299，对 QF_3 取 301～399。开关设备、控制回路的数字标号组，应按开关数字的数字序号进行选取。例如，有三个控制开关 SA_1、SA_2、SA_3，则 SA_1 对应的控制回路数字标号选 101～199，SA_2 所对应的控制回路数字标号选 201～299，SA_3 所对应的控制回路数字标号选 301～399。

表 8-1　直流回路数字标号组

序号	回路名称	数字标号				附注
		Ⅰ	Ⅱ	Ⅲ	Ⅳ	①
1	正电源回路	1	101	201	301	
2	负电源回路	2	102	202	302	
3	合闸回路	3～31	103～131	203～231	303～331	②
4	合闸监视回路	5	105	205	305	
5	跳闸回路	33～49	133～149	233～249	333～349	②
6	跳闸监视回路	35	135	235	335	
7	备用电源自动合闸回路	50～69	150～169	250～269	350～359	③

续表

序号	回路名称	数字标号				附注
		Ⅰ	Ⅱ	Ⅲ	Ⅳ	①
8	开关设备位置信号回路	70～89	170～189	270～289	370～389	
9	事故跳闸音响回路	90～99	190～199	290～299	390～399	
10	保护回路	01～099				
11	信号及其他回路	701～799				
12	断路器位置遥信回路	801～809				
13	断路器合闸线圈或操动机构电动机回路	871～879				
14	隔离开关操作闭锁回路	881～889				
15	变压器零序保护共用电源回路	J01、J02、J03				

注：① 当同一安装单位内的断路器多于3时，在不发生混淆的情况下，可用数字组401～499和501～599进行标号；如发生混淆，可在其数字标号前增注文字符号“QF”，以便区别。

② 当断路器合闸回路中的绿灯回路及跳闸回路中的红灯回路是直接自控制电源引下时，其回路标号应与控制电源相同。

③ 在没有备用电源自动投入的安装单位系统图中，标号50～69可作为其他回路的标号。

2. 交流回路标号方法

交流回路的标号除用三位数外，前面还加注文字标号注明相别。三位数字的意义分别为：个位数表示回路连线顺序标号，十位数表示互感器二次绕组序号，百位数表示电路性质标号（电流回路—4，电压回路—6）。回路使用的标号组，要与互感器文字后的“序号”相对应。例如，电流互感器 TA_1 的U相回路标号是U411～U419，则U411表示U相电流回路中电流互感器的1号二次电路的第1段连接导线；电压互感器 TV_2 的V相回路标号是V621～V629，则V623表示V相电压回路中2号电压互感器二次电路的第3段连接导线。交流电流回路按电流互感器二次绕组顺序号编号，交流电压回路按电压互感器安装顺序编号。编号时从互感器二次侧的始端起至终端（接地端）按规定的数字标号组，不分奇偶数，取连续递增的数字依次编制。对于互感器中性线（或零线）的标号，单相回路可接续回路标号依次编制，三相回路可按不同相别编制起始标号，如N411、N611或L411、L611等。交流回路数字标号组如表8-2所示。

表8-2 交流回路数字标号组

回路名称	用途	回路标号组				
		U相	V相	W相	中性线	零序
保护装置及测量表计电流回路	TA	U401～U409	V401～V409	W401～W409	N401～N409	L401～L409
	TA_1	U411～U419	V411～V419	W411～W419	N411～N419	L411～L419
	TA_2	U421～U429	V421～V429	W421～W429	N421～N429	L421～L429
	TA_9	U491～U499	V491～V499	W491～W499	N491～N499	L491～L499
	TA_{10}	U501～U509	V501～V509	W501～W509	N501～N509	L501～L509
	TA_{19}	U591～U599	V591～V599	W591～W599	N591～N599	L591～L599
保护装置及测量表计电压回路	TV	U601～U609	V601～V609	W601～W609	N601～N609	L601～L609
	TV_1	U611～U619	V611～V619	W611～W619	N611～N619	L611～L619
	TV_2	U621～U629	V621～V629	W621～W629	N621～N629	L621～L629
经隔离开关辅助触点或继电器切换后的电压回路	6～10kV	U(V、W)760～769、N600				
	35kV	U(V、W、L)790～799、N600				
	110kV	U(V、W、L、X)710～719、N600				
	220kV	U(V、W、L、X)720～729、N600				
绝缘检查电压表的公用回路	用途	U700	V700	W700	N700	

续表

回路名称	用途	回路标号组				
		U相	V相	W相	中性线	零序
母线差动保护共用电流回路	6～10kV	U360	V360	W360		
	35kV	U330	V330	W330		
	110kV	U310	V310	W310		
	220kV	U320	V320	W320		

此外，展开图中的小母线用粗线条表示，并注以文字符号，在控制和信号回路中的一些辅助小母线和交流电压小母线，除文字符号外，还给予固定的数字编号。常见小母线的文字符号和数字编号见书后附录。

四、看展开式原理图的基本方法

展开式原理图的逻辑性很强，在绘制时遵循着一定的规律，所以看图时若能抓住规律就很容易看懂。看图的基本方法如下。

① 根据展开图右侧的文字说明，了解各回路的性质，然后从上到下逐个回路看通。

② 先交流、后直流；交流看电源，直流找线圈；抓住触点不放松，一个一个全查清。“先交流、后直流”是指先看二次接线图的交流回路，把交流回路看完弄懂后，根据交流回路的电气量以及在系统中发生故障时这些电气量的变化特点，向直流逻辑回路推断，再看直流回路。一般说来，交流回路比较简单，容易看懂。“交流看电源，直流找线圈”是指交流回路要从电源（交流回路的电流互感器和电压互感器的二次绕组）入手。交流回路有交流电流和电压回路两部分，先找出电源来自哪组电流互感器或哪组电压互感器，再由此顺回路接线往后看：交流沿闭合回路依次分析设备的动作；直流从正电源沿接线找到负电源，并联系与交流回路有关的线圈分析各设备的动作。“抓住触点不放松，一个一个全查清”是指继电器线圈找到后，再找出与之相应的触点。根据触点的闭合或开断引起回路的反应情况，再进一步分析，直至查清整个逻辑回路的动作过程。

③ 先线圈，后触点。即先查启动元件，后查启动元件的触点通断的电路。因为只有到继电器或装置的线圈通电（并达到其启动值），其相应触点才会动作；由触点的通断引起回路的变化，进一步分析整个回路的动作过程。

④ 先上后下，先左后右，盘外设备一个也不漏。“先上后下，先左后右”可理解为：一次接线的母线在上而负荷在下；在二次接线的展开图中，交流回路的互感器二次绕组（即电源）在上，其负载绕组在下；直流回路正电源在上，负电源在下，驱动触点在上，被启动的线圈在下；端子排图、盘后接线图一般也由上而下排列；单元设备编号，则一般是由左至右的顺序排列的。某一完整功能的实现，要通过若干“行”完成，各“行”可能在不同的图纸上，应找全与该功能相关的所有图纸。

由于展开图结构清楚，标号明确，所以其应用较为广泛。它不但便于施工安装接线，也有利于变电所的运行维护、检修调试及故障分析处理。因此，要求从事变电所工作的有关人员都要学会看展开图，并熟练掌握。特别是变电所的检修或者巡视值守人员，更要加倍熟悉展开图，对之做到了如指掌。当变电所内发生故障时，才能做到迅速、正确地判断和处理故障，使之尽快恢复正常运行。

展开图是二次接线装置施工、运行维护以及故障分析和处理的重要图纸，也是绘制安装接线图的主要依据。但现场安装施工还需更具体的安装接线图。

第三节 安装接线图

为了安装施工和维修试验的方便，在前述原理图、展开图的基础上，还需要绘制用于具体安装施工接线用的安装接线图，用来表明二次接线的实际安装情况。

用于表明配电盘的类型、各二次设备在盘上的安装位置、设备间的尺寸以及二次设备接线情况的图称为安装接线图。在安装接线图中，各种仪表、继电器和端子排都是按国标图形绘制的。为了便于安装接线和运行中检查，所有设备的端子和连接导线都加上走向标志。安装接线图一般包括盘面布置图、端子排图和盘后接线图。有时盘后接线图和端子排图画在一起。

安装接线图是生产厂家制造控制盘、保护盘以及现场施工安装接线所依据的主要图纸，也是变电所运行维护等项工作的主要参考图。

一、盘面布置图

根据配电盘及各二次设备的实际尺寸，按一定比例绘制而成的盘面设备布置图，称为盘面布置图。它表示了配电盘正面各安装单位二次设备的实际安装位置，是正视图，并附有设备明细表，列出盘中各设备的名称、型号、技术数据及数量等，以便制造厂备料和安装加工。

盘面布置总的原则是：应便于监视、操作、检修、试验且保证安全，设备应布置得对称、整齐、美观、紧凑，并留有余地，以利扩建。

图 8-3 为某变电所主变保护控制屏盘面布置图。考虑到牵引主变压器保护与控制的重要性，按主变主保护、主变后备保护、主变测控三套独立装置设计。屏面设备包括 WBH-892Z 主变主保护装置、WBH-892H 主变后备保护装置、WBH-892C 主变测控装置以及 WXH-892 信号显示装置、连接片等。

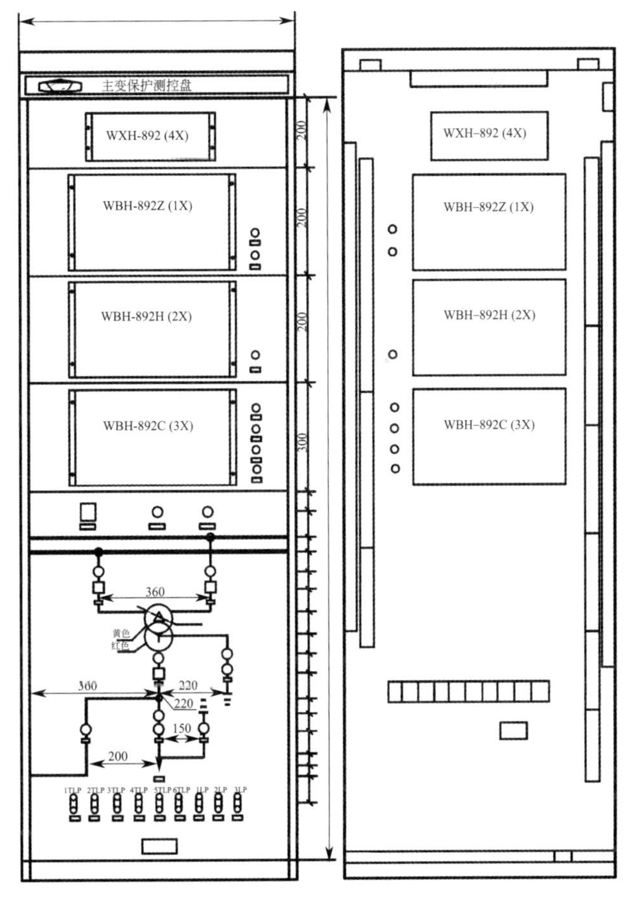

图 8-3 主变保护控制屏盘面布置图

二、端子排图

在测控保护屏（盘）的屏后左右两侧侧面，通常垂直布置接线端子排；也有的端子排采用水平布置方式，安装在盘后的下部。端子排由各种形式的单个接线端子（简称端子）组合而成，是二次接线中各设备间接线的过渡连接设备。表示各接线端子的组合及其与盘内外设备连接情况的图称为端子排图。端子排图是背视图，它反映了配电盘上需要装设的端子数目、类型、排列次序、导线去向以及端子与盘上设备及盘外设备连接情况，是变电所配电盘的生产、安装以及运行维护必不可少的图纸。

三列式端子排表示方法如图 8-4 所示。与电缆相连接侧的标号，标明所接盘外设备的二次回路标号和所接盘顶设备的名称符号。端子排中间列的编号表明端子顺序号及端子类型。与盘内设备相连接侧的标号是到盘内各设备的编号（或回路标号）。注意：端子排两侧的标记在安装接线中是标在连接导线所套的胶木头或塑料套管上的。在端子排的始端、终端端子上，标注端子排所属的回路名称、文字符号及安装单位。同盘内有多个安装单位时，端子排按各安装单位划分成段，并以终端端子分隔。同类安装单位的端子排的结构、接线顺序相同。

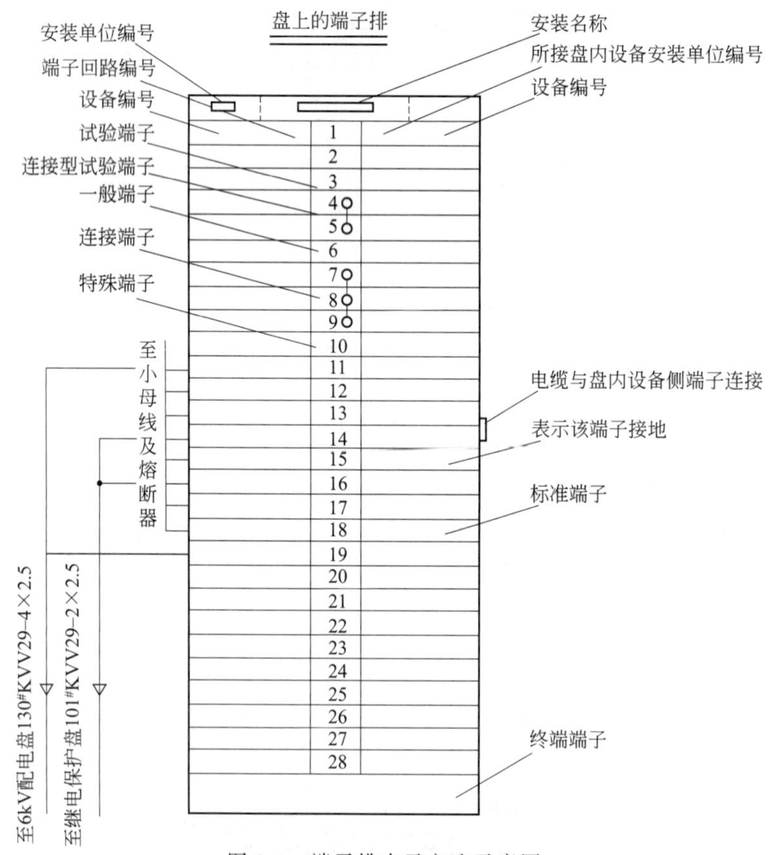

图 8-4　端子排表示方法示意图

一般端子用于连接盘内外导线（电缆）。试验端子用于需要接入试验仪表的电流回路中，可以在不切断二次回路的情况下检校测量表计和继电器，一般交流回路应设置试验端子。连接型试验端子同时具有试验端子和连接端子的作用，用于端子上需要彼此连接的电流试验回路中。连接端子用于同一导线编号的多根分支线连接。此端子的绝缘隔板在正中螺钉处开置一缺口，以便通过连接片将相邻的端子连接起来。终端端子用于固定或分隔不同安装单位的端子排，终端端子不接线，上面打有文字符号，表明端子排的归属。标准端子直接连接盘内外导线用。特殊端子用于需要很方便断开的回路中，如闪光母线、预告音响小母线等回路。隔板在不需要标记的情况下作绝缘隔板，并作增加绝缘强度用。

1. 端子排的设计及接线原则

端子排的设计应满足运行、检修、调试的要求，并适当与盘内设备的位置对应，一般布置在盘后的两侧。

① 端子排的设置应与盘内设备相对应，如当设备位于盘的上部时，其端子排也最好排于上部；靠近盘左侧的设备接左侧端子排，靠近盘右侧的设备接右侧端子排。盘外引出线接端子排外侧，盘内引出线接端子排内侧，以便节省导线、便于查找和维修。

② 同一盘内不同安装单位设备间的连接、盘内设备与盘外设备间的连接以及为节省控制电缆需要经本盘转接的回路（也称过渡回路），需经过端子排。其中交流电流回路应经过试验端子，事故音响信号回路及预告信号回路及其他在运行中需要很方便地断开的回路（例如至闪光小母线的回路）需经过特殊端子或试验端子。

③ 同一盘上相邻设备之间的连接不经过端子排；而两设备相距较远或接线不方便时，需经过端子排。

④ 盘内设备与盘顶设备间的连接需经过端子排。

⑤ 各安装单位主要保护的正电源一般均由端子排引接；保护的负电源应在盘内设备之间接成环形，环的两端应分别接至端子排。

⑥ 端子排的上、下两端应装终端端子，且在每一安装单位端子排的最后预留 2～5 个端子作为备用。当端子排长度许可时，各组端子之间也可适当地留 1～2 个备用端子。正、负电源之间，经常带电的正电源与合闸或跳闸回路之间的端子应不相邻或者以一个空端子隔开，以免在端子排上造成短路使断路器误动作。

⑦ 一个端子的每一端一般只接一根导线，在特殊情况下最多接两根。连接导线截面积一般不超过 $6mm^2$。

2. 端子排的排列方法

每一安装单位都应有独立的端子排。不同安装单位的端子应分别排列，不得混杂在一起，每排端子一般不宜超过 20 只，最多时不应超过 145 只。为接线方便，规定端子排垂直布置时从上到下排列，水平布置时从左到右按下列回路分组顺序地排列。

① 交流电流回路（不包括自动调整励磁装置的电流回路）：按每组电流互感器分组。同一保护方式下的电流回路（例如差动保护）一般排在一起，其中又按回路标号数字大小的顺序由上而下排列，数字小的在上面，然后再按相别 U、V、W、N 排列。

② 交流电压回路（不包括自动调整励磁装置的电压回路）：按每组电压互感器分组。同一保护方式下的电压回路一般排在一起，其中又按回路标号数字大小的顺序及相别 U、V、W、N 自上而下排列。

③ 控制回路：同一安装单位内按熔断器配置原则分组。按回路标号数字范围排列，其中每段里先排正极性回路（单号），顺序为由小到大；再排负极性回路（双号），顺序为由大到小。

④ 信号回路：按预告信号、位置信号及事故信号分组。每组按数字大小排列，先排正电源，后排负电源。

⑤ 转接回路：先排本安装单位转接端子，再排其他安装单位的转接端子，最后排小母线兜接用的转接端子。

⑥ 其他回路：其中又按远动装置、励磁保护装置、自动调整励磁装置的电流和电压回路、远方调整及联锁回路等分组。每一回路又按极性、编号和相序顺序排列。

三、盘后接线图

盘后接线图是以展开图、盘面布置图和端子排图为原始资料而绘制的实际接线图。它是背视图，即是从盘的背后看到的设备图形。盘后接线图标明了盘上各个设备引出端子之间的连接情况，以及设备与端子排之间的连接情况。盘后接线图是制造厂生产盘过程中配线的依据，也是施工和运行的重要参考图纸。它由制造厂的设计部门绘制并随产品一起提供给用户。

1. 盘后接线图的布置

图 8-5 是常见的盘后接线图的布置形式，对安装在盘正面的设备，在盘后看不见设备轮廓者以虚线表示，在盘后看得见设备轮廓者以实线表示。由于盘后接线图为背视图，看图者相当于站在盘后，所以左右方向正好与盘面布置图相反。安装于盘后上部的设备，如熔断器、小刀闸、电铃、蜂鸣器等在盘后接线图中也画在上部，但对这些设备来说，相当于板前接线，应画成正视图。盘后的左、右端子排画在盘的左右两边，端子排上面画小母线。

画盘后接线图时，应先根据盘面布置图，按在盘上的实际安装位置把各设备的背视图画出来。设备形状应尽量与实际情况相符。因为盘上设备的相对位置尺寸已在盘面布置图确定，所以盘后接线图不要求按比例尺绘制，但要保证设备间相对位置的准确。盘后接线图中设备图形内有设备内部接线和接线柱的实际安装位置和顺序编号。成套装置和仪表可以只画出外部接线端子的实际排列顺序。

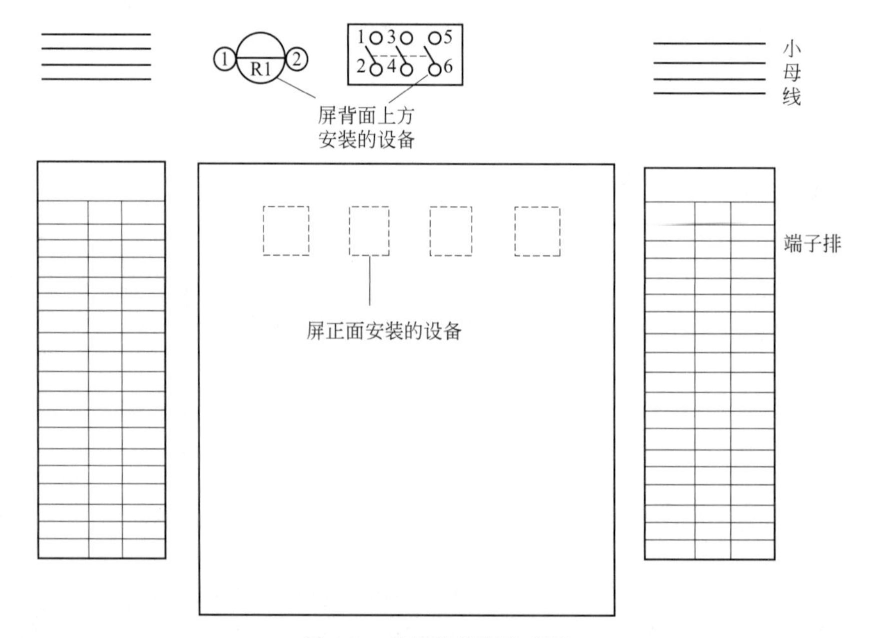

图 8-5　盘后接线图的布置

2. 设备图形的标示

盘后接线图中在各个设备图形的上方应加以标号。如图 8-6 中所示，标号的内容如下。

① 与盘面布置图相一致的安装单位编号及设备顺序号，如 I_1、I_2、I_3 等，其中罗马数字 I 表示安装单位代号，阿拉伯数字脚注 1、2、3 表示设备安装顺序。

② 与展开图相一致的该设备的文字符号和同类设备编号，如 A 表示电流表，A 后面的 1 表示第一块电流表。

③ 与设备表相一致的设备型号。

3. 接线端子的编号

将盘上安装的各设备图形画好之后，下一步是根据订货单位提供的端子排图绘制端子

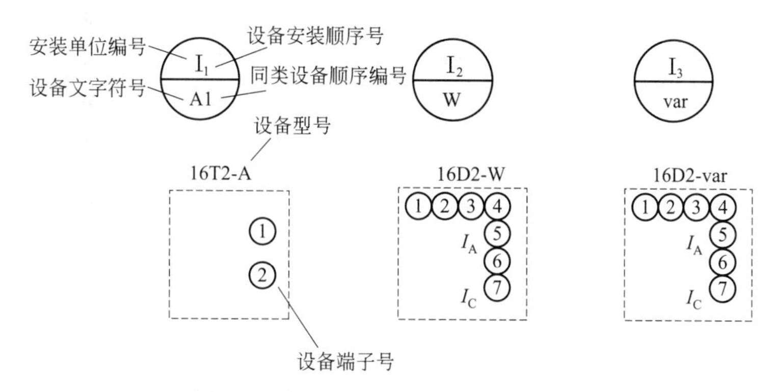

图 8-6 盘后接线图中设备图形标志法

排。将其布置在盘上的一侧或两侧，给端子加以编号，并根据订货单位提供的小母线布置图，在端子排的上部标出盘顶的小母线，并标出每根小母线的名称。最后，根据展开图对盘上各设备之间的连接线及盘上设备至端子排间的连接线进行标号。

在变电所中，二次设备是十分复杂的，其接线数目很多。如采用对每个连接线都从起点到终点用线条直接连起来的画法，不但制图很费时间，而且在配线时也很难分辨清楚，极易造成错误。所以普遍采用在各设备的端子旁及端子排旁进行标号的方法，用符号注明该端子应该连接到哪里去。盘后接线图及端子排图都是以二次展开图为依据，利用“相对标号法”对应标号画出的。

相对标号法就是在每个接线端子处标明它所连接对象的编号，以表明两者间相互连接关系的一种方法。如甲、乙两端子需相连接时，就在甲端子处标明乙端子的标号，在乙端子处标明甲端子的标号。由于是相互标注连接对方的标号，故称为相对标号法。这样，在接线和维修时就可以根据图纸，使盘上每个设备的任一端子，都能找到与它连接的对象。如果在某个端子旁边没有标号，那就说明该端子是空着的，没有连接对象；如果有两个标号，那就说明该端子有两个连接对象，配线时应用两根导线接到两处去。按规定，每个端子上最多只能接两根导线。如图 8-7 所示为相对标号法接线。

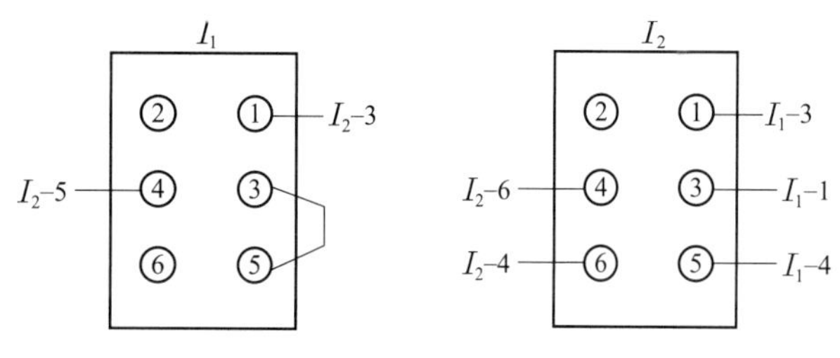

图 8-7 相对标号法接线

相对标号法标记符号含义如下。

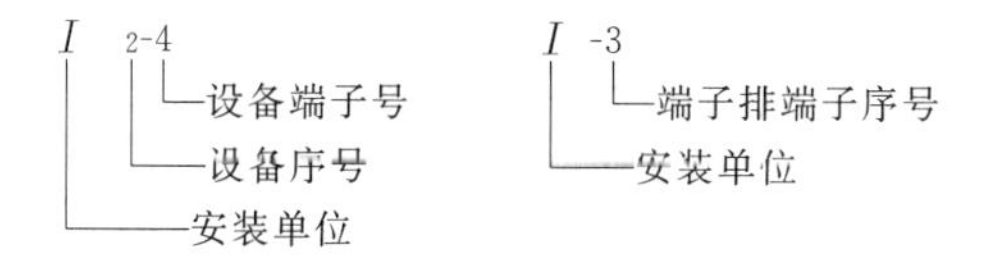

相对标号法具有表示简单、清晰，查线方便等优点，当二次接线复杂时尤为突出。因此，目前广泛采用相对标号法。

四、安装接线图举例

安装接线图是最具体的施工图。牵引供电系统的变电所中，采用了微机型成套测控保护单元，常见的二次接线图为展开接线图和端子排图，是变电维修人员进行日常维护与故障查找排除的重要依据。

在图 8-2 所示交流电流回路中，电流互感器 TA 二次侧端子 TA-1 和 TA-2 经试验端子与电流继电器线圈 KA 相连。即电流继电器 KA 的端子②通过端子排的端子 1 与 TA-1 相连，KA 的端子⑧通过端子排的端子 2 与 TA-2 相连。图 8-8 用相对标号法表示为在端子排的端子 1 内侧标Ⅰ$_1$-2，电流继电器端子②处标记Ⅰ-1，这表明了两者的相互连接关系。同理，在端子排的端子 2 内侧标Ⅰ$_1$-8，电流继电器端子②处标记Ⅰ-2，这也表明了两者的相互连接关系。而在端子排的外侧，端子 1 和端子 2 都连接到电流互感器上。

控制回路和信号回路的直流正、负电源由馈线控制盘引来，经端子排分别与相应的设备连接。例如控制回路正电源由端子排的端子 4 与电流继电器的端子①相连，并经端子①转接至时间继电器的端子③，满足了二次回路中正电源与设备的相互连接关系。其他接线的连接原理同上，如图中所示。

同设备端子相连的电流继电器端子④和⑥因回路简单，且两端子相邻，所以采用线段直接连接的方法，这能清晰地表达连接关系。

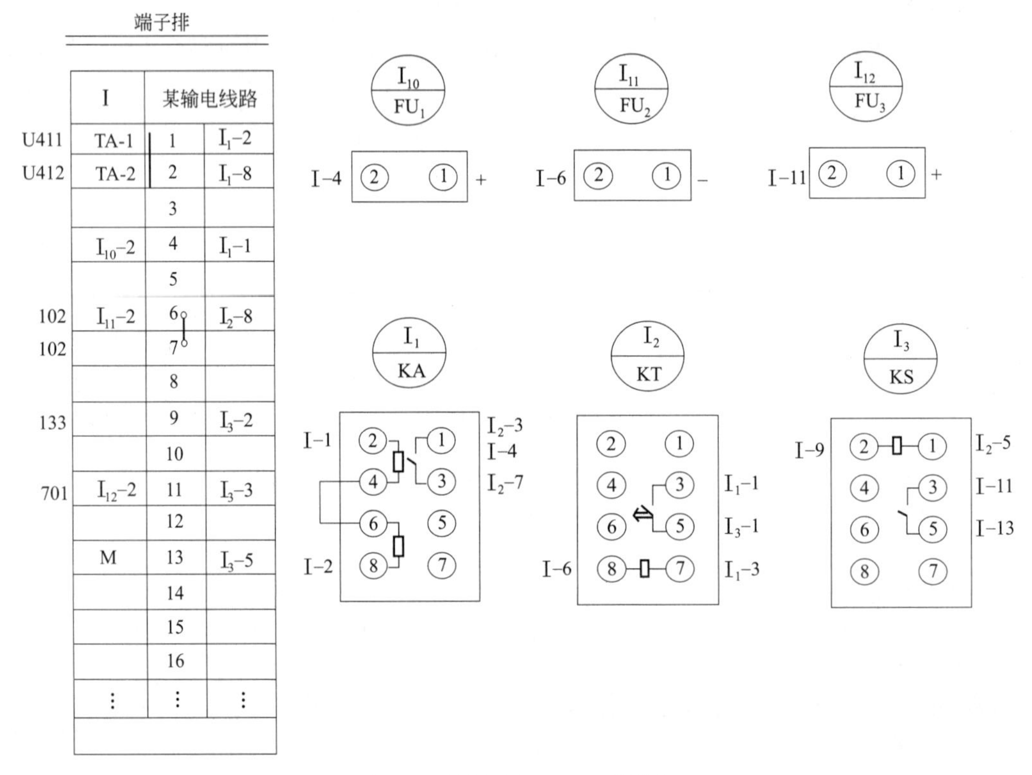

图 8-8　馈线保护盘盘后接线图

第四节　控制、信号电路概述

一、控制电路的基本构成

变电所的断路器、隔离开关的控制电路一般由指令单元、闭锁单元、联锁单元、中间传送放大单元、执行单元和连接它们的导线等二次电气设备组成。

指令单元一般由控制开关、转换开关、按钮、保护出口继电器和自动装置等构成，其作用是发出断路器、隔离开关分合闸命令脉冲。

闭锁单元一般由闭锁继电器触点、断路器的辅助触点组成。其作用是当一次设备发生重故障时，闭锁触点断开，切断分合闸回路，避免断路器重合闸于故障设备，防止事故范围进一步扩大。例如，当主变压器发生重瓦斯保护动作时，闭锁继电器的触点断开，闭锁断路器的人工合闸回路或自动合闸回路。

断路器、隔离开关实行联动操作时，通常在控制电路中设置联锁单元，有效地保证断路器、隔离开关操作顺序的正确性。

中间传送放大单元由继电器、接触器及其触点组成。其作用是将指令单元发出的命令脉冲放大，并按一定程序送给执行机构。

执行单元是断路器、隔离开关的操动机构，其作用是按命令驱使断路器、隔离开关分合闸。

断路器、隔离开关的控制电路结构框图如图 8-9 所示。

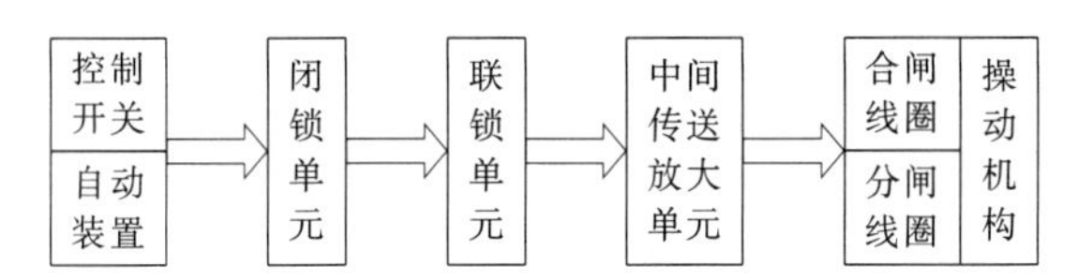

图 8-9 断路器、隔离开关的控制电路结构框图

二、控制电路的类型

按指令电器与操动机构之间距离的远近，电气控制的方式可分为远动控制、距离控制、就地控制三种。

① 远动控制：由电力调度通过微机集中控制操纵高压断路器和隔离开关分合闸，改变各变电所的运行方式，也称为遥控。

② 就地控制：操作人员在断路器及隔离开关的操动机构箱内通过按钮或转换开关，或者用手直接操作手动操动机构控制断路器和隔离开关分合闸。

③ 距离控制：在变电所主控室中，通过监控主机或者控制开关对电器进行操作控制，故距离控制又称所内控制。断路器距离控制的操作方法有手动控制（如手操纵鼠标键盘、按钮、控制开关等）和自动控制（如继电器或自动装置自动发出分合闸命令脉冲）两种。

三、控制电路的基本技术性能

① 能进行正常的人工分闸与合闸，又能进行故障时的自动分闸或自动重合闸。分合闸操作执行完毕后，应能自动解除命令脉冲，断开分合闸回路，以免分合闸线圈长期受电而烧毁。

② 能够指示断路器的分合闸位置状态，自动分合闸时应有明显的信号显示。

③ 能监视控制电源及下一次操作电路的完整性。

④ 无论断路器的操动机构中是否设有防止跳跃的机械闭锁装置，控制电路中均应设防止跳跃的电气闭锁装置。

⑤ 对于采用气动、弹簧、液压操动机构的断路器，其控制电路中应设相应的气压、弹簧（压力）、液压闭锁装置。

⑥ 当隔离开关采用电动操作时，断路器与隔离开关控制电路中设置相应的联锁措施，

保证其联动操作顺序的正确性。

⑦ 接线应力求简单、可靠，联系电缆的条数、芯数应尽量减少。

四、信号装置的分类

变电所中，运行人员为了及时发现与分析故障、迅速消除和处理事故、统一调度和协调生产，除了依靠测量仪表或监视系统监视设备运行外，还必须借助灯光和音响信号装置反映设备正常和非正常的运行状态。

变电所中的信号装置按用途不同，一般分为下列三种。

1. 位置信号装置

它主要指示开关电器的位置状态，一般由亮平光的红、绿信号灯组成。位置信号装置安装在相应的控制盘上。

2. 继电保护和自动装置动作信号装置

它主要指示故障对象和故障性质，一般由信号继电器和告警文字组成。

3. 中央信号装置

变电所运行中，除了正常运行状态外，还有故障状态和不正常运行状态。故障状态是指电路发生短路故障，并导致断路器自动跳闸而中断供电的情况。例如当电气设备和线路发生短路故障引起断路器自动跳闸。断路器自动跳闸时，应发出事故音响信号和说明事故性质的告警文字信号。此外，已跳闸断路器的绿色信号灯（图标）闪光，表示出事故发生的对象。不正常运行状态是指一次电路、二次电路发生故障，但未引起断路器自动跳闸的运行状况，如主变压器油温过高、过负荷、直流系统接地等。变电所运行中发生不正常运行状态时，应发出电铃音响信号，同时相应的告警文字有灯光显示，表明其性质和不正常运行设备的所在。事故音响信号、预告音响信号、全所共用的告警文字信号等合称为中央信号。

中央信号装置发出的信号分为事故信号和预告信号。故障状态时中央信号装置发出的相应信号称为事故信号。事故信号分为事故音响信号（蜂鸣器）、事故灯光信号及告警文字信号。

不正常运行状态时中央信号装置发出的相应信号称为预告信号。预告信号一般由电铃音响信号、掉牌信号和告警文字信号组成。

（1）瞬时预告信号

某些不正常运行状态一经出现，就立即发出的信号称为瞬时预告信号。如主变压器轻瓦斯动作、主变压器油温过高、主变压器通风故障、操动机构的油气压力降低、直流电压异常、操作熔断器动作等不正常运行状态，均发出瞬时预告信号。

（2）延时预告信号

某些不正常运行状态出现后，需经一定的延时，经确认后再发出的信号称为延时预告信号。如主变压器过负荷、电压互感器二次断线、直流控制回路断线、交流回路绝缘损坏等不正常运行状态，均发出延时预告信号。

因为当一次电路发生短路故障时，将同时引起某些不正常运行状态的出现，事故信号和预告信号将同时发出，不便于工作人员判断故障性质。若这类预告信号延时发出，延时时间大于外部短路的最大切除时间，则当外部短路故障切除后，这类不正常运行状态也随之消失，与事故信号同时启动的预告信号将自动返回，这样可以避免误发预告信号，便于工作人员分析处理事故。

五、信号装置的功能

1. 事故信号装置的功能

事故信号是变电所发生事故时断路器的跳闸信号。引起断路器事故跳闸的原因如下。

① 线路或电气设备发生故障，由继电保护装置动作跳闸。

② 继电保护装置或自动装置误动作跳闸。

③ 控制回路故障误跳闸。

无论何种原因引起的事故跳闸，事故信号装置均应满足以下要求。

① 当断路器事故跳闸时，无延时发出事故音响信号，同时并使相应断路器的位置信号灯闪光或亮白灯，监控主机主接线画面中相应断路器图标闪烁。

② 事故时应立即启动远动装置，发出遥信。

③ 事故音响信号应能手动复归或自动复归。音响信号的复归方式可分为就地复归、中央复归、手动复归、自动延时复归等方式。

a. 就地复归：在电气设备安装所在地进行个别信号单独复归。

b. 中央复归：在主控制室内监控主机上集中复归。

c. 手动复归：值班人员在相应配电盘上进行复归。

d. 自动延时复归：信号发出后，经一定时间的延时，电路自动复归有关信号。

④ 事故时应有指明继电保护和自动装置动作情况的光信号和其他形式信号。

⑤ 能自动记录发生事故的时间。

⑥ 事故时，应能启动计算机监控系统。

⑦ 事故音响、灯光信号装置应能进行完好性检查试验。

2. 预告信号装置的功能

预告信号是变电所中电路或电气设备出现不正常运行状态的信号，包括以下内容。

① 各种电气设备的过负荷。

② 各种带油设备的油温升高超过极限。

③ 交流小电流系统接地故障。

④ 各种电压等级的直流系统接地。

⑤ 各种液压或气压操动机构压力异常、弹簧操动机构的弹簧未拉紧。

⑥ SF_6 气体绝缘设备的 SF_6 气体密度或压力异常。

⑦ 各种继电保护和自动装置的交、直流电源断线。

⑧ 断路器的控制回路断线。

⑨ 电流互感器和电压互感器的二次回路断线。

⑩ 继电保护和自动装置的信号继电器动作未复归。

⑪ 其他一些值班员需要了解的运行状态也可发出预告信号。

当变电所中电路或电气设备出现不正常运行状态时，值班人员通过预告信号装置应立即知道，并及时记录与处理，防止事故发生。因此，对预告信号装置提出以下要求。

① 预告信号出现时，应能瞬时或延时发出与事故信号有区别的音响信号，同时有灯光信号指出不正常运行内容。

② 能手动复归或自动复归音响信号，显示故障性质的灯光信号应保留，直至故障排除。

③ 预告信号装置应具有重复动作的功能。所谓重复动作，主要是对音响信号而言，能重复动作是指当第一个故障出现时的音响信号解除之后，灯光信号未复归之前（也就是第一

个故障未排除前)，如果又出现不正常工作状态，中央信号装置仍能按要求发出音响及灯光信号。在上述时间范围内不能连续发出若干音响信号，而只有当前一个故障排除后，才能发出后续故障的音响信号时，称为不重复动作。

④ 预告音响、灯光信号装置应能进行完好性检查试验。

第五节 牵引变电所高压侧断路器的控制与监视

某变电所的一次电路图如图 8-10 所示。变电所中的控制监视设备采用了综合自动化系统。按照面向电气间隔的原则，1 台牵引变压器及其高低压侧开关构成 1 个主变间隔，配置相应的主变压器测控保护单元。考虑到牵引主变压器保护与控制的重要性，按主变主保护、主变后备保护、主变测控三套独立装置设计。主变保护控制屏盘面布置图如图 8-3 所示。

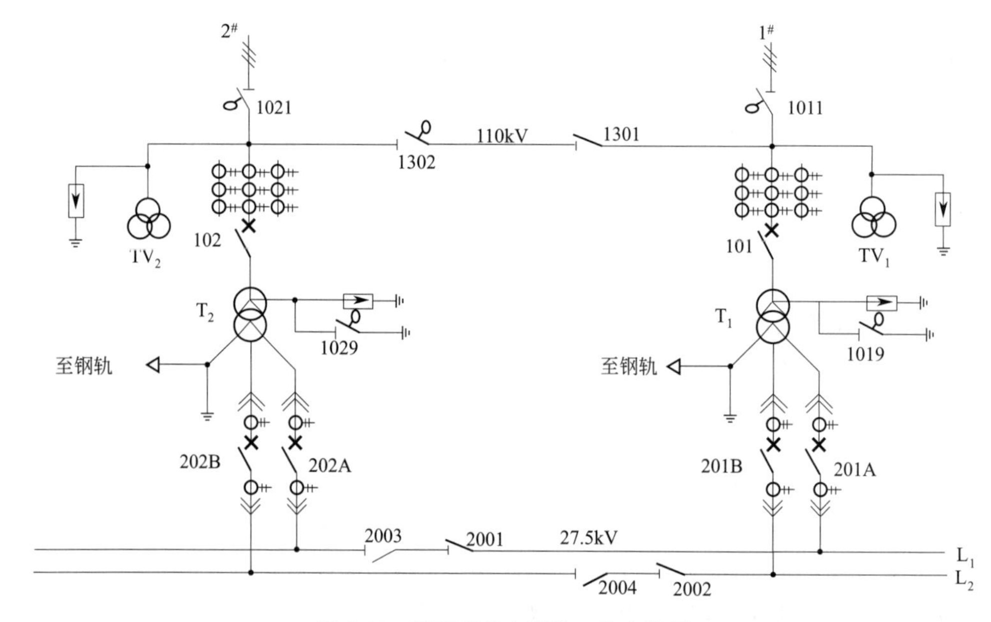

图 8-10 某牵引变电所的一次电路图

本节以 102 断路器的控制与监视为例进行介绍，其原理接线图如图 8-11 所示。

一、电路结构要点

图 8-11 为 102 断路器的控制和信号回路展开图，图中设备布置在主变保护控制屏（虚线框中设备除外)。所涉及设备包括主变主保护单元 1X、主变后备保护单元 2X、主变测控单元 3X、控制方式选择开关 SA_1、带有位置信号灯 HL_1/HL_2 的分合闸控制开关 SA_2、事故白灯 HL_3 及其试验按钮 SB_1。

图 8-12 主变主保护单元的装置出口插件原理图，主变后备保护单元与主变主保护单元的装置出口插件完全一致，可以互换使用。

图 8-13 高压侧断路器液压操动机构工作原理图。

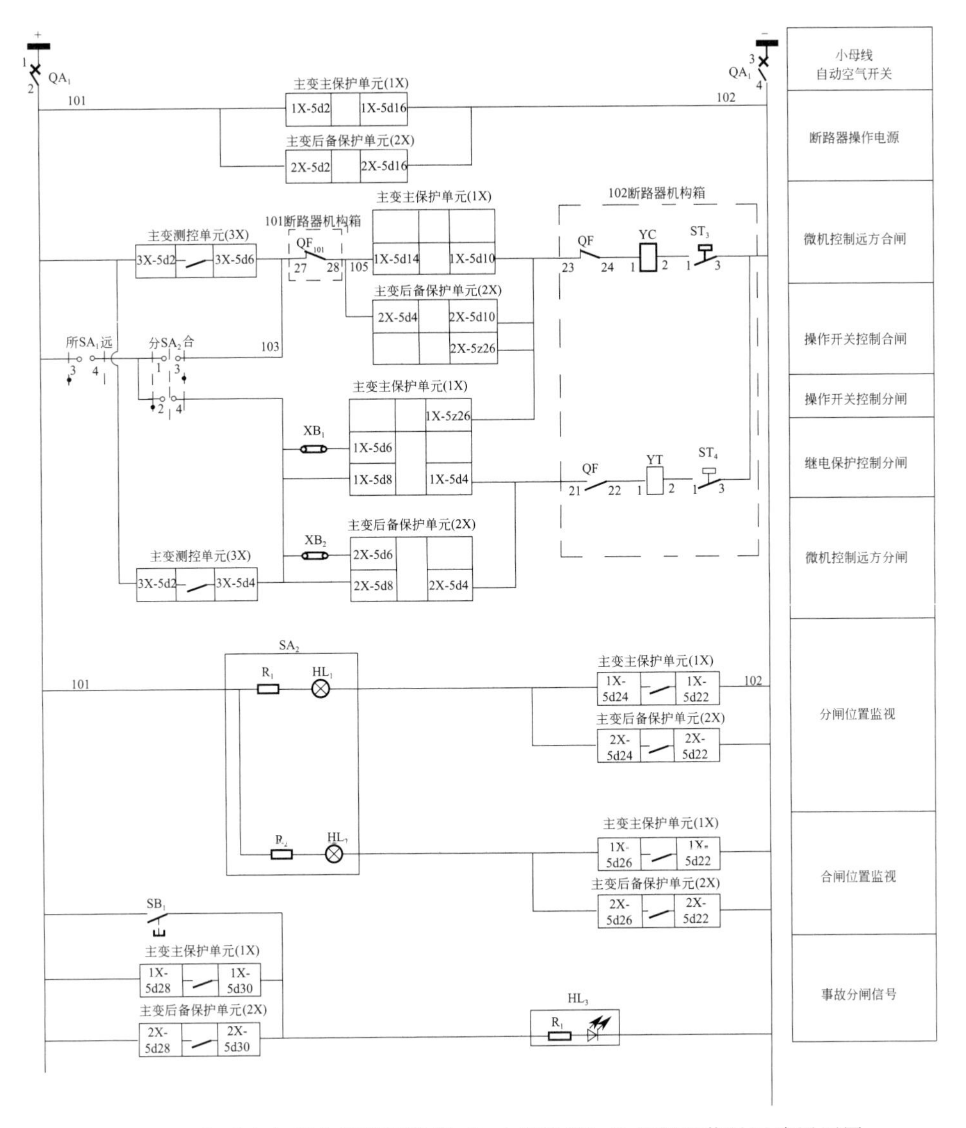

图 8-11　牵引变电所高压侧断路器（102 断路器）的控制和信号回路展开图

二、控制信号回路工作原理分析

1. 断路器的微机控制方式

（1）微机控制合闸

当断路器合闸条件满足要求时，以 2[#] 进线、T_2 变压器的运行方式为例，分析 102 断路器微机控制合闸回路工作原理。

合闸前，102 断路器在分闸位置；断路器联动辅助常闭触点 QF_{23-24} 闭合。选择开关 SA_1 手柄在“远”位，$SA_{1_{3-4}}$ 不通，变电所当地没有操作权限。

当电力调度发出该变电所 102 断路器的合闸指令时，通过远动通信通道、变电所当地远动通信管理机等设备，将合闸指令传送至主变测控单元 3X，使其信号插件中的对应微型继电器动作，使图 8-11 中主变测控单元 3X 的 3X-5d2 和 3X-5d6 端子接通，发出合闸命令脉冲。使（图 8-11）＋→$QA_{1_{1-2}}$→3X-5d2→3X-5d6→$QF_{101_{27-28}}$→1X-5d14→（图 8-12）→$KCF_{2_{5-6}}$→

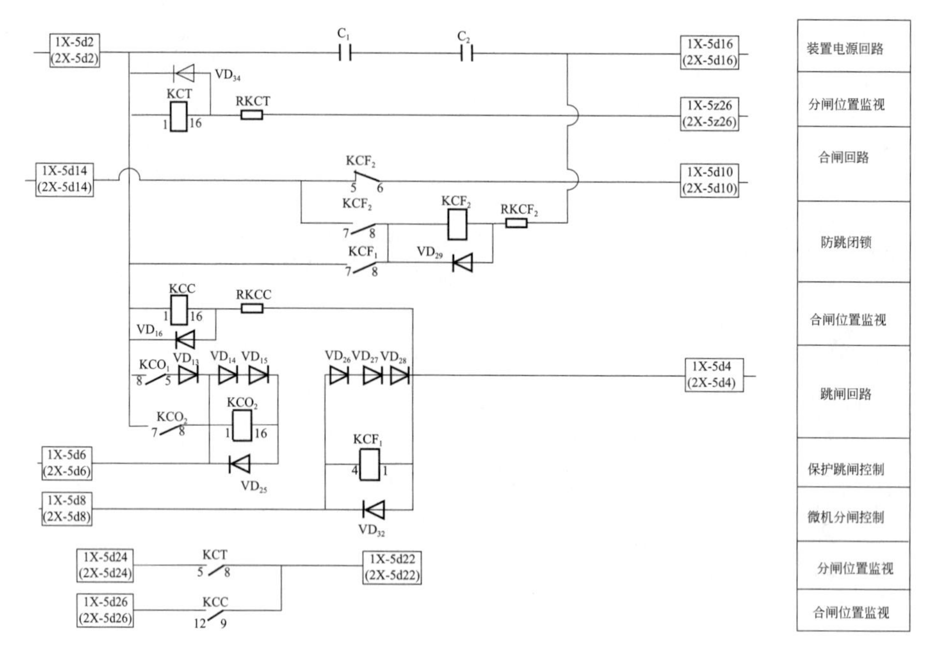

图 8-12　主变主保护单元的装置出口插件原理图

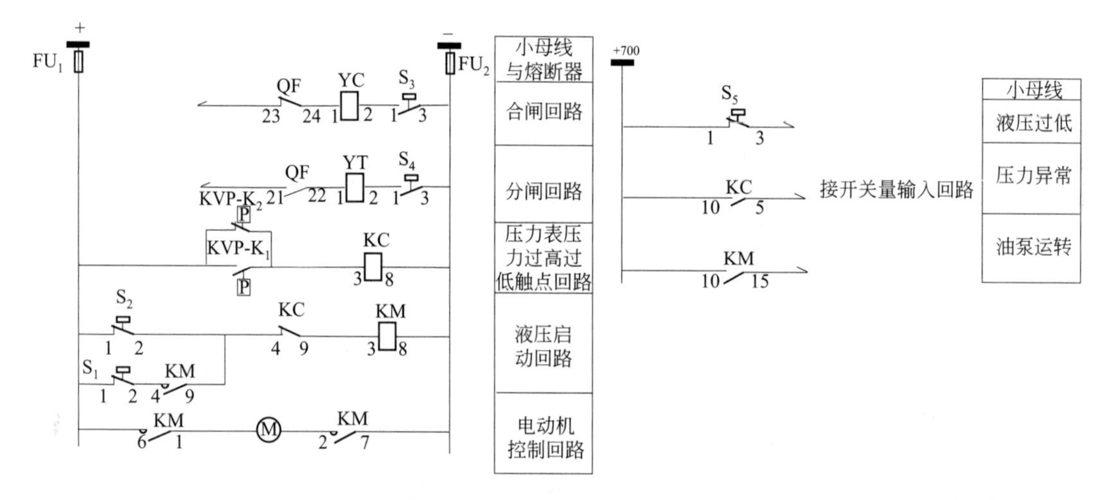

图 8-13　高压侧断路器液压操动机构工作原理图

1X-5d10→(图 8-11)→$QF_{23\text{-}24}$→$YC_{1\text{-}2}$→$ST_{3_{1\text{-}3}}$→$QA_{1_{3\text{-}4}}$→－电路接通。断路器合闸线圈 $YC_{1\text{-}2}$ 受电，操动机构驱动断路器合闸，断路器合闸完毕，联动辅助触点 $QF_{23\text{-}24}$ 断开，切断合闸回路。

常开辅助触点 $QF_{21\text{-}22}$ 闭合，使（图 8-11)＋→$QA_{1_{1\text{-}2}}$→1X-5d2→(图 8-12)→$KCC_{1\text{-}16}$→RKCC→1X-5d4→(图 8-11)→$QF_{21\text{-}22}$→$YT_{1\text{-}2}$→$ST_{4_{1\text{-}3}}$→$QA_{1_{3\text{-}4}}$→－电路接通。由于合闸位置继电器线圈 $KCC_{1\text{-}16}$ 阻抗大，分闸线圈 $YT_{1\text{-}2}$ 阻抗小，使得分闸线圈承受的电压小于最小允许动作值，故断路器不分闸。而合闸位置继电器 KCC 受电动作，其常开触点 $KCC_{12\text{-}9}$（图 8-12）闭合，使（图 8-11)＋→$QA_{1_{1\text{-}2}}$→R_2→HL_2→1X-5d26→(图 8-12)→$KCC_{12\text{-}9}$→1X-5d22→(图 8-11)→$QA_{1_{3\text{-}4}}$→－电路接通。红灯 HL_2 亮，指示断路器合闸状态；同时，主变主保护单元和主变后备保护单元在当地监控单元中给出合闸位置信号。

(2) 微机控制分闸

当断路器分闸条件满足要求时，以 2# 进线、T_2 变压器的运行方式为例，分析 102 断路器微机控制分闸回路工作原理。

分闸前，102 断路器在合闸位置；断路器联动辅助触点 $QF_{21\text{-}22}$ 闭合。选择开关 SA_1 手柄在“远”位，$SA_{1_{3\text{-}4}}$ 不通，变电所当地没有操作权限。

当电力调度发出该变电所 102 断路器的分闸指令时，通过远动通信通道、变电所当地远动通信管理机等设备，将合闸指令传送至主变测控单元 3X，使其信号插件中的对应微型继电器动作，使图 8-11 中主变测控单元 3X 的 3X-5d2 和 3X-5d4 端子接通，发出分闸命令脉冲。使(图 8-11)+→$QA_{1_{1\text{-}2}}$→3X-5d2→3X-5d4→1X-5d8→(图 8-12)→$KCF_{1_{4\text{-}1}}$→1X-5d4→(图 8-11)→$QF_{21\text{-}22}$→$YT_{1\text{-}2}$→$ST_{4_{1\text{-}3}}$→$QA_{1_{3\text{-}4}}$→−。电路接通，合闸位置继电器线圈 $KCC_{1\text{-}16}$ 被短接，而 $KCF_{1_{4\text{-}1}}$ 为阻抗非常小的电流线圈，断路器分闸线圈 $YT_{1\text{-}2}$ 受电，操动机构驱动断路器分闸，断路器分闸完毕，辅助联动触点 $QF_{21\text{-}22}$ 断开，切断分闸回路。

常闭辅助触点 $QF_{23\text{-}24}$ 闭合，使(图 8-11)+→$QA_{1_{1\text{-}2}}$→1X-5d2→(图 8-12)→$KCT_{1\text{-}16}$→RKCT→1X-5z26→(图 8-11)→1X-5d10→$QF_{23\text{-}24}$→$YC_{1\text{-}2}$→$ST_{3_{1\text{-}3}}$→$QA_{1_{3\text{-}4}}$→−电路接通。由于分闸位置继电器线圈 $KCT_{1\text{-}16}$ 阻抗大，合闸线圈 $YC_{1\text{-}2}$ 阻抗小，使得合闸线圈承受的电压小于最小允许动作值，故断路器不合闸。而分闸位置继电器 KCT 受电动作，其常开触点 $KCT_{5\text{-}8}$（图 8-12）闭合，使(图 8-11)+→$QA_{1_{1\text{-}2}}$→R_1→HL_1→1X-5d24→(图 8-12)→$KCT_{5\text{-}8}$→1X-5d22→(图 8-11)→$QA_{1_{3\text{-}4}}$→−电路接通。绿灯 HL_1 亮，指示断路器分闸状态；同时，主变主保护单元和主变后备保护单元在当地监控单元中给出分闸位置信号。

2. 断路器的控制开关控制方式

为提高断路器控制的可靠性，一般在变电所中设置控制开关作为冗余控制方式。控制开关一般选择带信号灯的三位置控制开关，如图 8-11 中的 SA_2。SA_2 安装在控制屏上，由运行人员直接操作，发出合分闸命令脉冲，使断路器、隔离开关合分闸，实现对断路器、隔离开关的距离控制。

变电所中广泛采用 LW_2-W/F6 型控制开关，如图 8-14(a) 所示。控制开关操作转换过程有三个位置，即“合位”“分位”“零位置”（中间竖直位置）。控制开关手柄平时处于“零位置”，将控制开关手柄沿顺时针方向旋转 45°达到“合闸”位置，$SA_{1\text{-}3}$ 触点闭合，发出合闸命令脉冲。由于控制开关的合闸位是一个不固定位置，当操作完毕后控制开关手柄在弹簧力的作用下，自动沿逆时针方向旋转 45°返回中间零位，$SA_{1\text{-}3}$ 触点断开。分闸操作时，将控制开关手柄沿逆时针旋转 45°，$SA_{2\text{-}4}$ 触点闭合；操作人员松开手后，控制开关手柄自动恢复到中间零位，$SA_{2\text{-}4}$ 触点断开。

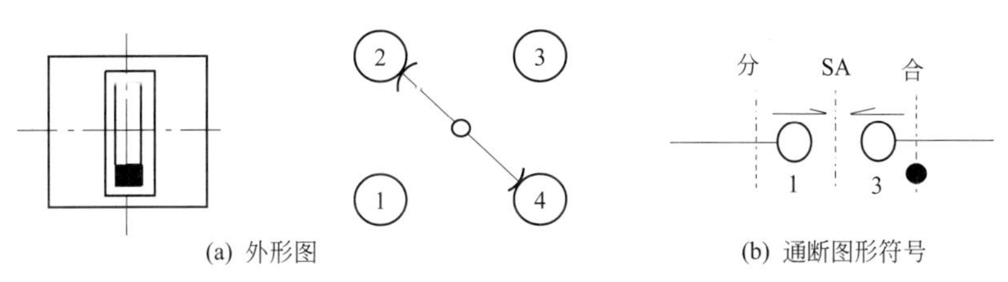

(a) 外形图　　(b) 通断图形符号

图 8-14　三位置控制开关外形图及触点通断图形符号

在展开图中为了看图方便，将控制开关的 3 个位置用 3 条虚线表示。中间的虚线表示零位置，左侧的虚线代表分位置（T），右侧的虚线代表合位置（C），并以小黑点表示触点的接通状态。即虚线上有黑点者表示开关转到此位置时该对触点接通，反之不接通，如

图 8-14(b) 所示。

如图 8-11 所示，当控制方式转换开关 SA_1 扳向“所”位置时，$SA_{1_{3-4}}$ 接通，允许进行控制开关操作方式。分合闸操作时的电路原理与微机控制远方分合闸相类似，这里不再详述。

3. 断路器的事故分闸

XB_1 连接片投入时，可投入主变主保护单元的保护功能；XB_2 连接片投入时，可投入主变后备保护单元的保护功能。这样，当主变压器发生故障时，根据故障类型的不同，主变主保护单元、主变后备保护单元动作（图 8-12），保护出口继电器动作，其触点 $KCO_{1_{8-5}}$ 闭合。

以主变主保护装置动作为例，其触点 $KCO_{1_{8-5}}$ 闭合，使（图 8-11）$+ \to QA_{1_{1-2}} \to$ 1X-5d2 →（图 8-12）→ $KCO_{1_{8-5}} \to VD_{13} \sim VD_{15} \to$（1X-5d6）→（图 8-11）→ $XB_1 \to$ 1X-5d8 →（图 8-12）→ $KCF_{1_{4-1}} \to$（1X-5d4）→（图 8-11）→ $QF_{21-22} \to YT_{1-2} \to ST_{4_{1-3}} \to QA_{1_{3-4}} \to -$ 电路接通，断路器分闸线圈 YT_{1-2} 受电，操动机构驱动断路器分闸，断路器分闸完毕，辅助联动触点 QF_{21-22} 断开，切断分闸回路。图 8-12 中的 KCO_2 通过自保持起到分闸命令记忆的作用。图 8-11 中，主变主保护单元的 1X-5d28 和 1X-5d30 之间的常开触点闭合，使白色事故信号灯 HL_3 亮，并由其他回路（在此不做详述）接通事故蜂鸣器，发出事故灯光及音响信号，并使监控计算机屏幕自动跳出该变电所主接线图，102 断路器图标为绿色并闪烁。

4. 断路器的液压闭锁、监视与储能

不同的制造厂各压力规定有所不同，依据某高压电器厂液压操动机构说明书，正常时液压系统的额定油压为 22.2MPa，各压力触点的动作压力整定值如表 8-3 所示。

表 8-3　各压力触点的动作压力整定值

接点编号	$S_{1_{1-2}}$	$S_{2_{1-2}}$	$S_{3_{1-3}}$	$S_{4_{1-3}}$	$S_{5_{1-3}}$	$KVP\text{-}K_1$	$KVP\text{-}K_2$
动作压力值/MPa	22.2	21.56	18.9	17	23	27.4	9.8

在这里，液压系统压力表电触点、蓄压器行程开关的正常状态是指压力值低于整定压力值时的状态，动作状态是指压力值等于或高于整定压力值时的状态。因此，油压超过整定压力值时常开触点闭合，油压低于整定压力值时常闭接点断开。

（1）分合闸压力闭锁

液压系统的油压过低，会对操作产生不良影响，如合闸时会因功率不定而造成慢合现象，这是不允许的。因此，在合闸回路中串入液压系统蓄压器行程开关触点 $S_{3_{1-3}}$，当油压下降到 18.9MPa 时，$S_{3_{1-3}}$ 断开，实现合闸闭锁；分闸回路中串入液压系统蓄压器行程开关触点 $S_{4_{1-3}}$，当油压下降到 17MPa 时，$S_{4_{1-3}}$ 断开，实现分闸闭锁。

（2）油泵电动机的启动

当油压小于 21.56MPa 时，液压系统蓄压器行程开关触点 $S_{2_{1-2}}$ 闭合，使

$+ \to FU_1 \to S_{2_{1-2}} \to KC_{4-9} \to KM_{3-8} \to FU_2 \to -$ 电路接通，接触器 KM 受电动作，主接点闭合，使

$+ \to FU_1 \to KM_{6-1} \to$ 电动机 M $\to KM_{2-7} \to FU_2 \to -$ 电路接通，油泵电动机启动运转进行打压。接触器常开触点 KM_{10-15} 闭合，发出油泵电动机运转信号。

同时接触器的另一对常开触点闭合，使

$+ \to FU_3 \to S_{1_{1-2}} \to KM_{4-9} \to KC_{4-9} \to KM_{3-8} \to FU_2 \to -$ 电路接通，+通过 $S_{1_{1-2}}$ 触点

向接触器线圈供电。当油压升到 21.56MPa，$S_{2_{1-2}}$ 断开，但压力触点 $S_{1_{1-2}}$ 仍然闭合，油泵电动机继续保持运转。油压继续升高到 22.2MPa 后，$S_{1_{1-2}}$ 断开，油泵电动机停止工作。

（3）压力异常闭锁信号

当油压系统出了故障后，油压急速下降或升高时，对油泵电动机应采取压力异常闭锁。运行中若油压低于 9.8MPa，触点 KVP-K_2 闭合，使得中间继电器 KC_{3-8} 受电动作，常闭触点 KC_{4-9} 断开，切断油泵电动机的启动回路，使电动机停转。因为这种现象的出现，往往意味着液压系统出现较大泄漏故障，油泵电动机继续运转也无法使油压恢复正常，必须采取必要的检修措施。若运行中油压高于 27.4MPa，油泵仍继续工作，则触点 KVP-K_1 闭合。使中间继电器 KC_{3-8} 受电动作后切断油泵电动机的工作回路，使其停转。中间继电器 KC 受电动作后，除切断油泵电动机回路外，另一对触点 KC_{10-5} 闭合发出压力异常的预告信号，指明液压机构内出现故障。

当压力低于 S_5 标定值（根据实际运行情况而定）时，$S_{5_{1-3}}$ 触点闭合，发出液压系统压力过低的预告信号，提醒值班人员注意并及时排除。

5. 电气防跳

操作过程中，断路器在短时间内反复出现分合闸的情况，称为断路器的“跳跃”。多次频繁跳跃不仅会使断路器损坏，而且还将扩大事故范围。为此必须采取防跳措施。

断路器的跳跃现象一般发生在主变压器及其线路处于永久性短路故障而且合闸回路断不开的情况下。当断路器合闸送电至故障线路后，继电保护装置动作使断路器跳闸。例如图 8-11 中，若控制开关 SA_2 仍在合位而未转换，或主变测控单元 3X 的 3X-5d2 和 3X-5d6 端子接通未返回，断路器将再次合闸，继电保护装置又将使断路器跳闸，如此反复分合动作，即发生跳跃现象。

如图 8-12 所示，在主变主保护单元（主变后备保护单元）的出口插件中设置具有电压线圈与电流线圈的双线圈防跳继电器，其电流线圈 KCF_1 串联于跳闸回路中，其动作电流略小于跳闸线圈的动作电流，以保证跳闸时其可靠动作，此电流线圈电阻极小，对跳闸回路影响甚微；另一线圈为电压自保持线圈 KCF_2，经过自身的常开触点 $KCF_{2_{7-8}}$ 并联于合闸线圈回路。此电压线圈及其串联电阻阻值很大，不影响合闸回路动作；采用常闭接点 $KCF_{2_{5-6}}$ 串联于合闸回路。当断路器合闸于永久性故障点时，保护出口继电器常开触点 $KCO_{1_{8-5}}$ 闭合，使断路器跳闸，同时也使跳闸回路中防跳继电器的电流线圈 KCF_1 受电动作，其常开触点 $KCF_{1_{7-8}}$ 闭合，为电压自保持线圈 KCF_2 提供电能，其常闭触点 $KCF_{2_{5-6}}$ 断开，切断合闸回路；常开触点 $KCF_{1_{7-8}}$ 闭合，若此时控制开关 SA_2 仍在合位而未转换，或主变测控单元 3X 的 3X-5d2 和 3X-5d6 端子接通未返回，则会使防跳继电器 KCF_2 自保持在动作状态。常闭触点始终断开，切断合闸回路，避免了断路器再次合闸，从而起到了防止断路器跳跃的作用。只有当合闸脉冲消除后，防跳继电器电压线圈断电返回，电路才能恢复合闸功能。

第六节　牵引变电所馈线断路器的控制与监视

某变电所采用具有弹簧储能操动机构的真空断路器和电动操动机构的隔离开关等设备构成馈线间隔，主接线图可参见图 4-10 所示。二次系统采用综合自动化系统，系统中设置馈线测控保护单元，承担对该断路器和隔离开关的测量、控制、保护功能，包括具有自动重合闸功能的保护插件、出口插件、信号插件等单元。

图 8-15 为 211 断路器的控制和信号回路展开图，图中设备布置在馈线保护控制屏（虚

线框中设备除外)。所涉及设备包括馈线测控保护单元、控制方式选择开关 SA_1、带有位置信号灯 HL_1/HL_2 的分合闸控制开关 SA_2、事故白灯 HL_3 及其试验按钮 SB_1。

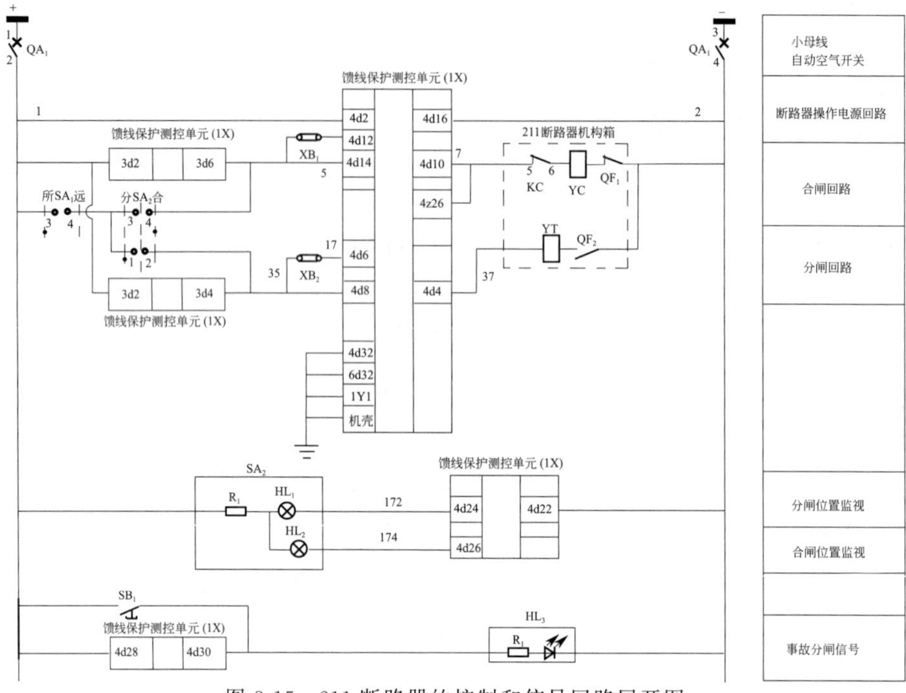

图 8-15　211 断路器的控制和信号回路展开图

图 8-16 馈线测控保护单元的出口插件原理图。

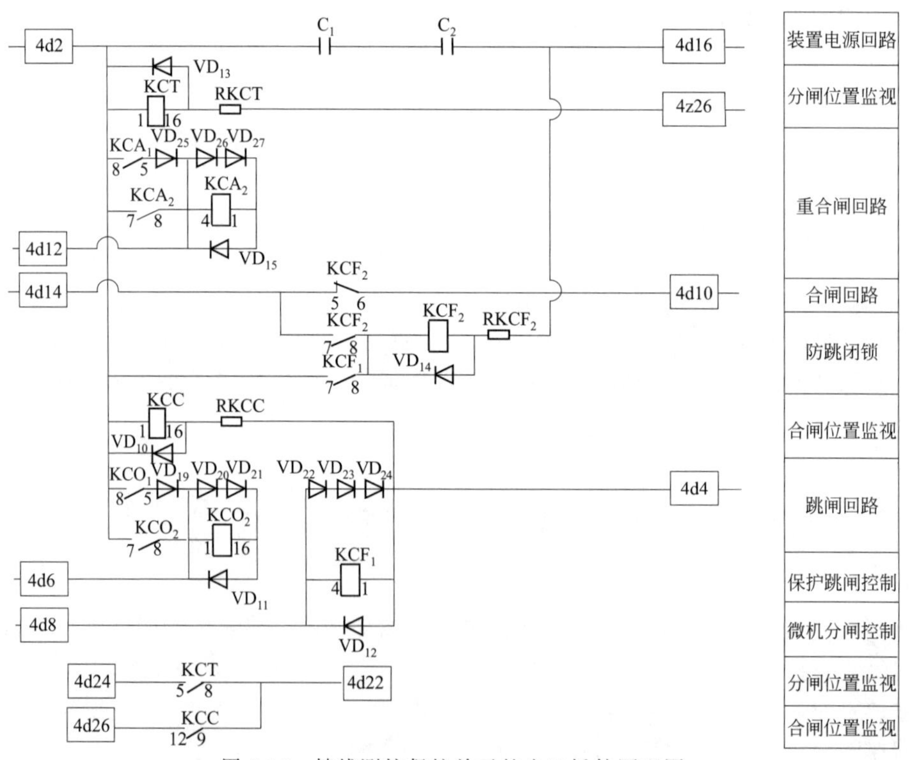

图 8-16　馈线测控保护单元的出口插件原理图

图 8-17 为断路器配用的弹簧操动机构工作原理图。

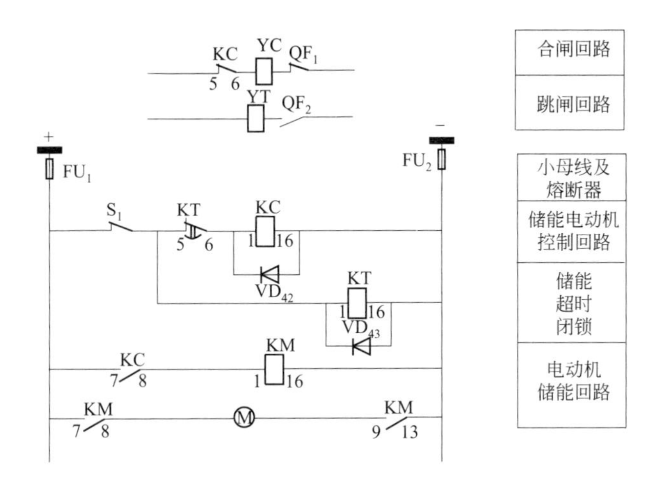

图 8-17 断路器配用的弹簧操动机构工作原理图

1. 断路器的微机控制方式

(1) 微机控制合闸

合闸前，断路器 211 在分闸位置；图 8-15 中，断路器联动辅助常闭触点 QF_1 闭合。选择开关 SA_1 手柄在“远”位，$SA_{1_{3\text{-}4}}$ 不通，变电所当地没有操作权限。

当电力调度发出该变电所 211 断路器的合闸指令时，通过远动通信通道、变电所当地远动通信管理机等设备，将合闸指令传送至馈线测控保护单元，馈线测控保护单元中的保护插件相关开关量输出接口输出，使其信号插件中的对应微型继电器动作，触点闭合使图 8-15 中馈线测控保护单元的 3d2 和 3d6 端子接通，发出合闸命令脉冲。使(图 8-15)+→$QA_{1_{1\text{-}2}}$→3d2→3d6→4d14→(图 8-16)→$KCF_{2_{5\text{-}6}}$→4d10→(图 8-15)→$KC_{5\text{-}6}$→YC→QF_1→$QA_{1_{3\text{-}4}}$→−电路接通。断路器合闸线圈 YC 受电，操动机构驱动断路器合闸，断路器合闸完毕，辅助联动触点 QF_1 断开，切断合闸回路。

常开辅助触点 QF_2 闭合，使(图 8-15)+→$QA_{1_{1\text{-}2}}$→4d2→(图 8-16)→$KCC_{1\text{-}16}$→RKCC→4d4→(图 8-15)→YT→QF_2→$QA_{1_{3\text{-}4}}$→−电路接通。由于合闸位置继电器线圈 $KCC_{1\text{-}16}$ 阻抗大，分闸线圈 YT 阻抗小，使得分闸线圈承受的电压小于最小允许动作值，故断路器不分闸。而合闸位置继电器 KCC 受电动作，其常开触点 $KCC_{12\text{-}9}$（图 8-16）闭合，使(图 8-15)+→$QA_{1_{1\text{-}2}}$→R_1→HL_2→4d26→(图 8-16)→$KCC_{12\text{-}9}$→4d22→(图 8-11)→$QA_{1_{3\text{-}4}}$→−电路接通。红灯 HL_2 亮，指示断路器合闸状态；同时，馈线测控保护单元在当地监控单元中给出合闸位置信号。

(2) 微机控制分闸

分闸前，211 断路器在合闸位置；图 8-15 中，选择开关 SA_1 手柄在“远”位，$SA_{1_{3\text{-}4}}$ 不通，变电所当地没有操作权限。

当电力调度发出该变电所 211 断路器的分闸指令时，通过远动通信通道、变电所当地远动通信管理机等设备，将合闸指令传送至馈线测控保护单元，使其信号插件中的对应微型继电器动作，馈线测控保护单元的 3d2 和 3d4 端子接通，发出分闸命令脉冲。使(图 8-15)+→$QA_{1_{1\text{-}2}}$→3d2→3d4→4d8→(图 8-16)→$KCF_{1_{4\text{-}1}}$→4d4→(图 8-15)→YT→QF_2→$QA_{1_{3\text{-}4}}$→−电路接通。合闸位置继电器线圈 $KCC_{1\text{-}16}$ 被短接，而 $KCF_{1_{4\text{-}1}}$ 为阻抗非常小的电流线圈，断路器分闸线圈 YT 受电，操动机构驱动断路器分闸，断路器分闸完毕，辅助联动触点 QF_2

断开，切断分闸回路。

常闭辅助触点 QF_1 闭合，使(图 8-15)+→ $QA_{1_{1-2}}$ →4d2 →(图 8-16)→KCT_{1-16} →RKCT →4z26 →(图 8-15)→KC_{5-6} →YC →$QA_{1_{3-4}}$ →一电路接通。由于分闸位置继电器线圈 $KC_{T_{1-16}}$ 阻抗大，合闸线圈 YC 阻抗小，使得合闸线圈承受的电压小于最小允许动作值，故断路器不合闸。而分闸位置继电器 KCT 受电动作，其常开触点 KCT_{5-8}（图 8-16）闭合，使（图 8-15）+→$QA_{1_{1-2}}$ →R_1 →HL_1 →4d24 →（图 8-16）→KCT_{5-8} →4d22 →（图 8-15）→$QA_{1_{3-4}}$ →一电路接通。绿灯 HL_1 亮，指示断路器分闸状态；同时，馈线测控保护单元在当地监控单元中给出分闸位置信号。

2. 断路器的控制开关控制方式

为提高断路器控制的可靠性，一般在变电所中设置控制开关作为冗余控制方式。控制开关一般选择带信号灯的三位置控制开关，如图 8-15 中的 SA_2。SA_2 安装在控制屏上，由运行人员直接操作，发出分合闸命令脉冲，使断路器、隔离开关分合闸，实现对断路器、隔离开关的距离控制。

如图 8-15 所示，当控制方式转换开关 SA_1 扳向“所”位置时，$SA_{1_{3-4}}$ 接通，允许进行控制开关操作方式。分合闸操作时的电路原理与微机控制远方分合闸相类似，这里不再详述。

3. 断路器的事故分闸

XB_2 连接片可实现馈线保护功能的投入与退出。当接触网发生故障时，馈线保护单元动作（图 8-16），保护出口继电器动作，其接点 $KCO_{1_{8-5}}$ 闭合。使(图 8-15)+→$QA_{1_{1-2}}$ →4d2 →(图 8-16)→$KCO_{1_{8-5}}$ →VD19～VD21 → 4d6 →(图 8-15)→XB_2 →4d8 →(图 8-16)→ $KCF_{1_{4-1}}$ → 4d4 →(图 8-15)→ YT → QF_2 → $QA_{1_{3-4}}$ → 一电路接通，断路器分闸线圈 YT 受电，操动机构驱动断路器分闸，断路器分闸完毕，辅助联动触点 QF_2 断开，切断分闸回路。图 8-16 中的 KCO_2 通过自保持起到分闸命令记忆的作用。图 8-15 中，馈线测控保护单元的 4d28 和 4d30 之间的常开触点闭合，使白色事故信号灯 HL_3 亮，并由其他回路（在此不做详述）接通事故蜂鸣器，发出事故灯光及音响信号，并使监控计算机屏幕自动跳出该变电所主接线图，211 断路器图标为绿色并闪烁。

4. 断路器的自动重合闸

XB_1 连接片可实现自动重合闸功能的投入与退出。当接触网发生故障，馈线保护单元动作作用于馈线断路器跳闸后，在满足重合闸的条件时（图 8-16），重合闸出口继电器动作，其触点 $KCA_{1_{8-5}}$ 闭合。使（图 8-15）+→ $QA_{1_{1-2}}$ →4d2 →（图 8-16）→$KCA_{1_{8-5}}$ → VD25～VD27 →4d12 →（图 8-15）→XB_1 →4d14 →（图 8-16）→$KCF_{2_{5-6}}$ →4d10 →（图 8-15）→KC_{5-6} →YC →QF_1 →$QA_{1_{3-4}}$ →一电路接通，断路器合闸线圈 YC 受电，操动机构驱动断路器合闸，断路器合闸完毕，辅助联动触点 QF_1 断开，切断合闸回路。图 8-16 中的 KCA_2 通过自保持起到合闸命令记忆的作用。

5. 弹簧操动机构的储能与闭锁

断路器的操作机构正常工作时，分合闸弹簧都处于压缩储能状态。图 8-17 中，限位开关 S1 处于断开位置，中间继电器 KC 线圈不受电，其常开触点 KC_{7-8} 断开，接触器 KM 线圈不受电，储能电动机不运转。常闭触点 KC_{5-6} 闭合，允许断路器合闸操作。断路器合闸到位后合闸弹簧能量用完，限位开关 S_1 自动闭合，中间继电器 KC 线圈受电，其常开触点 KC_{7-8} 闭合，通过接触器KM的动作使储能电动机受电运转，S1断开，储能电动机停转。当因机械故障经过一段时间仍不能使合闸弹簧储能到位时，由时间继电器KT动作使电动机停转。

6. 断路器的电气防跳

电路原理与上一节类似，这里不再详述。

第七节 牵引变电所馈线隔离开关的控制与监视

某变电所采用弹簧储能操动机构的真空断路器和电动操动机构的隔离开关等设备构成馈线间隔，主接线图可参见图4-10所示。二次系统采用综合自动化系统，系统中设置馈线测控保护单元，承担对该断路器和隔离开关的测量、控制、保护功能，包括具有自动重合闸功能的保护插件、出口插件、信号插件等单元。

隔离开关的控制方式可以分为远动控制、距离控制和就地控制三种。这里以1#馈线的馈线隔离开关2111为例进行介绍。

一、隔离开关电动操动机构的工作原理

1. 隔离开关电动操动机构控制电路结构特点

图8-18所示为隔离开关电动操动机构的原理展开图。通过转换开关SA_2的切换，隔离开关既可进行远动、距离控制，又能进行就地控制。分合闸操作通过电动操动机构实现。通过手动/电动行程开关S_3的转换，隔离开关既能在操动机构箱内通过控制按钮进行就地分合闸电动操作，又能通过机械手柄进行就地手动操作。

隔离开关电动操动机构的控制电路构成原则如下。

① 由于隔离开关没有灭弧机构，不允许用来切断和接通负载电流，因此控制电路必须受相应断路器的闭锁，以保证断路器在合闸状态下，不能操作隔离开关。如图8-18所示，由211断路器的操动机构箱接来的常闭触点QF_{2-4}串入隔离开关的控制电路。当211断路器在合闸状态时，QF_{2-4}断开，隔离开关控制电路闭锁。

② 依靠隔离开关控制电路中接触器的主触点切换，来改变直流串激式电动机励磁绕组的受电极性，使电动机改变转向而达到分合闸目的。

③ 分合闸操作脉冲是暂时的，操作完毕后能自动解除。图8-18所示电路通过行程开关触点转换，实现上述功能。

行程开关主要用于将机械位移转换成电信号，用来控制机械动作或用作程序控制和限位控制。行程开关共有两对触点，不受外力时闭合的触点为常闭触点，受外力闭合的触点为常开触点，触点的断开或闭合由主轴的定位件控制。由于分合闸控制电路分别接在分闸行程开关S_2、合闸行程开关S_1的常闭触点上，当隔离开关在合闸位置时，主轴定位件接触并抵压合闸行程开关S_1，$S_{1_{1-2}}$断开，S_2不受主轴定位件抵压，$S_{2_{1-2}}$闭合，使控制电路为下次分闸做好准备。当隔离开关在分位时，则$S_{2_{1-2}}$断开，$S_{1_{1-2}}$闭合，使控制电路为下次合闸做好准备。

S_3是手动/电动操作转换行程开关，它受手摇分合闸操作挡板控制。正常时，挡板处于电动位置，S_3不受挡板抵压，$S_{3_{1-2}}$闭合，隔离开关能进行电动操作分合闸。当电气控制电路故障或检修时，把挡板转换至手动操作位，挡板抵压S_3，$S_{3_{1-2}}$断开，切断电动操作分合

闸回路。此时，隔离开关通过机械手柄能进行当地手摇分合闸操作，而不能进行电动操作。

④ 隔离开关应有所处状态的位置信号。

⑤ 为防止隔离开关带接地刀闸合闸，控制电路必须受接地刀闸的闭锁，以保证接地刀闸在合闸状态时，不能操作隔离开关。

2. 隔离开关电动操动机构控制电路工作原理

在事故情况或检修、试验时，可以在操动机构箱内通过控制按钮进行当地分合闸操作，如图 8-18 所示。SB_3 为合闸按钮，SB_4 为分闸按钮。就地操作时，操动机构上的远动/所内选择开关 SA_2 处于所内位，$SA_{1_{2\text{-}1}}$ 闭合。手动/电动选择开关 S_3 处于电动位，$S_{3_{1\text{-}2}}$ 闭合；同时，紧急停止按钮触点 $SB_{5_{1\text{-}2}}$、电动机电源空气开关 QA_9 处于闭合状态，为隔离开关进行操作做好准备。合闸接触器 KM_1 和分闸接触器 KM_2 分别通过 11-12 常闭触点实现互锁，即避免了分合闸接触器的同时受电。

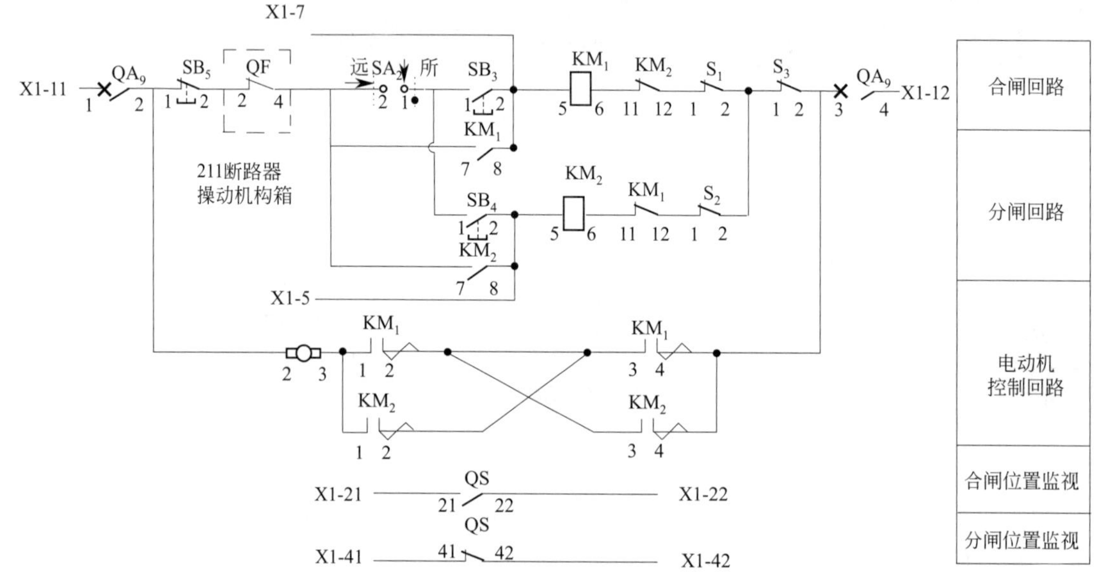

图 8-18 隔离开关电动操动机构的原理展开图

SB_3—合闸按钮；SB_4—分闸按钮；SB_5—紧急停机按钮；QA_9—自动空气开关；

SA_2—控制方式转换开关；KM_1—合闸接触器；KM_2—分闸接触器

(1) 合闸操作

2111 隔离开关合闸前，确认 211 断路器在分位，$QF_{2\text{-}4}$ 闭合。隔离开关在分位，分闸行程开关的常闭触点 $S_{2_{1\text{-}2}}$ 断开，合闸行程开关的常闭触点 $S_{1_{1\text{-}2}}$ 闭合；分合闸接触器都不受电，$KM_{1_{11\text{-}12}}$、$KM_{2_{11\text{-}12}}$ 处于闭合状态。

就地操作合闸时，将合闸按钮 SB_3 瞬间按下，$SB_{3_{1\text{-}2}}$ 闭合，使

X1-11 → $QA9_{1\text{-}2}$ → $SB_{5_{1\text{-}2}}$ → $QF_{2\text{-}4}$ → $SA_{2_{1\text{-}2}}$ → $SB_{3_{1\text{-}2}}$ → $KM_{1_{5\text{-}6}}$ → $KM_{2_{11\text{-}12}}$ → $S_{1_{1\text{-}2}}$ → $S_{3_{1\text{-}2}}$ → $QA_{9_{3\text{-}4}}$ → X1-12 电路接通。图 8-19 中，X1-11 可获得正电源，而 X1-12 可获得负电源，则合闸接触器线圈 KM_1 受电动作，$KM_{1_{7\text{-}8}}$ 闭合，对合闸接触器线圈进行电源自保持；同时，常开触点 $KM_{1_{1\text{-}2}}$、$KM_{1_{3\text{-}4}}$ 闭合，使 X1-11—$QA_{9_{1\text{-}2}}$ →电动机转子绕组—$KM_{1_{1\text{-}2}}$ →电动机励磁绕组 $W_{4\text{-}1}$ → $KM_{1_{3\text{-}4}}$ → $QA_{9_{3\text{-}4}}$ → X1-12；电路接通，电动机顺时针方向旋转，通过机械传动装置，推动隔离开关合闸。

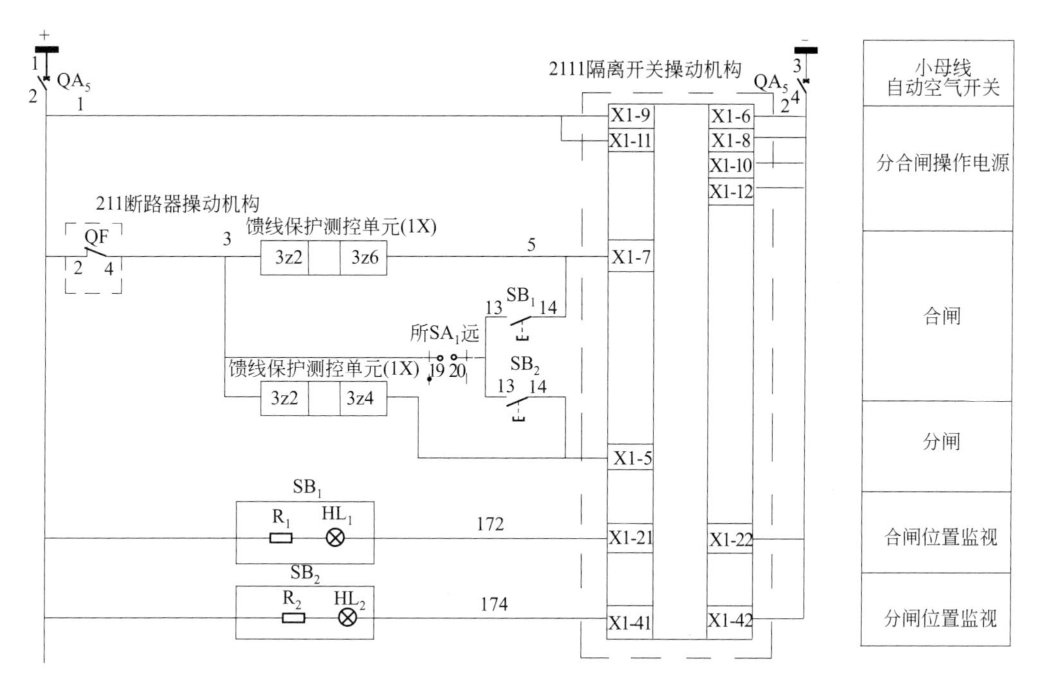

图 8-19 馈线隔离开关的控制和信号回路展开图

隔离开关合闸到位时，分闸行程开关 S_2 不再受主轴定位件的抵压，其常闭触点 $S_{2_{1\text{-}2}}$ 闭合，为隔离开关的分闸操作做好准备。同时，主轴上的定位件接触并抵压合闸行程开关 S_1，$S_{1_{1\text{-}2}}$ 断开，合闸接触器线圈失电，$KM_{1_{1\text{-}2}}$、$KM_{1_{3\text{-}4}}$ 断开返回，自动切断电动机回路，使电动机停转。

隔离开关合闸到位时，隔离开关本体辅助触点 $QS_{21\text{-}22}$ 闭合。图 8-19 中，位置信号灯 HL_1 亮红光，指示隔离开关在合闸位置。

（2）分闸操作

2111 隔离开关分闸前，确认 211 断路器在分位，$QF_{2\text{-}4}$ 闭合。隔离开关在合位，合闸行程开关的常闭触点 $S_{1_{1\text{-}2}}$ 断开，分闸行程开关的常闭触点 $S_{2_{1\text{-}2}}$ 闭合；分合闸接触器都不受电，$KM_{1_{11\text{-}12}}$、$KM_{2_{11\text{-}12}}$ 处于闭合状态。

就地操作分闸时，将分闸按钮 SB4 瞬间按下，$SB_{4_{1\text{-}2}}$ 闭合，使 X1-11 → $QA_{9_{1\text{-}2}}$ → $SB_{5_{1\text{-}2}}$ → $QF_{2\text{-}4}$ → $SA_{2_{1\text{-}2}}$ → $SB_{4_{1\text{-}2}}$ → $KM_{2_{5\text{-}6}}$ → $KM_{1_{11\text{-}12}}$ → $S_{2_{1\text{-}2}}$ → $S_{3_{1\text{-}2}}$ → $QA_{9_{3\text{-}4}}$ → X1-12 电路接通。分闸接触器线圈 KM2 受电动作，$KM_{2_{7\text{-}8}}$ 闭合，对分闸接触器线圈进行电源自保持；同时，常开触点 $KM_{2_{1\text{-}2}}$、$KM_{2_{3\text{-}4}}$ 闭合，使 X1-11 → $QA_{9_{1\text{-}2}}$ → 电动机转子绕组 → $KM_{2_{1\text{-}2}}$ → 电动机励磁绕组 $W_{1\text{-}4}$ → $KM_{2_{3\text{-}4}}$ → $QA_{9_{3\text{-}4}}$ → X1-12 电路接通，电动机逆时针方向旋转，通过机械传动装置，推动隔离开关分闸。

隔离开关分闸到位时，合闸行程开关 S_2 不再受主轴定位件的抵压，其常闭触点 $S_{1_{1\text{-}2}}$ 闭合，为隔离开关的合闸操做好准备。同时，主轴上的定位件接触并抵压分闸行程开关 S_2，$S_{2_{1\text{-}2}}$ 断开，分闸接触器线圈失电，$KM_{2_{1\text{-}2}}$、$KM_{2_{3\text{-}4}}$ 断开返回，自动切断电动机回路，使电动机停转。

隔离开关分闸到位时，隔离开关本体辅助触点 $QS_{41\text{-}42}$ 闭合。图 8-19 中，位置信号灯 HL_2 亮绿光，指示隔离开关在分闸位置。

二、馈线隔离开关的距离控制与监视

图 8-19 为 2111 隔离开关的控制和信号回路展开图，图中设备与布置在馈线保护控制屏(虚线框中设备除外)。所涉及设备包括馈线测控保护单元（与 211 断路器共用一套)、控制方式选择开关 SA_1、带有位置信号灯 HL_1/HL_2 的分合闸控制按钮 SB_1/SB_2。

正常运行时，通过变电所主控室或电力调度中心对隔离开关进行距离操作，其工作原理与就地操作类似，这里不再详述，读者结合图 8-18 和图 8-19 自行分析。

复习思考题

1. 断路器、隔离开关控制电路的结构包括哪几部分?
2. 断路器的控制信号回路应满足哪些要求?
3. 断路器控制回路为什么要设置电气防跳措施? 防跳原理是什么?
4. 断路器分合闸控制回路为什么要用其操动机构中辅助接点?
5. 继电器线圈并联反向二极管的目的是什么?
6. 结合图 8-11～图 8-13 分析牵引变电所高压侧断路器分合闸控制工作原理。
7. 结合图 8-13 分析液压操动机构中液压监视、闭锁与储能原理。
8. 结合图 8-15～图 8-17 分析馈线断路器分合闸控制工作原理。
9. 结合图 8-17 分析弹簧操动机构中储能电动机工作过程。
10. 结合图 8-18、图 8-19 分析控制屏操作隔离开关分合闸的工作原理。
11. 变电所常见预告信号有哪些? 哪些预告信号延时发出? 哪些预告信号瞬时发出? 为什么?
12. 变电所一般装设哪些信号系统? 各起什么作用?

第九章 自用电系统

【学习目标】

1. 了解牵引变电所自用电系统的结构体系与发展概况。
2. 熟悉操作电源以及蓄电池工作原理、日常维护。
3. 掌握交直流自用电系统构成以及绝缘监视系统工作原理。

在变电所中，为了保证供电装置的正常操作和安全运行，需要对以下两类所内低压交直流用电的供应予以切实保证。

① 变压器冷却风扇、设备加热、蓄电池室内通风、室内外照明、移动油业务、设备检修、蓄电池组的充电等设备的交流用电。

② 开关电器的控制、信号、继电保护、事故照明等二次设备的直流用电。

为确保上述用电，通常装设专用供电系统，称为自用电系统。该系统中的交流和直流两部分各自独立，自成体系，故可分为交流自用电、直流自用电两个系统。交流系统设备由自动转换开关电器/备自投装置、控制装置、交流断路器、浪涌保护器、测量表计、配电屏等设备组成，直流系统设备由蓄电池、充电装置、监控装置、绝缘监测装置、蓄电池巡检装置、直流断路器、浪涌保护器、测量表计、配电屏等设备组成。

第一节 交流自用电系统

在牵引变电所和供电装置中，交流自用电负荷主要包括主变压器的冷却通风、蓄电池组充电设备、油处理设备、检修机具、消防水泵和室内外照明、电热设备等。

牵引变电所通常设有两台容量为50～100kV·A的自用电变压器，一台工作，另一台备用。交流牵引变电所的自用电变压器一般接于25kV或2×25kV母线取电，如另有10kV三相电源引入变电所时，则自用电变压器中的一台应由该电源供电，以保证可靠工作。大型（或枢纽）牵引变电所自用电变压器的容量，由于其自用电负荷增多，应按负荷的重要程度分级（共三级负荷）。

交流牵引变电所自用电变压器的绕组接线方式和结构随主变压器接线方式的不同而异，区分为以下几种情况。

① 主变压器采用三相变压器接线时，自用电变压器使用普通的三相动力变压器，其中高压侧的一个出线端可以直接和铁轨相连，以取得三相对称电源。

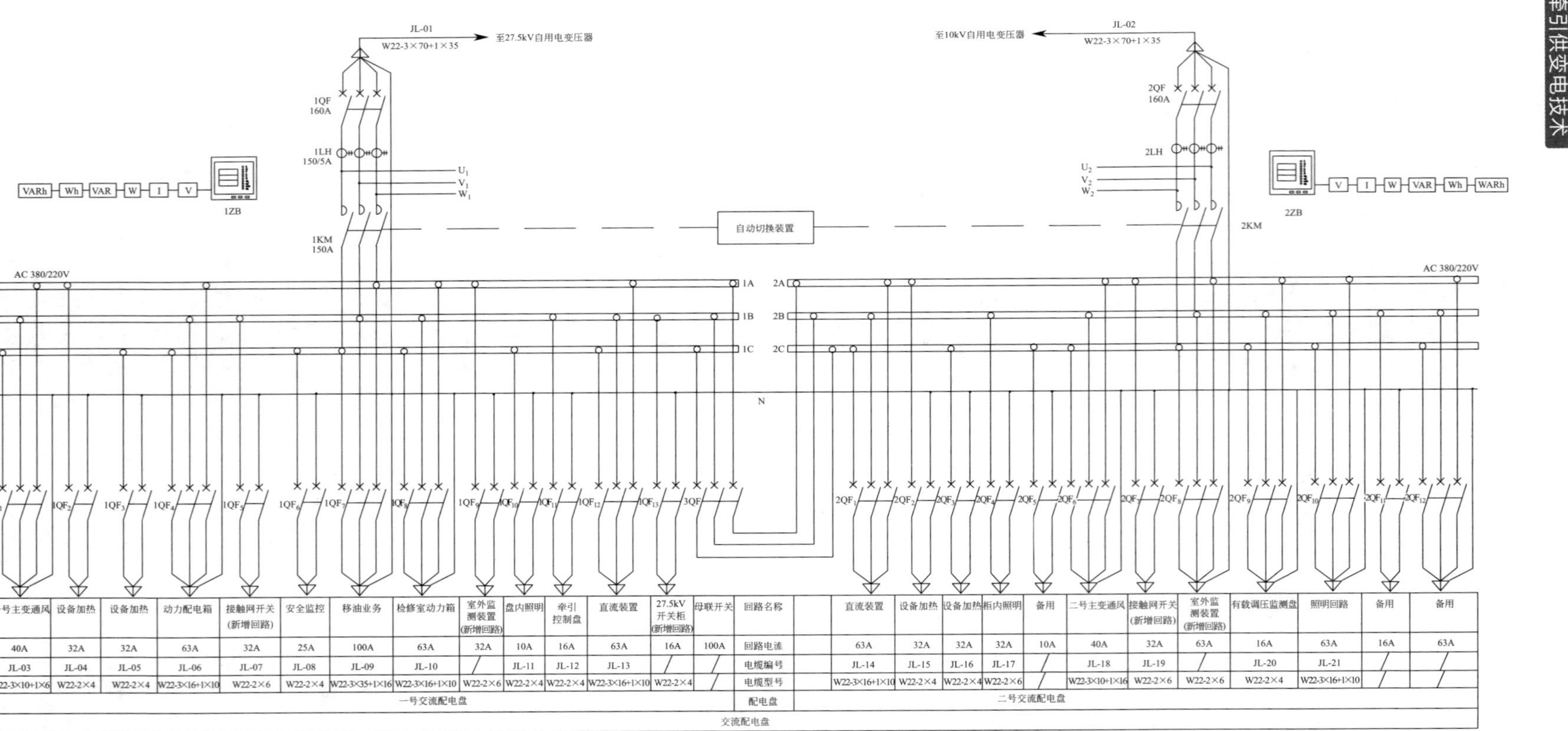

回路名称	一号主变通风	设备加热	设备加热	动力配电箱	接触网开关(新增回路)	安全监控	移油业务	检修室动力箱	室外监测装置(新增回路)	盘内照明	牵引控制盘	直流装置	27.5kV开关柜(新增回路)	母联开关
回路电流	40A	32A	32A	63A	32A	25A	100A	63A	32A	10A	16A	63A	16A	100A
电缆编号	JL-03	JL-04	JL-05	JL-06	JL-07	JL-08	JL-09	JL-10	/	JL-11	JL-12	JL-13	/	/
电缆型号	W22-3×10+1×6	W22-2×4	W22-2×4	W22-3×16+1×10	W22-2×6	W22-2×4	W22-3×35+1×16	W22-3×16+1×10	W22-2×6	W22-2×4	W22-2×4	W22-3×16+1×10	W22-2×4	/
配电盘	一号交流配电盘													

回路名称	直流装置	设备加热	设备加热	柜内照明	备用	二号主变通风	接触网开关(新增回路)	室外监测装置(新增回路)	有载调压监测盘	照明回路	备用	备用
回路电流	63A	32A	32A	32A	10A	40A	32A	63A	16A	63A	16A	63A
电缆编号	JL-14	JL-15	JL-16	JL-17	/	JL-18	JL-19	/	JL-20	JL-21	/	/
电缆型号	W22-3×16+1×10	W22-2×4	W22-2×4	W22-2×6	/	W22-3×10+1×16	W22-2×6	W22-2×6	W22-2×4	W22-3×16+1×10	/	/
配电盘	二号交流配电盘											

交流配电盘

图 9-1 牵引变电所交流自用电系统

② 当主变压器采V形接线时，自用电变压器也采用由两个单相变压器连成V形接线的方式。但是这种牵引变电所应当备有可以应急使用的单相三相电源，例如劈相机（一种输入单相、输出三相交流电的分相电机）、劈相变压器（一种输入单相、输出三相交流电的分相变压器）或者直交逆变器，以防止牵引变电所中一旦有一相缺电时，仍可从单相电源上取得三相电源。

③ 三相-二相变压器接线时，可以根据具体情况，采用主变压器的反接线方式取得三相对称电源。如主变压器采用斯科特接线，自用电变压器采用逆斯科特变压器。

斯科特接线主变压器变电所的交流自用电系统图如图9-1所示。图中25kV/380V的自用电变压器为主供电源。当该电源失压时，由自动装置使断路器1QF自动断开，并将接于10kV电源的备用自用电变压器自动（或手动）投入工作。图中380/220V低压母线来自两个不同的电源，不允许并列运行。当变电所交流自用电系统负荷增加而导致一台自用电变压器运行容量不足时，两台自用电变压器可以同时投入运行。送电时，通常先将断路器3QF断开，两台自用电变压器同时向交流母线供电。380/220V交流自用电电源从自用电变压器采用三相电缆（四芯）引至安装在控制室的交流配电盘，在配电盘集中进行控制操作，自用电负荷馈线采用三相或单相电缆馈出。

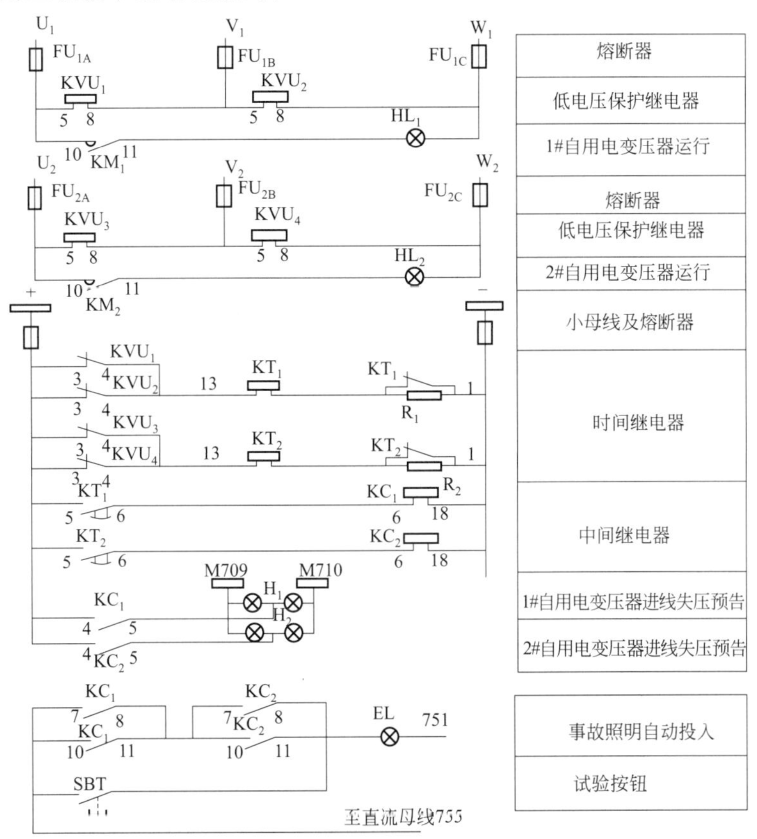

图9-2 交流盘二次回路展开图

如图9-2所示，当25kV/380V的自用电变压器供电时，交流电源信号灯HL_1亮红灯，指示1#自用电变压器运行；当10kV/380V的自用电变压器供电时，交流电源信号灯HL_2亮红灯，指示2#自用电变压器运行。智能电表1ZB、2ZB可以显示1#、2#电源的电压、电流、无功、电能量等数据。$1QF_1$～$1QF_{13}$为一号交流配电盘上各交流回路的开关，$2QF_1$～$2QF_{12}$为二号交流配电盘上各交流回路的开关。

当变电所全所停电时，低压继电器KVU_1～KVU_4失压，它们的常闭触点闭合，时间

继电器 KT_1、KT_2 得电动作，常开触点 KT_1、KT_2 延时闭合，中间继电器 KC_1、KC_2 受电动作，$KC_{1_{4-5}}$、$KC_{2_{4-5}}$，闭合使光字牌 H_1、H_2 亮灯，发出自用电变压器进线失压信号。同时，常开触点 $KC_{1_{7-8}}$、$KC_{1_{10-11}}$ 与 $KC_{2_{7-8}}$、$KC_{2_{10-11}}$ 闭合，使事故照明灯 EL 亮。

在变电所运行中，需要试验事故照明回路完好性时，按下试验按钮 SBT 即可。若事故照明灯 EL 亮，说明事故照明回路完好。若事故照明灯 EL 不亮，则说明事故照明灯烧毁或其二次回路故障，值班人员应进行故障查找及处理。

第二节　直流自用电系统

在变电所内，把为控制、信号、继电保护与自动装置、事故照明和计算机等用电设备提供不停电供电所需要的独立电源称为操作电源。操作电源按电能的性质可分为交流操作电源和直流操作电源两类，大多数变电所为直流操作电源。直流操作电源的电压为 220V 或 110V，它与直流自用电负荷馈线连接构成直流系统。

对直流系统的基本要求如下。

① 应保证供电的可靠性。最好装设独立的直流电源，以免交流系统故障而影响操作电源的正常供电。

② 具备足够的容量。满足全厂（所）事故停电时，直流电源负荷、最大冲击负荷及 1h 事故照明等用电需要；能保证直流母线电压在规定的额定值。

③ 满足经济和实用的要求。应满足使用寿命长、维护工作量小、投资省、占地面积小和噪声干扰小等要求。

为此，通常采用蓄电池组及相应充电设备作为直流电源，此外还有电容储能式整流直流电源和复式整流直流电源。近年来，高频开关操作电源得到了广泛应用。

一、蓄电池组直流系统

蓄电池是一种化学能源，一直用作发电厂和变电所的独立直流电源。在 20 世纪 80 年代以前，我国生产的蓄电池组多数采用固定式铅酸蓄电池。由于其固有的诸多缺陷，现已为新型封闭式免维护铅酸蓄电池或碱性镉镍蓄电池所取代。

1. 阀控式密封铅酸蓄电池

铅酸蓄电池在电池家族中历史最悠久，1859 年由法国普兰特发明，至今已有一百多年历史。一百多年来，铅酸蓄电池的制造工艺、结构、生产、性能和应用都在不断发展，主要标志是 20 世纪 70 年代发展起来的阀控式密封铅酸蓄电池，简称 VRLA（Valve Regulated Lead Acid）蓄电池。VRLA 蓄电池能量高、成本低、寿命长、容量更大（是普通铅酸蓄电池的两倍）、不漏液、不污染、可回收、免维护，如图 9-3 所示。

（1）VRLA 蓄电池的工作原理

VRLA 蓄电池由正负极板、隔板、电解液、安全阀、气塞、外壳等部分组成。充电后的正极板上有效物质是二氧化铅（PbO_2），负极板上有效物质是海绵状纯铅（Pb），电解液由蒸馏水和纯硫酸按一定比例配置而成。

VRLA 蓄电池的工作原理与普通铅酸蓄电池的工作原理基本没有什么变化。其正常充

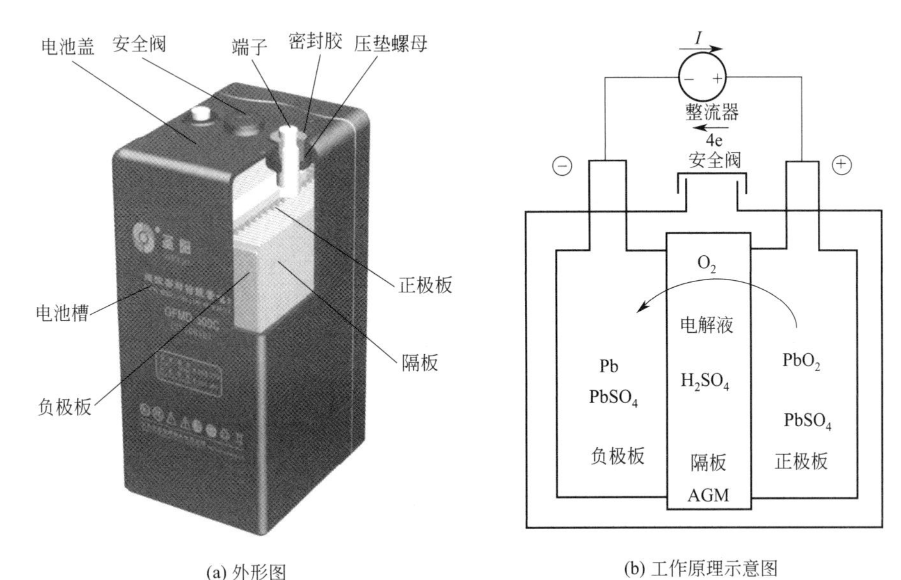

(a) 外形图 (b) 工作原理示意图

图 9-3 VRLA 蓄电池的外形图和工作原理示意图

放电的化学反应式为

$$PbO_2+2H_2SO_4+Pb \underset{充电}{\overset{放电}{\rightleftharpoons}} 2PbSO_4+2H_2O$$

在充电时，正极由硫酸铅（$PbSO_4$）转化为二氧化铅（PbO_2）后将电能转化为化学能储存在正极板中，负极由硫酸铅（$PbSO_4$）转化为海绵状铅（Pb）后将电能转化为化学能储存在正极板中；在放电时，正极由二氧化铅（PbO_2）转化为硫酸铅（$PbSO_4$）后将化学能转化为电能向负载供电，负极由海绵状铅（Pb）转化为硫酸铅（$PbSO_4$）后将化学能转化为电能向负载供电。

普通铅酸蓄电池的难点就是充电时水的电解。当充电达到一定电压时（一般在 2.30V/单体以上），在蓄电池正极板上放出氧气，负极板上放出氢气。一方面释放气体带出酸雾污染环境，另一方面电解液中水分减少，必须隔一段时间进行补加水维护。

VRLA 蓄电池从结构上克服了以下缺点。

① 阀控式铅酸蓄电池的极栅主要采用铅钙合金，以提高其正负极板析气（H_2 和 O_2）过电位，达到减少其充电过程中析气量的目的。同时，让负极有比正极板多 10%的容量，正极板在充电时氧气的析出先于负极板充电时氢气的析出。

② 极板之间采用超细玻璃纤维（或硅胶）取代普通隔板，吸储电解液，同时为正极板上析出的氧气向负极板扩散提供通道，其孔率由普通隔板的 50%提高到 90%以上，从而使氧气利于流通到负极板。这样，氧气一旦扩散到负极板上，立即为负极板吸收，重新生成水，从而抑制了负极板上氢气的产生，导致浮充电过程中产生的气体 90%以上被消除（少量气体通过安全阀排放出去）。氧气为负极板吸收所重新生成的水在蓄电池密封的情况下不能溢出，因而 VRLA 蓄电池可免除补加水维护，这也是 VRLA 蓄电池称为“免维护”蓄电池的由来。

③ 采用密封式阀控滤酸结构，电解液不会泄漏，使酸雾不能溢出；壳体上装有安全阀，当 VRLA 蓄电池内部压力超过阈值时自动开启，达到安全、环保的目的。

（2）VRLA 蓄电池的主要技术指标

① 蓄电池的电势。不同导电材料制成的正负极板放入同一电解液中时，由于有效物质的电化次序不同，极板上将产生不同电位，正负极板在外电路断开时的电位差就是蓄电池的电势。蓄电池电势的大小主要取决于极板上有效物质的性质，和极板的大小无关。

② 额定容量。额定容量是指将充满电的蓄电池按规定的放电电流，在正常放电时间内连续放电到规定的终止电压时止所放出的电量。其单位是安培·小时，以 A·h 表示。当放电电流恒定时其额定容量为

$$Q_N = I_f t_f$$

式中 Q_N——额定蓄电池容量，A·h；

I_f——恒定放电电流，A；

t_f——持续放电时间，h。

蓄电池容量的大小，主要取决于参加化学反应的活性物质的种类及数量，并且与许多因素有关（如极板的类型、面积的大小和数量、放电电流的大小、放电终止电压的高低、电解液的密度和数量以及环境温度）。

③ 额定电压。蓄电池在正常放电过程中正负极板间应保持的电压值为额定电压。按国际标准规定，单体酸性蓄电池的额定电压为 2V。

④ 终止电压。终止电压是防止蓄电池出现过放电现象以致造成极板损伤，所规定的放电最低电压值。蓄电池以不同的放电倍率放电时，终止电压略有不同。采用小电流放电时，终止电压定得高些；采用大电流放电时，终止电压定得低些。蓄电池放电电压低于终止电压时，将影响蓄电池的寿命。

（3）VRLA 蓄电池的特性

① 充电特性。蓄电池的充电过程，就是电能转换为化学能的过程，也是蓄电池正负极板的有效物质还原的过程。

所谓充电率就是蓄电池在某种充电情况下所充入的电量和充电电流的比值。若以蓄电池的充入电量为额定容量计时，其充电率为

$$f_c = Q_N / I_c$$

式中 f_c——充电率；

Q_N——蓄电池额定容量，A·h；

I_c——充电电流，A。

由上式可见，充电率的实质就是用电流充电至蓄电池额定容量时所需要的时间。当容量一定时，充电率越大，充电电流就越小，充电特性曲线变化缓慢。充电率越小，充电电流就越大，充电特性曲线变化急剧。

② 放电特性。充满电的蓄电池放电至终止电压的快慢称为蓄电池的放电率。放电率用放电时间的长短表示时称为小时率，放电率用放电电流表示称为时安率。放电率不同时，蓄电池的放电终止电压数值不同。变电所中，VRLA 蓄电池作为备用电源使用，要求在全所停电时能够立即转入放电状态，以保证电源不间断。

此外，蓄电池运行半年或一年后，为了检查 VRLA 蓄电池容量是否正常，应做一次核对性充放电循环。试验放电一般采用 10 小时率放电，可以采取断开直流系统，由蓄电池单独供电的方式进行。放电深度一般控制在 30%～50% 为宜，每小时监测一次单体 VRLA 蓄电池电压，通过计算放出 VRLA 蓄电池容量，对照表 9-1 的电压值，判断 VRLA 蓄电池是否正常。若容量不满足要求，反复循环充放电，直至蓄电池容量合格，核对性放电结束。

表 9-1 VRLA 蓄电池放出容量的标准电压值（10 小时率）

放出容量/%	10	20	30	40	50	60	70	80	90	100
支持时间/h	10	20	30	40	50	60	70	80	90	100
单体 VRLA 蓄电池电压/V	2.05	2.04	2.03	2.01	1.99	1.97	1.95	1.93	1.88	1.80

VRLA 蓄电池放出容量为电流乘以时间。在相应放出容量下，测出的单体 VRLA 蓄电

池电压值应等于或大于相应电压值，即 VRLA 蓄电池容量正常，反之即为容量不足。

③ 自放电特性。蓄电池的自放电是蓄电池在无外接负载而静止时的内部自行放电。其产生的主要原因是极板间隔材料有杂质、电解液不纯、充电完毕后部分活性物质不稳定等。如极板上含有杂质，将在极板上形成局部小电池，小电池两极短路产生短路电流水，引起蓄电池自放电。电解液中若混进杂质，如铁、铜及其他金属杂质，使自放电量增大。

④ 影响 VRLA 蓄电池使用寿命的主要因素。在放电终止电压下蓄电池组能放出的最少电量是衡量蓄电池寿命的主要指标，而与蓄电池容量有关的因素较多，如设计不周密、制造不精良、安装不正确、维护不完善等均对蓄电池的使用寿命有一定的影响。下面主要从使用维护的角度分析影响 VRLA 蓄电池使用命的主要因素。

a. 温度。VRLA 蓄电池充电时温度升高，如不及时排除热量，将造成热失控。

环境温度过高对蓄电池使用寿命的影响很大，温度升高时，蓄电池的极板腐蚀将加剧，同时将消耗更多的水，从而使蓄电池寿命缩短。蓄电池在 25℃的环境下可获得较长的寿命，长期运行温度若升高 10℃，使用寿命约降低一半。

b. 过充电。长期过充电状态下，正极因析氧反应，水被消耗，H^+ 增加，从而导致正极附近酸度增加，板栅腐蚀加速，板栅变薄加速蓄电池的腐蚀，使蓄电池容量降低；同时因水损耗加剧，将使蓄电池有干涸的危险，从而影响蓄电池的寿命。

c. 过放电。蓄电池过放电主要发生在交流电源停电后，蓄电池长时间为负载供电。当蓄电池被过度放电到其电压过低甚至为零时，会导致蓄电池内部有大量的硫酸铅被吸附到蓄电池的负极板表面，在蓄电池的负极板造成“硫盐酸化”。因为硫酸铅是一种绝缘体，它的形成必将对蓄电池的充放电性能产生很大的负面影响，所以在负极板上形成的硫酸盐越多，蓄电池的内阻越大，蓄电池的充放电性能就越差，蓄电池的使用寿命就越短。

d. 长期浮充电。若蓄电池在长期浮充电状态下，只充电而不放电，势必会造成蓄电池的正极板钝化，使蓄电池内阻增大，容量大幅下降，从而造成蓄电池使用寿命下降。

(4) VRLA 蓄电池的维护

VRLA 蓄电池俗称为“免维护电池”，“免维护”只是运行中不需补加水维护，也是制造商的广告用语，当作不用维护就错了。在应用中发现，由于不了解 VRLA 蓄电池的特性，蓄电池在几年就报废了，给企业造成极大的损失。在使用 VRLA 蓄电池时，需要注意“三防、一及时”。

① 防高温。VRLA 蓄电池由于结构特殊，它对周围环境和温度较为敏感。如果蓄电池长期在高温条件下运行，其使用寿命将会大打折扣，所以机房温度应控制在 25℃以下。正确的维护使用，可以使蓄电池的使用寿命长达 10～15 年。在没有空调的环境里，要设置换气通道并安装防尘和防雨罩。安装在机柜内的 VRLA 蓄电池组在夏季可卸掉机柜侧面板，VRLA 蓄电池单体之间避免紧密排列，以增加空气的流动。在使用中应注意观察蓄电池的温度情况，随时注意观察浮充电压。若充电设备没有补偿温度的功能，就应按温度每上升 1℃，每单体蓄电池浮充电压下降 3mV 进行修正。

② 防过充电。VRLA 蓄电池生产厂家通常在使用手册中给出浮充电压值，要按照说明要求来设定 VRLA 电池的单体蓄电池电压正常为 2.23～2.25V，多数厂家的推荐值为 2.25V。浮充电压高低的选择是使用蓄电池的关键所在，因为蓄电池的自放电系数极小，所以不需要太高的电压。如果浮充电压过高，不仅会使浮充电流偏大，增加能耗，还会加速正极板栅腐蚀，使蓄电池寿命缩短。但如果浮充电压过低，则会使蓄电池因充电不足而处在亏电的状态，以致蓄电池加速报废。

③ 防过放电。过放电电压的设定：对于 VRLA 蓄电池组的放电时限为 10h，为了避免 VRLA 蓄电池深度放电，设定欠压告警门限为 1.9V/单体。

④ 及时充电。在VRLA蓄电池放电后必须尽快充电，在充电过程中充电电流在2～3h不变化可认为充电完毕，充入的电量应是放出容量的1.2倍左右（放出容量可由放电时间和放电电流进行估算），充电未结束或充电过程中不要停止充电。禁止VRLA蓄电池组在深放电后长时间不充电（特殊情况下不超过24h），否则将会严重降低VRLA蓄电池的容量和寿命。同时还要注意平时保持电源室和蓄电池本身的卫生，清洁工作应用湿布进行。若用干燥的东西擦拭，容易产生静电，而静电电压有时会高达数千伏至上万伏，有引发爆炸的危险。

按照技术规范做好VRLA蓄电池的经常检查项目和定期检查项目。对于闲置长期不使用的蓄电池，每半年要对其进行一次充电，不能放任自放电，否则最终会因丧失能量而损坏。

2. 碱性镉镍蓄电池

（1）结构类型与充放电反应

碱性镉镍蓄电池的正负极板均用钢板制成，正极板覆有水合氧化镍NiO(OH)作为活性涂层，负极板的活性涂层为镉粉Cd，正负极板之间的隔板一般采用热塑性塑料隔栅，电解液为21%的氢氧化钾（KOH）溶液，将它们分别组装放置于用铁质外壳或一定强度的塑料外壳中。镉镍蓄电池的充放电总化学反应式为

$$Cd+2NiO(OH)+2H_2O \underset{充电}{\overset{放电}{\rightleftharpoons}} Cd(OH)_2+2Ni(OH)_2$$

从上式可知，放电过程和充电过程分别是蓄电池极板活性物质的化学变化过程和在外加电能下（充电过程）活性物质的还原过程。充放电过程中，蓄电池端电势（E）的变化仅与活性物质结构成分的改变有关，而与电解液（KOH）的质量分数无关，这一点与常见的铅酸蓄电池截然不同。

镉镍蓄电池按不同使用要求，可分为密封型和开启型两种；按极板的制造工艺不同，可分为压接式和烧结式等。压接式密封型蓄电池的容量（A·h）较小，如GNY型蓄电池；烧结式或半烧结式极板多为大容量蓄电池采用，且容量较大的蓄电池多数为开启式结构，如GHZ800型蓄电池（额定容量为800A·h）。

（2）基本技术特性

对固定额定容量的蓄电池，其允许放电电流值与放电时间密切相关。国产碱性镉镍蓄电池，按短时允许最大放电电流和规定的正常放电时间（≤5h）内正常放电电流比值的大小，可分为高倍率放电型和中倍率放电型两种。高倍率放电型蓄电池的内阻小，瞬时放电倍率高达20～30倍，因而对变电所采用电磁操动机构的断路器的分合闸操作是很适用的。中倍率放电型蓄电池的大电流放电倍率可达3.5倍左右。现以应用较多的GNG型高倍率镉镍电池（GNG40型）为例，说明其基本技术特性。

① 充放电特性。镉镍蓄电池的充放电特性曲线如图9-4所示。从充电曲线1可看出，在4h内蓄电池的电压处于较稳定的状态，充电电压从第4小时开始迅速上升，当充电电压升到1.65V时即已充足，如再继续充电则处于过充电状态，此时大部分电能消耗在电解水过程中。从放电曲线2可以看出，放电电压在1.21～1.28V最为稳定，当放电电压低于1.2V时，放电电压迅速下降，此时应对蓄电池立即充电，否则蓄电池电压就不稳定了。

②不同倍率放电特性。以不同的放电电流放电时蓄电池的放电电压与放电时间的关系，称为不同倍率放电曲线，如图9-5所示。从图中可以看出，当采用不同的放电电流放电时，在同一时间内蓄电池的压降是不同的，放电电流越大则其压降越大。

一般断路器的操动机构动作时间小于100ms，合闸电流一般最大在400A左右，断路器合闸所需蓄电池容量为20～40A·h。断路器合闸过程是对蓄电池大电流急放电的一个过程，在合闸瞬间要求蓄电池的压降要小，以免影响其他电气设备的正常工作。由试验得知，GNG40型蓄电池在

瞬时 400A 放电时，蓄电池电压降低约 20%，对一般用电设备是完全允许的。

③ 单个镉镍蓄电池的额定电压均为 1.2V，其额定容量是按规定的正常放电电流，在正常放电时间（一般为≤5h）内放电至终止电压（1V）时所输出的容量。此时，应以等于或小于正常放电电流的正常充电电流充电。正常充电时间（GNG 型）为 6～7h，充完电后端电压为 1.6V。1 小时率放电制的蓄电池电压，可允许低于 1V。高倍率蓄电池以高倍率电流放电 0.35s 的瞬间电压，规定应为 1.04～1.12V。

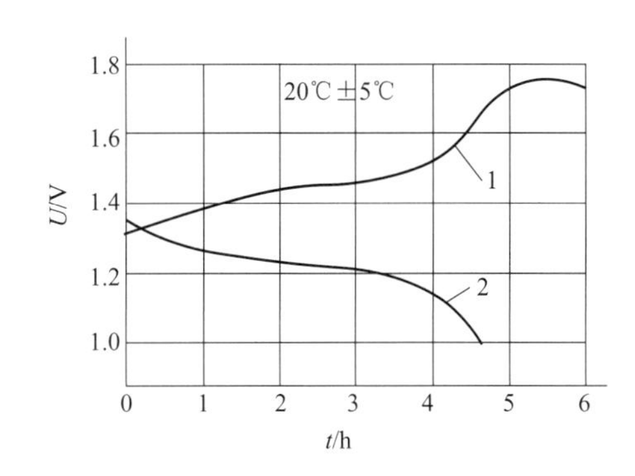

图 9-4　GNG40 型镉镍蓄电池充放电曲线
1—充电曲线；2—放电曲线

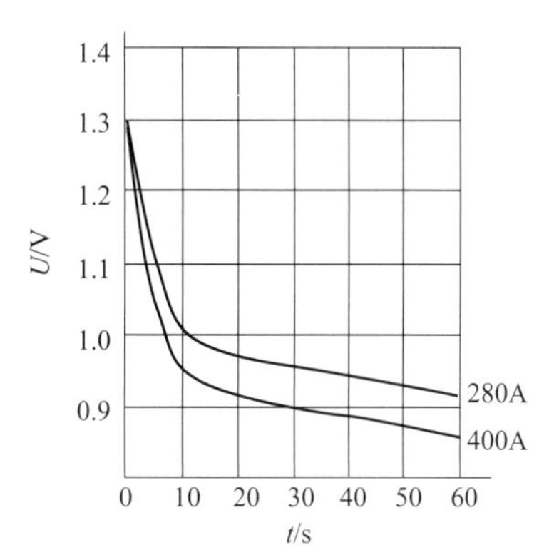

图 9-5　GNG40 型镉镍蓄电池的不同倍率的放电电压与时间曲线
注：GNG40 型蓄电池容量剩余 50%的放电曲线

镉镍蓄电池类型的选择，应参照上述技术特性，并考虑直流自用电负荷特性和其实际需要进行。当变电所恒定的事故放电电流（如事故照明等）较小，而冲击（合闸）电流较大时可选用高倍率蓄电池，如 GNG 型等；当事故放电电流和冲击电流均较小时，可选用圆柱形密封蓄电池，如 GNY 型等；当事故放电电流较大时，则可选用中倍率蓄电池，如 GNZ 型等。

3. 蓄电池的充电方式

蓄电池常见的充电方式包括浮充电和均充电。

(1) 浮充电

浮充电是将变流装置与满容量的蓄电池（组）长期并联，随时对蓄电池（组）的自放电损失的能量给予补充，使蓄电池（组）经常保持满容量的过程。

电源系统采用整流设备和蓄电池组并联冗余供电方式，蓄电池组作为备用电源。直流系统的开关电源提供的浮充电流对蓄电池的作用：供日常性负载电流，补充蓄电池自放电的损失。浮充电流与浮充电压直接影响蓄电池的工作性能与使用寿命。

(2) 均充电

所谓均充电，是把每个单体蓄电池单元并联起来，用统一的充电电压充电。

均充电一般在两种情况下进行：蓄电池组在浮充过程中存在落后的蓄电池（单体电压低于额定值），或者浮充三个月后。在均充电过程中，均充电压一般高于浮充电压，如单体 2V 的 VRLA 蓄电池均充电压为 2.35V，均充电流一般选额定容量的 0.3 倍或 0.3 倍以下，均充时间为 6～8h，然后调回到浮充电压。若均充电过程中充电电流在 3h 内保持不变，应立即转入浮充电状态，否则将造成过充电。

4. 蓄电池组直流系统接线

牵引变电所采用蓄电池组的直流系统接线，系指蓄电池组及其充放电设备和直流负荷馈电电路的连接图。其中蓄电池组的充放电方式对整个直流系统的运行方式和接线构成有决定性影响。

目前，无论采用镉镍蓄电池组或铅酸蓄电池组作为操作电源的变电所直流系统，一般都采用蓄电池组经常浮充电（小电流充电）的运行方式。图 9-6 所示为采用浮充电运行方式的蓄电池组直流系统接线原理图。

图中直流系统适用于常规牵引变电所，配置两组蓄电池、两套硅整流充电装置，整个系统由两套单电源配置和单母线接线组成，两段母线间设分段隔离开关，蓄电池容量大于或等于 100A·h（2V），正常两套电源各自独立运行，安全可靠性高。图中所示浮充电直流系统接线的工作情况和特点如下。

① 该系统采用经常浮充电运行方式，即在正常运行工况下，由硅整流充电装置和蓄电池组并联供电的工作方式。浮充电过程中经常性直流负荷电流全部由硅整流充电装置供给，同时蓄电池组还接受硅整流充电装置供给小充电电流以补充自放电的消耗，蓄电池组平时不供出电能。

② 当变电所的交流电源发生事故时，硅整流充电装置也停止工作，蓄电池组进入放电工作状态。这时它既要承担直流操作系统的经常性负荷，又要承担断路器合闸以及必要的事故照明等短时负荷。这时蓄电池端电压可能变动较大。当交流电源恢复后，必须向蓄电池组进行充电，充电完毕后，再转入浮充电运行方式。

二、电容储能式整流操作电源

蓄电池组构成的直流电源的主要优点是：直流系统为独立电源，供电可靠，不受交流系统运行情况的影响，在牵引变电所被广泛采用。但蓄电池组价格昂贵，运行维护相对复杂，所以对中小型一般变电所和某些供电装置，按其供电重要性不同，也可应用整流操作电源和其他操作电源来取代或部分取代蓄电池组。

整流操作电源除了工作应可靠外，还应在全所停电或事故情况下，保证继电保护和自动装置正确动作，使断路器可靠跳闸。为此该类电源需有储能设备，或采用其他措施，在事故状态下提高整流器电源电压。因此，整流操作电源可分为两种：一种是电容储能式整流操作电源，另一种是复式整流操作电源。

电容储能式整流操作电源系统如图 9-7 所示。一般均设两组硅整流装置：经 U_1 整流后用于断路器的合闸电源，容量较大，一般多采用三相桥式整流电路；经 U_2 整流的电源用于信号、控制和保护回路，容量较小，可采用三相或单相整流装置。U_1、U_2 的交流电源均取自低压所用电源母线。两组硅整流器用电阻 R 和二极管 VD_3 分开，左侧为合闸母线，右侧为信号、控制和保护母线。图中二极管 VD_1～VD_3 均用来防止逆向电流流通。VD_3 能从合闸母线向控制母线供电，而不能反向供电，以防止在断路器合闸时或合闸母线侧发生短路时，引起控制母线的电压严重降低，影响控制和保护回路供电的可靠性。电阻 R 用来限制控制母线侧发生短路时流过 VD_3 的电流。VD_1、VD_2 用于把两组电容器 C_1、C_2 与控制母线隔开，以防止电容器向控制母线上其他元件放电。

交流系统电压正常时，两组硅整流器均向储能电容器组 C_1、C_2 充电。当发生短路事故使交流母线电压降低或消失时，电容器组 C_1、C_2 向继电保护和跳闸回路放电。为保证保护装置和断路器跳闸机构的可靠动作，电容器组应具有足够的容量，多选用体积小、单个容量大的电解电容器。

三、复式整流的直流操作电源

复式整流是指提供直流操作电压的整流器电源有两个：电压源，由所用电变压器或电压互感器供电，经铁磁谐振稳压器和硅整流器供电给控制回路等二次回路；电流源，由电流互感器供电，同样经铁磁谐振稳压器和硅整流器供电给控制回路等二次回路。

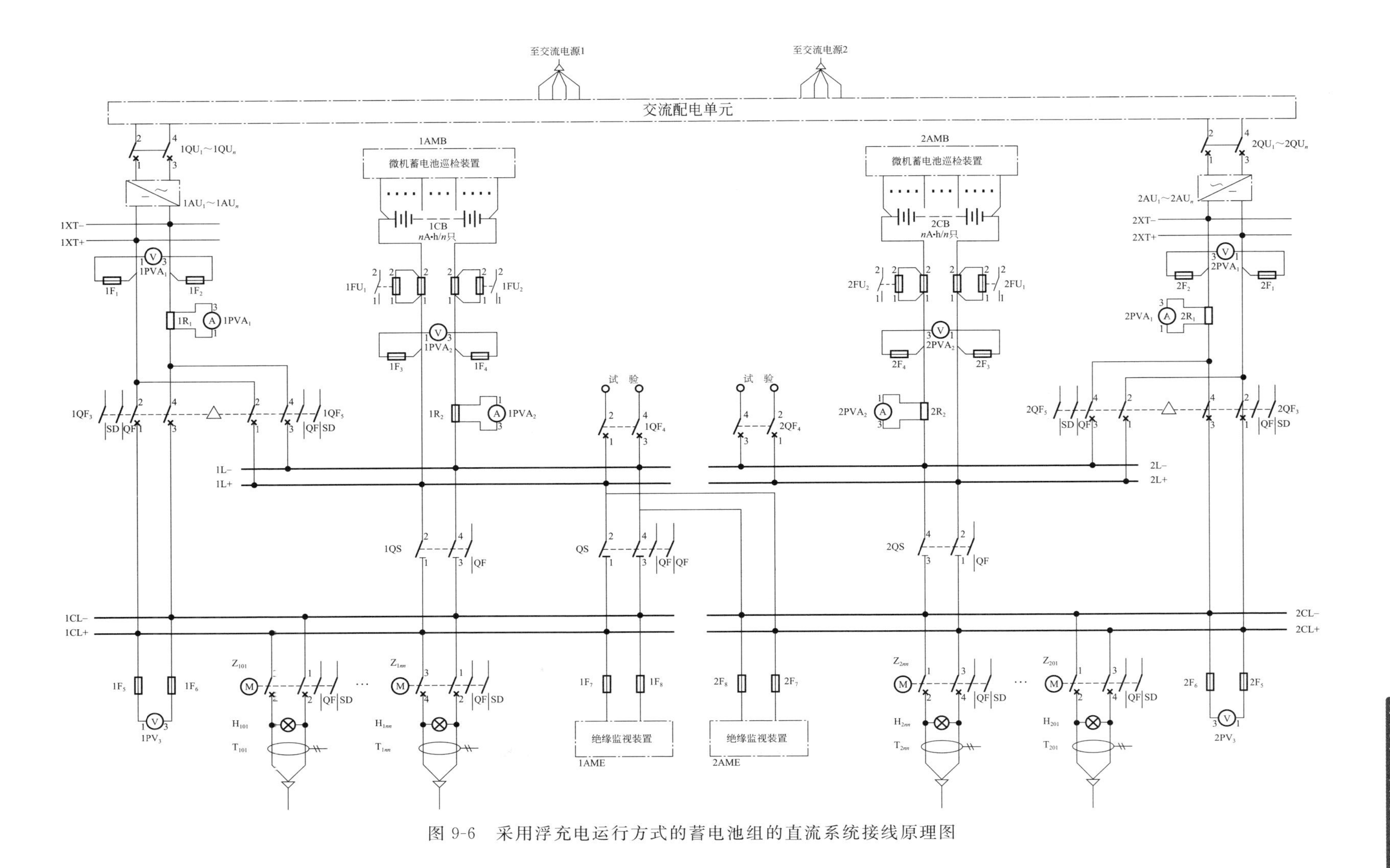

图 9-6 采用浮充电运行方式的蓄电池组的直流系统接线原理图

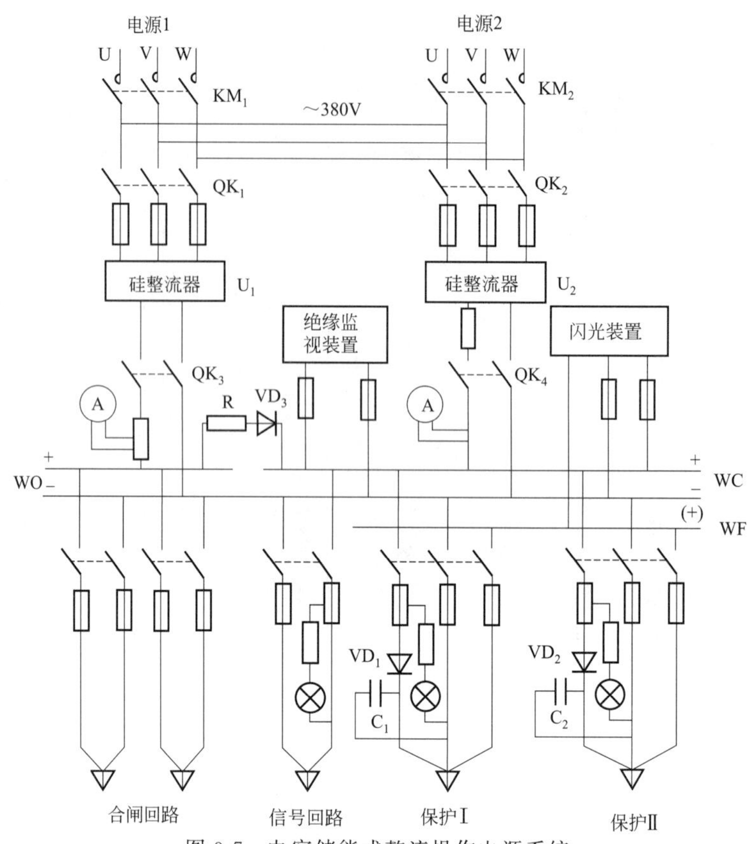

图 9-7　电容储能式整流操作电源系统

C_1，C_2—储能电容器；WC—控制小母线；WF—闪光信号小母线；WO—合闸小母线

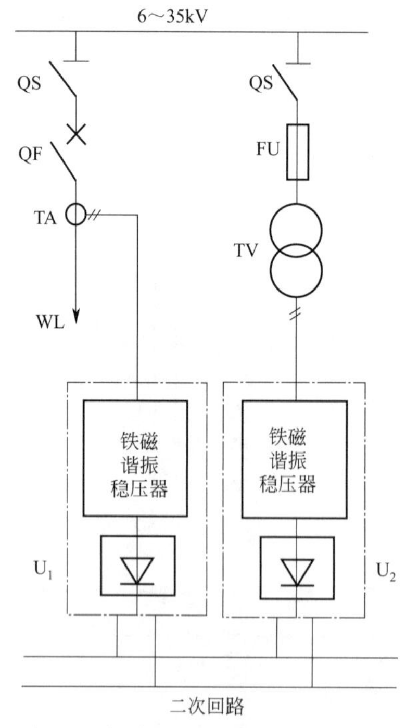

图 9-8　复式整流装置的接线示意图

图 9-8 所示是复式整流装置的接线示意图。由于复式整流装置有电压源和电流源，因此能保证供电系统在正常情况和事故情况下直流系统均能可靠供电。与上述电容储能式相比，复式整流装置的输出功率更大，电压二次回路稳定性更好。

第三节　微机控制型高频开关操作电源

微机控制型高频开关直流电源柜是一种智能型高频开关直流电源装置，可以实现对电源系统的“遥测、遥控、遥信、遥调”，实现无人值守，能满足正常运行并能保障在事故状态下对继电保护和自动装置、高压断路器的分合闸、事故照明及计算机不间断电源等提供直流电源，或在交流失电时通过逆变装置提供交流电源。它具备高可靠性和高智能化两个特点。

图 9-9 所示是 GZDW 型直流电源柜外形图。该电源柜可作为控制、信号、通信、保护及直流事故照明等的电源设备，该产品型号及其含义如下。

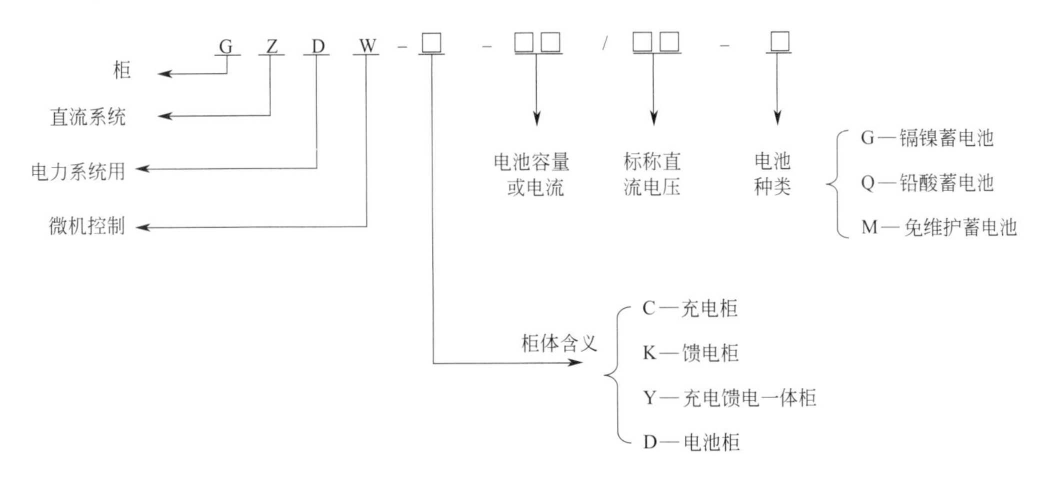

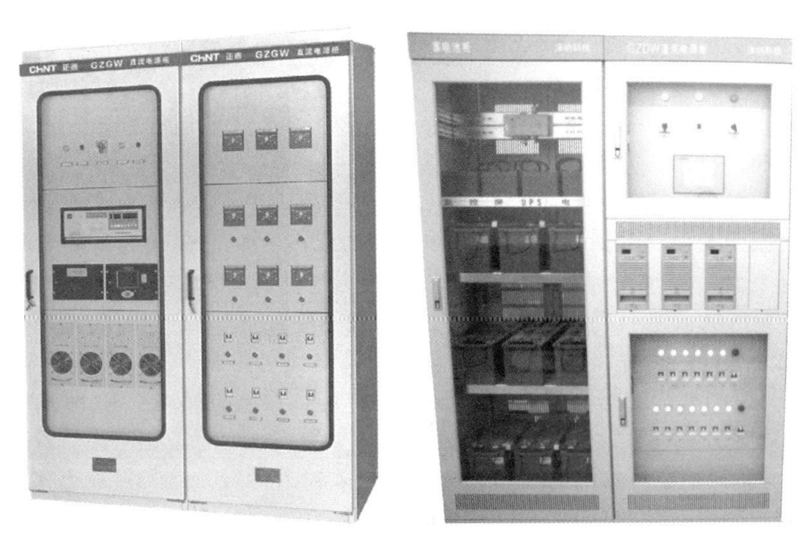

图 9-9　GZDW 型直流电源柜外形图

GZDW 型直流电源柜的主要技术数据如表 9-2 所示。

表 9-2 GZDW 型直流电源柜的主要技术数据

序号	名称	单位	技术数据
1	交流额定输入电压(三相四线制)	V	380±150%(频率 50Hz±2 Hz)
2	直流额定输出电压	V	48、110、220
3	输出直流额定电流	A	1～200
4	蓄电池额定容量	A·h	20～1000
5	稳压精度		≤±0.5%
6	稳流精度		≤±0.5%
7	纹波系数		±0.1%
8	效率		≥90%
9	噪声	dB	≤55(A 级)
10	防护等级		IP30
11	外形尺寸(高×宽×深)	mm	2260×800×600、2260×1000×600、2360×800×550

注：纹波系数是指直流电压中交流分量有效值和直流分量平均值之比。

1. 直流操作电源系统组成

高频开关电源主电路组成框图如图 9-10 所示，它由输入滤波电路、高频逆变电路、输出整流电路及输出直流滤波电路等组成，并将上述电路集成在同一模块中。其开关频率要大于 20kHz，整个模块在微机系统的监控下工作，包括模块的保护、电压调整等，同时微机实现将充电模块的运行数据上报到监控模块和接收监控模块的控制命令。

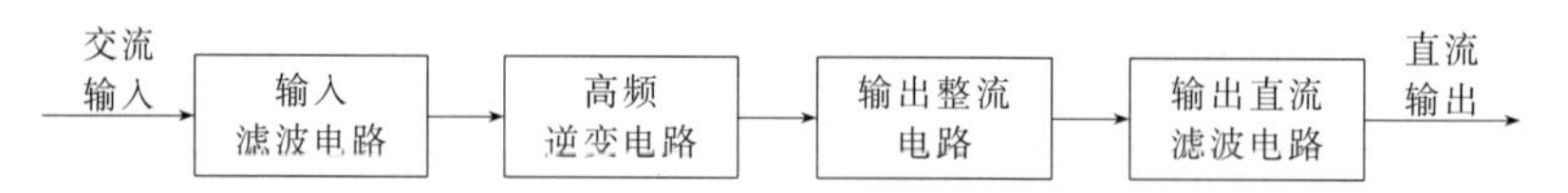

图 9-10 高频开关电源主电路组成框图

高频开关电源模块输出额定电流优先选用 10A、20A 和 30A。根据负载要求和蓄电池容量的不同可以由多台高频开关电源模块按照 $N+1$ 热备份原则并联组成几十安到几百安的直流操作电源系统。所谓 $N+1$ 热备份是指：若直流柜为满足正常工作需要 3 台直流输出电流为 10A 的高频开关模块，实际该直流柜配置 4 台（$N+1$），充电模块用备份的方式向蓄电池组进行均充电或浮充电控制，这样当其中一台模块出现故障后，不会影响装置的正常运行，使装置运行的可靠性大大提高。

图 9-11 所示是一种单母线接线方式的直流操作电源系统的原理框图，高频开关电源模块输出和直流母线、蓄电池组并联，平时蓄电池处于全浮充状态。

对于控制母线、动力母线分别设置的直流操作电源系统，有以下两种接线方式。

① 所有高频开关模块的输出与蓄电池组和动力母线并联，在动力母线和控制母线之间设置自动调压装置，控制母线的负荷由动力母线经自动调压装置提供，其原理框图如图 9-12 所示。该方式要求自动调压装置有较高的可靠性。

② 将模块分成两组，一组输出与动力母线、蓄电池组并联，另一组输出与控制母线并联，动力母线和控制母线之间设置自动调压装置，其原理框图如图 9-13 所示。在正常情况下，控制母线负荷由模块提供，自动调压装置由于承受反压处于备用状态，只有当交流停电或控制母线的所有模块全部故障时，自动调压装置才投入运行。这种接线方式要求两组模块均按照负荷进行 $N+1$ 配置。

2. 直流电源柜的结构

采用高频开关电源的直流电源柜框图如图 9-14 所示。

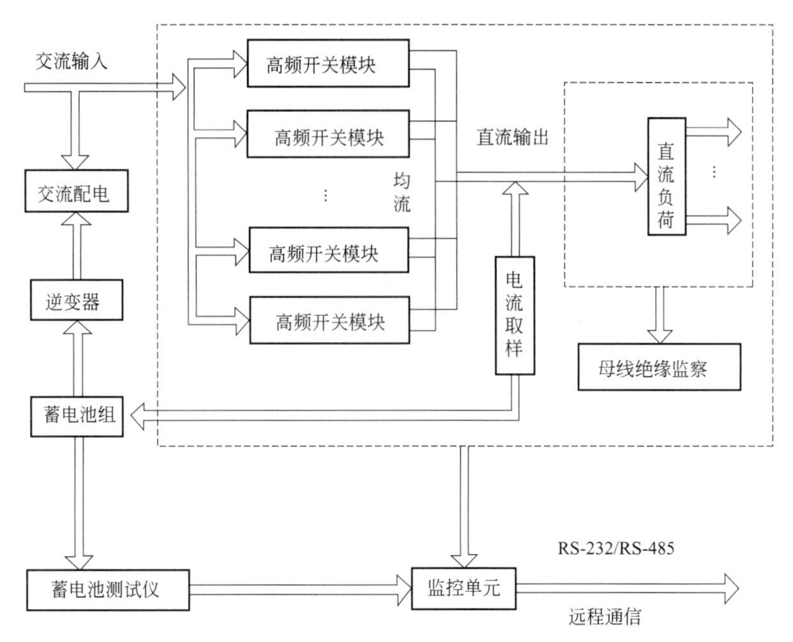

图 9-11 单母线接线方式

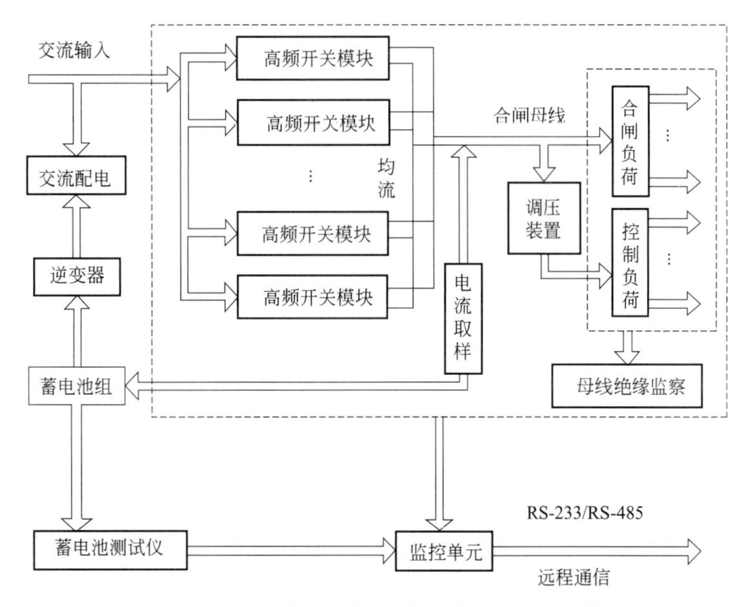

图 9-12 控制母线、动力母线分别设置（单组模块）

（1）高频开关整流模块

高频开关整流模块承担从交流电网输入、直流输出的全过程。

（2）监控电路部分

监控系统一般采用模块式结构设计，每部分承担相对独立的工作，某一部分出现故障，不影响其他部分的工作。这样一方面提高了系统的可靠性；另一方面便于维护管理，使维修工作变得简单、快捷。

① 交流监控。实现两路三相交流输入电源自动投切，将输入的三相交流电源通过配电分配到各个整流模块。测量两路三相交流输入电压，检测接触器状态，提供防雷器故障状态

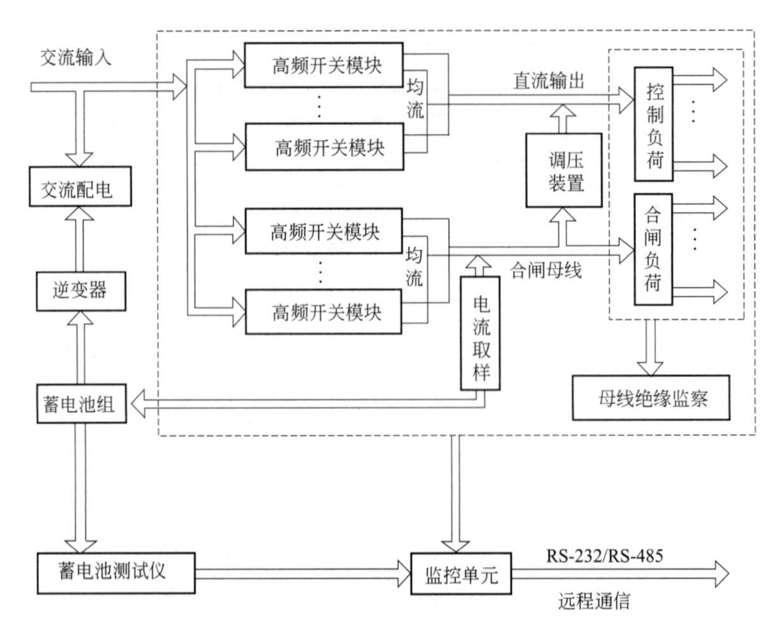

图 9-13　控制母线、动力母线分别设置（双组模块）

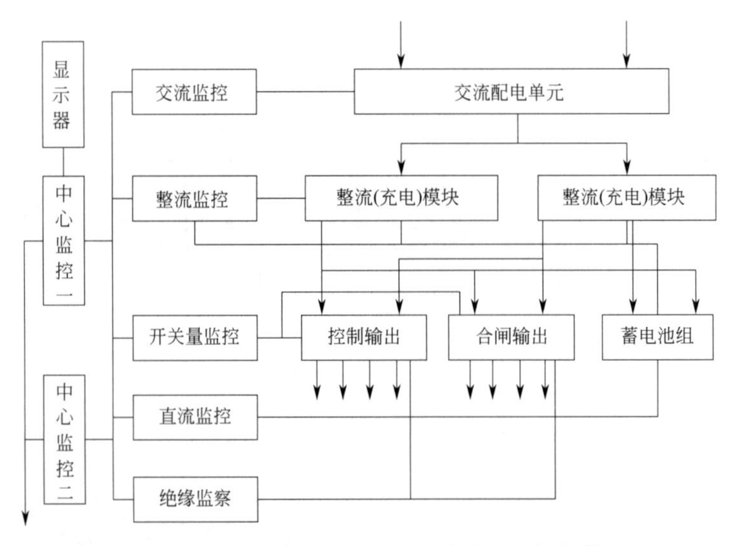

图 9-14　采用高频开关电源的直流电源柜框图

和相应交流开关跳闸状态，并提供过电流、过电压、缺相等保护功能，通过串行接口与中心监控器通信，进行电源管理和故障处理。

② 整流监控。根据用户设置，按照所给定蓄电池（设置相应参数）的充电曲线要求自动（或者手动）控制输出，以实现蓄电池的均充电、浮充电。当使用高频开关整流模块时，考虑安全和稳定性设计备份整流模块。整流监控通过串行接口与中心监控器通信，进行系统管理和故障处理，并提供一定的扩展信道。

③ 开关量监控。主要检测合闸馈线开关的跳闸状态，蓄电池开关以及外接设备开关、控制母线馈线开关的跳闸状态，熔断器状态，并采用继电器输出控制相应触点，通过串行接口与中心监控器通信，进行开关量管理和故障处理。

④ 直流监控。完成蓄电池巡检（对单体蓄电池电压监测和告警），测量直流输出母线电

压以及电流、蓄电池电压和充电电流、环境温度，进行温度补偿，并提供一定的扩展测量信道。

⑤ 绝缘监测。监测直流输出母线绝缘状况，产生警告信号，并通过串行接口与中心监控器通信，进行显示和故障处理。

⑥ 中心监控器。与各个监控模块通信，实现模块的监控功能，提供状态参数等显示，以及根据实际作出相应报警和控制动作，并能检测各个监控模块良好与否，给出相应提示。中心监控器之间可以相互通信，实现主监控和备用监控，并可以通过串行接口实现远程监控。通过对不同监控发出数据采集或各种控制命令，获得系统各种运行参数，实施各种控制操作，很好地实现电源系统的“四遥”功能，即遥测、遥信、遥控、遥调。监控模块功能表如表 9-3 所示。

表 9-3 监控模块功能表

序号	项目	内容
1	遥测	系统母线电压、负载总电流；蓄电池电压、蓄电池充放电电流；输入市电电网电压；各充电模块的输出电压、输出电流；母线对地绝缘情况
2	遥信	直流配电各输出支路空气开关通断状态；蓄电池组熔断器通断状态；蓄电池充电电流过大，蓄电池欠电压、过电压；市电电网停电、缺相，电网电压过高、过低；合闸控制母线过/欠电压，充电模块保护、故障
3	遥控	充电模块开启、关停控制
		充电模块均充电/浮充电转换控制
4	遥调	充电模块输出电流无级限流控制（根据监控模块的命令，在 10%～100%范围内调节充电模块输出电流限流点）
		充电模块输出电压调节控制（根据监控模块的命令，调节充电模块输出电压的大小）

3. 高频开关电源模块的均流

与相控充电装置不同，高频开关电源模块组成的直流操作电源系统的充电装置一般采用 $N+1$ 冗余备份方式，并联模块之间通过均流电路实现各模块之间的功率分配，各模块间功率分配的均衡程度主要取决于均流方式。直流系统中的负荷电流包括两个部分：蓄电流组充电电流和控制母线负荷电流。蓄电池组长期处于浮充状态，充电电流很小，控制负荷电池也较小，整个充电装置处于轻载状态；当高压断路器合闸时，蓄电池组提供合闸冲击电流，与蓄电池组并联的充电装置由于电流过大处于限流保护状态，合闸冲击电流结束之后，由充电装置对蓄电池进行补充电，充电电流突增。因此，均流电路需要保证充电装置无论是在轻载下还是在超载下，都保持良好的均流特性，即所谓的“全范围均流”。如果在轻载下，均流特性差，可能造成某些模块无电流输出，长期处于空载运行状态，严重影响模块的可靠性。

用于高频开关电源模块的均流方式比较多，如降压法、主从控制法、外部控制法、平均电流自动均流法、最大电流自动均流法等。

4. 高频开关操作电源的蓄电池管理

在变电站或发电厂中，直流电源不仅要为二次设备提供不间断直流电源，还要向断路器分合闸线圈提供冲击电流。蓄电池组在直流电源系统中的地位很重要，智能型高频开关电源屏具有蓄电池管理系统。它采用二级监控模式，能对蓄电池的端电压、充放电电流、电池房温度及其他参数作实时在线监测，可准确地根据蓄电池的充放电情况估算蓄电池容量的变化，还能在蓄电池放电后按用户事先设置的条件自动转入限流均充状态，通过控制母线电压来完成蓄电池的正常均充过程，并可自动完成蓄电池的定时均充维护，均、浮充电压温度补偿等工作，不需任何人工干预。

蓄电池管理的基本思想如下。

① 以蓄电池组剩余容量、蓄电池充电电流为依据，控制蓄电池由浮充转入均充。

② 以充电电流、充电时间为依据，控制蓄电池由均充转入浮充。

③ 如果系统配有温度传感器，其均、浮充电压可根据温度作适当补偿。

④ 保证负载电流基本不变，以蓄电池电流和总负载电流作为主要参考依据（主要输入基准），通过调节模块输出电压及限流点，稳定负载电流，控制蓄电池电流及电压，防止蓄电池充电过电流，从而延长蓄电池使用寿命。

5. 高频开关电源模块的散热与防尘

充电装置是直流系统的心脏部分，其可靠性是直流系统安全运行的重要保证。对于高频开关电源模块组成的充电装置，一方面可采用 $N+1$ 冗余备份有效延长充电装置的平均无故障工作时间，另一方面则必须提高单台高频开关电源模块的寿命。高频开关电源模块是由大量的电阻、电容、电力电子器件等按照一定的电路方式组成的，在进行功率变换的过程中，总要产生一定的功率损耗，而且功率损耗通常以热能的形式散发，使电源模块温度上升。过高的温升对模块的寿命影响很大，模块的工作温度越高，性能和可靠性越低，使用寿命就越短。因此，除采取高可靠性的电路方式之外，还必须选择合适的散热方式，有效降低高频开关电源模块温升，确保使用寿命。

目前主要采用强迫风冷和自然冷却两种散热方式，强迫风冷方式的优点是模块的体积小、重量轻、模块内部温度低等；缺点是噪声较大，存在风机自身寿命、线路板积尘的问题。自然冷却方式的优点是无噪声，不存在风机寿命问题；缺点是体积大、成本高。

高频开关电源模块无论是强迫风冷还是自然冷却，散热风道均采用敞开式结构。但变电站空气中尘埃含量很高，特别是新建站，经常是土建工程尚未结束，由于继电保护等装置的调试需要直流电源，使得直流电源经常提前投入运行。如果不采取有效的防尘措施，就会造成大量的水泥灰等尘埃吸附在电源模块内的电路板或元器件上，引起绝缘下降甚至短路，大量灰尘也会造成元器件散热不好。

高频开关电源模块在正常使用情况下，主机的维护工作量很少，主要是防尘和定期除尘。一般每季度应彻底清洁一次，同时在除尘时检查各连接件有无松动和接触不良的情况。

现在的一些高频开关电源模块产品，综合考虑了强迫风冷和自然冷却的优缺点以及变电站现场的情况，模块散热方式采用温控强迫风冷方式和封闭式散热风道。风机由温度检测电路控制，只有当模块散热器温度高于设定值时，风机才运转。由于直流系统的充电装置长期处于轻载运行，一般只有额定容量的15%左右，散热器温度低于风机开启温度，风机不工作。这种散热方式可以保持模块内部温度相对稳定，不随外部环境及负载变化，风机寿命提高2～3倍，从而提高高频开关电源模块的可靠性。在防尘方面，采用完全封闭的散热风道，使散热风流仅通过散热器的表面，实现散热通道与内部电路的隔离，既可防止电路板产生积尘，同时又提高散热效果，充分提高充电模块对环境的适应能力。

第四节　绝缘监测系统

变电所直流系统的供电网络分布范围较广、接线复杂，直流系统回路通过电缆与室外配电装置的端子箱、操动机构设备连接，从主控制室到室外变配电现场的电缆线路数量多、距离长，工作环境比较恶劣。特别是在阴雨天气潮湿时，发生二次接线接地和绝缘降低的机会较多，所以在直流系统回路中装设监测装置，及时发现接地点和绝缘降低的情况是十分必要的。近年来，变电所已广泛采用微机监测装置，用以对直流系统电压、绝缘进行监测。该装置集电压、绝缘监测为一体，体积小，使用方便，监测准确。

一、直流系统绝缘监测装置的意义

绝缘监测主要是指带电的直流系统对地之间绝缘的监测。正常状态下，直流系统的正负极对地绝缘。如果直流系统中发生一点接地，由于没有短路电流流过，并不构成直流电源正负极间的短路，熔断器也不会熔断，一般对电路正常运行没有直接的影响，也允许此种状态下的短时运行。但这种接地故障必须及早发现并处理，否则，若在此期间又有一点接地，就有可能引起信号回路、控制回路、继电保护及自动装置回路的误动作，引起断路器跳闸，造成停电事故。

直流系统的绝缘状况直接影响到电力设备的安全运行。必须在直流系统中设置足够灵敏且能连续工作的绝缘监测装置，运行人员可使用该装置经常测量直流系统的绝缘电阻。当直流母线任何一极对地绝缘下降到一定程度后，应及时发出预告信号，提醒值班人员注意，迅速查找排除故障。

直流系统绝缘监测装置应满足以下要求。

① 设备正常运行状况下，能测量直流母线电压及绝缘电阻。

② 在直流系统对地绝缘电阻低于规定值时，能自动发出预告信号（灯光及音响），确定哪一极（正极或负极）对地绝缘电阻降低或接地，测出直流系统对地总电阻值并通过换算确定出正负极对地的绝缘电阻。

③ 在直流电源失压时，发出预告信号。

二、微机直流绝缘监测装置

微机直流绝缘监测装置主要由绝缘监测主监控装置和绝缘监测单元构成。绝缘监测装置主机应安装在直流馈电屏内，应具有系统绝缘及馈线屏馈出支路绝缘监测功能，并配置平衡桥、检测桥及相应的电流传感器。绝缘监测装置从机应安装在直流馈电屏内，应具有系统绝缘及馈线屏馈出支路绝缘监测功能，并配置相应电流传感器，但不配置平衡桥及检测桥。

微机直流绝缘监测装置能对母线对地绝缘电阻及各馈线支路绝缘状况进行测量判断，能数字显示直流系统母线电压、正负母线对地电压、正负母线对地绝缘电阻以及支路对地绝缘电阻等数据，能正确指示发生故障的馈线支路和接地极性，具有输出压差报警、绝缘报警、支路接地报警、交流窜电报警和直流互窜报警等输出报警功能。当设备直流系统发生接地故障（正接地、负接地或正负同时接地），其绝缘水平下降到超出正常范围时，绝缘监测装置在当地发出灯光报警信号，同时将监测到的信息传送给主监控单元，再通过主监控单元上传到后台的控制系统；也可以根据需要，由绝缘监测主机直接上传到后台的控制系统。

绝缘监测装置与系统的接线如图 9-15 所示。

微机直流绝缘监测装置利用平衡电桥与不平衡电桥相结合的方式，减小了系统正负极对地电阻值，当直流系统发生接地时，接地支路的漏电流便于检测，同时克服了不能正确反应正负极绝缘同时降低的动作死区问题，提高了直流系统的安全可靠性。

在电气化铁路牵引变电所交直流系统中，绝缘监测装置应采用直流电压检测法原理，直流系统支路绝缘检测装置宜采用直流漏电流检测法原理，不应采用低频信号注入法原理。

绝缘监测装置在检测系统绝缘电阻过程中，在系统发生一点接地时，不得造成继电器保护出口继电器的误动。

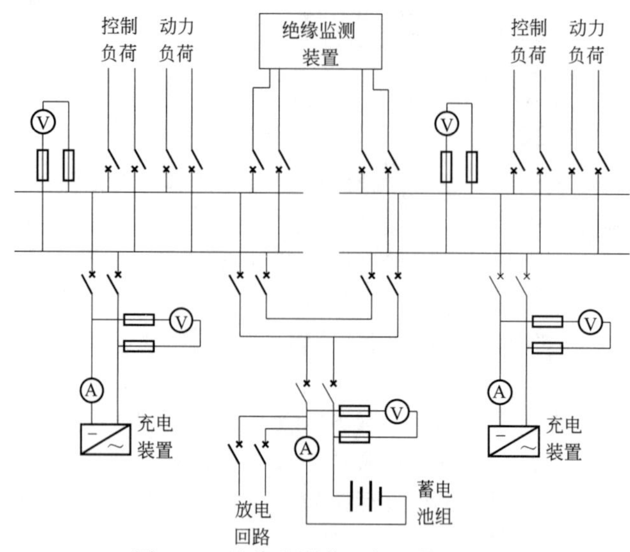

图 9-15 绝缘监测装置与系统的连接

1. 常规测量部分

常规测量是用两套交换分压器，测得母线电压、正极对地电压、负极对地电压。将测量数据送至 A/D 转换器，经微机处理计算后，数字显示电压和绝缘电阻值。测量无死区。该装置与中央信号装置配合使用，当直流系统绝缘电阻过低或接地时，对应接点接通中央信号光字牌发出预告信号。同样，当直流母线电压过低或过高时，对应触点发出相应的预告信号。

如图 9-16 所示，由微处理器控制电桥开关 S_1 和 S_2 轮流导通，分别测得两组直流母线正负极对地的电压值，然后通过方程式计算出直流母线正负极对地的电阻值。

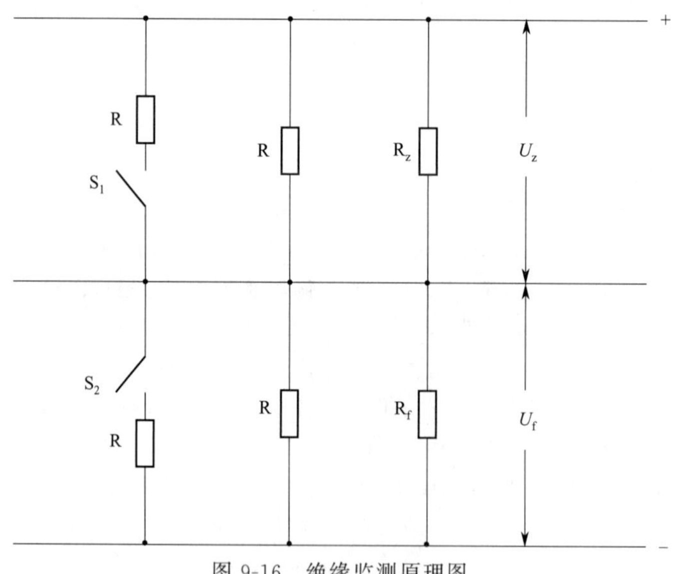

图 9-16 绝缘监测原理图

根据欧姆定律，在开关 S_1 和 S_2 全部断开时得

$$U_z(R+R_z)/(RR_z)=U_f(R+R_f)/(RR_f)$$

在开关 S_1 闭合、S_2 断开时得

$$U_{z1}(R+2R_z)/(RR_z)=U_{f1}(R_{+}R_f)/(RR_f)$$

在开关 S_2 闭合、S_1 断开时得

$$U_{z2}(R+2R_z)/(RR_z)=U_{f2}(R+R_f)/(RR_f)$$

已知电压 U_z、U_f、U_{z1}、U_{f1}、U_{z2}、U_{f2} 的测量值和电阻 R 的值，联立上式解方程组，可以求出直流母线正负极对地的绝缘电阻 R_z 和 R_f 的值。母线对地电压检测精度直接影响绝缘电阻的计算结果，而且电桥开关在切换过程中，母线正负极的对地分布电容的充放电过程会直接影响对地电压的采样值，因此应针对不同容量的电源系统设置不同的检测速度，以保证绝缘监测的精度。另外，采用这种电桥测量技术虽然可以准确地计算出直流系统正负极总的对地绝缘电阻值，但由于在电桥电路直流正负极与地之间人为接入了一定值的接地电阻，必然会对直流系统的绝缘水平产生一定的影响。因此，在保证一定测量精度的前提下，电桥电路 R 的取值应尽可能大，而电桥电路在切换时自动选择正负极对地电压较大一侧的开关闭合；同时采用实时比较正负极对地电压变化量的方法，结合定时处理，减少电桥开关切换的次数，大大降低电桥电路对直流系统的影响。

2. 支路扫查部分

直流漏电流原理：采用磁调制有源直流小电流传感器，馈电支路正负极穿过传感器的正常负荷电流大小相等、方向相反，在传感器中的合成直流电磁场为零，其二次输出也为零；当支路回路的正负极存在接地电阻时，就会感应产生漏电流，并且在传感器中合成漏电流磁场，其二次输出就直接反映接地漏电流的大小，结合母线绝缘检测不平衡电桥电路的对地电压测量数据，可以计算出支路对地的绝缘电阻值，从而判断出直流馈电支路的接地故障。这技术无需在直流母线上叠加任何信号，对直流系统不会产生任何不良影响，检测精度不受直流系统对地分布电容的影响，且灵敏度高，巡检速度快。其缺点是有源直流传感器的二次接线复杂，且其中的电子电路容易受温度变化和直流回路大电流冲击的影响而产生零点漂移，影响测量精度。当然，可以采取校正技术，消除零点漂移，保证检测精度。另外，支路漏电流参数的变化量，也可以作为母线绝缘电桥检测电路的启动条件。

复习思考题

1. 变电所自用电系统由哪些组成？
2. 简述交流自用电系统的构成。
3. 直流自用电系统有哪些类型？
4. 简述直流自用电系统的构成。
5. 试分析蓄电池浮充电运行方式时，直流系统在各状况下的运行、操作过程。
6. 电容储能整流操作电源构成的基本原理是什么？有何优缺点？
7. 高频开关操作电源系统组成有哪些方式？
8. 高频开关操作电源维护时应注意什么？
9. 简述直流绝缘监视回路的基本功能。

第十章 牵引变电所智能化系统

【学习目标】

1. 掌握牵引变电所智能化系统的概念、特点、功能。
2. 掌握综合自动化系统、远动系统及智能辅助监控系统的构成和功能。
3. 了解典型智能变电站监控系统人机界面操作方法。

第一节 牵引变电所智能化系统概述

牵引变电所智能化系统主要由智能供电调度系统、综合自动化系统、远动系统、智能辅助监控系统构成。随着信息技术产业的发展和应用，新一代智能变电站的主要技术体现在：一是一次设备智能化，由当前高压设备本体与智能组件分开布置，过渡到高压设备本体与智能组件一体化设计制造；二是智能变电站自动化系统，包括信息采集就地化、信息共享网络化、信息应用智能化；三是辅助系统模块化、集成化，包含交直流一体化电源，图像监视、安全警卫、火灾报警、采暖通风等其他集成化辅助控制系统。

现有智能变电站初步实现了全站信息数字化、通信平台网络化、信息共享标准化、高级应用互动化，提升了变电站运行维护水平和安全可靠性。布设在站内的数据采集和监控装置将站内信息经由远动系统实时传送至调度大厅，调度人员可于千里之外全面感知变电站的一举一动，配合智能供电调度系统，可实现远程操控，信息流的利用减轻了运行人员的压力。同时，随着智能巡检系统的加入，经由辅助监控系统，可实现变电站无人值守，极大程度上减少了人力的投入，可实现全天候、无死角的变电站运行维护。

一、牵引变电所智能化系统的构成及特点

牵引变电所智能化系统具体构成示意图如图 10-1 所示。

牵引变电所智能化系统可分为以下四个子系统。

1. 人机联系子系统

通过人机联系子系统，为调度员提供完整的牵引供电系统设备运行实时状态及分析，完成远方操作。该系统包括模拟盘（大屏幕显示器）、图形显示器、控制台、音响报警系统、

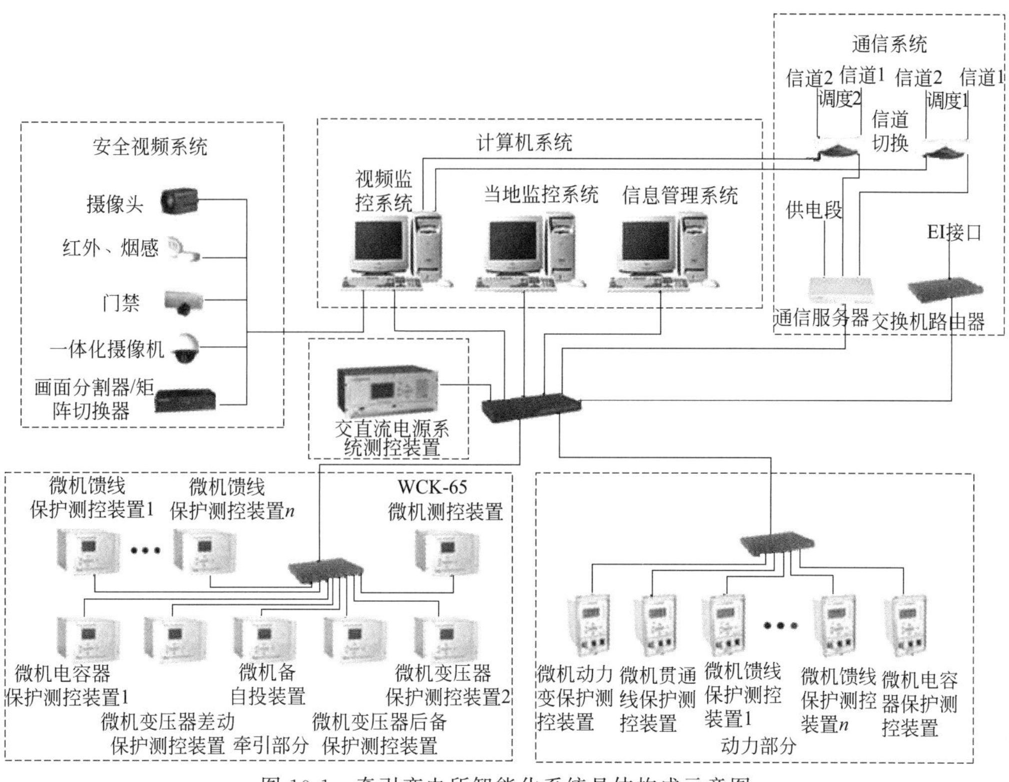

图 10-1 牵引变电所智能化系统具体构成示意图

打印绘图系统。人机联系子系统的构成示意图如图 10-2 所示。

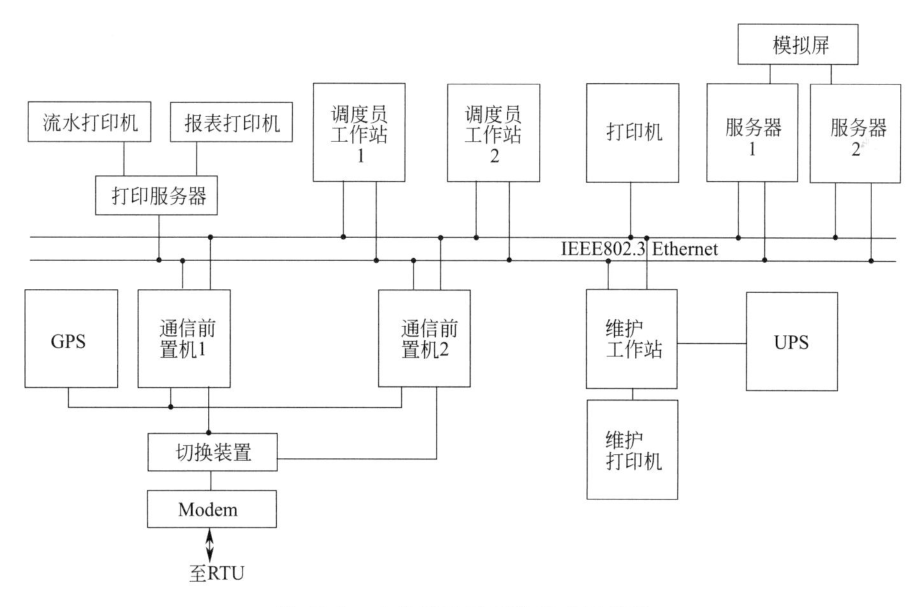

图 10-2 人机联系子系统构成示意图

2. 信息处理子系统

该子系统主要完成实时信息处理、存储、打印等功能，并在调度员工作站以友好的人机界面显示。

3. 信息传输子系统

信息传输子系统主要有电力载波通信、数字微波通信、光纤通信等几种通信方式。目前，光纤通信为主、数字微波通信为辅是电力通信主干网的发展方向。

4. 信息收集和执行子系统

该子系统的功能是在变电所收集各种表征电力系统运行的实时信息，并根据传输协议向调度端提供各种监视、分析和控制牵引供电系统所需要的信息、系统的运行状态信息（如电压、电流、功率、开关状态等），以及温度、湿度等。信息收集和执行子系统构成示意图如图 10-3 所示。

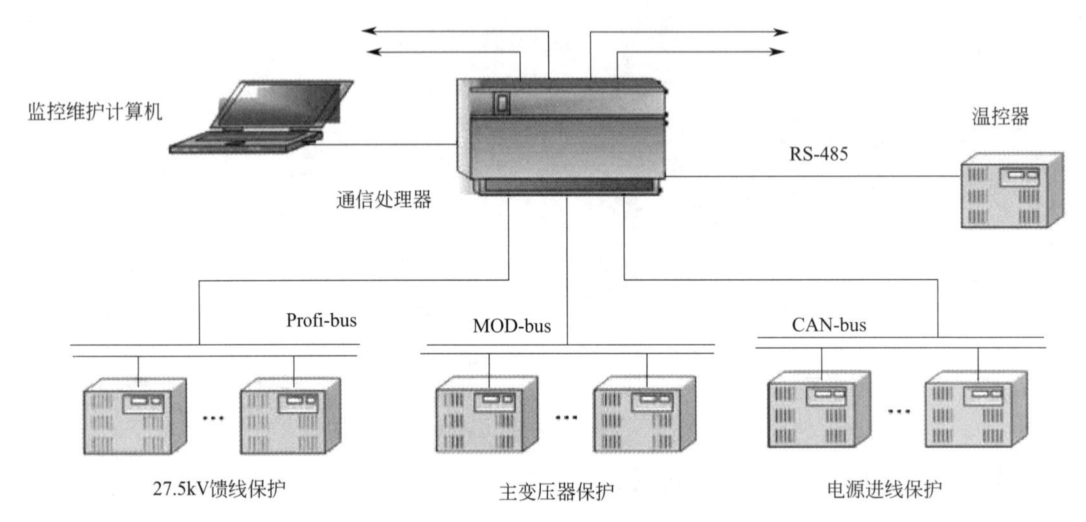

图 10-3 信息收集和执行子系统构成示意图

牵引变电所智能化系统的基本特点可概括如下。

① 系统的信息流是数字量信息，取代了传统二次系统的模拟量信息。而各种功能的实现是在微机硬件支持下，由软件和人机联系设备、输入和输出电路等协调完成的。

② 在当地信息资源（模拟量、开关量、脉冲量等）综合利用，减少并优化监控、保护系统硬件设备的前提下，综合自动化系统提供了人机对话、操作画面监视、智能化运行管理、RTU 等多种功能，并增强了变电所整体功能。

③ 设备操作、故障状态采用屏幕监视，值班人员面对大屏幕显示器进行变电所所有设备的全面监视与操作。例如，用显示器实时显示主接线运行状况，由鼠标操作来完成断路器跳合闸操作，采用画面闪烁、文字提示和报警音响取代常规中央信号盘、控制盘的有关设备等，为值班人员提供了方便直观的监控条件。

④ 运行管理智能化、自动化。智能化、自动化功能表现在事件顺序记录、自动报表、自动录波、事故判别与处理等诸多方面，进一步的智能化则可构造各种专家系统，执行故障诊断、防误操作、报警信号处理等专门任务。这些为无人值班创造了良好条件。

⑤ 系统工作的可靠性、精确性大大提高。依靠各种抗干扰和数字滤波技术、冗余技术，特别是在线自检、自诊断技术，能及时诊断发现系统各组成单元硬件或软件的故障并向主控端报警，使可靠性比常规二次线系统大为提高。数字量控制和保护动作值计算严格按数学模型进行，较大地提高了控制、保护、检测的精确度。

⑥ 经济上合理，能节省重复性硬件设备，节约大量控制电缆（数量少、截面减小）、缩小控制室建筑面积。日本文献报道，对新建变电所采用综合自动化系统，其一次投资总费用

与用传统二次系统比较可节省约1/3。

⑦ 变电所的工作环境，如温度、湿度、污染和振动（紧靠铁路线），特别是强电磁干扰对综合自动化多微机系统带来多方面的影响和不利因素，必须采取有效的抗干扰、抗温度变化、抗震等措施。例如选用高级别芯片和器件，严格执行规定的各种试验、筛选标准等。

二、综合自动化系统功能

在变电所综合自动化系统的研究和开发过程中，对变电所综合自动化系统应包括哪些功能和要求，曾有不同的看法。国际大电网会议WG34.03工作组在研究变电所的数据流时，分析了变电所综合自动化需要完成的功能大约有63种，按其功能分类可归纳为控制与监视功能、自动控制功能、测量表计功能、继电保护功能、与继电保护有关功能、接口功能、系统功能等7种。经过多年的实践验证，上述看法逐步接近。变电所综合自动化功能由电网安全稳定运行和变电所建设、运行维护的综合经济效益要求所决定。变电所在电网中的地位和作用不同，变电所综合自动化系统有不同的功能。

1. 微机保护

微机保护系统功能是变电所综合自动化系统的最基本、最重要的功能，它包括变电所的主变压器和馈线的全套保护，变压器的主保护、后备保护以及非电量保护，重瓦斯保护，轻瓦斯保护以及馈线保护等。

各保护单元除应具备独立、完整的保护功能外，还应具备以下附加功能。

① 具有事件记录功能。事件记录包括发生故障、保护动作出口、保护设备状态等重要事项的记录。

② 具有与系统对时功能，以便准确记录发生事故和保护动作的时间。

③ 具有存储多种保护定值功能。

④ 具备当地人机接口功能。不仅可显示保护单元各种信息，还可通过它修改保护定值。

⑤ 具备通信功能。提供必要的通信接口，支持保护单元与计算机系统通信协议。

⑥ 具备故障自诊断功能。通过自诊断，及时发现保护单元内部故障并报警。对于严重故障，在报警的同时，应可靠闭锁保护出口。

⑦ 各保护单元满足上述功能要求的同时，还应满足保护装置的快速性、选择性和灵敏性要求。

2. 监控功能

监控子系统应取代常规的测量系统，取代针式仪表；改变常规的操动机构和模拟盘，取代常规的告警、报警、中央信号、光字牌等；取代常规的远动装置等。监控子系统功能如下。

（1）数据采集

从数据来源划分，变电所的数据有两种：一种是变电所原始数据采集，原始数据直接来自一次设备，如电压互感器与电流互感器的电压和电流信号、变压器温度以及断路器辅助触点、一次设备状态信号；另一种是变电所综化自动化系统内部数据交换或采集，如电能量数据、直流母线电压信号、保护动作信号等。

从数据物理特性划分，变电所的数据有三种：模拟量、开关量和电能量。

① 模拟量采集。变电所需采集的模拟量有：各段母线的电压、电流、有功功率、无功功率，主变压器的电流、有功功率和无功功率，电容器的电流、无功功率；馈出线的电流、

电压、功率以及频率、相位、功率因数等。此外，模拟量还有主变压器油温、直流电源电压、所用电变压器电压等。

② 开关量采集。开关量也称为状态量，包括断路器状态、隔离开关状态、变压器分接头信号以及变电所一次设备告警信号、事故跳闸总信号、预告信号等。目前这些信号采用光电隔离方式输入系统，也可通过通信方式获得。

③ 电能计量。电能计量指对电能（包括有功电能和无功电能）的采集，并实现分时累加、电能平衡等功能。

（2）数据库的建立与维护

监控子系统建立实时数据库，存储并不断更新来自I/O单元及通信接口的全部实时数据；建立历史数据库，存储并定期更新需要保存的历史数据和运行报表数据。

（3）事件顺序记录和故障录波测距

事件顺序记录（Sequence of Events，SOE）包括断路器跳合闸记录、保护动作顺序记录。微机保护或监控系统采集环节必须有足够的内存，能存放足够数量或足够长时间段的事件顺序记录，确保当后台监控系统或远方集中控制主站通信中断时，不丢失事件信息，并应记录事件发生的时间（应精确至毫秒级）。

事故追忆功能：事故追忆范围为事故前1min到事故后2min的所有相关模拟量值，采样周期与实时系统采样同期一致。

（4）故障记录、录波和测距功能

变电所的故障录波和测距可采用两种方法实现：一种方法是由微机保护装置兼作故障记录和测距，再将记录和测距的结果送监控机存储并打印输出或直接送调度主站（这种方法可节约投资，减少硬件设备，但故障记录的量有限）；另一种方法是采用专用的微机故障录波器，并且故障录波器应具有串行通信功能，可以与监控系统通信。

35kV、10kV和6kV的配电线路很少专门设置故障录波器，为了分析故障的方便，可设置简单故障记录功能。

故障记录可记录继电保护动作前后与故障有关的电流量和母线电压。故障记录量的选择可以按以下原则考虑：如果微机保护子系统具有故障记录功能，则该保护单元的保护启动同时，便启动故障记录，这样可以直接记录发生事故的线路或设备在事故前后的短路电流和相关的母线电压的变化过程；若保护单元不具备故障记录功能，则可以采用保护启动监控机数据采集系统，记录主变压器电流和高压母线电压。记录时间一般可考虑保护启动前2个周波（即发现故障前2个周波）和保护启动后10个周波以及保护动作和重合闸等全过程的情况，在保护装置中最好能保存连续3次的故障记录。

对于大量中低压变电所，没有配备专门的故障录波装置。而10kV出线数量大、故障率高，在监控系统中设置了故障记录功能，对分析和掌握情况、判断保护动作是否正确很有益处。

（5）控制和操作功能

无论是无人值班变电所还是少人值班变电所，操作人员都可通过屏幕对断路器和隔离开关（如果允许电动操作的话）进行分合操作，对变压器分接开关位置进行调节控制，对电容器进行投切控制，同时要能接收遥控操作命令，进行远方操作；为防止计算机系统故障时无法操作被控设备，在设计时，应保留人工直接跳合闸手段。

（6）安全监视功能

监控系统在运行过程中，对采集的电流、电压、主变压器温度、系统频率等量，要不断进行越限监视，如发现越限，立刻发出告警信号，同时记录和显示越限时间和越限值。另外，还要监视保护装置是否失电，自控装置工作是否正常等。

（7）人机联系功能

① 显示器、鼠标和键盘是人机联系桥梁。操作人员或调度员只要面对显示器的屏幕，通过操作鼠标或键盘，就可对全所的运行工况和运行参数一目了然，可对全所的断路器和隔离开关等进行分合闸操作。

② 显示画面。可显示采样和计算的实时运行参数（U、I、P、Q、$\cos\varphi$、有功电能、无功电能以及主变压器温度 T、系统频率 f 等）、实时主接线图、时间顺序记录、越限报警、值班记录、历史趋势、保护定值和自控装置的设定值、故障记录和设备运行状态等。

③ 输入数据。变电所投入运行后，随着送电量的变化，保护定值、越限值等需要修改，甚至由于负荷的增长，需要更换原有的设备，例如更换电流互感器变比。

（8）打印功能

对于有人值班的变电所，监控系统可以配备打印机，完成以下打印记录功能：定时打印报表和运行日志、开关操作记录打印、事件顺序记录打印、越限打印、召唤打印、抄屏打印和事故追忆打印。对于无人值班变电所，可不设当地打印功能，各变电所的运行报表集中在控制中心打印输出。

（9）数据处理和记录功能

在监控系统中，数据处理和记录也是很重要的环节。历史数据的形成和存储是数据处理的主要内容，它包括上一级调度中心。变电管理和保护专业要求的数据，主要有以下几方面。

① 断路器动作次数。

② 断路器切除故障时截断容量和跳闸操作次数的累计数。

③ 输电线路的有功、无功，变压器的有功、无功，母线电压定时记录的最大值、最小值及其时间。

④ 独立负荷有功、无功，每天的峰谷值及其时间。

⑤ 控制操作及修改整定值的记录。

根据需要，该功能可在变电所当地全部实现，也可在电力调度中心实现。

（10）谐波的分析与监视

电能质量的一个重要指标是其谐波要限制在国标规定的范围内。随着非线性元件和设备的广泛使用，使电力系统的谐波成分明显增加，并且其影响程度越来越严重。目前，谐波“污染”已成为电力系统的公害之一。因此，在综合自动化系统中，必须重视对谐波含量的分析和监视。对谐波“污染”严重的变电所，要采取适当的抑制措施，降低谐波含量。

（11）报警处理

报警处理内容包括：设备状态异常、故障，测量值越限，计算机监控系统的软/硬件、通信接口及网络故障等。

（12）画面生成及显示

画面显示的信息包括：日历时间、经编号的测点、表示该点的文字或图形、该点实时数据或历史数据、经运算或组合后的各种参数等。由画面显示的内容包括：全所生产运行需要的电气接线图、设备配置图、运行工况图、电压棒形图、实时参数曲线图、各种信息报告、操作票、工作票及各种运行报表等。

（13）在线计算及制表功能

① 对变电所运行的各种常规参数进行统计及计算，如日、月、年中的最大值、最小值及其出现的时间，电压合格率、变压器负荷率、全所负荷及电能平衡率等。

② 对变电所主要设备的运行状况进行统计及计算，如断路器正常操作及事故跳闸次数，变压器分接头调节的挡次、次数、停运时间等。

③ 利用以上数据生成不同格式的生产运行报表，并按要求打印输出。

（14）电能量处理

电能量处理包括对变电所各种方式采集到的电能量进行处理、对电能量进行分时段的统计计算以及当运行方式的改变而自动改变计算方法并在输出报表上予以说明等。

（15）远动功能

监控子系统能实现与变电所有关的全部功能，以满足电网电能实时性、安全性和可靠性。

（16）运行管理功能

运行管理功能包括运行操作指导、事故记录检索、在线设备管理、操作票开列、模拟操作、运行记录及交接班记录等。

除上述功能外还具有时钟同步、防误闭锁、系统自诊断与恢复以及与其他设备接口等功能。

第二节　综合自动化系统结构形式

牵引供电综合自动化系统是利用计算机技术、网络通信技术、控制及继电保护原理，实现对电气化铁路牵引供变电系统、接触网的故障保护、远程及当地控制、正常及故障信息监视、数据采集的一种综合性自动化系统。它为运营指挥调度人员、维护维修人员提供正常设备系统运行监视、例行检查检修，是进行牵引供电系统故障分析判断及处理、运营决策的辅助综合智能系统。综合自动化系统主要有以下三种结构形式。

一、分层（级）分布式系统集中组屏的结构形式

1. 结构形式

把整套综合自动化系统按不同的功能将间隔层按对象划分组装成多个屏（柜），如变压器保护屏、馈线保护屏、直流屏等。这些控制保护屏一般都安装在主控室中，又简称“分布集中式结构”。

这种自动化系统可应用于有人或无人值班变电所。多数传统变电所在改造初期都采用分布集中式结构，如图 10-4 所示。

2. 结构特点

① 分层（级）分布式的配置系统采用按功能划分的分布式多 CPU 系统。其功能单元有馈线测控保护单元、主变压器测控保护单元、电容器测控保护单元、电能计量单元等。每个功能单元基本由一个 CPU 组成；也有一个功能单元由多个 CPU 完成，例如主变保护就由主保护和后备保护组成。这种按功能设计的分散模块化结构具有软件相对简单、调试维护方便、组态灵活、系统整体可靠性高的特点。

② 继电保护相对独立。在综合自动化系统中，继电保护单元相对独立，其功能不依赖于通信网络或其他设备。

③ 具有与系统控制中心通信功能。综合自动化系统本身已具有对模拟量、开关量、电能脉冲量进行数据采集和数据处理的功能，也具有收集继电保护动作信息、事件顺序记录等

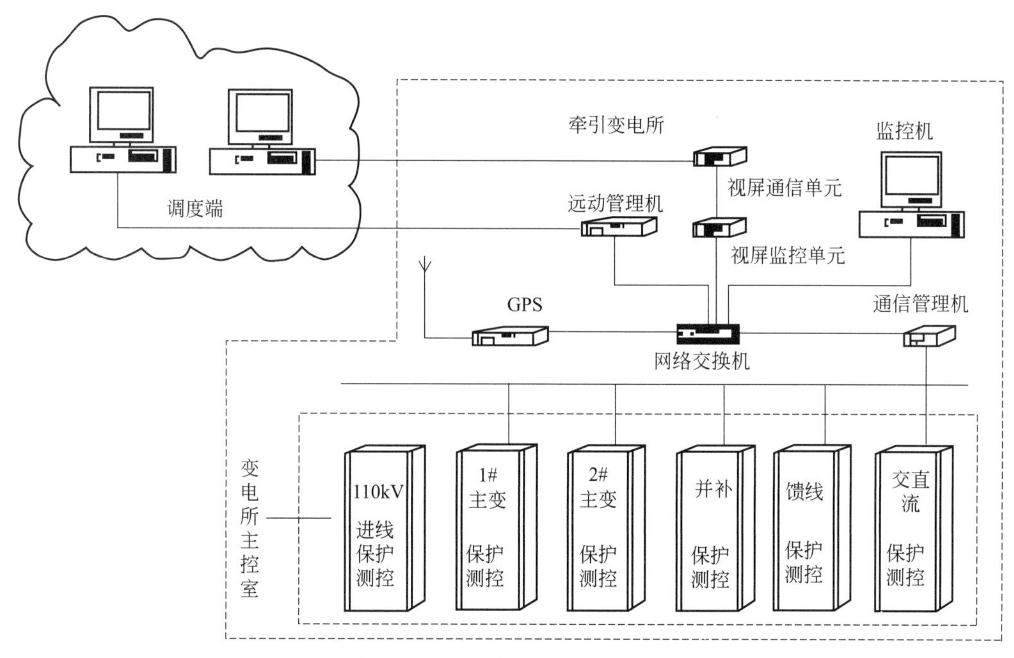

图 10-4　分层（级）分布式系统集中组屏的构成图

功能。因此不必另设独立的 RTU 装置，直接可将综合自动化系统采集的信息传送给调度中心，同时也接收调度中心下达的控制、操作命令和在线修改保护定值命令。

④ 模块化结构，可靠性高。各功能模块都由独立电源供电，输入/输出回路都相互独立。任何一个模块故障，只影响局部功能，不影响全局。

⑤ 室内工作环境好，管理维护方便。

3. 结构的优缺点

优点是集中组屏，便于设计、安装、调试和管理，可靠性也比较高，尤其适合于旧所改造。

缺点是安装时需要的控制电缆相对较多，增加了电缆及其辅助投资。

二、分布分散式与集中相结合的结构形式

1. 结构形式

按每个电气间隔（如一条馈线、一台变压器、一组电容器等）为对象，把控制、保护、测量等功能设计安装在同一个微机装置中。对于 6～35kV 的中低压线路，可以将这个微机保护监控装置分散安装在各个开关柜上，然后通过通信网络和监控主机进行信息交换；对于高压线路或变压器等重要设备的保护监控装置仍然采用集中组屏方式安装在主控室内。这也是当前综合自动化系统的主要结构形式。分布分散式与集中相结合的结构图如图 10-5 所示。

2. 结构特点及优越性

① 6～35kV 的中低压线路保护监控采用分散式结构，就地安装在开关柜中，通过现场总线与主控室监控机交换信息，可以节约控制电缆。

② 高压线路、变压器等重要设备的保护监控采用集中组屏方式，安装在主控室或保护

室中，使这些设备的保护监控装置处于比较好的工作环境中，可以提高供电的可靠性。

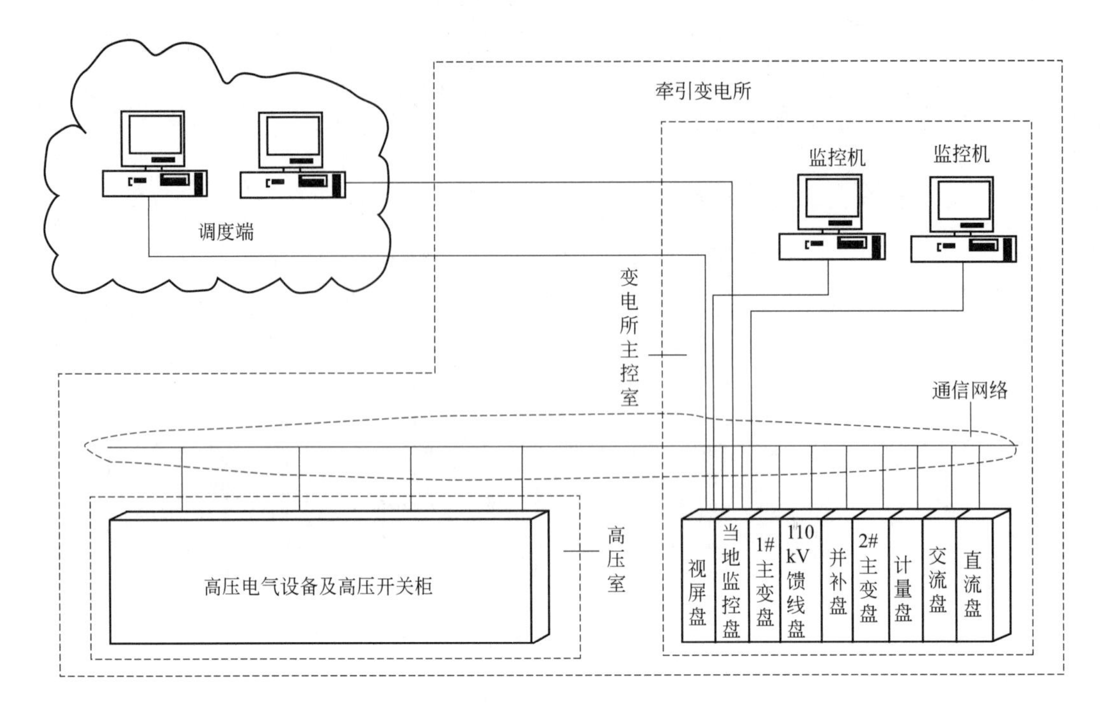

图 10-5　分布分散式与集中相结合的结构图

③ 其他的自动装置，如备用电源自投装置和电压、无功综合控制装置采用集中组屏方式，安装于主控室或保护室中。

④ 电能计量采用集中组屏方式，安装于主控室或保护室中。

三、全分散式结构形式

1. 结构形式

将每个电气间隔（包括变压器、高低压线路、电容器等）的保护、控制、测量功能设计安装在同一个微机装置中，并且分散安装在各个开关柜中，然后通过通信网络和监控主机进行信息交换。在这种结构形式中，主控室内只有监控用的微机和直流操作电源及网络信号集中转换的柜子。主控室结构简单，设备环境好，检修更方便。全分散式结构图如图 10-6 所示。

2. 优越性

① 简化了变电所二次部分的配置，大大缩小了控制室的面积。主控室内减少了保护屏的数量，由于采用综合自动化系统后，原先常规的控制盘、中央信号屏和模拟屏可以取消。

② 减少了施工和设备安装工程量。由于安装在开关柜上的保护测控装置在开关柜出厂前已经由厂家安装调试完毕，再加上保护测控装置都安装在各开关柜，减少了敷设到控制室的控制电缆数量，因此现场施工、安装和调试的工期就缩短了。

③ 简化了变电所二次设备之间的互连线，节省了大量连接电缆。

④ 全式结构可靠性高，组态灵活，检修方便。

对于全式结构，由于保护测控装置分散安装在高压设备附近，减小了电流互感器的负

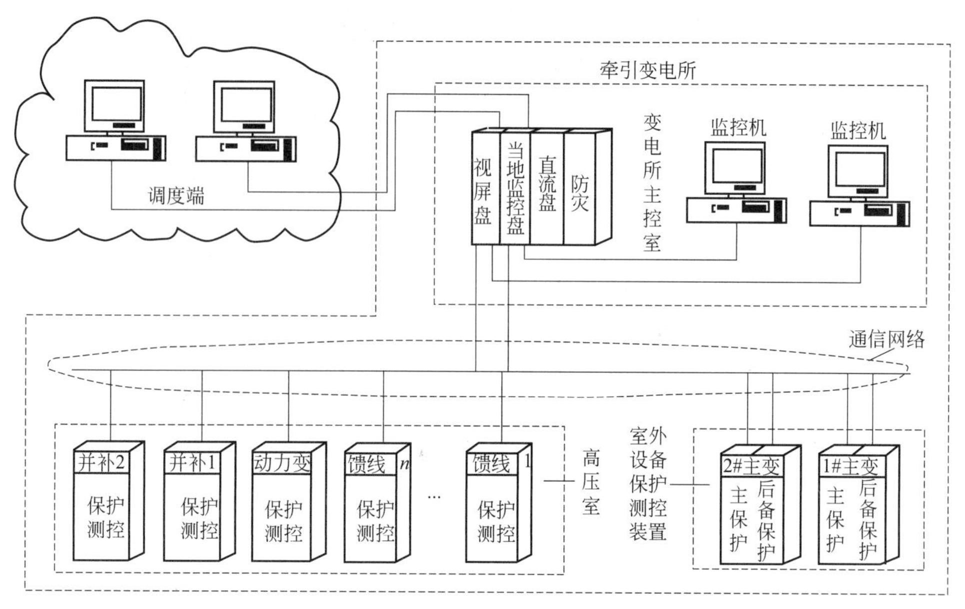

图 10-6　全分散式结构图

担；同时，各模块与监控机之间通过通信网络连接，抗干扰能力强，可靠性高。

总之，全式结构可以降低总投资，是变电所综合自动化系统的未来发展趋势。

第三节　智能变电站监控系统运行

目前综合自动化系统生产厂家较多，这里以成都交大运达电气有限公司的产品“JDA-9000 智能变电站监控系统”为例进行介绍。

JDA-9000 智能变电站监控系统（以下简称为 JDA-9000 系统）是一套采用三层分布式体系架构开发，集成了先进的计算机技术和网络通信技术，可以为基于 61850 的数字化牵引变电所和基于传统远动通信规约的变（配）电所提供微机化的继电保护装置监控和维护的软件系统。本节主要介绍该系统下智能监控子系统的操作。

智能监控子系统是 JDA-9000 系统的主要子系统，其主要功能包括以下几个。

① 具备利用多种组态化图形界面监视继电保护装置的实时状态的功能，如变电所电气主接线图、继电保护装置遥测（或遥信、遥脉）一栏表等。

② 具备实时显示一次设备运行状态的功能，如设备的遥信量和开关位置、电压和电流值等。

③ 具备主接线图的带电自动推导功能，可以直观准确地显示一次设备的供电状态。

④ 具备实时报警的监视功能，可以进行报警信息的分类过滤和确认。

⑤ 提供对继电保护装置的遥控、遥调、复归和人工置数等功能。

⑥ 提供对继电保护装置的在线维护功能，如保护定值的查询和维护、事件报告和自检报告的查看。

⑦ 提供对故障动作详细信息的查询功能，如故障动作时间、动作元件、动作参数等，同时提供故障录波查询功能。

⑧ 提供对继电保护装置遥测量的实时曲线监视功能。

⑨ 提供对历史报警信息的查询和维护功能。

一、系统启动

在 JDA-9000 系统的快捷方式中单击“智能监控系统”，就可以启动该子系统，如图 10-7 所示。

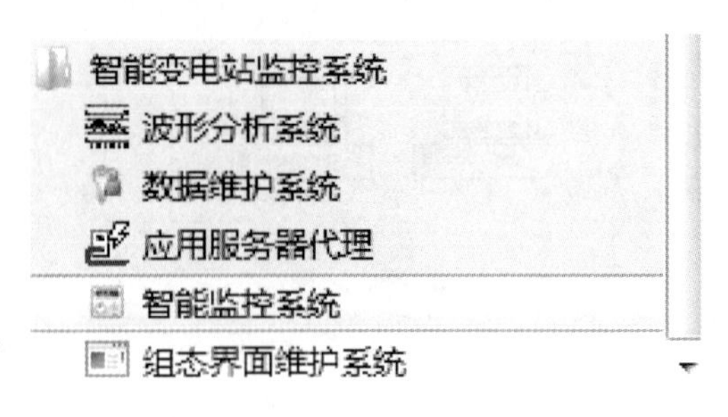

图 10-7 启动智能监控子系统

当系统启动后，首先将出现用户登录对话框，如图 10-8 所示。当在一台计算机上安装整个系统时，在服务器栏中选择“＜本机＞”。输入用户名（系统默认的超级用户是 admin）和口令（admin 的默认口令为 1）后，单击“确认”按钮，系统将对用户名和口令的正确性进行验证。如果验证通过，就会进入智能监控子系统的主控程序。

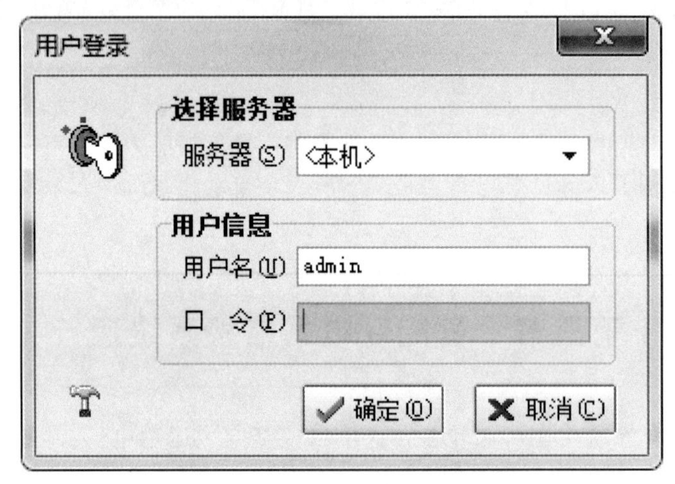

图 10-8 系统主控程序的登录界面

二、系统主界面

智能监控子系统的主界面如图 10-9 所示，包括菜单栏、工具栏、标签栏、功能窗口、实时报警窗口以及状态栏。

① 菜单栏 菜单栏是系统所有功能的入口，包括系统功能入口、模块调用入口、保护相关操作、实时曲线相关操作和历史报警相关操作等。

② 工具栏 工具栏是系统主要功能的快捷调用入口，是菜单栏上功能的子集。菜单栏和工具栏上按钮的状态会随着当前窗口的改变而变化，只有当前窗口支持的功能，才能被调用。

③ 标签栏 系统主界面采用 MDI 多文档界面风格，可以支持同时打开多个功能窗口，而每个打开的窗口将在工具栏下对应一个标签，通过该标签可以浏览窗口名称，或者快速转到某个窗口。

④ 实时报警窗口 实时报警窗口位于主界面的下方，可以分类显示系统的报警信息。

⑤ 状态栏 状态栏上显示了当前激活窗体、当前已打开的工程、当前登录用户和系统时间等信息。

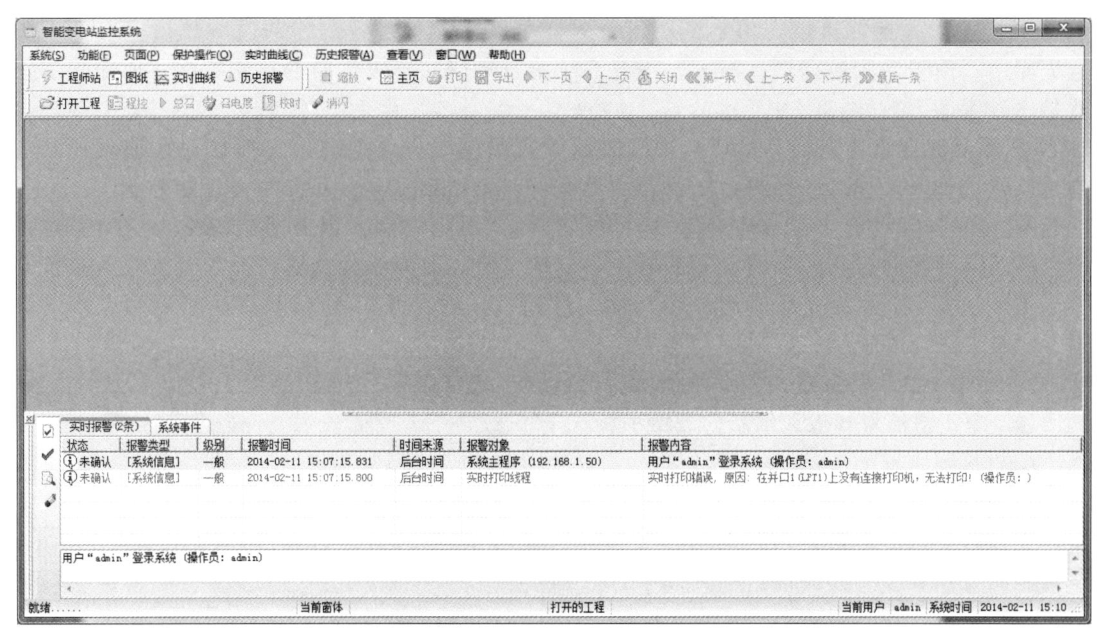

图 10-9　系统主界面

三、系统功能

系统功能位于主界面的“系统”菜单下，主要完成系统设置和一些系统级的功能。

(1) 系统设置

系统设置主要完成启动设置、遥测数据删除策略、保存波形文件路径、实时打印和工程师站中字体的设置，如图 10-10 所示。

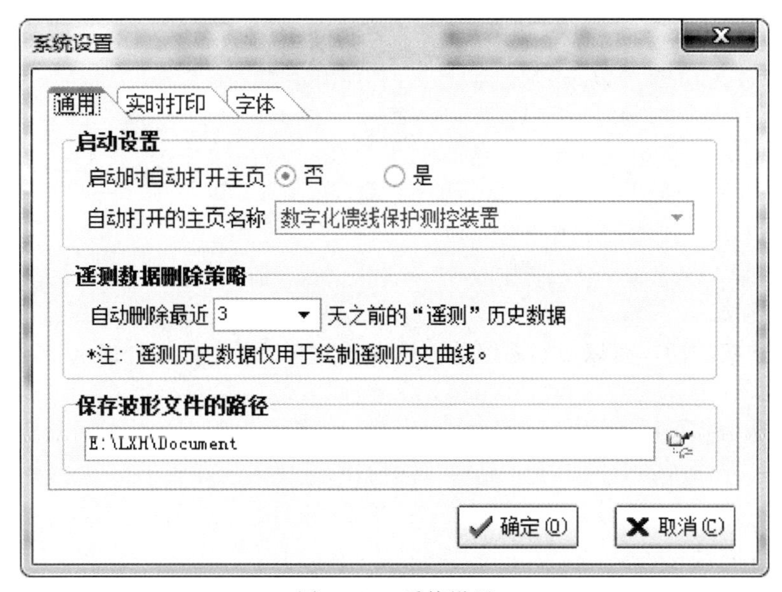

图 10-10　系统设置

① 启动设置　设置在本系统启动时，是否自动载入一个组态图形监控界面。如果将该设置设为“是”，并且在“主页名称”中选择了一个组态界面，则在本系统启动时，会自动载入该组态界面。

② 遥测数据删除策略　本系统在运行时，可以自动将装置上传的遥测数据保存到历史数据库中。由于遥测数据量比较大，因此系统会自动删除不再需要的遥测数据，而删除依据就是本设置的天数。

③ 保存波形文件路径　系统从装置接收波形数据时，会将波形文件保存在该设置对应的目录下。如果未设置该路径，则保存波形文件时会出错。

④ 实时打印设置　本系统支持实时流水打印，用户可以根据需要选择是否启动实时打印，以及需要实时打印的项目。一般来讲，遥信变位、故障报告和遥控操作等重要的报警要被选中。注意：要正确实现实时打印功能，计算机必须在并口 1（LPT1）上连接点阵式票据打印机，并正确安装打印机驱动程序。

⑤ 字体设置　设置在工程师站模块中四遥信息、整定值信息和报告信息的显示字体。

（2）打印设置

打印设置主要完成对打印机的属性设置，包括打印机的选择、纸张的选择等。只有打印设置正确了，才能进行实时打印。

（3）更改口令

利用更改口令功能可以修改当前登录用户的口令，如图 10-11 所示。在“旧口令”中输入原来的口令，在“新口令”中输入新口令，在“验证新口令”中再输入一遍新口令，然后单击“确定”按钮，即可修改当前用户的口令。注意：当首次使用 admin 用户登录系统后，建议立刻使用本功能修改 admin 的口令(默认为 1)，以提高系统安全性。

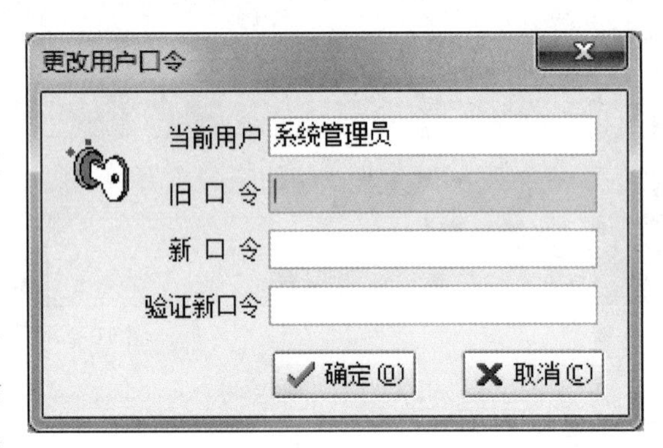

图 10-11　更改口令

（4）锁定系统

利用锁定系统功能可以锁定主界面，使其无法进行任何操作，如图 10-12 所示。如果要解锁，则要正确输入当前用户的口令。该功能可以在当前用户暂时离开监控主机时使用，以防止其他人利用自己的身份使用系统。

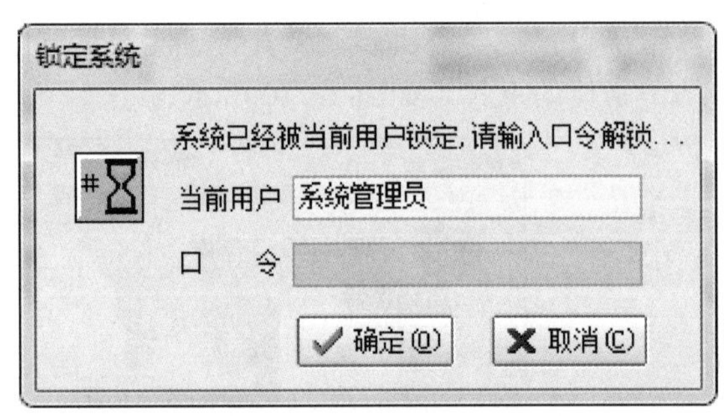

图 10-12　锁定系统

（5）重新连接

利用重新连接功能，可以使本系统重新建立针对应用服务器组件的网络连接。

（6）退出

利用退出功能，可以关闭本系统。在退出前，系统会对当前用户的身份进行验证。只有身份验证正确，才能实际关闭系统，以防止误操作。

四、工程师站模块

单击“功能”菜单下的“工程师站”菜单项（或工具栏上的“工程师站”按钮），可以启动工程师站模块。该模块的主要功能是：监视变电所内保护装置的各种信息，包括遥测、遥信、遥脉、各类报告（故障报告、事件报告、自检报告）和故障波形等；对保护装置的遥控量进行远程控制（遥控）；对保护装置的整定值进行维护。

工程师站模块的界面如图 10-13 所示。在窗口左侧显示了保护装置列表，层次为工程、变电所、装置，各级条目可以折叠和展开。保护装置前面的状态图标代表其通信状态——绿色图标代表装置通信正常，红色图标代表装置通信中断。窗口右侧为保护装置对应的信息显示和功能操作区，包括遥测信息、遥信信息、遥控操作、装置信息、定值管理操作、报告信息等。在该界面上一次只能针对一个保护装置进行信息监视或操作，步骤是先在左侧的保护装置列表中选中一个装置，再在右侧的功能操作区中查看相应信息，或进行某项操作。

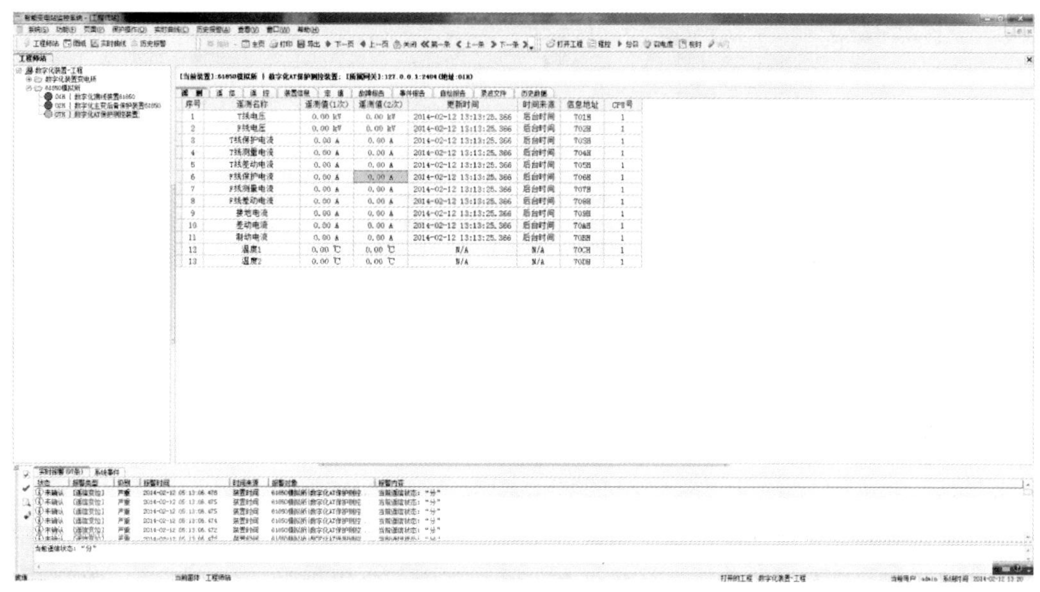

图 10-13 工程师站模块的界面

（1）打开工程

要在工程师站模块中进行监控，必须首先打开工程。单击主界面中的“保护操作→打开工程”菜单项，会出现如图 10-14 所示的对话框。选中一个工程，单击“确定”按钮，即可打开工程。

工程打开后，会在工程师站模块中显示该工程相关的变电所。选择变电所，单击左侧加号，可以展开列表，显示该变电所内保护装置的物理地址、装置名称和通信连接情况，如图 10-15 所示。

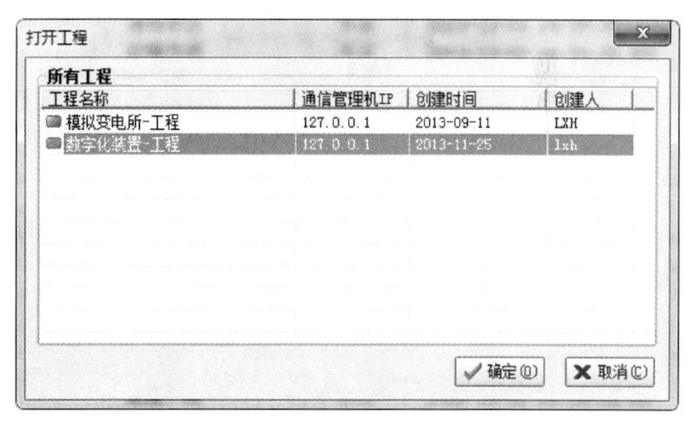

图 10-14 打开工程对话框

（2）遥测

在工程师站模块界面的保护装置列表中选中一个装置，然后单击右侧标签中的“遥测”，即可查看该装置对应的遥测信息，包括序号、遥测名称、遥测值（1 次和 2 次）、更新时间、时间来源、信息地址、CPU 号等，如图 10-15 所示。

时间来源包括“装置时间”和“后台时间”。装置时间表示该遥测量的产生时间，是由保护装置计算并通过通信规约上传的；后台时间表示该遥测量的产生时间，是监控主机收到该遥测报文时的计算机系统时间，而不是保护装置产生该遥测量的时间。如果保护装置在上传遥测量时采用不含时标的通信规约，则会采用“后台时间”。当保护装置连通后，其遥测信息会根据现场情况实时更新。如果一个遥测量发生越限，则会出现遥测量越限报警，相关报警信息会出现在主界面的实时报警窗口内。

图 10-15 遥测信息

(3) 遥信

在工程师站模块界面的保护装置列表中选中一个装置，然后单击右侧标签中的“遥信”，即可查看该装置对应的遥信信息，包括序号、遥信名称、遥信状态、变位时间、信息地址、CPU 号等，如图 10-16 所示。

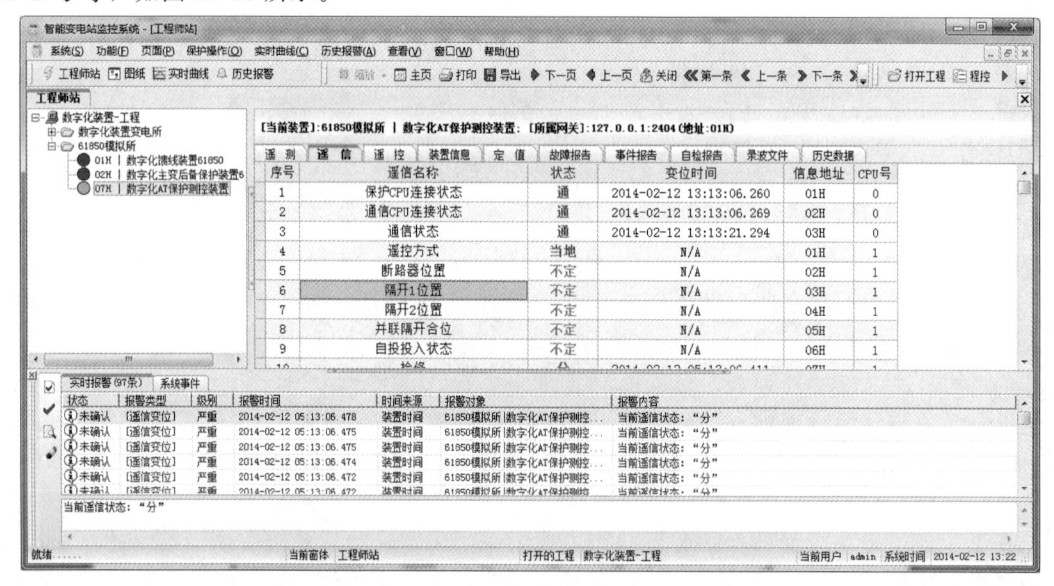

图 10-16 遥信信息

状态中用红色显示的代表“合位”，绿色显示的代表“分位”，灰色显示的代表“不定态”。当保护装置连通后，每当装置的遥信状态发生变位，其遥信信息会自动更新。此外，所有遥信变位都是报警，会出现在主界面的实时报警窗口内。

（4）遥控

在工程师站模块界面的保护装置列表中选中一个装置，然后单击右侧标签中的“遥控”，即可查看该装置对应的遥控信息，包括序号、遥控名称、相关遥信、当前状态、遥控地址、CPU 号等，如图 10-17 所示。

图 10-17　遥控信息

选中某个遥控量，单击“执行”按钮，在装置连通的情况下就可以调出下发遥控命令对话框，如图 10-18 所示。其中“闭锁对象”指实际下发遥控命令前系统判断遥控条件是否满足时所针对的对象，包括基于遥信的闭锁对象和基于虚点的闭锁对象。“相关遥信”指该遥控对应的遥信量，如果遥控成功，则该遥信会产生变位。在该对话框中“遥控动作”选择“合”，然后单击“执行”按钮，则在正确确认用户身份后，遥控命令会被下发给保护装置。在遥控进行的过程中，会出现等待提示，如图 10-19 所示。

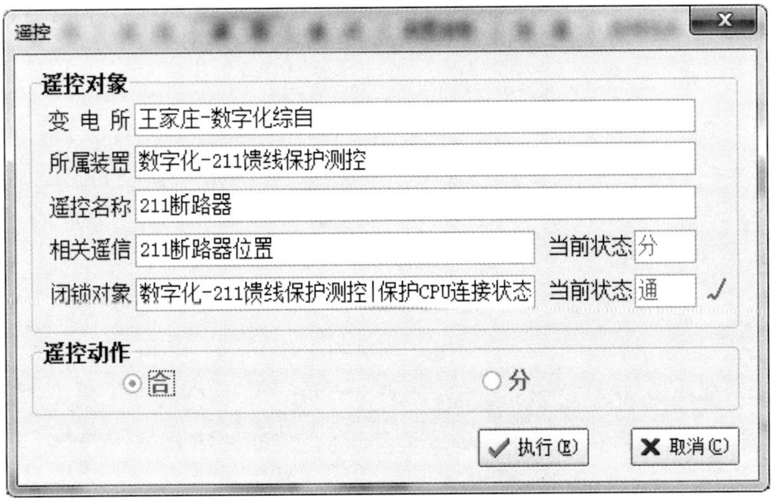

图 10-18　下发遥控命令对话框

如果为遥控命令设置了相关遥信，则只有当系统接收到相关遥信后，遥控命令才能正确结束；如果没有设置相关遥信，则遥控命令只要正确下发，就会立即结束。如果在图 10-19

中单击了“取消”按钮，则该等待窗口会被关闭，遥控等待被取消；如果系统在“超时时限”过后仍然没有收到相关遥信，则会出现等待命令超时的提示。此外，遥控的过程会被记录在主界面的实时报警窗口内。

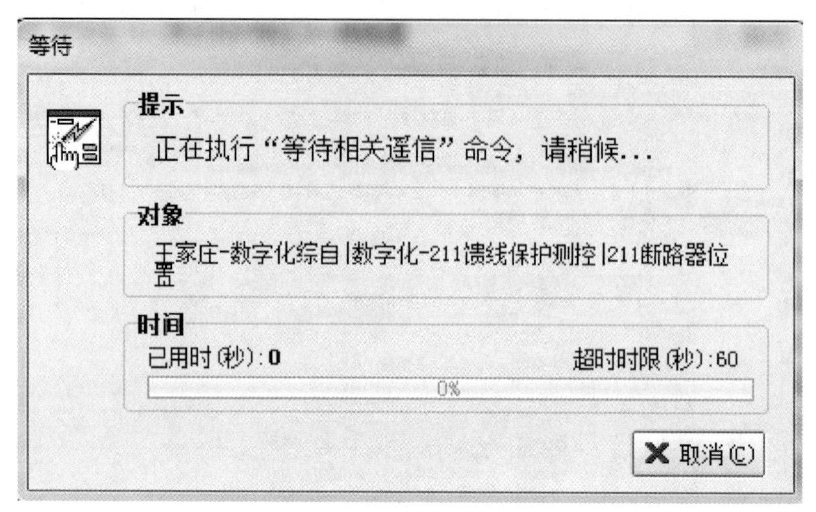

图 10-19　等待遥控

（5）遥脉

在工程师站模块界面的保护装置列表中选中一个装置，如果该装置有遥脉信息，则在右侧标签中会出现“遥控”标签。单击该标签，即可查看该装置对应的遥脉信息，包括序号、遥脉名称、遥脉值、记录时间、信息地址、CPU 号等。

（6）装置信息

在工程师站模块界面的保护装置列表中选中一个装置，然后单击右侧标签中的“装置信息”，即可转到装置信息页面，如图 10-20 所示。单击页面上的“查询”按钮，即可从保护装置查询该装置的装置信息，包括装置名称、版本类型、校验码等。

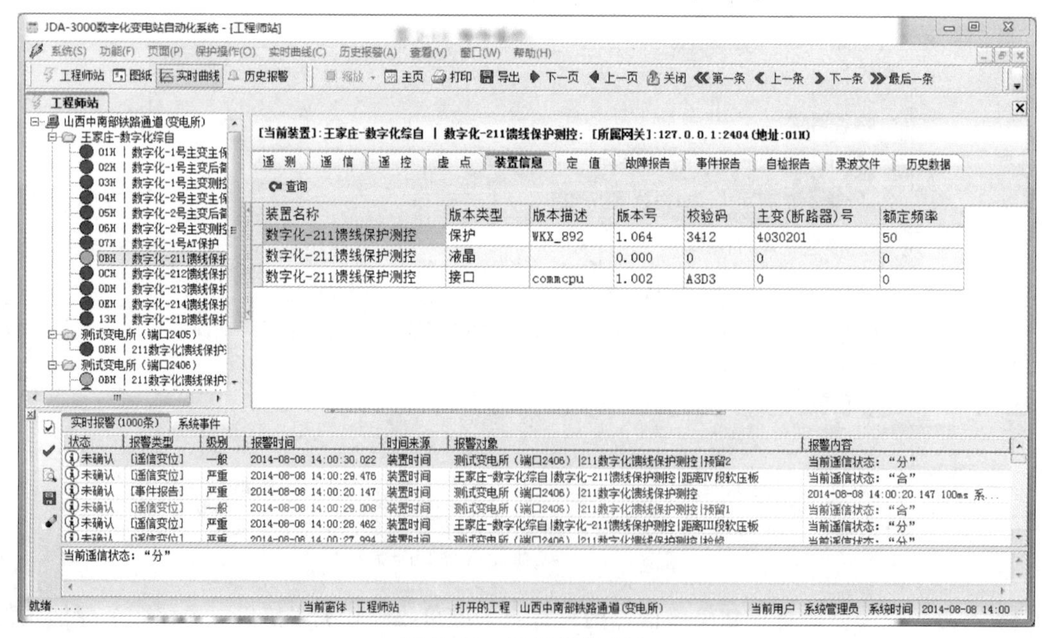

图 10-20　装置信息页面

（7）定值管理

在工程师站模块界面的保护装置列表中选中一个装置，然后单击右侧标签中的“定值”，即可转到定值管理页面，如图 10-21 所示。

图 10-21 定值管理页面

其中“定值类型”包括用户定值和系统定值，可以单独进行管理；“目标定值区”指要查询装置的定值区号（一个保护装置通常有多份定值区，以 0 到 N-1 标识，其中有一份是当前活动的定值区，供保护装置使用），如果选择“＜当前＞”，则要求保护装置返回其当前活动定值区的内容；“当前定值区号”即是查询出来的装置活动定值区的区号；“整定方式”是查询出来的装置当前的整定值解析方式，可以是“二次”或“一次”。

定值管理的主要内容包括查询、修改和写入、切换区号、定值数据交换。

① 查询定值　要查询定值，首先要选定“定值类型”和“目标定值区”，然后单击“查询”按钮即可。查询正常结束后，定值会显示在表格中，同时装置当前的定值区号和整定方式也会被显示出来。

② 修改和写入定值　要修改定值，首先要查询出定值。当查询正常结束后，可以在表格的“定值”列中用手工进行修改。对于表格中的一般数字，可以直接进行修改；对于汉字，需要双击单元格，在弹出的选择对话框中进行选择，如图 10-22 所示。所有被修改过的定值将以红色作为标识，如图 10-23 所示。当把所有需要修改的定值修改完毕后，单击“写定值”按钮，系统才会把修改过的定值实际下发到保护装置中（在下发前，系统还会利用定值的“最小值”和“最大值”对当前输入的定值数据进行合法性判断，如果不合法，则无法下发）。如果装置正确接收和处理，则修改定值才真正成功。

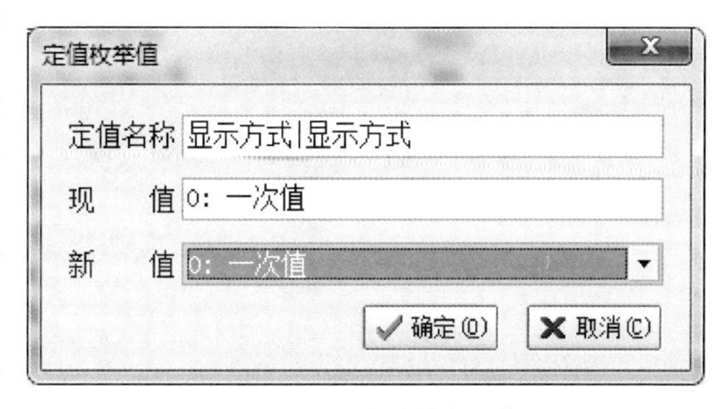

图 10-22 选择定值枚举值

5	整定方式|整定方式	二次值			
6	显示方式|显示方式	一次值			
7	差动速断|差动速断	26.00	A	0.10	200.00
8	比率差动|比率差动	2.05	A	0.10	200.00
9	制动电流|制动电流1	4.00	A	0.10	200.00
10	制动电流|制动电流2	10.00	A	0.10	200.00

图 10-23　修改过的定值

③ 切换区号　利用切换区号功能，可以对保护装置的当前活动定值区号进行修改。单击“切换区号”按钮，在正确验证用户身份后，会出现如图 10-24 所示的对话框。在该对话框中选定“新区号”，然后单击“确定”按钮，即可完成定值区号的切换。

④ 定值数据交换　定值数据交换功能包括两组。一组是“复制定值”和“粘贴定值”功能，利用该功能可以将定值数据复制到内存中，然后再粘贴到同一类装置的另外定值区中。另一组是“导出定值”和“导入定值”功能，利用该功能可以将定值数据导出为一个 Excel 文件，可以将 Excel 文件备份，或在 Excel 文件中对定值数据进行修改，最后可以将定值数据导入到同一类装置的另外定值区中。利用这组功能，可以实现定值数据的备份和在不同计算机之间的共享交换。

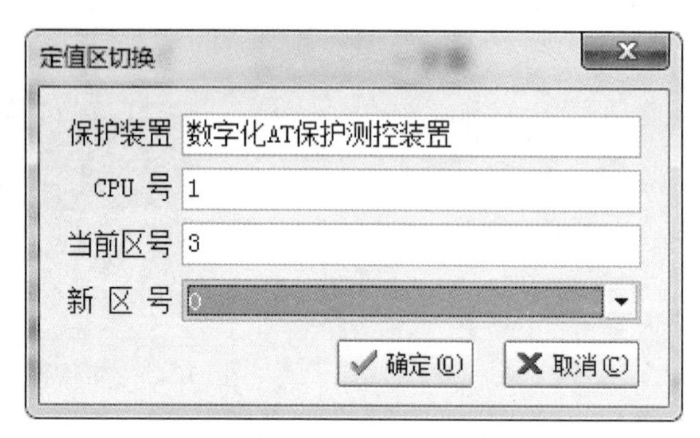

图 10-24　切换定值区号

(8) 故障报告

在工程师站模块界面的保护装置列表中选中一个装置，然后单击右侧标签中的“故障报告”，即可转到故障报告页面，如图 10-25 所示。利用该页面可以查询保护装置产生过的故障报告。

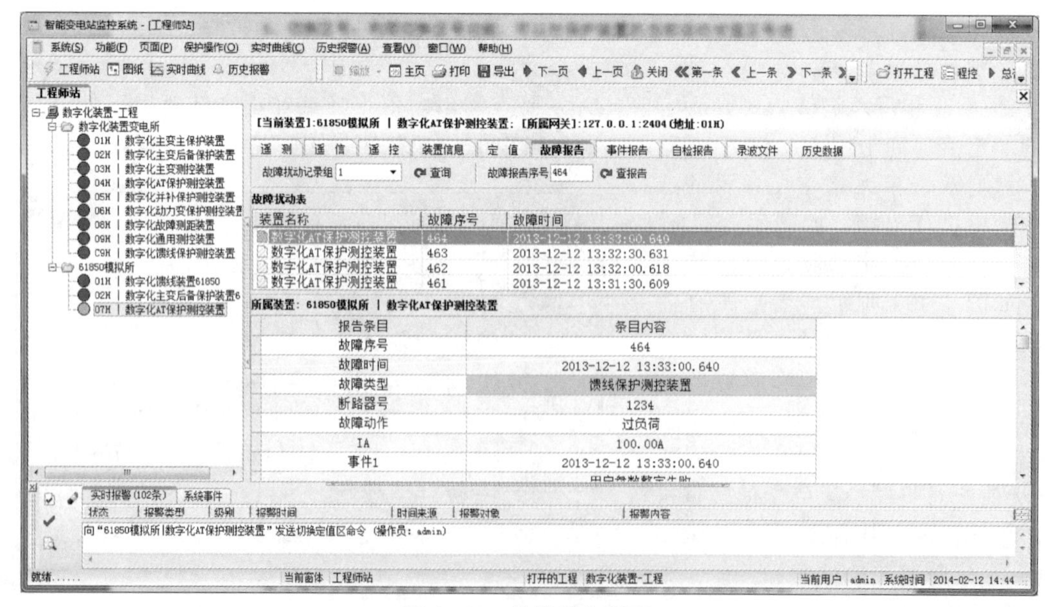

图 10-25　故障报告页面

故障报告的查询分为以下两步。

① 查询故障扰动记录　在“故障扰动记录组”中选择一个故障序号，单击“查询”按钮。查询成功后，在“故障扰动表”列表中将出现故障扰动记录，包括装置名称、故障序号、故障时间。

② 查询故障报告　用鼠标选中“故障扰动表”中的一个条目，再单击“查报告”按钮，将会进行故障报告查询。查询成功后在“故障报告信息”列表框中将出现详细的故障报告内容，如故障时间、故障类型、动作元件、动作参数、启动出口事件等。翔实的故障报告将有助于用户分析故障过程、查找故障原因。

（9）事件报告

在工程师站模块界面的保护装置列表中选中一个装置，然后单击右侧标签中的“事件报告”，即可转到事件报告页面，如图 10-26 所示。利用该页面可以查询保护装置产生过的事件报告。

图 10-26　事件报告页面

（10）自检报告

在工程师站模块界面的保护装置列表中选中一个装置，然后单击右侧标签中的“自检报告”，即可转到自检报告页面，如图 10-27 所示。利用该页面可以查询保护装置产生过的自检报告。

（11）录波文件

在工程师站模块界面的保护装置列表中选中一个装置，然后单击右侧标签中的“录波文件”，即可转到录波文件页面，如图 10-28 所示。利用该页面可以查询保护装置产生过的故障波形数据。

录波文件的查询分为以下 3 步。

① 查询录波文件列表　在“目录名”中选择一个目录，单击“查询文件”按钮。如果该目录下保存有录波文件，则会显示在“录波文件列表”中，包括装置名称、文件名、创建时间。

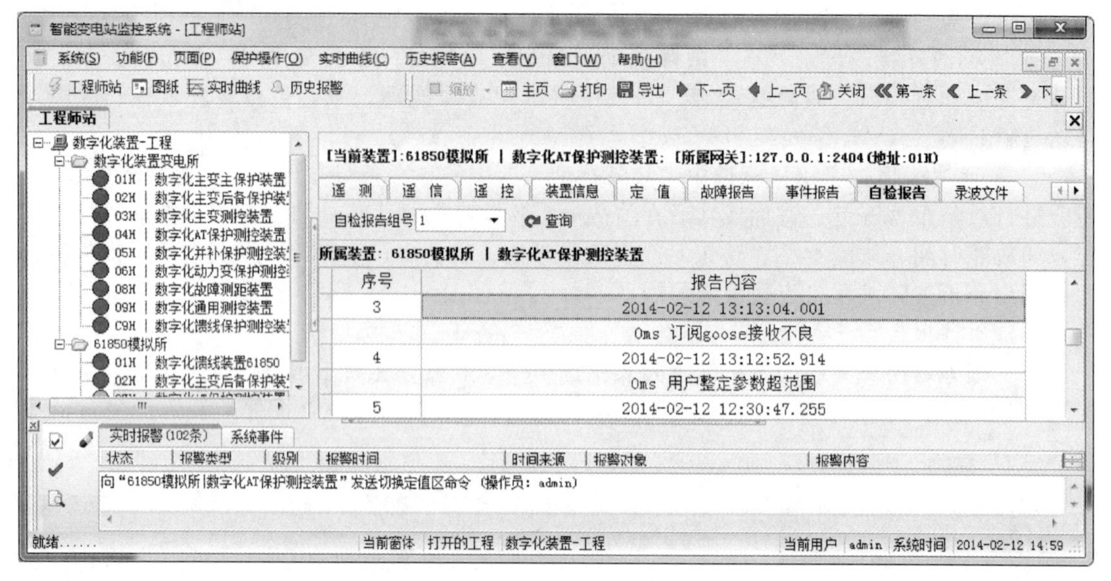

图 10-27 自检报告页面

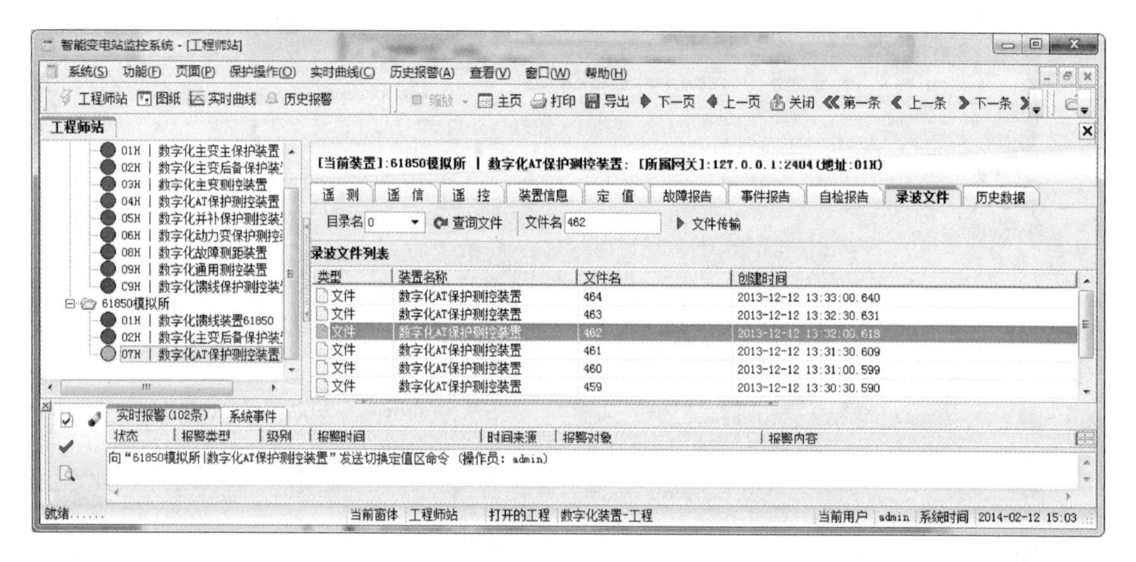

图 10-28 录波文件页面

② 文件传输 用鼠标在“录波文件列表”中选择一个文件，单击“文件传输”按钮，则该文件的实际数据将从保护装置上传给系统，在上传时会出现等待对话框，如图 10-29 所示。当文件上传完毕后，将保存在“保存波形文件路径”设置中的路径下，形成标准 COMTRADE 格式文件。

③ 查看波形 接收到完整的故障波形后，系统将自动启动波形分析系统，对波形文件进行查看和分析。波形分析系统启动后，首先需要配置要显示的通道以及通道的颜色，如图 10-30 所示。设置好之后，单击“确定”按钮即可显示波形，如图 10-31 所示。波形打开后，还可以进行数据分析、谐波分析等操作，如图 10-32 所示。

（12）历史数据

在工程师站模块界面的保护装置列表中选中一个装置，然后单击右侧标签中的“历史数据”，即可转到历史数据页面，如图 10-33 所示。利用该页面可以查询保护在系统数据库中

等待
提示
正在执行“文件传输”命令，请稍候...
对象
61850模拟所|数字化AT保护测控装置
执行过程
召唤节 1
认可节 1
召唤节 2
认可节 2
召唤节 3
认可节 3
时间
已用时(秒):3
超时时限(秒):500
1%
取消(C)

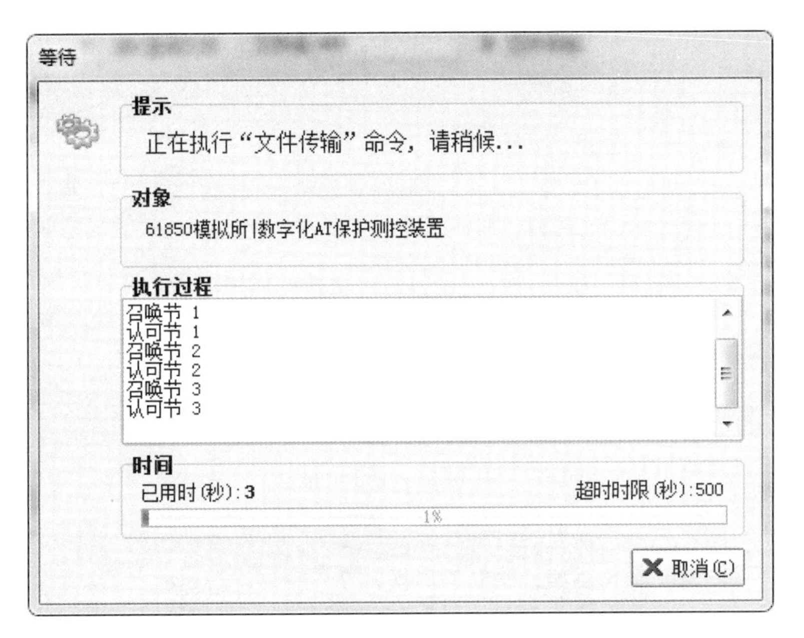

图 10-29 文件传输等待对话框

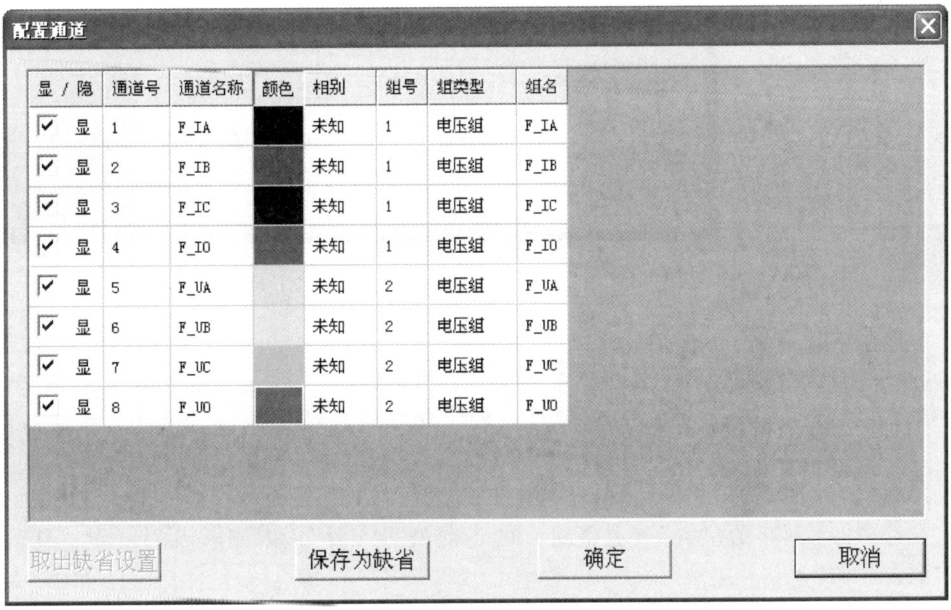

配置通道
显/隐 通道号 通道名称 颜色 相别 组号 组类型 组名
显 1 F_IA 未知 1 电压组 F_IA
显 2 F_IB 未知 1 电压组 F_IB
显 3 F_IC 未知 1 电压组 F_IC
显 4 F_IO 未知 1 电压组 F_IO
显 5 F_UA 未知 2 电压组 F_UA
显 6 F_UB 未知 2 电压组 F_UB
显 7 F_UC 未知 2 电压组 F_UC
显 8 F_UO 未知 2 电压组 F_UO
取出缺省设置
保存为缺省
确定
取消

图 10-30 通道配置

的遥测量历史数据。注意：只有当一个遥测量被设置为“需要保存”，并且其数据满足保存条件（如超过了保存的阈门值），才会被实际保存到历史数据库中。

（13）虚点

虚点的主要作用是充当遥控的闭锁对象。所谓“虚点”是一个布尔表达式，其结果为“真”或“假”。参与虚点计算的可以有遥测量或遥信量，它们通过表达式和一个模拟量或开关量组成条件，再通过逻辑运算符（与、或、非）组合起来构成复杂的布尔表达式。这些布尔表达式在系统中会被实时计算，从而得出虚点的当前值。

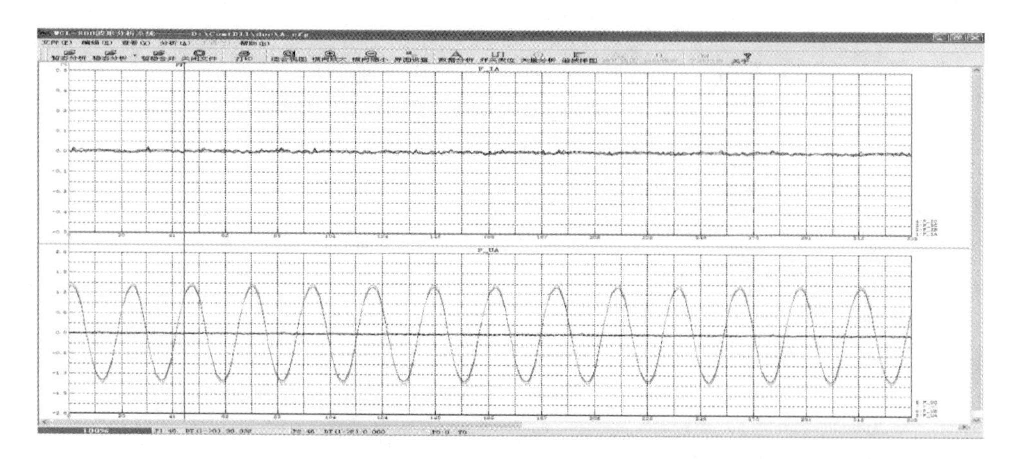

图 10-31　显示波形

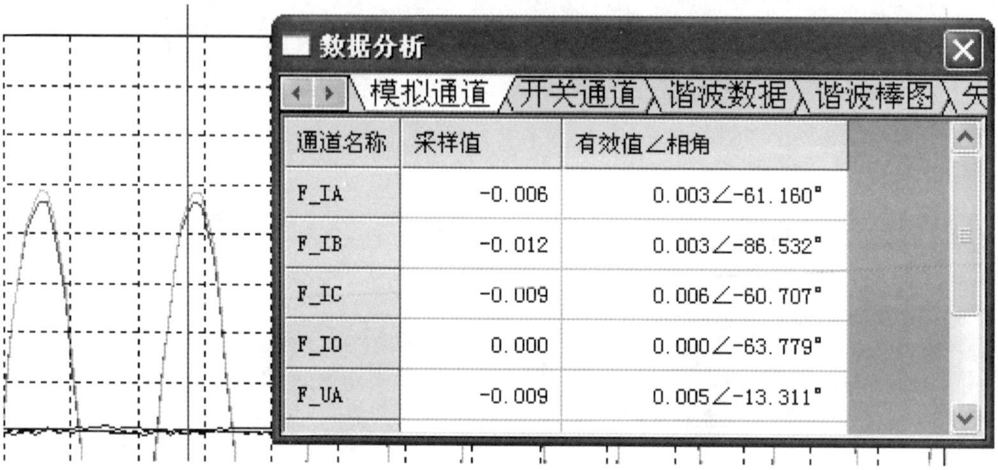

数据分析

模拟通道　开关通道　谐波数据　谐波棒图

通道名称	采样值	有效值∠相角
F_IA	-0.006	0.003∠-61.160°
F_IB	-0.012	0.003∠-86.532°
F_IC	-0.009	0.006∠-60.707°
F_I0	0.000	0.000∠-63.779°
F_UA	-0.009	0.005∠-13.311°

图 10-32　波形数据分析

一个典型的虚点对应的布尔表达式如下：

（（数字化-211 馈线保护测控｜β相母线 T-F 线电压＞0）并且（数字化-211 馈线保护测控｜β相母线 T-F 线电压＜2000））并且（数字化-211 馈线保护测控｜211 断路器位置＝分）

上述布尔表达式表示如果“β相母线 T-F 线电压”（遥测量）的当前值大于 0 并且小于 2000，并且“211 断路器位置”（遥信量）的当前值为“分”，则该虚点的值为“真”，否则虚点的值为“假”。

虚点是以变电所为单位管理的，如果在某变电所内设置了虚点，则在工程师站模块界面的保护装置列表中选中该变电所内的装置后，会在界面右侧出现“虚点”标签，如图 10-34 所示。

在该界面上单击“刷新”按钮，则系统会利用虚点表达式内遥测或遥信的当前值，计算虚点的当前值。另外，如果由于某些原因造成虚点无法计算（如虚点表达式对应的保护装置断开了），则虚点“状态”会变成无效，其值也会变为“不定”，如图 10-35 所示。

5. 实时曲线模块

单击“功能”菜单下的“实时曲线”菜单项（或工具栏上的“实时曲线”按钮），可以

智能变电站监控系统 - [工程师站]
系统(S) 功能(F) 页面(P) 保护操作(O) 实时曲线(C) 历史报警(A) 查看(V) 窗口(W) 帮助(H)
工程师站 图纸 实时曲线 历史报警
缩放 主页 打印 导出 下一页 上一页 关闭 第一条 上一条
工程师站
数字化装置-工程
数字化装置变电所
01H | 数字化主变主保护装置
02H | 数字化主变后备保护装置
03H | 数字化主变测控装置
04H | 数字化AT保护测控装置
05H | 数字化并补保护测控装置
06H | 数字化动力变保护测控装置
08H | 数字化故障测距装置
09H | 数字化通用测控装置
C9H | 数字化馈线保护测控装置
61850模拟所
01H | 数字化馈线装置61850
02H | 数字化主变后备保护装置6
07H | 数字化AT保护测控装置
[当前装置]：61850模拟所 | 数字化主变后备保护装置61850：[所属网关]：127.0.0.1:2404(地址：01H)
遥 信 遥 控 装置信息 定 值 故障报告 事件报告 自检报告 录波文件 历史数据
数据类型 YC
数 据 高压侧A相电流
时间 从 2011年02月12日 12:00
到 2014年02月12日 14:00
查询
所属对象：61850模拟所 | 数字化主变后备保护装置61850 | 高压侧A相电流：记录数：1982
时间 值 时间来源
7 2013-12-12 10:25:16.567 1991 A 后台时间
8 2013-12-12 10:26:03.823 411 A 装置时间
9 2013-12-12 10:26:04.337 421 A 装置时间
10 2013-12-12 10:26:04.843 431 A 装置时间
11 2013-12-12 10:26:05.357 441 A 装置时间
12 2013-12-12 10:26:05.863 451 A 装置时间
13 2013-12-12 10:26:06.377 461 A 装置时间
实时报警(105条) 系统事件
状态 报警类型 级别 报警时间 时间来源 报警对象 报警内容
装置“连接”
就绪...... 当前窗体打开的工程 数字化装置-工程 当前用户 admin 系统时间 2014-02-12 15:56

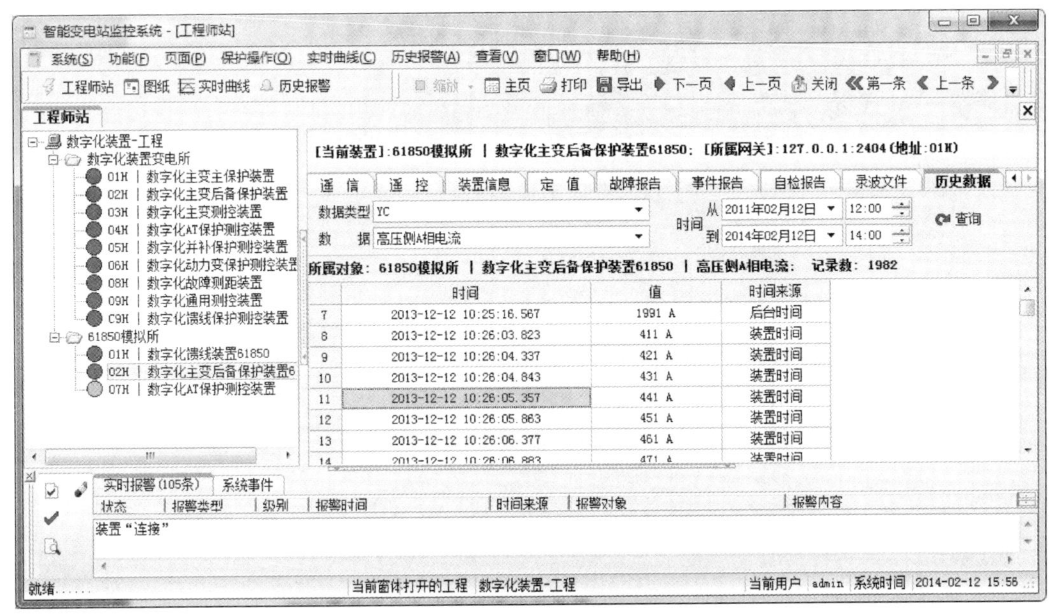

图 10-33 历史数据页面

[当前装置]：王家庄-数字化综自 | 数字化-211馈线保护测控：[所属网关]：127.0.0.1:2404(地址：01H)
遥 测 遥 信 遥 控 虚 点 装置信息 定 值 故障报告 事件报告 自检报告 录波文件 历史数据
刷新 最后刷新时间：2014-08-08 14:25:53
序号 虚点名称 当前值 虚点表达式 状态 无效原因
23 虚点0004 假 (数字化-211馈线保护测控|211断路器位置=合) 并且 有效
24 虚点0005 真 (数字化-211馈线保护测控|211断路器位置=合) 或者 有效
25 虚点0006 真 (数字化-211馈线保护测控|2111手隔位置=分) 或者 有效
26 虚点0007 真 ((数字化-211馈线保护测控|β相母线T-F线电压>0) 有效
27 数字化-211馈线保护测控|211断路器位置=合 假 (数字化-211馈线保护测控|211断路器位置=合) 有效
28 数字化-211馈线保护测控|2111手隔位置=分 真 (数字化-211馈线保护测控|2111手隔位置=分) 有效
["虚点0007"的表达式]
((数字化-211馈线保护测控|β相母线T-F线电压>0) 并且 (数字化-211馈线保护测控|β相母线T-F线电压<2000)) 并且 (数字化-211馈线保护测控|211断路器位置=分)

图 10-34 “虚点”标签

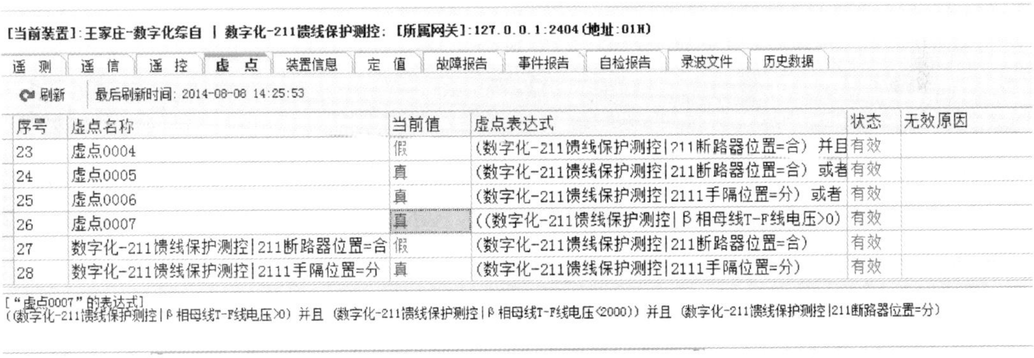

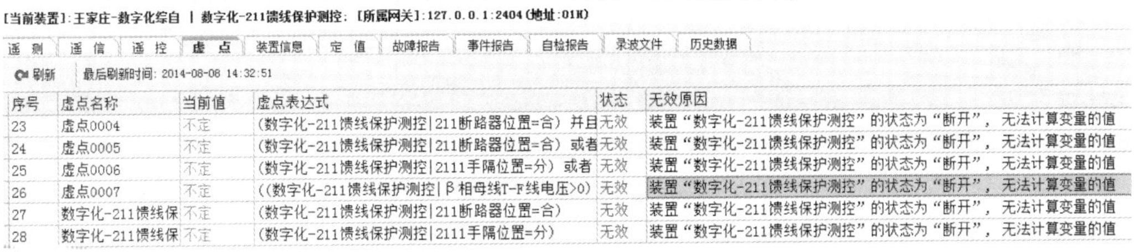

[当前装置]：王家庄-数字化综自 | 数字化-211馈线保护测控：[所属网关]：127.0.0.1:2404(地址：01H)
遥 测 遥 信 遥 控 虚 点 装置信息 定 值 故障报告 事件报告 自检报告 录波文件 历史数据
刷新 最后刷新时间：2014-08-08 14:32:51
序号 虚点名称 当前值 虚点表达式 状态 无效原因
23 虚点0004 不定 (数字化-211馈线保护测控|211断路器位置=合) 并且 无效 装置“数字化-211馈线保护测控”的状态为“断开”，无法计算变量的值
24 虚点0005 不定 (数字化-211馈线保护测控|211断路器位置=合) 或者 无效 装置“数字化-211馈线保护测控”的状态为“断开”，无法计算变量的值
25 虚点0006 不定 (数字化-211馈线保护测控|2111手隔位置=分) 或者 无效 装置“数字化-211馈线保护测控”的状态为“断开”，无法计算变量的值
26 虚点0007 不定 ((数字化-211馈线保护测控|β相母线T-F线电压>0) 无效 装置“数字化-211馈线保护测控”的状态为“断开”，无法计算变量的值
27 数字化-211馈线保 不定 (数字化-211馈线保护测控|211断路器位置=合) 无效 装置“数字化-211馈线保护测控”的状态为“断开”，无法计算变量的值
28 数字化-211馈线保 不定 (数字化-211馈线保护测控|2111手隔位置=分) 无效 装置“数字化-211馈线保护测控”的状态为“断开”，无法计算变量的值

图 10-35 无效的虚点

启动实时曲线模块。该模块的主要功能是将保护装置上传的遥测量实时地以曲线方式绘制出来，以更好地反映遥测量的变化趋势。

实时曲线模块的界面如图 10-36 所示。在系统主界面中打开实时曲线模块界面后，“实时曲线”菜单下的菜单项将被激活，“实时曲线”工具条也会出现。对实时曲线的所有操作，就是利用“实时曲线”菜单或工具条完成的。

（1）新建实时曲线

要用实时曲线对遥测量进行监视，首先必须新建实时曲线。单击主界面上的“实时曲线→新建”菜单项（或工具条上的“新建”按钮），将出现新建实时曲线对话框，如图 10-37 所示。

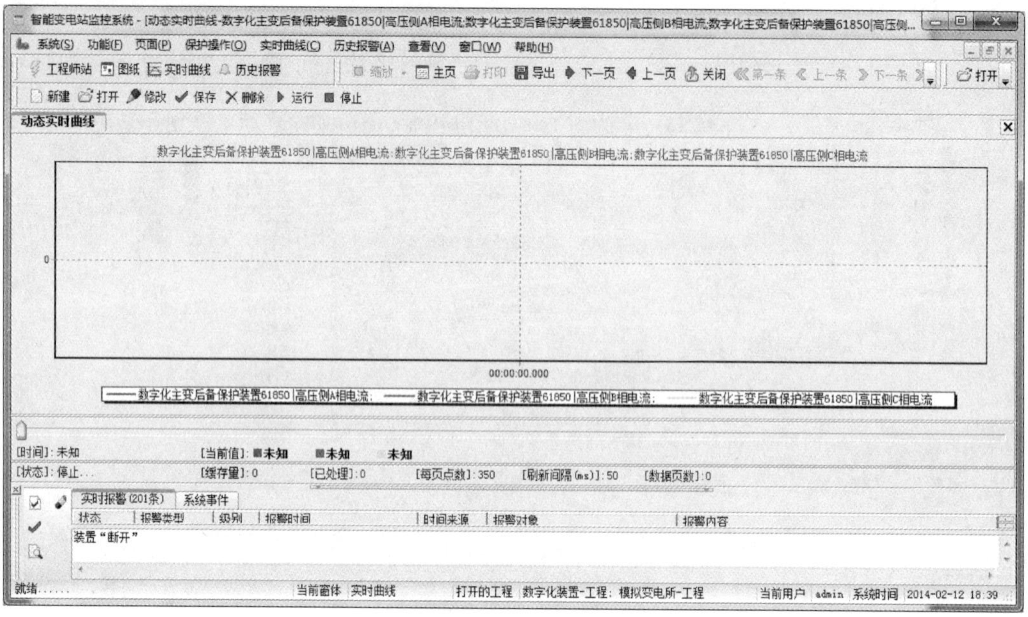

图 10-36　实时曲线模块的界面

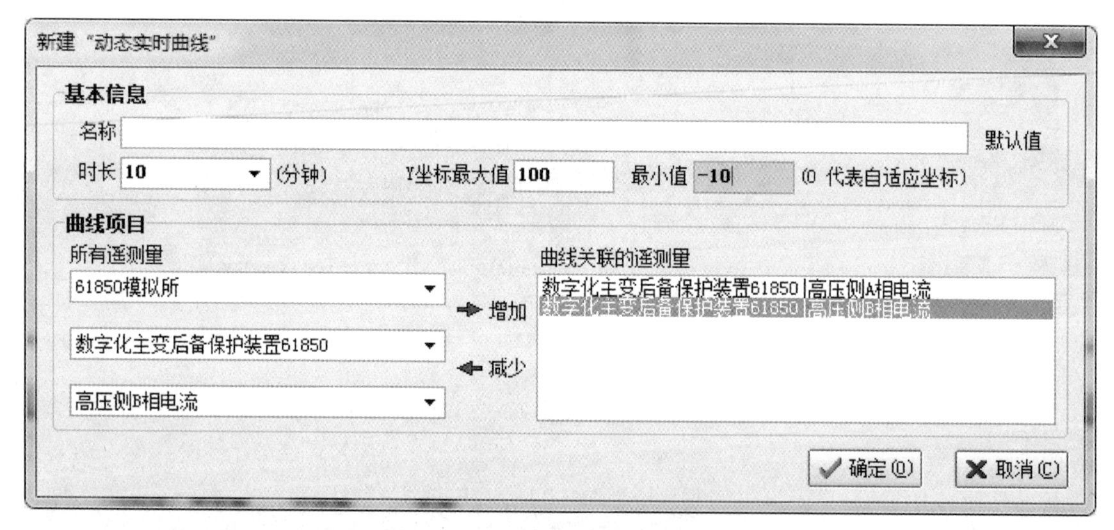

图 10-37　新建实时曲线对话框

其中“时长”代表该实时曲线运行的时间长度，当实时曲线开始运行后，最多运行这么长时间，就会自动停止运行。“Y 坐标最大值”和“最小值”代表显示实时曲线的坐标轴（Y 轴）的刻度的最大值和最小值，如果设置为 0，则在绘制曲线时，系统会自动设置 Y 轴所需的刻度。“曲线项目”代表实时曲线要监视的遥测量，可以从系统所有保护装置的遥测量中进行选择，并且可以在一个界面上同时监视多个遥测量。“名称”代表实时曲线保存到数据库时所用的名字，可以手工录入；也可以通过单击“默认值”按钮，由系统自动创建。

当所有信息录入完毕后，单击“确定”按钮，就会创建一条新的实时曲线。该曲线会出现在图 10-37 所示的界面上，处于“停止”状态，同时会被保存到数据库中。

（2）打开实时曲线

实时曲线一旦创建，就可以反复打开，重复使用。单击主界面上的“实时曲线→打开”

菜单项（或工具条上的“打开”按钮），将出现打开实时曲线对话框，如图 10-38 所示。

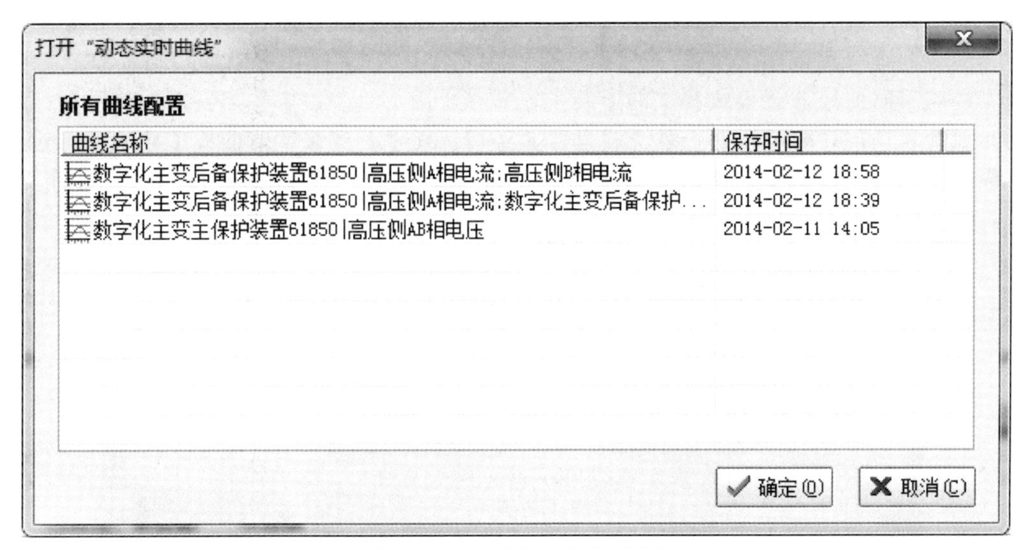

图 10-38 打开实时曲线对话框

在其中的列表中选中一个实时曲线，单击“确定”按钮，则该实时曲线将被打开，可以在后续对其进行运行监视。

（3）修改实时曲线

对当前打开的实时曲线的配置可以进行修改。单击主界面上的“实时曲线→修改”菜单项（或工具条上的“修改”按钮），将出现修改实时曲线对话框，如图 10-39 所示。

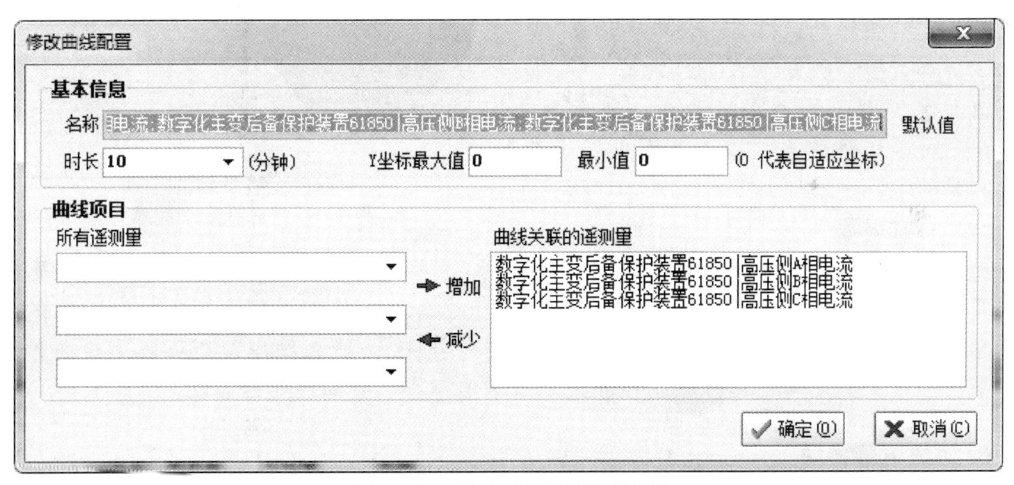

图 10-39 修改实时曲线对话框

根据需要修改配置后，单击“确定”按钮，就会修改该实时曲线配置，同时会被保存到数据库中。

（4）保存实时曲线

单击主界面上的“实时曲线→保存”菜单项（或工具条上的“保存”按钮），可以将当前打开的实时曲线配置保存到数据库中。

（5）删除实时曲线

单击主界面上的“实时曲线→删除”菜单项（或工具条上的“删除”按钮），可以将当前打开的实时曲线配置从数据库中删除，同时将该实时曲线界面关闭。

（6）运行实时曲线

当实时曲线被打开后，默认处于“停止”状态，不会接收遥测量进行显示。单击主界面上的“实时曲线→运行”菜单项（或工具条上的“运行”按钮），可以运行当前打开的实时曲线。此时实时曲线才会接收相关的遥测量，并在界面上绘制出来。当实时曲线的运行时间达到曲线配置中的“时长”时，就会自动停止运行。注意：如果实时曲线关联的遥测量的所属工程尚未打开，则试图运行时会出现错误，如图 10-40 所示。此时可以利用“打开工程”功能，在系统中打开相关的工程。

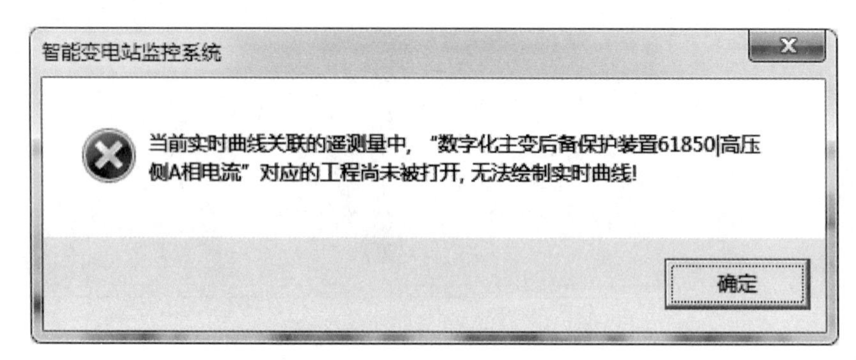

图 10-40　运行实时曲线错误对话框

（7）停止实时曲线

在实时曲线的运行过程中，如果想提前停止运行，可以单击主界面上的“实时曲线→停止”菜单项（或工具条上的“停止”按钮），就可以停止实时曲线的运行。

（8）查看缓存数据

单击主界面上的“实时曲线→查看数据”菜单项，可以以列表方式查看实时曲线上绘制的遥测量的值。

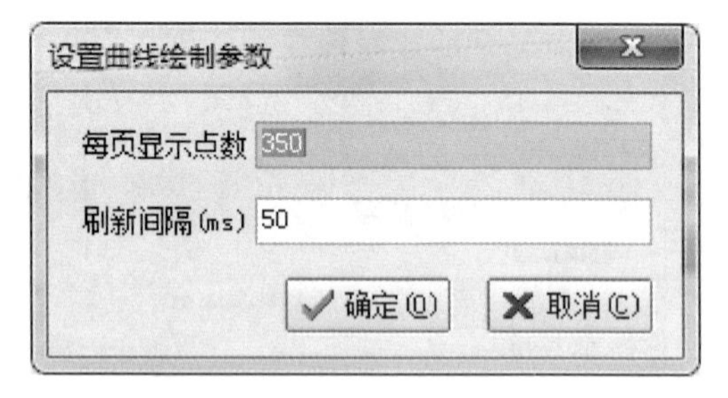

图 10-41　设置实时曲线参数

（9）设置参数

单击主界面上的“实时曲线→参数”菜单项，可以对实时曲线界面上每页显示的数据点数以及刷新间隔（按毫秒）进行设置，如图 10-41 所示。当实时曲线运行后实际接收的遥测数量超过每页显示的数据点数后，曲线会自动进行分页。“刷新间隔”指每隔多少毫秒从缓存中取出一个遥测实时量，并绘制在曲线上（该值越小，则曲线绘制越快）。

6. 历史报警模块

单击“功能”菜单下的“历史报警”菜单项（或工具栏上的“历史报警”按钮），可以启动历史报警模块。该模块的主要功能是查询和确认保存在数据库中的报警信息，其界面如图 10-42 所示。其中的报警记录按照“级别”分色显示，“一般”用绿色显示，“严重”用紫色显示，“紧急”用红色显示。

在系统主界面中打开历史报警模块界面后，“历史报警”菜单下的菜单项将被激活，“历史报警”工具条也会出现。对历史报警记录的所有操作，就是利用“历史报警”菜单或工具条完成的。

（1）查询历史报警

单击“历史报警→过滤”菜单项（或工具条上的“报警过滤”按钮），将出现如图 10-43

图 10-42 历史报警模块界面

所示的历史报警过滤条件对话框，可以根据报警起止时间、报警级别、报警类型、报警状态、所属装置和报警内容等项目制定查询报警记录的条件。如果某个条件被设置为“〈不限〉”，表示该条件不起作用。条件制定完毕后，单击“确定”按钮，符合该条件的报警记录将被显示在历史报警窗口的列表中。

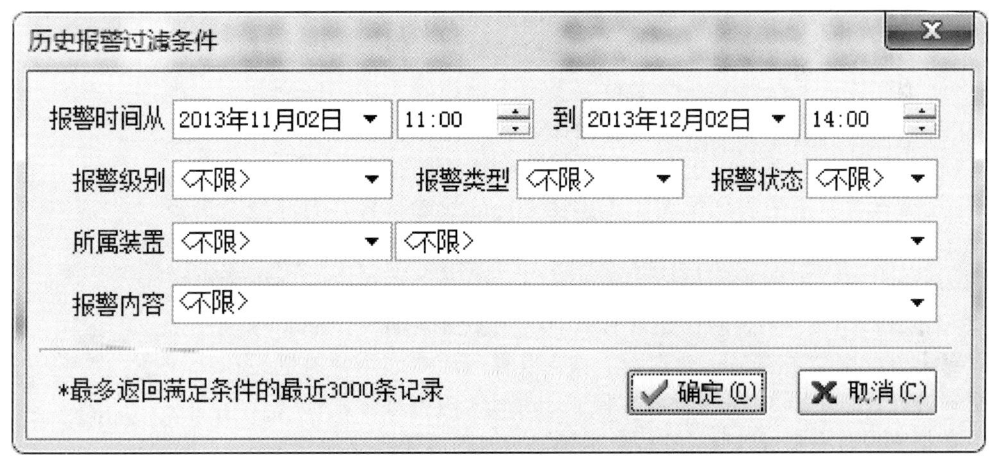

图 10-43 历史报警过滤条件对话框

（2）刷新数据

单击“历史报警→刷新”菜单项（或工具条上的“刷新数据”按钮），系统将根据最后的报警过滤条件，从数据库中获取最新的报警数据，显示在列表框中。

（3）确认当前报警记录

单击“历史报警→确认当前”菜单项（或工具条上的“确认当前”按钮），系统将把当前选中的报警记录的状态从“未确认”变成“已确认”。

（4）确认全部报警记录

单击“历史报警→确认全部”菜单项（或工具条上的“确认全部”按钮），系统将把报警列表中所有尚未被确认的记录的状态变成“已确认”。

7. 实时报警窗口和系统事件窗口

在 JDA-9000 系统主界面下方的实时报警窗口和系统事件窗口，用来实时显示系统收到的报警记录和系统事件。

（1）实时报警窗口

实时报警窗口如图 10-44 所示，其中包含了状态、报警类型、报警级别、报警时间、时间来源、报警对象、报警内容等信息，不同级别的报警记录会用不同颜色进行区分（同历史报警）。“时间来源”包括后台时间和装置时间，其中装置时间表示“报警时间”是从保护装置上送的协议报文中获取的，是由保护装置产生的；后台时间表示“报警时间”是采集自监控主机的系统时间。

实时报警(4条)　系统事件

状态	报警类型	级别	报警时间	时间来源	报警对象	报警内容
未确认	[装置信息]	严重	2014-02-13 10:53:00.409	后台时间	61850模拟所|数字化AT保护测控...	装置“连接”
未确认	[遥信变位]	严重	2014-02-13 10:52:59.726	装置时间	61850模拟所|数字化AT保护测控...	当前遥信状态：“通”
未确认	[系统信息]	一般	2014-02-13 10:24:03.703	后台时间	系统主程序（192.168.1.50）	用户“admin”登录系统（操作员：admin）
未确认	[系统信息]	一般	2014-02-13 10:24:03.593	后台时间	实时打印线程	实时打印错误，原因：在并口1(LPT1)上没有连接打印机，无法打印！(操作员：)

实时打印错误，原因：在并口1(LPT1)上没有连接打印机，无法打印！(操作员：)

图 10-44　实时报警窗口

在 JDA-9000 系统中，总共有如下几类实时报警。

① 系统信息：系统内部自身产生的一些事件，如系统启动、实时打印错误等，会触发该报警。

② 装置信息：保护装置“连接”或“断开”，会产生该报警。

③ 遥测信息：系统收到遥测量的值越过上限或下限，会产生该报警。

④ 遥信变位：系统收到遥信变位，会产生该报警。

⑤ 遥控操作：在系统中进行遥控操作，会产生该报警。

⑥ 程控操作：在系统中进行程控操作，会产生该报警。

⑦ 故障报告：系统收到保护装置主动上传的故障报告，会产生该报警。

⑧ 事件报告：系统收到保护装置主动上传的事件报告，会产生该报警。

⑨ 自检报告：系统收到保护装置主动上传的自检报告，会产生该报警。

每当系统产生实时报警后，如果 JDA-9000 系统不是处于 Windows 桌面的最上方，则会被强制移动到最上方，以提醒用户注意（通过关闭报警时置前，也可以关闭该特性）。此外，所有实时报警记录都会被保存到数据库中，将来可以通过“历史报警”功能进行查询。

在实时报警窗口的左侧有实时报警专用的工具条（图 10-45），分别可以完成确认当前报警、确认全部报警、报警过滤和清除报警记录功能。此外，利用鼠标右键单击实时报警表格，也可以弹出和工具条功能一致的上下文菜单。

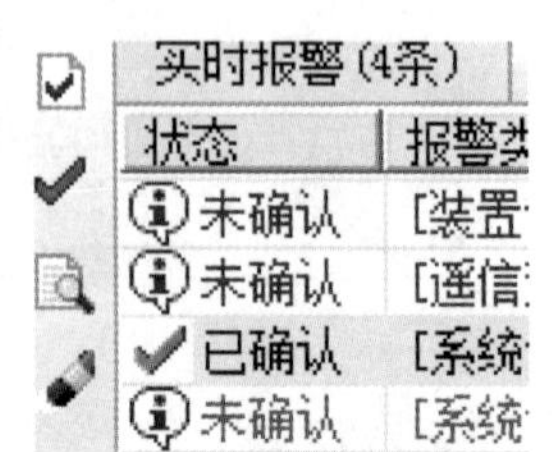

图 10-45　实时报警工具条

（2）系统事件窗口

系统事件窗口如图 10-46 所示，记录了系统内部的一些事件，主要用于监视系统内部的一些行为。

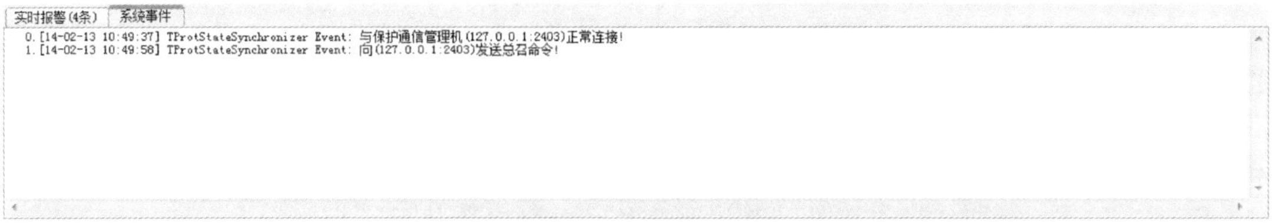

实时报警(4条) 系统事件
0.[14-02-13 10:49:37] TProtStateSynchronizer Event: 与保护通信管理机(127.0.0.1:2403)正常连接!
1.[14-02-13 10:49:58] TProtStateSynchronizer Event: 向(127.0.0.1:2403)发送总召命令!

图 10-46 系统事件窗口

第四节 牵引变电所远动系统

一、远动技术概述及其发展

1. 远动技术的概念

现代社会生产过程的集约化、自动化程度不断提高，人们从事生产的领域也越来越广泛，所以人们不断谋求对生产过程中处于分散状态（或远程、危险）的生产设备的运行实施集中监视、控制和统计管理。经过长期生产实践的积累，配合科学技术的发展水平，远动技术逐渐成为一门相对独立的应用学科。

远动技术是建立在自动控制理论、检测技术、计算机技术和现代通信技术基础上的一门多学科应用技术。远动技术集控制、通信、计算机技术于一体，在工业、电力、运输、航空航天、气象和原子能开发利用等领域得到广泛的应用，并发挥着越来越重要的作用。远动系统根据应用场合和完成其特定任务等方面的不同，有着繁多的种类，各自有着不同的特征。较为简单的远动系统可能是完成一个很简单的对单一对象的控制，而较复杂的远动系统可能是一个很大的对多个被控对象的集群控制。在电气化铁道牵引供电系统中应用远动技术后，设立在中心城市的电力调度所即可通过远动系统完成对铁路沿线数百公里（甚至上千公里）范围内的各个牵引变电所、分区亭和开闭所的信息交互与传输，实现对牵引变电所、分区亭和开闭所中的电气设备运行状态进行实时控制与监视，其示意图如图 10-47 所示。一方面，根据调度工作的需要，牵引变电所将断路器等电气设备的位置信号、事故信号及主要运行参数等信息能迅速、正确、可靠地反映给调度所；另一方面，调度所在了解到各被控对象的电气设备运行情况并进行判断处理后，即可对牵引变电所（包括分区亭和开闭所等）下达命令，直接操作某些设备（对象），完成实时控制的任务。

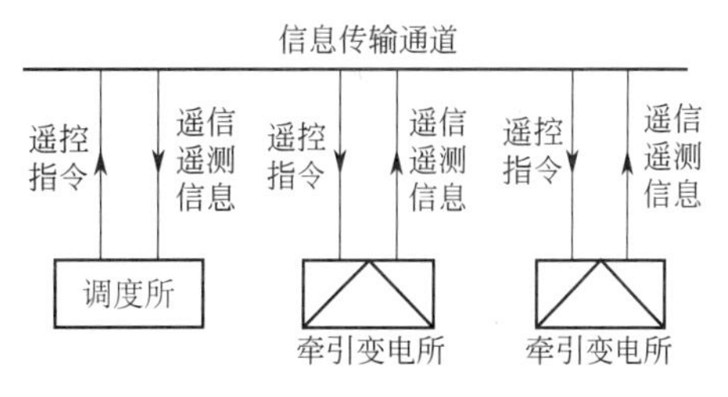

图 10-47 电气化铁道远动系统示意图

一般来讲，远动系统应该具备遥控、遥测、遥信、遥调和遥视方面的“五遥”功能。所以，远动技术也可以定义为：一种实现对远距离生产过程或设备进行控制、测量与监视的综合技术，即调度所与各被控对象之间实现遥控、遥测、遥信、遥调和遥视技术的总称。

2. 远动技术的发展

远动技术的出现起于 19 世纪，人们在劳动生产过程中远离危险物体，但又需要对危险物体实施操作，如用遥控的方式点燃爆炸物等，这就是早期远动技术的例子。

远动技术的发展集中体现在20世纪。自20世纪30年代开始，随着社会生产力的发展，远动技术被应用于电力、铁路运输、军事、矿山和化工生产过程中。这一时期的远动技术侧重于遥控、遥测技术的发展，用于实现对远程物体的控制和参数测量。

到20世纪50年代后，全球科学技术得到飞速发展，人们的活动领域不断扩大，远动技术也就被更广泛地应用于气象、航空航天、机器人、核能工业、海洋作业、环境保护等领域。而且，在这一时期，计算机及计算机网络技术、微电子技术、控制技术和通信技术得到迅速发展及应用，使远动技术得到革命性的改革与创新，出现了计算机远动技术。

从远动装置的技术装备角度来看，远动系统前后经历了继电器远动系统、晶体管（分立元件）远动系统、集成电路远动系统和计算机远动系统等4个阶段，相应的远动系统也被称为第一代远动系统、第二代远动系统、第三代远动系统和第四代远动系统。第一代、第二代、第三代远动系统统称为布线逻辑远动系统，第四代即为计算机远动系统。目前，电气化铁道远动系统均为计算机远动系统。

电气化铁道远动技术的发展趋势集中在计算机高可用性技术的应用、基于IEC61970系列标准的数据结构和数据交换的应用、远动系统专用Internet网络的使用等方面，即电气化铁道远动技术迎来了网络化的时代。由于它简单可靠并且充分利用广域网技术，因此发展潜力巨大。

二、远动系统“五遥”及其定义

远动系统中遥控、遥测、遥信、遥调和遥视等“五遥”功能有特定的范围和含义。一般情况下，五遥定义如下。

1. 遥控

遥控是指从控制端（调度所）向远距离的被控对象发送位置状态变更的操作命令，实行远距离控制操作。在远动技术的应用中，这种命令只取有限个离散值，通常较多情况下只取两种状态指令，例如电力系统中各个变电所中的开关电器的“合闸”“分闸”指令，某个物体位置的“升位”“降位”指令，某个机械设备上电磁阀门的“开启”“关闭”指令等。

2. 遥测

遥测是指从控制端（调度所）对远距离的被控对象的工作状态参数进行测量，被控对象实时将工作运行的参数传送给控制端（调度所），例如，电气化铁道牵引变电所中的馈线负载电流、母线的工作电压、系统的有功功率和无功功率等电气参数，接触网故障点位置等非电气参数，航天飞机舱体内的温度、气压等参数。

3. 遥信

遥信是指从控制端（调度所）对远距离的被控对象的工作状态信号进行监视，被控对象实时将设备状态信号传送给控制端（调度所），例如在电力系统中变电所的开关电器所处的“分闸”或“合闸”位置信号、设备运行的报警信号或继电保护装置的动作信号等。

4. 遥调

遥调是指从控制端（调度所）对远距离的被控对象的工作状态或参数进行调整，例如调节牵引变电所牵引变压器的二次输出电压，调节某一设备中驱动电动机的转速等。目前，我国电气化铁道牵引供电系统中需要进行设备工作状态或参数调整的对象不多，所以其远动系统一般主要要求具备遥控、遥测、遥信功能。

5. 遥视

遥视即远程视频，应用远程通信技术进行远方图像监视。遥视系统主要安装在无人或少人的变电站，在集控站或市局监控中心由值班人员集中监控。主要进行设备运行、安全管理、防火、防盗等方面的图像监控；具备图像采集功能、图像控制功能和图像远程传输功能以及记录功能；同时具有消防及防盗报警的功能，以便于市局监控中心可以通过相应的共享途径查看图像、报警及历史记录等各类信息。

三、远动技术的应用

1. 远动技术在铁路系统中的应用

早期的铁路供电监控系统只具备传统的遥控、遥信、遥测、遥调功能。随着计算机技术、电子技术和通信技术的发展，除了常规四遥功能外，现代监控系统还具备数据处理、调度管理、在线培训、辅助决策等功能，因此也常被称作调度自动化系统。

铁路供电监控系统的监控对象主要是牵引供电监控系统，牵引供电系统采用单相27.5kV交流供电方式，因此其监控对象包括牵引变电所、分区所、AT所、接触网开关等。

铁路供电监控系统的遥测对象有：牵引变电所的进线电压/进线电流，主变压器功率，27.5kV母线电压，主变压器一次侧有功电能、无功电能，馈线电流，馈线故障点参数，分区所内接触网末端电压、馈线电流，AT所内的馈线电流。

铁路供电监控系统的遥信对象有：牵引变电所、分区所和AT所的中央信号（包括事故总信号、预告总信号、自动装置动作、控制回路断线、控制方式、交流回路故障、直流电源故障、压互回路断线等），遥控对象位置信号，牵引变压器、电容器和馈线的各类故障信号，各开关操动机构的工作状态信号，被控站设备、远动通道运行状态，所内环境及安全报警信号。

铁路供电监控系统的遥控对象有：牵引变电所、分区所和AT所的27.5kV及以上断路器、电动隔离开关、重合闸投切、自投装置投切、远方复归等。

2. 远动系统在城市轨道交通供电系统中的应用

为了提高城市轨道交通供电系统的可靠性和自动化程度，城市轨道交通供电系统设置了电力监控系统（Power Supervisory Control And Data Acquisition，PSCADA），该系统实现了在OCC（运营控制中心）内对供电系统进行管理调度、实时控制和数据采集。除利用“四遥”（遥控、遥信、遥测、遥调）功能监控供电系统设备运营状况外，利用该系统的后台工作站还可以进行数据归档和统计报表，更好地管理供电系统。

遥控是指控制中心向地铁沿线各被控变电所中的开关电器发送“合闸”“分闸”指令，实行远距离控制操作。遥控对象应包括下列基本内容：主变电所、开闭所、中心降压所、牵引变电所、降压变电所内1kV及以上电压等级的断路器、负荷开关和系统用电动隔离开关，牵引变电所的直流快速断路器、直流电源总隔离开关，降压变电所的低压进线断路器、低压母联断路器、三级负荷低压总开关，接触网电源隔离开关，有载调压变压器的调压开关。

遥信是指控制中心对地铁沿线各变电所中被控对象（如开关电器）的工作状态信号进行监视。遥信对象应包括下列基本内容：遥信对象的位置信号，如开关电器所处的“分闸”“合闸”位置信号；高中压断路器、直流快速断路器的各种故障跳闸信号；变压器、整流器的故障信号；交直流电源系统的故障信号；降压变电所低压进线断路器、母联断路器的故障跳闸信号；钢轨电位限制装置的动作信号；预告信号；断路器手车位置信号；无人值班变电所的大门开启信号；控制方式。

遥测是指控制中心对地铁沿线各变电所中的工作状态参数远距离的测量。遥测对象应包括以下内容：主变电所进线电压、电流、功率、电能；变电所母线电压、电流、功率、电能；牵引整流机组电流与电能；牵引馈线电流；负极柜回流电流。

四、远动系统的基本构成与分类

远动系统的基本作用就是实现调度端对被控端设备的监视与控制操作，所以远动系统的组成应包括调度端（或控制端）、通信信道和执行端（或被控端）三部分，如图 10-48 所示。

（1）调度端（或控制端）

调度端是远动系统遥控、遥调指令信息的产生部分，也是被控端设备对象遥测、遥信信息的接收部分。

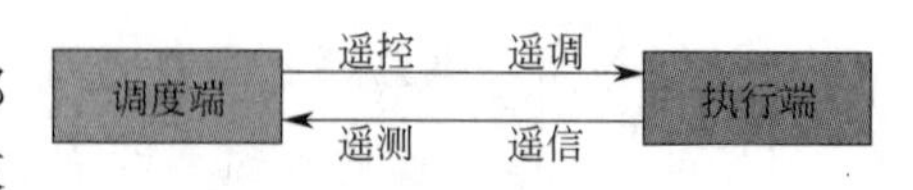

图 10-48 简单远动系统示意图

电气化铁道牵引供电远动系统调度端安装在中心城市的调度控制中心，例如郑州铁路局所管辖范围内的京广铁路线、陇海铁路线及新荷线电气化铁道牵引供电远动系统的调度端就安装在郑州调度控制中心。在远动系统中，为配合调度端工作，调度控制中心还配备有模拟屏、打印机、工程师终端、VDU 显示设备（含键盘、鼠标器等人机接口）、通信处理器及不间断电源（UPS）等设备。

调度端的主要任务就是对执行端送来的信息进行加工、处理（如有功功率、无功功率、电能量等），并根据需要进行各种报表、记录的打印、存储、显示，对事故信号进行报警，以及由操作人员通过人机接口向各被控对象发出操作命令等。

采用计算机技术的远动系统也称远方监控与数据采集系统，也称为 SCADA。其主要功能是依靠软件编程来实现的，突出优势在于信息数据处理、人机对话和自动巡回检测等。

（2）执行端（或被控端）

执行端是远动系统遥控、遥调指令信息的接收与执行部分，也是被控端设备对象遥测、遥信信息的采集与发送部分。

电气化铁道远动系统执行端分布安装在被控对象的所在地，其主要功能则是采集牵引变电所内各开关量的状态、电气量的参数并及时上传调度端，以及执行调度端发来的各种操作命令等。执行端为实现远动系统的功能完善，一般还具备被控设备对象发生事件的顺序记录、自恢复和自检测功能。

在 SCADA 中，执行端也称远方终端装置（RTU）。计算机远动系统的执行端主要包括计算机、数据采集电路、显示器和打印机等设备，其主要功能依靠软件编程来实现。

（3）通信信道

远动系统中通信信道的主要功能是承担调度端与执行端之间的信息数据、命令的传输。通常，把从调度端向执行端发送的数据称“下行”数据；反之，把从执行端向调度端发送的数据称为“上行”数据。

从结构上讲远动系统与一般自动化系统之间最大的区别就在于信道的存在。远动系统由于调度端与执行端之间的距离较远，信道存在易受外来干扰的弱点，从而降低了命令的准确性和整个系统的可靠性。当所需传送的命令越多、系统越复杂时，信道的结构也就越复杂，这个弱点也就越突出，并且信道的成本也越高。因此，需要采取一系列的措施来保证系统正常、可靠和经济运行。一般情况下，远动系统中会采取一系列技术将被传达命令转换成适合于在信道中传送的最好信息形式进行传输，如模拟信号数字化技术、纠错编码技术、数字加密技术、基带传输技术、同步技术等。这种形式往往与一般自动化系统中命令的形式有很大的区别，因此在远动系统中就需要一些特殊的转换设备来转换命令。

在电气化铁道供电远动系统中，由于系统分布距离远而使通信部分的投资费用增大，而调度端调度中心和牵引变电所等执行端之间需要传送的信息又较多，为了使同一信道传送更多的信息，充分发挥信道的作用，就需要在信息传输中采用信道多次复用的方法。目前有两种制式，简称为频分制和时分制。在频分制中，各种远动信号是用不同频率的信号来传送的，例如用频率 f_1，f_2，…，f_n 分别代表 n 种不同的信号，这些不同频率的信号可以在同一信道中同时传送；另外，为了使传送的各种远动信号互不干扰，在发送端和接收端都设有通带频率滤波器。在时分制中，待传的远动信号是按规定的时间先后顺序，依次在信道中逐个传送的，如有几个断路器位置状态信号需要传送，可以先送第一个断路器位置状态信号，再依次送第二个、第三个等。

五、远动系统的技术要求与性能指标

任何一种远动系统在设计、选型时，为保证系统具备良好的工作可靠性，应该考虑以下几个方面的技术要求。

① 系统应具备较低的信息传输差错率。

② 系统应具备较稳定的硬件设备工作状态。

③ 系统应具备一定的容量及功能，并保证信息传输的“实时性”。

④ 远动装置应具备较强的抗干扰能力。

⑤ 远动系统应具备较强的兼容性，并做到维护使用方便。

六、电气化铁道远动系统的特点

电气化铁道牵引供电系统（Traction Power Supply System）是电力系统的一个特殊用户，它的特殊性决定了电气化铁道的远动系统与电力系统中的远动系统既有共性，也有区别。它们的基本功能和作用是一样的，但系统结构、网络拓扑及一些具体技术和要求又不尽相同。

1. 牵引负荷的特殊性

牵引供电系统的电力机车，目前大多采用整流型交-直流传动。由于采用晶闸管整流，因而在整流过程中不可避免地会产生谐波成分。这些谐波对与接触网相距不远的远动通道有相当严重的谐波干扰。因此，在设计电气化铁道远动系统时，必须采取强有效的措施来克服这种通信干扰（包括硬件抗干扰措施和软件抗干扰措施）。同时，电力机车是一个移动冲击性负荷，与电力系统的静止负荷相比，电气量变化幅度大，更容易造成牵引供电网故障，要求电气化铁道远动系统具有更高的可靠性和实时性，以便及时、准确地将故障信息送到控制中心进行处理，并及时进行相应的操作控制，以缩短事故的影响时间。

2. 牵引供电系统布局的特殊性

在电力系统中，各变电所、发电厂（站）的地理布局大多为辐射状的分散布局，因此其相应的电力远动系统的通道结构也多为星形辐射状结构。在牵引供电系统中，各变电所、分区亭、开闭所则沿铁路线分布，其通信线路呈相应的分布。因此，电气化铁道远动通道为适应这种特点，大多采用链形结构、环形结构、总线形结构，有时包含星形结构。对于链形、环形结构，必须考虑到信号的中继转发、实时性及误码累积等问题，这在星形结构中是不需要特别考虑的。

3. 远动系统功能和容量的特殊性

电气化铁道牵引供电远动系统与电力远动系统也有所不同。在电力系统中，侧重的是对遥测量的采集和监视，要求遥测数量大、采集精度高而对遥控开关的控制数量少、操作频率低。在牵引供电系统中，由于每天都需要对接触网进行停电检修，因此对变电所开关的操作频繁，开关数量多，且可靠性要求极高，以确保行车安全和检修人员人身安全。

4. 远动系统通信信道的特殊性

从通信媒介上看，电力远动系统多采用电力线载波作为远动通道，而电气化铁道远动系统多采用音频实回线、载波电缆或光纤作为远动通道。这是因为电气化铁道的电力线（接触网）存在大量的谐波，这些谐波的存在严重影响到用电力线作为传输通道的通信质量，从而影响到远动系统的可靠性。同时，电气化铁道远动系统的管辖范围内常包括多个变电所、分区亭等，电力线是分段不同相供电的。在不同相的交会处，电力线是不连通的，载波无法有效地在这些交会处传输。因此，电气化铁道远动系统都不采用电力线载波的方式。

七、牵引供电系统应用远动技术的意义

远动系统在电气化铁道供电系统中的应用，其主要目标是解决牵引供电系统的运行与调度管理工作。实现电气化铁道供电系统远动化具有实际的意义。

① 实现对铁路沿线供电设备的集中监视，提高安全经济运行水平。正常状态下，实现合理的系统运行方式；事故时，及时了解事故的发生和范围，加快对事故的处理。

② 实现对铁路沿线供电设备的集中控制，提高劳动生产率。调度人员可以借助远动装置进行遥控或遥调。在牵引变电所的分区亭、开闭所实现无人化或少人化值班，并提高运行操作质量，改善运行人员的劳动条件。

③ 实现对牵引供电系统运行的统一调度，提高系统运行的管理水平，从而保证供电质量，提高供电可靠性，合理使用电能。

④ 建立一个良好的通信网络平台，有利于实现牵引变电所综合自动化技术的运用。目前，变电所综合自动化技术得到飞速发展，除提高设备运行自动化外，还提高了防火、防盗等安全防护功能。

第五节　综合辅助监控系统

一、牵引变电所综合辅助监控系统概述

牵引变电所综合辅助监控系统用于实现对所内各种辅助生产系统的整合、优化、管理及控制。综合辅助监控系统包含 5 大子系统：视频监控及巡检子系统、安全防范及门禁子系统、环境监测子系统、火灾报警子系统、动力照明控制子系统。每个子系统又包含多种类型

的设备，如视频监控及巡检子系统包含高清摄像机、红外热成像仪、导轨式巡检摄像机、视频服务器等；安全防范及门禁子系统包含激光探测器、红外探测器、红外双鉴探测器、玻璃破碎探测器、门禁控制器等；环境监测子系统包含动力环境测控装置、温湿度传感器、水浸传感器、SF_6 探测器等；火灾报警子系统包含火灾报警探测器、感温烟感探测器、声光报警器、手动报警按钮等；动力照明控制子系统包含对风机、水泵、灯具、空调等设备的控制回路及控制器。

综合辅助监控系统由系统平台和辅助设备构成，辅助设备布置在变电所场坪内，用于实现监测、监控功能。系统采用分层架构，由站控层和间隔层组成。间隔层辅助设备布置在场坪内监控、监测点附近，站控层布置在控制室，间隔层与站控层采用统一协议。牵引变电所综合辅助监控系统架构如图 10-49 所示。

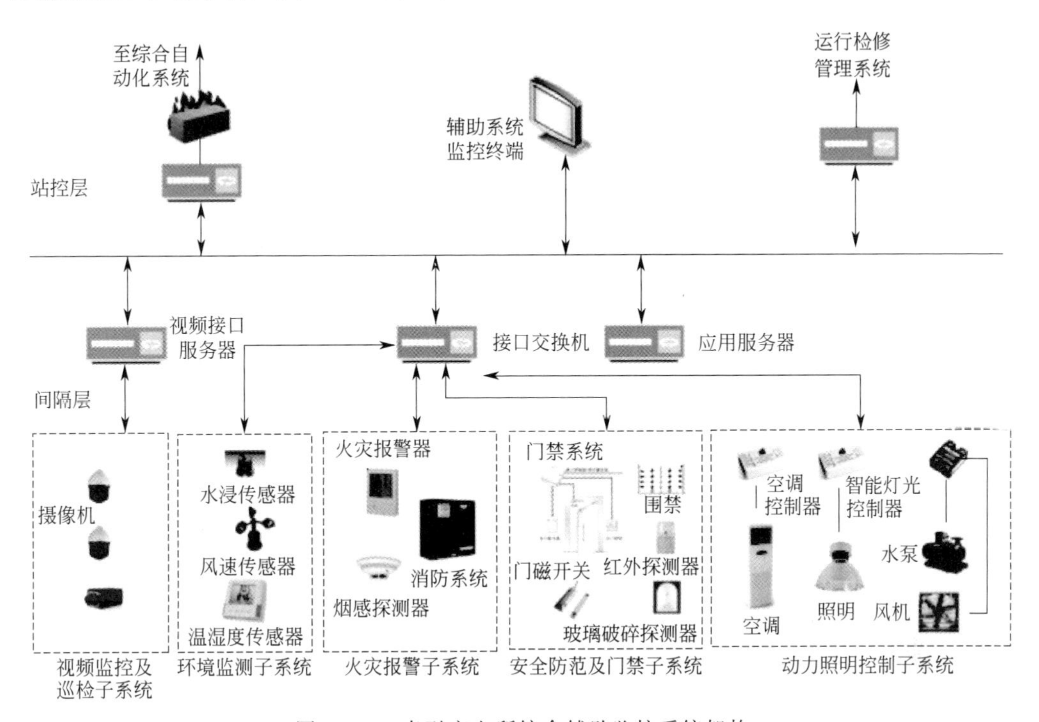

图 10-49　牵引变电所综合辅助监控系统架构

二、综合辅助监控系统主要功能

综合辅助监控系统实现对各子系统的高度集成和一体化监控，具备数据采集接入、视频监控、联动控制、环境与安全监测、报警、报表展示与分析、历史数据查询等功能，并能与其他相关系统进行信息交互。

1. 采集接入功能

系统通过变电所场坪内布置的辅助设备采集监控信息，信息包括以下内容。

① 视频监控信息：实时视频流数据、语音对话、自检信息、告警信息等。

② 安全防范信息：所内围禁、门禁、玻璃破碎等告警信息、自检信息等。

③ 火灾报警信息：火灾处理单元的现场探测信息、设备自检信息等。

④ 环境监控信息：温湿度传感器、水浸传感器、SF_6 监测传感器、空调等设备的运行信息、告警信息及自检信息；环境温度、风、雨、雪等气象信息。

⑤ 动力照明设备运行信息：灯光控制器等动力照明设备的运行信息。

2. 视频监控功能

具有视频显示、图像存储与回放、视频设备控制等功能。

3. 联动控制功能

① 正常或报警情况下，对辅助设备进行远方控制，如发生入侵行为触发报警时，相关摄像机自动跟踪侵入目标，启动录像功能，并启动声光报警器，夜间自动打开室外照明。

② 支持用户自定义的辅助设备联动，联动关系可以自由设置。

③ 与SCADA系统进行联动。在操作开关、刀闸动作或发生事故跳闸时可以联动周围的多个摄像机，自动将摄像机对准相关设备，实现多角度实时监控，并对整个操作过程进行录像。

4. 环境与安全监测功能

对所内的温度、湿度、风力、水浸、烟感、温感、SF_6浓度等环境信息进行实时采集、预警和处理；实时显示安防设备的工作状态、告警状态，并可进行安防设备的布防和撤防。

5. 报警

可预先设定报警阈值或报警情况，明确报警内容、报警信息、报警形式等。根据需要进行报警分级，一旦出现入侵、SF_6浓度超标、火灾等异常情况，启动声光等报警形式，同时采取相应的应对措施，并具备处理多事件、多点报警的功能。

6. 报表展示与分析功能

系统平台能以平面图、接线图、列表等多种画面方式实时展示辅助设备的运行状态、数据信息、告警提示等；能在监控画面上直接控制可控的辅助设备；能实现告警联动、操作联动的展示；支持各种类型报表，包括日报、月报、年报及自定义报表，具有报表调用、显示及打印等功能。

7. 历史数据查询功能

实现牵引变电所内各类辅助监控数据的存储，可支持按时间、设备对象、事件等多种条件或线索组合进行查询，可实现数据备份、导出等。

三、综合辅助监控系统配置

1、间隔层设备配置方案

（1）视频监控设备

视频监控系统主要对牵引变电所主要电气设备安装区域及周边环境进行全天候视频监控，在牵引变电所大门、围墙、主变压器附近、高压开关场地、高压室、控制室等重要场所设置摄像头，摄像头可根据情况配置高清一体化型机或高清枪机。摄像头的配置应能监视牵引变电所全景，了解变电所现场的运行情况，监视车辆、人员进出情况。

（2）环境监测设备

牵引变电所应配置温湿度传感器、水浸传感器、风速传感器等，安装了SF_6气体设备的房屋还应配备SF_6气体监测装置。温湿度传感器配置在主控室和高压室，按房屋面积确定传感器数量。水浸传感器放置在电缆沟内，可每100m左右配置一个。风速传感器全所只安装一个，可安装在主控室楼顶。SF_6 气体监测传感器应放置在高压配电室较低位置或电缆夹层中。

（3）安全防范设备

牵引变电所安全防范设备主要包括围禁、门禁、玻璃破碎探测器、门磁开关等。变电所围墙应设围禁，围禁方案可采用红外对射或激光对射。在控制室和高压室设置门禁，采用被动式红外传感器和微波传感器组合式红外双鉴，微波传感器只对移动物体响应，红外传感器只对引起红外温度变化的物体响应，只有在微波传感器和红外传感器同时响应时才会发出报警，以提高报警可靠性。玻璃破碎探测器采用声控-震动型，房屋每扇玻璃窗户配置一套。门磁开关安装在安全级别较低、平时不需要闭锁的室内门处。

（4）火灾报警设备

在变电所控制室、高压室、油浸变压器室及电缆夹层等处设置火灾报警系统，烟感、温感等火灾探测器应按规范要求选型。

（5）动力照明控制设备

对需远程控制的照明、风机、水泵、空调等设备需设置智能控制装置，通过远程控制系统将变电所辅助控制设备集中整合，能够远程手动、联动控制所内的动力照明设备。

2. 站控层设备配置方案

站控层设备主要包括视频服务器、综合应用服务器、以太网交换机、网络防火墙、动力环境测控智能装置、操作员工作站及电源设备等。除操作员工作站外，其余设备均应集中组屏，屏柜尺寸应与所内综合自动化系统屏柜一致。

四、智能机器人巡检系统

牵引变电所智能巡控机器人系统集机械电子、多传感器融合技术、模式识别技术、红外热诊断技术、无线通信等科学技术方法于一体，以智能巡控机器人为核心，实现牵引变电所全天候、全方位、全自主智能巡检、监控和设备数据状态智能分析判读，提高正常巡视和应急操作的自动化和智能化水平，为建设智能牵引变电所和无人值守牵引变电所提供创新型的技术检测手段和全方位的安全保障。

1. 自动巡检

牵引变电所智能巡控机器人的自动巡检功能，使其能够自主完成牵引变电所内的巡检工作，具有高度自动化和智能化的特征，从而代替人工巡检。

自动巡检的模式主要有：例行巡检和特殊巡检，两种巡检模式支持互相切换。例行巡检模式下，机器人能够按照事先设定的巡检内容、时间、周期、路线等参数信息，按照既定的规则完成牵引变电所内各处的表计读数、电力设备温度测量及环境监测等巡检活动；特殊巡检模式用于特殊情况下，由操作人员选定具体巡视内容并手动启动巡视任务，调动机器人对特定对象进行重点监控。

智能巡控机器人巡检流程为：机器人开始执行自动巡检任务时，控制系统调用存储的路径和任务数据，对路径流和任务流进行优化，并按照相关结果运行。由于机器人在人工调试阶段时记录了巡检点的位置（机器人的定位点、云台水平/垂直角度和镜头放大倍数等）信息，自动巡检时可以获取巡检点对应的位置信息并能判断执行何种任务。机器人搭载的云台对准目标设备后，可见光摄像机和红外热成像仪自主完成数据采集，随后系统将数据通过网络实时传输到服务器，由服务器分析并调用专家系统对原始数据库的信息和当前采集信息进行对比分析，做出智能诊断和存储。

2. 遥控巡检

机器人除支持自动巡检外，还支持手动遥控巡检。巡检模式的优先级可在系统后台设置，机器人出厂时默认手动遥控巡检具备最高优先级。当系统切换为手动遥控巡检时，机器人立即终止自动巡检任务，执行遥控巡检命令。手动遥控巡检包含两种方式：通过后台进行远程遥控和通过遥控手柄进行遥控。

（1）后台远程遥控

通过本地监控后台和远程集控后台进行遥控。在该模式下，操作人员可以遥控机器人实现行走、云台转动、可见光视频远程现场观察、红外热成像远程测温、单个设备特殊巡检、自动巡检任务远程遥控启动等。

（2）遥控手柄方式遥控

机器人配备遥控手柄，主要为了提高机器人使用便利性。通过遥控手柄，可以遥控机器人实现行走、云台转动、可见光视频展示、红外热成像远程测温、单个设备特殊巡检、自动巡检任务远程遥控启动、机器人状态显示和报警提示等。手柄遥控时，操作人员需在机器人现场。

3. 红外测温

智能巡控机器人系统测温功能，可分为红外普测和精确测温。

（1）红外普测

红外普测是针对特定区域进行大范围温度超限检测的普测，比如牵引变电所220kV（330kV）设备区域、27.5kV室外设备区域。通过对牵引变电所设备区域进行划分，并设置对应普测巡检点，基于红外测温功能实现对一定区域内的温度普测，以检视区域内最高温度为目的，结合区域设备特征设置的温度阈值进行简单参数对比，实现温度普测。

（2）精准测温

除红外普测是外，为了进一步把握设备温度状态，智能巡控机器人具备精确测温功能。精确测温是针对设备可能的特定发热点进行的巡检，然后进行进一步精细化分析。

在设备精确测温上，智能巡控机器人能够对重要或紧急缺陷的设备进行定期的监视、排查，或定期（每周或根据需要）对全牵引变电所设备进行一次全面排查。智能巡控机器人自动按照调试参数进行巡检，无需每次对不同位置、不同点位进行测温设备调试，提高了巡检的精确性。

4. 表计智能识别

牵引变电所环境较为复杂，存在各类不同仪表，用于指示所内各种设备的运行状态。结合自动导航，智能巡控机器人可对各类仪表、油位液位计、开关刀闸进行拍照（智能巡控机器人搭载高清可见光相机），再通过图像分析算法理解其指示的读数及含义，对于状态异常的设备进行报警。目前，视觉库已支持识别牵引变电所的各类仪表多达百余种。

5. 高清拍摄

对于一些非结构化的牵引变电所电气设备及环境场景，结合智能巡控机器人的日常巡检任务，机器人可进行定期的高清拍摄。一方面用于存档，另一方面为后续自动异常分析积累数据。牵引变电所主要需要进行高清拍摄的场景主要有设备外观、地面漏油、地质变化、挂空异物等。

6. 机械臂操作

智能巡检机器人搭载了大范围升降臂，升降范围可达200～1900mm，满足目前牵引变电所的控制保护屏、空气开关柜、GIS开关柜所有按钮和转换开关的操作高度。智能巡控机器人搭载机械的机械操作臂，装设不同操作功能的操作触头，配合机械臂终端的视频智能辅助装置进行操作定位，可人工遥控实现机器人对控制屏柜、开关柜上的分合闸按钮、转换开关等电气设备的操作功能。

智能巡控机器人可与牵引变电所综合自动化系统通过网络通信，掌握所内所有开关位置状态，对于不符合闭锁逻辑的设备可进行一次或多次（可设定）拒绝操作。

7. 双向语音

智能巡控机器人的双向语音功能指的是对讲和广播功能。对讲是指所内工作人员能够在智能巡控机器人本地监控后台和现场工作人员之间进行对讲，供电段（供电调度）工作人员可远程为现场工作人员提供技术支持，指导运营维护作业等。本功能的实现是通过开启智能巡控机器人管理后台的语音对讲，同时前方工作人员需打开机器人的语音按钮。广播则可用于管理后台对现场工作远程指挥或紧急情况下通知工作人员快速撤离等。

8. 报警与报告

机器人巡检完毕，一方面对于可实现异常点位/设备报警，另一方面可根据巡检数据实现自动填写牵引变电所运行日志、巡视记录表、避雷器动作记录表、变压器过负荷记录表、保护装置动作和断路器自动跳闸记录、无人所设备巡视记录等与运营相关的各类表格。

复习思考题

1. 什么是牵引变电所智能化系统?
2. 牵引变电所综合自动化系统经历了哪几个发展阶段?
3. 牵引变电所综合自动化有哪些特点?
4. 牵引变电所综合自动化有哪些基本功能?
5. 运行检测和控制有哪些功能?
6. 安全监视功能的内容有哪些?
7. 人机对话有哪些基本功能?
8. 微机保护系统功能有哪些?
9. 远动系统的基本结构包含哪几个部分? 各部分的作用是什么?
10. 铁路监控系统的遥测对象有哪些?
11. 电气化铁道远动系统有什么特点?
12. 牵引供电系统应用远动技术的目的是什么?
13. JDA-9000主界面由几个部分组成?
14. JDA-9000有哪些功能?
15. 牵引变电所智能辅助监控系统由哪几部分构成?
16. 描述牵引变电所智能辅助监控系统的功能。
17. 为什么要设计出牵引变电所智能机器人巡检系统?

参考文献

[1] 贺威俊，高仕斌，张淑琴，等．电力牵引供变电技术［M］．成都：西南交通大学出版社，1998.

[2] 林永顺．电气化铁道供变电技术（一次系统）［M］．北京：中国铁道出版社，2007.

[3] 陶乃彬．电气化铁道供变电技术（二次系统）［M］．北京：中国铁道出版社，2007.

[4] 本书编审委员会．变电值班员［M］．北京：中国铁道出版社，2010.

[5] 铁道部运输局. 时速500～550公里高速铁路牵引供电系统总体技术方案［R］，2007.

[6] 湖北省电力建设技工学校．变电站综合自动化模块化培训指导［M］．北京：中国电力出版社，2010.

[7] 张希泰，陈康龙．二次回路识图及故障查找与处理［M］．北京：中国水利水电出版社，2005.

[8] 邢道清，王志乾，史立红．继电保护与电气仪表［M］．北京：机械工业出版社，2009.

[9] 贺威俊，高仕斌．轨道交通牵引供变电技术［M］.2版．成都：西南交通大学出版社，2016.

[10] 路文梅．变电站综合自动化技术［M］.3版．北京：中国电力出版社，2019.

[11] 国网辽宁省电力有限公司电力科学研究院．智能变电站电子式互感器应用技术［M］．北京：中国电力出版社，2019.

[12] 肖智宏．电子式互感器原理与实用技术［M］．北京：中国电力出版社，2018.

[13] 张燕红．计算机控制技术［M］.3版．南京：东南大学出版社，2020.

[14] 徐百钏，边文明，等．铁道供电远动系统运行与维护［M］．成都：西南交通大学出版社，2019.

[15] 国网浙江省电力有限公司温州供电公司．变电站智能巡检机器人［M］．北京：中国电力出版社，2019.

[16] 宋璇坤，刘开俊，沈江．新一代智能变电站研究与设计［M］．北京：中国电力出版社，2015.

[17] 方彦．基于工作过程的牵引变电所运营与维护教程［M］.2版．成都：西南交通大学出版社，2017.

[18] 成都交大运达电气有限公司.JDA-9000智能变电站监控系统说明书［Z］，2014.

[19] 郑州供电段．石武高铁变配电值班工培训教材［Z］，2011.

[20] 洛阳供电段．郑西高铁变配电值班工培训教材［Z］，2010.

[21] 武汉供电段．牵引变电所应急操作指南［Z］，2010.

[22] 中铁电化勘测设计院．京沪高速铁路牵引供电实施方案［R］，2010.

[23] 高国强，董安平，张雪原，等．高速铁路综合地线的接地效果［J］．西南交通大学学报，2011（1）．

[24] 肖苹，刘立峰．高速铁路综合接地技术［J］．铁道经济研究，2010（3）．

[25] 邵立华，杨海坤，李祥锐，等．铁路防雷及接地工程的技术要求［J］．中国铁路，2008（10）．

[26] 安英霞．牵引变电所综合辅助监控系统技术研究［J］．电气化铁道，2018（6）．

[27] GB/T 12325—2008. 电能质量　供电电压偏差［S］．

[28] GB/T 15543—2008. 电能质量　三相电压不平衡［S］．

[29] GB/T 15945—2008. 电能质量　电力系统频率偏差［S］．

[30] GB/T 12326—2008. 电能质量　电压波动和闪变［S］．

[31] TB 10009—2016. 铁路电力牵引供电设计规范（附条文说明）［S］．

[32] TB/T 3150—2007. 电气化铁路高压交流隔离开关和接地开关［S］．

[33] TB/T 3151—2007. 电气化铁路高压交流隔离负荷开关［S］．

[34] GB/T 37546—2019. 无人值守变电站监控系统技术规范［S］．